KB260887

미래의 역사에서 미국은 희망인가

미래의 역사에서 미국은 희망인가

당대총서 2

미래의 역사에서 미국은 희망인가

이삼성 지음

도서
출판 당대

1995

어머님 영전에 바칩니다

다시 미국을 생각한다

1995년의 가을은 북한에 발생한 심각한 수해소식과 함께 시작되었다. 북한은 유엔에 구조를 요청하고 유엔의 조사단에게 자신들의 피해상황을 솔직하게 드러내 보였다. 미국정부를 비롯한 여러 나라의 '정부'들이 북한에 원조를 약속했다. 이들이 제공하겠다고 나선 액수는 얼마 되지 않는 것이었지만, 신속하고 조건 없는 지원 약속은 북한도 속해 있는 유엔 회원국들로서 당연하고 자연스런 행동이었다.

그러나 한국정부는 북한이 유엔에 대한 원조요청과는 별도로 한국정부에 대해 공식적으로 구조를 요청해오지 않는다면 정부차원에서 수해원조를 제공할 수 없고, 단지 적십자사를 통해서 '2만 달러'(약 1600만 원) 정도의 물품을 지원할 수 있을 뿐이라고 밝혔다. 북한이 공식으로 요청해올 경우에도 조건 없는 대폭적인 지원을 할 용의가 있는 것인지, 그 의지를 분명히 밝힌 것도 아니었다.

　1980년대 어느 핸가 남한은 심각한 수해를 입었다. 이때 북한은 조건없이 자신들도 부족한 쌀을 남한에 보내겠다고 약속했고, 한국정부가 이를 받아들임에 따라 나는 주위에서 북한 쌀을 먹었다고 자랑하는 사람들을 만나기도 했었다. 북한은 그때 어떤 조건을 내걸 수도 있었을지 모른다. 예를 들면 비전향 장기수를 석방하면 쌀을 보내겠다느니 하면서 한국정부의 비위를 건드릴 수도 있었을 것이다. 그러나 다행히 북한은 남한의 심각한 수해소식에 임해서는 그런 조건들을 내걸지 않았다. 이번에 북한이 입은 수해는 남한이 그해에 입은 수해에 비하면 비할 수 없이 심각한 수준이라고 알려져 있다. 북한 국토 전체의 75퍼센트를 수마가 휩쓸고 지나갔다고 하지 않는가.

　그런가 하면 주한미군은 이 가을에도 한반도 유사시 자신들의 전투력 향상을 위한다는 명목으로 이름부터 생소한 첨단무기들을 계속 들여왔다. 그리고 한국정부에 더 많은 방위비분담을 요구했다. 한국정부는 여기에 응했을 뿐만 아니라, 10퍼센트가 넘는 군사비 예산증액을 했고, 군사력 현대화라는 이름하에 값비싼 미제무기들을 바쁘게 들여오고 있다.

　그러나 북한이 이미 유엔에 공식으로 지원요청을 하고 유엔조사단이 북한의 수해상황에 대한 정식 실사를 마친 상황에서도 거대한 수해로 말미암아 죽고, 떨고, 배고파하고 있을 수백만의 북한동포들에게 '조건없이' 줄 돈은 없는 것이다.

　한국정부의 이 같은 행태는 한국의 집권세력과 언론, 그리고 학계와 지식사회 일반을 포함한 이 사회의 정신연령이 '지진아'의 수준에 머물러 있다는 생각을 갖게 한다. 이 정신적 지진아 현상은 물론 어제 오늘의 일이 아니다. 슬픈 것은 그것이 오늘에도 지속되고 있다는 사실이다. 이 정신적 지진아현상은 도대체 어디에서 비롯된 것인가. 나는 그것이 한반도문제에 대한 한국정부의 인식이 비대할 대로 비대해진 한국과 미국 간의 종속적인 군사관계에 의해서 지배되고 있는 현실과 불가분하다고 생각한다.

한국정부는 남북한관계에서 이른바 인도적 문제를 제일로 간주한다고 말해왔다. 그러나 실상은 모든 것을 한미간의 군사행동연합의 관점에서 바라보아온 것이다. 한반도의 군사·정치문제에 대한 주체적인 대화와 협력의 공간을 넓히고, 그래서 이 반도에 '민족공동체'를 형성하고 가꾸어감으로써 진정한 안보와 평화, 그리고 그에 바탕한 통일의 길을 모색하겠다는 의지와 목표를 중심에 놓고 사고하고 행동하는 것과는 거리가 멀었던 것이다. 그렇기 때문에 국민들의 혈세로 천문학적인 값이 나가는 미제무기들을 올 가을에도 변함없이 계속해서 들여올 돈은 있어도 정부차원에서 북한동포들에게 조건없이 줄 돈은 한푼도 없었던 것이다. 그것은 우리 정신의 참담한 왜소함을 극명하게 드러낸다.

여기에는 한미 군사관계의 논리와 냉전의 논리, 그리고 북한체제에 대한 비판의 논리가 과잉하게 지배할 뿐, 그것들을 넘어서 한반도의 냉전을 풀어낼 수 있는 민족의 논리는 없다. 바로 이 정신적 지진아

현상이 한반도문제 해결에서 한국정부가 스스로를 '소외'시키고 모든 이니셔티브를 미국과 북한이 장악하게 만든 원인이라는 것을 한국정부는 진정 모르는 것일까. 분단과 전쟁, 그리고 수십 년간의 냉전의 문화, 그리고 바로 그 긴 세월 내내 한반도의 군사와 정치를 좌우해온 한미간의 비대한 종속적 군사관계 속에 길들여져온 한국의 지배엘리트는 그 과정에서 '정신적 장애아동'으로 되었고, 불행히도 아직도 거기에서 헤어나지 못하고 있다.

내가 한미관계의 본질이 종속적 군사관계 중심의 체제에 있다고 말할 때, 많은 사람들은 그 같은 평가는 한국의 경제력과 국방력의 성장을 무시한 시대착오적인 주장이라고 말하는 것을 종종 듣는다. 그러나 나는 한국의 권력엘리트의 대외관계 인식이 안고 있는 종속성의 문제는 바로 그처럼 양적인 면에서 이룩되어온 괄목할 만한 성장에도 불구하고 지속되고 있다는 사실에 그 비극의 크기와 무게가 더한 것으로 생각하고 있다. 한국은 경제와 군사 모든 면에서 덩치는 과거에 비해 상상할 수 없이 커졌지만, 한반도의 안보와 평화의 비전에 관한 주체적 인식이라는 면에서 한국의 지배엘리트의 정신연령은 여전히 지진아의 상태 바로 그것에 다름아니다. 덩치가 커졌다고 정신이 커지는 것이 아님은 졸부(猝富)들의 사회적 정신연령의 경우와 다를 바가 없는 것이다.

한반도의 역사적 진보는 미국과의 관계를 어떻게 변화시켜 나갈 것인가에 대한 우리의 비전과 노력과 불가분한 것이라고 나는 생각한다. 그것은 지난 해방 50년의 한반도의 군사적, 정치적 운명과 한미관계의 구조가 너무나 밀접한 것이었기 때문이기도 하다. 문제는 한반도와 미국의 관계에서 무엇을 긍정하고 무엇을 어떻게 비판하고 무엇을 대안으로 제시할 것인가 하는 것이다. 나는 바로 이 문제를 진보적 관점에서 조명하고 그 미래를 얘기한다는 것이 무엇인지를 밝혀 나가는 일에 이 책이 무언가 기여하는 바가 있기를 바란다.

나는 이 책에서 크게는 세계의 역사, 그리고 구체적으로는 우리 한반도의 미래에서 미국이 갖는 의미를 긍정과 부정 양면에서 살펴봄으로써 한반도와 아시아의 평화와 여러 민족과 국가들 간의 공존과 공영의 문제에 대한 진보적 외교의 비전을 논했다. 그러나 그것은 우리 내부의 진보정치의 발전이라는 한국 내적 조건을 필요로 한다는 것은 말할 필요도 없다.

탈냉전은 서방세계에서는 사상과 이념의 정치의 종언을 선언했다. 하지만 우리에게 탈냉전은 냉전시대의 분단된 반도의 반쪽에서 박제되고 억압되었던 사상의 정치를 복원하는 계기로 활용될 수 있다고 생각한다. 서방에 있어서 냉전시대는 건실한 자본주의경제발전과 함께 사회민주주의 정당들과 보수당들 간의 사상적 경쟁 속에서 사회복지와 민주주의가 성숙해간 시기이다. 이들에게 있어서 탈냉전은 서구의 사회복지민주주의와 동방의 현실사회주의 간의 '큰 대결'의 끝을 의미했다. 그러나 서구사회 '안'에서의 사상의 정치——사회복지민주주의와 보수적 자본주의 이데올로기 간의 경쟁——는 사실상 끝난 것이 아니라 더 치열해지고 있는 것은 아닐까.

냉전시대 한반도 전체에서의 대결의 축은 자본주의적 권위주의와 사회주의적 권위주의 간의 대결구도였지만, 한국 안에서의 정치는 '사상의 정치'가 아닌 '사상의 독재,' 즉 '사상의 정치의 부재'였다. 탈냉전은 우리에게 사상의 정치의 복원, 즉 서방에서는 이미 냉전시대에 발전하고 성숙해가던 사상의 정치를 전개할 수 있는 조건을 가져다 준 것이다. 따라서 한국에서 탈냉전은 사상의 종언이 아니라 사상의 정치의 창출을 요청한다고 나는 생각한다.

우리는 '진보의 정치'를 복원하고 창조해야 한다. 한국에서 탈냉전은 진보의 전선을 진정으로 건설할 환경을 만들었음에도 불구하고 한국의 야당들조차 모호하고 편협되게 이해되고 정의된 중산층에 대한 막연한 호소에 집착함으로써 우리의 정치에서는 진보의 전선은커녕 그 개념 자체가 방기되고 망각되고 있는 것은 아닌가. 그러나 탈냉전이기에 오히려 우리에게는 이제 이데올로기의 한계를 넘어선 진보와 사상의 정치가 가능하다고 선언하고 그 전선을 확보해야 하는 것이 아닐까. 수천 년간의 권위주의와 수십 년간의 냉전에 할퀴고 상처받아온 이 나라 중간층의 상당부분을 포함한 민중의 상처를 아우르고 그들의 절실한 민생의 문제에 천착해 진보의 실질적 의미를 재정의하고 그것을 바탕으로 '작은 사상의 정치'의 공간들을 개척해야 한다.

한데 모이면 궁극적으로는 커다란 진보정치의 공간을 구성하게 될 '작은 중요한 이슈들'은 얼마든지 존재한다고 나는 생각한다. 바로 이러한 노력을 바탕으로 한국에 초지역적인 진보적 연대의 정치가 이루어질 때, 오직 그때만이, 이 책을 통해 논의하고자 했던 한반도의 대외관계에 대한 진보적 인식과 비전이 그 현실적 근거를 갖게 될 것이다. 현재 우리의 국내정치에서 거의 사멸되어 있는 '진보의 전선'을 구체적인 복지와 인권에 관한 '작은 사상의 정치'로부터 시작해 새롭게 정의하고 그 공간을 확장해갈 때, 진보적 외교의 비전도 비로소 그 터전을 갖게 될 것이다.

어떤 역사적 실험의 실패는 역사 속에서 전개되었던 혁명적 변화의 노력들에 대한 지적 냉소주의를 낳는다. 그것은 곧 현실의 역사전개 속에서 민중의 역할을 극소화하고 지배집단의 역사적 결정력과 그들의 창조적 변화에 초점을 맞추는 역사해석을 강화하게 된다. 그것은 많은 경우 현실을 어떻게 세련되게 묘사할 것인가를 둘러싼 학문적 경쟁과 함께 현실에 대한 긍정적 성찰을 낳는다. "현실적인 것이 이성적인 것"(the real is the rational)이라는 헤겔의 유명한 말은 현실 자체가 이성임을 강조하는 우파적 경향과, 이성을 바탕으로 현실이 겪게 될 혁명적 변화의 가능성을 강조하는 좌파적 경향을 동시에 낳았던 것은 주지하는 바이다. 오늘 우리의 학문적 경향은 그 중에서 전자인 우파적 경향을 드러내고 있다고 할 것이다. 지난 반세기에 걸친 한반도의 역사에서 현실의 전개가 내포한 합리성과 불가역성을 강조하는 반면에, 현실의 초월을 추구했던 이성의 논리의 실패와 좌절에 대해서는 여러 가지 형태의 가혹한 평가들을 쏟아내고 있는 것이다.

어떤 쪽이든 편향된 인식은 시정되어야 한다. 그러나 그 가운데에서 현실과 이성 간의 역동적 상호작용의 차원이 생략되고 또 하나의 새로운 일방적 편향, 지적 획일성의 문제를 낳고 있는 것은 외면할 수 없는 부작용이라고 생각된다.

이러한 지적 경향은 인간과 역사의 미래에 가능한 어떤 이성적 본질의 현실화를 추구하는, 과거와 현재의 모든 혁명적 성격의 프로젝트들에 관해, 그 가능성뿐만 아니라 그러한 노력들이 갖는 도덕성까지도 회의하고 비판하는 경향을 내포한다. 곧 헤겔의 우파적 계승인 셈이다. 그런 의미에서 오늘 한국을 포함한 우리 세계를 지배하고 있는 지적 경향은 대안과 변화의 전망이 상실된 '실증주의' 시대의 그것에 다름아닌 것처럼 보인다. 변화의 전망 상실은 현실의 질서를 정당화하고 민중의 피동성을 자연법칙으로 받아들이며 격변의 시대는 일시적인 병리현상으로 이해하는 역사관을 풍미하게 한다. 관조의 커튼을 친 현실주의적 적응의 지식산업만이 남게 된다.

이 책에 실어 낸 미국에 대한 나의 생각과 비판은 많은 부분 1980년대에 한국의 비판적 지식인들이 미국을 보던 관점에 비한다면 결코 래디컬한 것이라고 할 수 없을 것이다. 한미간의 종속적 군사관계는 물론 경제적·문화적 관계에서까지도 상당부분의 '단절'을 주장했던 80년대의 비판적 대미인식과는 먼 거리가 있다. 그런 의미에서 미국과 한국 간의 관계, 그리고 미국적 사회상과 관련해 어떤 혁명적 변화를 생각할 수 없는 한 실증주의 시대의 비판적 성찰이 뛰어넘을 수 없는 한계를 이 책은 안고 있는 것이다.

그럼에도 불구하고 이 책에서 내가 시도한 것은 미국에 대한, 그리고 한반도와 미국의 관계에 대한 세련된 재고찰과 묘사가 아니다. 그 문제들에 대한 우리의 인식이 탈냉전에도 불구하고 안고 있는 '창조적 변화의 방향과 그 가능성에 대한 사유의 불모' 현상을 비판함으로써 현재로부터 한 걸음 더 나가는 데 필요한 대안적 인식을 담고자 했다. 그런 의미에서 나는 미국과 그리고 한미관계에 대한 이 책의 내용들이 '현실묘사'와 함께 여전히 포기할 수 없는 '현실타파'를 위한 이성적 탐구를 내포한 것이기를 바라고 있다.

출판사 당대의 편집인이신 문부식 선생님의 격려가 없었다면 이 책은 나올 수 없었다. '온고이지신'의 출판정신으로 이 시대의 역사적 허무주의를 넘어서서 우리와 세계의 운명에 대해 우리 자신의 비전을 찾고자 노력하는 그와 출판사의 모든 분들께 진심으로 감사드린다.

1995년 가을이 깊어가는
한반도에서
저자 이삼성

책머리에 · 7

第1장 오늘의 세계를 보는 시각

第2장 미래의 역사에서 미국은 희망인가

第3장 한미관계의 본질에 대한 하나의 조망

제1장 오늘의 세계를 보는 시각

1. 현실과 유토피아를 넘어

에드워드 카는 『20년간의 위기 : 1919~1939』라는 그의 대표적 저서에서 인류의 지성사를 현실주의와 유토피안주의 사이의 부단한 진동으로 파악했다. 인간이 자신의 이성에 바탕해 시도한 거대한 역사적 실험들은 곧 실망으로 바뀌고 그것이 마침내 실패로 귀결될 때마다 현실주의는 냉소주의의 모습을 띠고 인간의 지성을 지배한다. 그러나 인간은 또한 부조리한 현실에 곧 저항하고자 하며 그 과정에서 또다시 새로운 역사적 실험을 준비하게 된다. 중요한 것은 가능한 한 현실주의가 내포하는 부조리한 현실에의 기계적 순응과 유토피안주의가 내포한 인간의 이성에 대한 환상적 과신을 다같이 넘어서서 그 둘 사이에 어떻게 균형과 조화를 추구할 것인가 하는 문제일 것이다.

나는 오늘의 시점에서 두 가지 차원에서 현실주의와 유토피안주의 사이의 균형된 감각이 필요하다는 생각을 해본다. 그 하나는 현실사회주의라는 20세기를 특징짓는 역사적 실험이 실패한 이후 우리를 짓누르고 있는 인류의 근대이성, 특히 계급적 또는 민족적 정의의 이름 아래 시도된 인간집단의 집합적인 역사변화의 노력들에 대한 자기환멸을 극복하는 문제이다. 그것은 사회주의와 진보적 민족주의가 달성하지 못한 것들에 대한 인식과 함께 그것이 추동한 역사발전의 기능과 내용에 대한 합당한 평가를 요구하는 것이기도 하다. 그럴 때 우리는 현존의 체제 속에서 무한한 적응을 위한 단기적 전략들에 매몰되지 않고, 새로운 형태의 역사적 프로젝트에 대한 장기적 전망을 함께 갖게 될 수 있을 것이다.

우리가 마찬가지로 극복해야 할 또 하나의 극단은 사회주의의 몰락과 함께 우리를 지배하고 있는 논리체계, 즉 자본주의라는 또 하나의 근대적 메커니즘의 인류구원 능력에 대한 거의 환상적인 기대, 또는 체제 자체에 대한 사유를 포기함으로써 현재의 체제 자체를 무한히 긍정하는 새로운 사유방식을 극복하는 일이다. 그것을 넘어설 때, 우리는 인류 또는 세계시민공동체의 중간단위로서의 민족 또는 계급이 공동의 이상과 노력을 통해 수행할 수 있는 진보적 역할에 대한 인식이 가능해질 것이다.

자기만족과 냉소가 뒤얽힌 현재의 지적 상황을 극복하는 것은 현재 우리의 사회와 세계와 역사의 모순에 대한 인식과 함께 더 나은 미래상에 대한 부단한 추구와 그 가능성에 대한 최소한의 신념을 요구한다. 그리고 역시 그 과정에서 우리가 신뢰할 유일한 것은 우리 인간 자신의 이성과 그에 바탕한 창의이다. 현재의 비이성에 대한 통찰과 함께 보다 이성적인 미래의 가능성에 대한 희망을 인간이성에 대한 최소한의 신뢰에 바탕해 새롭게 모색하려는 노력, 바로 그런 의미에서의 '휴머니즘'을 우리는 아직도 버릴 수 없고 또 버려서도 안 될 것이라고 생각한다.

이 글들을 세상에 내놓는 나 역시 이 글을 대하고 있을 독자들의 대부분과 마찬가지로 세계와 환경의 부단한 변화와 그것들이 초래하는 지적인 혼돈 속에 살고 있으며, 그 가운데에서 글을 쓰고 있다. 이 와중에서도 사람들이 흔히 합리성이라고 말하는 것과 함께 지금 이 현재로부터 한 걸음 더 나아가고자 하는 진보의 관점에서 우리의 멀고 가까운 문제들을 바라본다는 것은 무엇을 의미하는가. 말하자면 그런 고민들의 소산이다. 어떤 부분은 확고한 신념에 바탕한 것도 있을 것이고, 어떤 부분들은 불투명한 가운데 새로운 방향을 모색하는 더듬이의 몸부림인 경우도 많을 것이다.

2. 세계시민주의와 진보적 민족주의

나는 이 글에서 한반도와 아시아, 그리고 미래 세계의 군사정치적 질서와 관련해 미국 중심의 세계관에 지나치게 경도되지 않고, 우리 자신의 눈과 머리로 생각하고 행동할 것을 제안할 것이다. 그러나 이것이 편협한 민족주의의 표현으로 인식되지 않기를 원한다. 우리의 현실은 우리의 이상과는 상관없이 국경과 민족의 경계를 넘어선 세계시민주의에의 열망, 여러 가지 형태의 민족주의적 태도, 그리고 때로는 편협한 지역주의라는 세 가지의 범주들로 어지럽게 교직되어 있다. 세계시민주의라 하더라도 그것이 진정한 민족적 통합에의 추구, 그리고 자기애와 지역적 편협성을 초월한 민족애에 기초하지 않은 것일때, 또한 그것이 특히 약소민족 중산층과 지식인들의 것일 경우, 자신이 속한 민족공동체의 희망이 되기는 어렵다. 다른 한편으로 인류 공동의 평화와 공영의 꿈에 인도되지 않는 민족주의는 탐욕스런 지역적 이기주의의 확대판에 불과하다. 그렇다면 우리는 불가피하게 세계시민주의와 진보적인 민족주의적 인식의 조화를 추구해야 한다는 것이 나의 생각이다.

나는 한편으로 한국의 진보정치의 딜레마의 핵심을 정치권과 지식인사회가 다같이 변형된 '종족의 우상'에서 헤어나지 못하고 있는 데에서 연유하고 있는 것이 아닌가 생각해왔다. 종족의 우상이라는 것은 반드시 혈연에 기초한 종족의 차이에 기초한 것만은 아니다. 그것은 여러 가지 멀고 가까운 착종된 역사적 유산들에 의하여 형성되고 여러 가지 물적 이해관계들에 의하여 유지되는 인간의식의 부자유한 족쇄를 상징한다. 나는 바로 이 종족의 우상이라는 것이 한국에서 진정한 민족주의가 형성되고 발전하지 못하는 이유의 하나라고 생각해왔다. 진보적인 이성과 비전에 대한 하나의 광범한 전민족적인 인식의 형성과 발전이 없이 진보적 민족주의가 건실하게 그 내용을 갖추며 자랄 토양은 없는 것이다.

초지역적인 민족적 합의야말로 사실은 세계주의의 기초가 된다고 나는 생각한다. 자기 민족 내부에서 불구적인 종족의 우상, 즉 지역주의에 갇혀 있는 상태에서 세계주의적 인식이라는 슬로건은 허구이다. 우리 정치에서 인간 내부의 어두운 심성인 종족의 우상에 의존하는 정권이 소리높여 외치고 있는 세계화가 여러 가지 불구적 요소들을 안고 있는 것은 그런 의미에서 매우 시사적이다. 종족의 우상을 극복한 바탕에서 세계시민주의와의 조화를 위한 균형된 감각을 갖추는 것이 어쩌면 우리 시대에 필요한 진정한 세계화의 조건이라 생각되는 것이다.

나는 전에 출간한 여러 저서에서도 민족과 민족주의는 역사과정의 소산인 점을 인식해야 하며, 또한 혈연적·지연적 민족주의를 배격한다는 것을 강조한 바 있다.[1) 그런 의미에서 나는 칸트가 그렸던 인류공동체에의 열망, 즉 헬레니즘 시대에 존재했다던 코즈모폴리터니즘이란 것에 대해 깊은 동경심을 갖고 있다.

그러나 나는 동시에 한국인들은 '한국인의 얼'을 가질 필요가 있다고 생각한다. 나는 그 한국인의 얼이란 것을 두 가지 의미로 생각하고 있다. 그것은 먼저 인류역사에 편재하는, 어떤 인류사회에나 있기 마련이고 모든 인류사회가 내포하기 마련인 모순과 갈등과 그리고 공통된 숭고한 가치들에 대한 인식과 함께, 약소민족으로서 한국인들이 겪어나와야 했던, 그 중에서도 한국 역사의 일반 민중이 겪어온 고통과 아픔들에 대한 각별한 역사의식을 갖는 것을 말한다. 그것은 어떤 의미에서 한국 민중의 '한'을 이해하는 것이기도 하다.

한국인의 얼이 갖는 두번째 의미는 미래 한국 역사의 진보에 대한 기여를 통해서 인류역사의 진보에 참여하려는 의지를 갖는 것이라고 본다. 한국인의 한을 이해하는 데서 그치지 않고, 미래에도 한국인 공동체의 운명을 같이 나누면서 이 사회공동체의 진보에 참여하는 것이 곧 인류 공통의 보편적 가치에 기여하는 가장 구체적이고 실질적인 일임을 인식하는 것이라는 생각이다. 그리고 그 진보의 뿌리를 우리 역사와 사회 자체 안에서 찾고 그것과 연대하면서, 이 사회가 다른 여느 선진사회 못지않게 인간의 자유와 평등을, 계급과 성과 종족의 차이를 넘어서, 실현하는 데 더 가까이 가도록 일조하는 데에서 삶의 뜻을 찾을 줄 아는 것이 아닐까 생각해보았다. 바로 이런 의미에서의 한국인의 얼이란 한국 역사 속에서 민중의 아픔과 그들의 뼈아픈 실패들뿐만 아니라 그들의 투쟁과 분노와 크고 작은 위대한 성공들과 그들의 참다움과 아름다움에 대한 이해와 믿음을 간직하는 것을 내포한다고 생각한다.

나는 우리 한국인들이 예를 들면 미국인들의 힘에 기대어 그들의

---

1) 이삼성, 『한반도 핵문제와 미국외교』(한길사, 1994), 제4부의 2장, 「핵주권 논의와 한국민족주의의 인식」, 295~300면.

여유와 세련과 오만을 흉내내기보다는 한국인의 여림과 치욕과 아픔의 역사를 먼저 이해할 필요가 있다는 생각을 해왔다. 또 미국인들의 위대한 경제·정치적 업적들과 현란한 문화적 능력을 이해하고 존중할 것은 존중하되, 더 열악한 사회적·국제적 환경 속에서 보여준 많은 한국인들의 작지만 위대한 삶과 그들의 아름다운 투쟁과 꽃다운 희생들을 이해하고 그 속에서 한국 역사의 미래의 근거를 찾을 수 있는 정신, 그리고 앞으로도 이 땅에서 끊이지 않을 위기와 도전들 속에서 억압의 편이 아닌 정의로운 저항과 건설의 대열에 설 수 있는 정신의 소유자가 되는 것, 그것이 한국인의 얼이라고 생각한다.

우리는 미래의 세계시민주의의 성장에 대한 희망을 버리지 않으면서도 이 세계에 지배와 억압이 존재하는 한, 세계시민주의의 기반 자체가 안고 있는 불안정과 그 존재의 위태로움에 대해서도 현실적으로 인식하고 이에 올바르게 대처하는 균형된 감각을 가져야 하지 않을까 생각한다. 흔히 우리는 미국 내의 소수민족 문제를 미국 내의 '제3세계'의 존재로 표현한다. 어떤 사회에서나 그 안의 소수민족들은 그 같은 사회 안에서도 책임과 동시에 권리를 온전하게 행사할 수 있는 정상적 시민이 되기에는 너무 높은 벽이 존재한다는 것을 인식해야 한다는 것은 불행한 일이지만 외면할 수 없는 현실이기도 하다.

미국 내의 흑인, 히스패닉들의 정치적·사회적 소외는 주지하는 바이지만, 한국을 포함한 아시아의 약소민족 출신들도 크게 예외는 아니다. 아시아족이 미국 내에서 경제적으로는 흑인들보다 낫다고 하지만 정치사회적인 차원에서는 어디까지나 소수민족에 지나지 않는다. 일본 내의 재일교포도 마찬가지이다. 또한 많은 제3세계 사회들 안에서도 더 열악한 조건 속에서 허덕이는 소수민족들도 많다. 이것은 많은 사회들에서 그 사회의 주류집단이 주변적인 소수집단들에게 배타성을 갖고 있다는 것을 말하는데, 이 같은 배타성은 불행히도 그 사회가 정치·경제적인 위기에 봉착할 때마다 격화되는 경향이 있다는 사실을 직시해야 할 것이다.

캘리포니아에서 미연방 하원의원으로 당선되어 활동하고 있는 김창준이라는 이는 외국인 체류자들에게 복지혜택을 대폭 삭감하는 법안을 지지하면서, 한국인은 똑똑하고 잘살기 때문에 다른 소수민족들과 태도를 달리해야 한다고 주장했다고 전해진다. 그는 스스로 세계화에 앞장선 인물이라고 생각할지 모르나 사실은 전형적인 '바나나' 정치인이며, 세계시민의 정신과 가장 거리가 먼 사람이다. 한정된 자원이라도 가급적이면 지역과 국경을 넘어서 공동의 삶과 평화를 모색하는데 투자하려는 열정이야말로 세계시민의 참정신이 아닌가.

인간은 맑스가 공산주의적 인간상에 대한 희망의 기초로 간주했던 유적 존재(類的 存在)이기도 하지만, 그와 동시에 프랜시스 베이컨이 말한 종족(種族)의 우상(偶像)의 포로이기도 하다. 이 종족의 우상은 종족주의적 배타성을 가리킨 것으로 볼 수 있는데, 이것은 다양한 형태의 집단적 일체감, 특히 혈연, 지연, 학연, 종교 등을 같이하는 특정집단들의 비이성적인 편견, 신화, 환영 등에 바탕하고 있으며, 어떤 집단적 콤플렉스에 의하여 유지되어간다. 혈족이나 지연, 학연 등에 의한 종족의 우상은 미국사회에서는 한국의 경우보다 훨씬 덜하다고 할 수 있다. 그런 의미에서도 미국은 한국에 비해 선진적인 사회이다. 그러나 이 사회에는 넓은 의미의 혈연, 즉 피부색깔에 바탕한 인종주의적인 종족의 우상은 심각하게 구조화되어 있다고 할 수 있다. 미국이 흑인들에게도 실질적인 시민권을 부여해 같은 인간으로 간주하기 시작한 것은 불과 지난 몇십 년 전의 일에 지나지 않으며, 이 인종간의 갈등이 빚어내는 긴장은 오늘날도 여전히 미국정치의 핵심적 요소가 되어 있는 것이 사실이다.

내가 진보적 민족주의라고 말할 때, 그것은 세계시민주의에 대항하는 의미에서가 아니다. 세계시민주의란 선진 자본주의국가의 일등 시민계급이 주도해서 만들어주는 것은 아니다. 따라서 세계 정치경제질서에서 약한 위치에 있는 민족공동체들이 진보적인 연대를 통해 전 인류적 가치를 강화하는 방향으로 가능한 변화를 추구해야 한다는 생각, 바로 그것이 오늘의 세계에서 진보적 민족주의가 내포한 중요한 의미의 하나라고 생각한다.

민족주의가 세계와 우리의 역사 속에서 일정하게 긍정적이고 진보적인 기여를 한 바가 있다면, 그 민족주의는 시대와 상황이 부분적으로 바뀐 가운데에서도 그 내용은 다르되 여전히 역사의 진보에 기여할 측면이 있는 것이다. 그런 진보적 성격의 민족주의가 현재 한반도 우리의 상황에서는 어떻게 구체적이고 창조적으로 재정의되고 그 내용이 채워지고 있는가에 대한 실질적인 연구는 없이 일반론에 의거해 우리의 민족주의 문제를 일거에 재단하고 통째로 질타하는 지적인 풍토가 어느 틈엔가 우리를 지배하고 있다. 이런 상황에 대한 비판적인 성찰이 있어야 할 것이다.

자유주의도 그러했고 사회주의도 그러했던 것처럼 시대와 상황에 따라 그 사상이 어떤 시대에는 긍정적 역할도 또 어떤 시대와 상황에서는 부정적 역할도 할 수 있었다. 또는 같은 시대 같은 상황에서도 하나의 사상이 진보와 반동의 성격을 동시에 가질 수도 있었다. 그렇지만 자유주의나 사회주의가 과거 역사에서 각기 전적으로 부정적 역할만 했다거나 또는 미래에 있어 긍정적 역할은 아무것도 못할 것이라 일거에 단정하는 것이 잘못이듯이, 민족주의 역시 마찬가지라고 나는 생각한다.

많은 사람들이 언제 민족이란 것이 있었고, 또 언제 민족 공동의 운명의식과 공동의 열망에 대한 의식이 있었느냐는 듯이, 갑자기 모든 것을 세계시민의 입장에서 보아야 한다는 듯이 이구동성으로 말하고 있다. 그러나 정부는 정부대로 민간은 민간대로 강대국들의 군사정치 및 경제적 인식에 끼여 무엇을 어떻게 해야 하는지 제대로 정신 못 차리며 그저 따라가기 바쁜 상황이면서도, 또 민족의 공동의 노력을 통해 주체성 있게 풀어나가야 할 많은 과제들을 안고 있으면서도, 우리의 문제를 '세계시민'들이 다 풀어줄 것처럼 얘기하는 사람들이 갑자기 많아진 것이다. 세계시민의 견지에서 볼 문제들이 있고, 우리의 민족적인 내부통합을 포함하여 민족 전체의 차원에서 우리의 주체적 공동노력을 통해 접근함으로써 세계의 평화와 인류의 공동복지에 기여할 일이 있는 것이다. 그 과정에서 진보적 민족주의의 사유공간이 있는 것이며, 우리의 정치학과 국제정치학은 바로 그런 공간을 건실한 내용들로 채워나갈 과제를 안고 있기도 한 것이다.

여기에 실린 글들은 한반도와 아시아 역사의 과거와 현재와 미래에서 미국이라는 초강대국의 역할이 내포했고 또 가지고 있는 긍정과 함께 부정의 측면들을 비판적으로 조명하고 있다. 한반도와 아시아의 미래의 역사에서 미국을 비롯한 강대국들의 내외적인 행태와 보조를 맞추어도 무방한 분야의 일들도 있다. 그러나 우리가 우리 나름의 주체적인 자세로 비판적으로 인식해야 할 부분들도 여전히 많다는 것이 나의 생각이며, 이 책에서는 특히 한반도와 아시아의 전쟁과 평화라는 문제와 관련해서 진보적인 민족적 관점의 인식이 무엇인가, 또 무엇이어야 하는가를 다루고 있는 것이다.

3. '국제화' 시대와 진보적 민족주의

미국 말에 '바나나 리퍼블릭'(banana republic)이라는 것이 있다. 원래 미국인들이 자기들 마음대로 주무르던, 그리고 돈이 될 거라야 겨우 바나나밖에 없는 가난하고 힘없는 중미의 약소국들을 일컬어 경멸적으로 표현한 말이다. 그러나 나는 이 단어에 한 가지 중요한 의미를 첨가하고 싶다. 미국인들이 하는 말에 그냥 '바나나'라는 말이 있다. 이것은 자신의 직접적인 문화적 뿌리는 아시아인이지만, 생각이며 말투며 가치관이 백인 미국인들을 닮아버린 사람들을 가리킨다. 말하자면, 자신의 땅과 민족의 정신적 정체성을 상실하고 미국문화에 완전히 동화된 사람을 말하는 것이다. 이 바나나들은 제3세계의 교육받은 층에 많다. 이른바 그 사회의 '여론지도층'에 많은 셈이다. 이들은 자기가 자라고 또 자신의 후손들이 계속 삶의 터전으로 삼을 땅과 민족의 아프고 약한 처지에 대해서는 별로 생각함이 없이 미국사람들보다 더 철저하게 미국의 입장에 서서 자기 나라 문제를 바라보고 처방을 내리는 사람들이다. 이런 바나나들이 언론계, 학계, 정계, 군부를 주름잡고 있는, 즉 '사회지도층' 인사들을 구성하고 있는 나라가 바로 '바나나 리퍼블릭'이다.

이 바나나들의 사고와 학문은 너무나 미국화되어 있기 때문에, 세계의 모든 문제를 미국의 주류언론, 미국의 주류학문의 견지에서 바라보고 그것을 좇아가기 바쁘다. 그래서 이들에게 '민족주의'란 말은 갈수록 촌스럽게 들리고 낯설어지는 게 너무나 당연하게 된다. 이 사회는 바나나 인간을 만드는 교육을 하며, 이들을 확대 재생산할 바나나 유학생과 바나나 박사들을 양산하고, 외교는 바나나 외교가 되며, 군사안보 문제도 미국 CIA나 미 국방부의 입장에서 충실하게 이해하는 바나나 국방을 하게 된다. 통상부도 바나나 통상부가 된다. 국회도 물론 바나나 국회가 된다.

이런 바나나 지도층인사들이 모여서 구성된 '바나나 리퍼블릭'일수록 흔히 '민족'을 들먹이는 경우가 있다. 그런데 자세히 살펴보면 이들이 민족을 운운할 때는 자신들의 '계급성'을 숨기기 위해서, 자신들의 계급적 당파성을 은폐하기 위해서 그렇게 한다. 예를 들어 이승만의 '반일'은 항일 민족정기는 다 말려버린 껍데기 반일이었고, 박정희와 김종필의 이른바 '민족적 민주주의'는 바로 자신들의 독재와 친일·친미 일변도의 외교를 감추기 위한 언어의 장난에 불과했다. '민족'이나 '민주'와는 아무런 상관이 없거나 그 취지에 정반대되는 사이비 민족주의였다. 바나나들은 자신들의 바나나적 성격을 은폐하기 위해서 적당히 민족을 운운해왔던 것이다.

또 바나나 지도층인사들은 좌익분자들이 민족 전체를 생각지 않고 '계급'만을 앞세운다고 주장한다. 그러나 사실은 이들 바나나들이야말로 계급적 집단이다. 정신적 자주성을 결핍하고 있다. 바나나 독재자들은 재벌들과의 사이에 이른바 '통치자금'과 '특혜'를 주고받으며, 서민근로대중의 생존권과 복지를 외면한 계급적 파당성에 기초한 세력이었다. 바나나들은 이들의 '개발독재'로 우리나라가 잘살게 되었다고 주장한다. 모로 가든 어떻게 가든 경제번영만 되면 좋은 것이라고 해도, 한국의 역대 독재정권들의 경제개발은 특정 집단과 계층에 대한 특혜와 근로계층에 대한 살인적 착취와 지독한 독재에 의존한 것이었다는 것은 부인할 수 없는 것인데, 그것은 이 독재정권들이 계급적 파당성에 기초한 근대화의 길을 걸었다는 사실을 어떻든 부정할 도리가 없게 만든다.

중미의 바나나 공화국들도 대개 미국에서 군사영어교육을 받은 군인들이 독재를 하는 나라가 태반이었다. 박정희는 미국이 아닌 일본에서 교육을 받은 인물이지만 냉전시대에 일본은 미국에게는 큰 바나나 공화국이었다. 그래서 박정희는 '일본계 미국형 바나나'였다고 하겠다. 전두환은 파나마의 마누엘 노리에가와 마찬가지로 미국에서 군사영어교육을 받았다. 이런 박정희나 전두환이 총칼로 대통령의 자리에 올라 있고, 철저한 반공을 국시로 하며, 그 밑에 권력의 하수인들이 대개 미국에서 배워 영어도 좀 하고 생각도 미국인들처럼 하는 이들이 대부분이었던 한국은 미국이 보기에는 영낙없는 바나나 공화국의 하나에 다름아니었다.

이제 내가 애당초 '바나나 리퍼블릭'을 거론한 이유가 무엇인지 그 본론으로 들어가기로 한다. 탈냉전시대에 들어 '국제주의'가 새삼스럽게 강조되면서 '세계화'의 목소리가 높다. '세계인'이 되어야 하는 것으로 되었다. 그리고 세계인이 된다는 것에는 세계적인 음악의 추세를 따르고, 세계적인 언어를 잘하는 것도 포함하고 있다. 그러나 실상 따지고 보면, 한국정부와 언론과 기업들이 말하는 세계화, 국제화라는 것은 대개 미국인들처럼 말하고 미국인들처럼 입고, 미국인들처럼 생각하는 것을 인류 보편적인 가치로 보고 그래서 세계인의 자격을 갖게 되는 것으로 생각하는 것에서 크게 벗어난 것이 아니다.

학문을 보자. 한국의 국제정치학은 사실상 항상 세계화를 추구해왔다. 그러나 그 세계화란 대개 세계 패권국인 미국의 국제정치학문을 수입해다 쓰는 것을 의미했다. 그러나 그마저도 미국 학문을, 세계 학문을 균형되게 수입하고 적용하기보다는 그 미국 안에서도 보수적이고 미국 중심주의에 빠진 사고와 학문에 치중해 수입했다. 한국사람이 미국의 세계경영자들의 논리에 따라 한반도문제를 사고하는 것을 배워왔다. 한민족의 생존과 공영의 논리는 없고 제3세계를 관리하는 세계경영인의 논리에서 한반도문제를 바라보는 것이었다. 말하자면 특히 국제정치 분야에서 미국의 세계경영 논리를 한국문제에 거의 기계적으로 적용하는 것이었다. 그 결과 미국인들이 자신들의 책상 위에서 한반도문제를 사고하는 것과 매우 유사한 결론들과 논리들을 제시해왔다.

김영삼 대통령은 1993년 1월 취임사에서 '어떤 우방도 민족보다 소중한 것은 없다'고 선언했다. 이것은 미국의 이익, 미국의 한반도정책과 남북한을 다같이 포괄한 한국민족의 이익과 한민족의 한반도정책을 구분하고 차별짓는 독립적 사고를 갖는 것을 의미해야 했다. 그런데 김영삼 정권은 어느새 '세계화'를 강조하기 시작했는데, 그 세계화란 다름아니라 한국의 통일문제를 포함한 많은 것들을 미국처럼 생각하고 미국처럼 정책을 펴는 것을 의미하는 것처럼 되었다. 그런데 그것만도 아니었다. 미국은 국제환경이 변하고 자신의 내부사정도 변하면서 대외정책에 변화가 생겨 과거의 힘으로 밀어붙이는 냉전주의 정책을 주창하는 세력과 유연한 타협의 외교를 인정하는 리버럴들이 경쟁하고 있는 상황인데, 한국정부의 사고와 한국의 허다한 국제정치학자들의 사고는 미국 강경파들의 소굴인 국방부의 전쟁게임 상황실이나 CIA, 그 안에서도 매파들의 인식틀과 같은 논리에서 크게 벗어나지 못했다.

　북한 핵문제에 관해 군사적 행동까지도 고려하는 태도를 보인 미 국방부 강경파들은 특히 긴장이 심했던 1994년 5월과 6월에 한반도에서 전쟁을 상정한 면밀한 정책검토를 했다. 미국의 『워싱턴 포스트』가 1995년 4월 13일자 신문에서 밝힌 바에 따르면, 윌리엄 페리 미 국방장관은 최악의 경우 북한 원자로에 대한 선제 핵공격과 함께 수십만 명의 미군을 동원하는 전면적인 전쟁을 여러 차례 검토했다. 또 1994년 10월 제네바합의로 북한 핵문제가 일단락되고 있던 시기에도 미 국방부와 오마하 연구소에서 미국의 핵전략을 담당하는 군 장성들이 '님블 댄서'라는 암호명하에 한반도와 페르시아만에서 동시전쟁을 수행하는 모의실험을 실시했다는 것이다.[2] 이것은 미국의 강경파들이 자신들의 조건에 따라 북한을 순응시키기 위한 전략전술의 하나로 한반도에서 전쟁을 얼마든지 생각해볼 수 있는 것으로 상

---

2) 『동아일보』, 1995. 4. 14.

정하는 도구적 사고방식에 실제로 깊이 빠져 있었음을 말해주는 단적인 예였다.

문제는 한국의 국제정치학도 핵문제를 비롯한 한반도의 전쟁과 평화의 문제를 다룸에 있어서 바로 그와 같은 미국 강경파들의 전쟁게임의 논리에 서 있는 경우가 많았다는 사실이었다. 예를 들어 한반도에서 미국의 조건에 따라 미국의 방식대로 북한 핵문제를 해결하기 위해 미국이 경제제재 그리고 더 나아가 군사행동을 그래서 전쟁불사론을 문제해결의 한 수단으로 게임을 벌이는 것은 미국인들의 입장에서는 있을 수 있는 일인지 모른다. 한반도에서 전쟁이란 그들에게는 그야말로 '남의 부동산' 위에서 벌일 수 있는 외교전략의 일환으로 얼마든지 동원될 수 있을 것이다. 그러나 한반도의 전쟁이 미국인들에게 갖는 의미와 우리에게 갖는 의미는 전혀 다르다. 한반도에서 전쟁은 미국의 국제정치학에서는 클라우제비츠의 유명한 말대로 '다른 수단에 의한 정치와 외교의 연장'일 수 있다. 그러나 한국인의 국제정치학에서 한반도에서 또 하나의 전쟁은 '정치와 외교의 포기이며 종언'인 것이다. 따라서 한반도의 전쟁과 평화의 문제에 한국의 정치학자가, 한국의 지식인이, 한국의 언론인이 임하는 자세는 달라야 했다. 그러나 많은 한국인들은 미국인들처럼, 그 중에서도 강경파들처럼 사고하고 게임과 전략을 앞다투어 논해왔다.

닉슨 행정부 때 대통령 안보담당 보좌관과 국무장관을 역임한 헨리 키신저는 현실주의적 국제정치학자로서 남다른 업적을 쌓았다. 나역시 그 방면의 그의 능력의 대해서는 존경하는 바 없지 않다. 그러나 그의 현실주의적 국제정치노선은 미국의 경제적·전략적 국가이익을 위해서는 어떤 수단과 방법도 불사할 수 있다는 제국주의적 풍모를 강하게 띠고 있다. 이러한 그의 인식이 미국의 대외정책노선에 현실화될 때 어떤 결과가 나오는가는 닉슨 행정부가 베트남전쟁에서

'명예로운 후퇴'를 위한 유리한 협상고지를 점하기 위해 베트남과 캄보디아에서 전개한 무자비한 파괴와 살상의 전쟁정책, 그리고 칠레에서 민주선거를 통해 등장한 아옌데 사회주의 정권을 무너뜨린 군부쿠데타 공작에서 그 진면목을 드러낸 바 있다. 그래서 한때 많은 미국인들은 키신저를 '도살자'라고 불렀는데, 신보수주의 시대를 거치면서 사람들은 그 기억을 재빨리 잊어버렸다. 한국에는 그 같은 키신저와 일면식이 있거나 없거나 간에 그의 정신적 제자이기를 자처하는 정치학자들을 더러 보게 된다. 이런 현상 역시 바나나 리퍼블릭의 한 서글픈 단면이라고 하겠다.

탈냉전의 새로운 국제질서는 무엇이 새로운 것인가에 대한 회의를 불러일으키기 시작하고 있다. 미국은 상당히 변했으면서도 변하지 않은 것이 많고, 일본 역시 그러하며, 중국도 러시아도 그리고 유럽의 강대국들도, 그들의 자본도 힘있는 정치인들의 행태도 그렇다. 이런 상황에서 진보적 민족주의의 의의는 되새겨져야 한다. 김영삼 대통령이 취임 초 말한 대로 '어떤 우방보다도 민족이 소중한 것'이라면 미국인들의 생각을 따르기 앞서, 특히 이른바 친한파 미국인들이라는 미국 내 강경파들, 그리고 이른바 친한파 일본 정치인이라는 일본의 보수 우익의 '망언'의 주역들을 따르기 앞서, 한반도 민족의 견지에서 우리의 문제를 사고하고 해결책을 모색하는 독립적 사고가 필요하다. 이것은 세월이 아무리 흐르고 상황이 바뀌어도 필요한 일이며, 바로 여기에 '진보적 민족주의'가 새로운 시대에 갖는 여전한 적실성이 있다.

김영삼 정권은 취임 초의 '민족 우선'과 그에 바탕했던 이인모씨의 북한송환에도 불구하고 그의 집권 초기부터 불어닥친 미국의 한반도 핵문제 거론, 그리고 뒤이은 미국 내부의 강경론과 한국내 보수세력의 '반북의 정치'(反北의 政治 : 북한 이슈를 극대활용해서 남한 국내개혁을 방해하려는 정치)에 휩쓸려 다니면서 '민족'의 차원을 버리고 말았으며, 그 공백을 곧 국제화 또는 국제공조라는 말들로 메우기에 이르렀다. 그에 따라 한국의 지식인사회도 민족주의를 거의 차별 없이 대개 시대착오적인 것으로 치부하거나 역사 속에 자주 등장한 바 있는 종족주의, 즉 사이비 민족주의와 동일시하면서 그 의미를 폄하하는 데 또한 획일적인 경향을 보여주었다.

이런 지적 풍토에서 민족문제와 통일문제에 대한 진보적 사상이 숨쉴 공간은 왜소하였다. 민족주의의 의미도 혼미해졌다. 우리 사회 진보운동은 현재의 문제점을 조망하면서 힘찬 미래를 열어갈 비전을 제시해야 되는 상황이지만 역시 방황하고 있고 힘이 결집되지 못했다. 이런 시절에 사상적으로도 우리가 풀고 세워갈 과제들이 많지만 여기에서는 민족주의의 의미를 되새겨보고 그것이 통일운동과 함께 노동운동 등 한반도의 역사적 진보에 갖는 뜻을 반추해볼 필요를 느낀다.

지금 역사적 단계에서 우리의 민족주의가 안고 있는 중추적인 과제는 물론 분단의 극복과 통일이다. 그러나 이러한 민족주의의 의미는 외세의 힘까지 빌려가면서 북한에 대해 힘으로 밀어붙여 흡수통일을 해야 한다는 우익적인 통일논리들이 판치면서 왜곡되고 훼손되어왔다. 이러한 왜곡과 훼손으로부터 민족주의의 정당한 의미를 다시 세울 필요가 있다.

필자는 건실한 민족주의는 건실한 국제주의와 통한다고 보고 있다. 그래서 초강대국이나 강대국들이 규정한 '국제주의'나 '인류보편적 가치'의 의미를 받아들일 것은 받아들이고 비판적으로 사고할 것은 분명히 구별해내는 '열린 독립적 사고'가 바로 건실한 민족주의의 근본이라고 본다. 진정한 국제주의는 세계에서 약자의 위치에 있는 민족들의 그 같은 '열린 독립성'을 존중하고 그들간의 연대를 뒷받침하는 것일 때, 존립할 수 있게 된다는 것이 나의 믿음이다.

민족주의는 바로 그 같은 전제에서, 민족적 모순을 극복하는 사상과 운동이라고 할 수 있다. 이 민족모순은 크게 민족 내부의 갈등과 민족과 외세의 갈등에서 비롯되는 문제로 나눌 수 있다. 민족주의는 이 같은 두 가지 차원의 민족적 모순들을 극복하려는 것이다. 한편으로는 민족 내부의 갈등이라는 대내적 민족모순을 민족 전체가 보다 높은 수준에서 하나의 공동체로 만남으로써 해소하며, 다른 한편으로는 우리 민족과 다른 외세들 사이의 비대칭적이며 왜곡된 관계에서 파생하는 대외적 민족모순을 극복하려는 지향이다.

통일이라는 문제는 이 두 가지 차원의 민족적 모순들을 극복하는 것과 불가분한 관계에 있다. 한반도에서 분단을 유지하는 세력의 중요한 한 부분이 한반도에 대한 비대칭적 지배력을 행사하면서 한민족 내부의 하나 됨을 저해하는 외세라고 할 수 있으며, 우리 현대사에 있어서 이 외세는 미국으로 집약된다. 결국 우리 민족이 민족 내부의 갈등을 해소하는 것과 대외적인 자주와 자존을 확보하는 것은 하나의 통일된 과제이다.

그런데 문제는 누구나 민족이 내부의 갈등을 극복하고 하나의 공동체로 되어야 한다는 것에는 공감하되, 어떤 공동체로 그리고 어떤 방식으로 하나로 되어야 하는가에 대해서는 의견이 다른 데 있다. 그리고 이러한 관점의 차이는 현재 한민족 안팎의 정치·경제·사회에 가장 강력한 영향을 미치고 있는 외세인 미국을 어떻게 보느냐, 즉 한반도에 대한 미국의 존재의 의미를 어떻게 파악하느냐 하는 문제와 불가분한 관계에 있다. 이러한 분열된 비전과 인식 가운데에서 진정한 민족주의의 길은 무엇인가를 정확하게 분별해내지 않으면 안된다.

해방 직후 우익 정치인들은 사회주의에 대칭되는 의미로 스스로 민족주의자로 자칭하였다. 한편 사회주의자들은 소련이 주도하는 프롤레타리아트 국제주의의 관점에서 민족주의를 편협한 사상으로 이해함으로써 우익들이 스스로를 민족 우선의 정치세력으로 치장하는 행태를 방치하고 말았다. 이것은 북한이 민족주의적 성격이 강한 주체사상을 주장하면서도 민족주의의 사전적 의미를 매우 부정적으로 규정해온 데에서도 잘 드러난다.

우리는 여기에서 민족주의를 내건 정치세력들의 여러 사상들을 분별하는 기준의 하나를 발견하게 된다. 민족이 하나의 공동체를 이루어나가야 한다는 주장을 하더라도, 민족 내부의 지배와 착취를 은폐하고 정당화하기 위해 민족을 들먹이는 주장들이 있다. 이와 달리 민족 내부가 진정으로 하나 되기 위하여 민족 내부의 지배와 착취가 제거되어야 한다는 사상이 있다. 전자의 주장은 민족 내부의 억압과 지배의 비대칭적 모순을 유지하고 정당화하기 위해 외세에 의존하거나, 또는 다른 민족에 대한 감정적인 증오를 동원하는 왜곡된 민족주의를 낳는다. 흔히 우익 민족주의론이라고 할 수 있다. 반면에 민족 내부의 갈등을 극복하고 진정한 하나의 공동체를 이루기 위해서는 민족 내부의 지배와 착취를 근절해야 하며, 그러한 민족 내부의 갈등과 착취관계를 지원하고 정당화하는 외세에 대한 저항을 불가결한 과제로 받아들이는 사상이 곧 진보적 민족주의 또는 비판적 민족주의라고 말할 수 있다. 민족주의를 옹호하든, 비판하든 이 차이점에 대한 분명한 인식을 바탕으로 해야 한다.

우리가 민족주의를 진보적 관점에서 이해한다면, 한반도 역사의 진보에 있어서 남북 민족문제 해결이 우선인가 또는 남한 내부 계급모순의 해결이 우선이어야 하는가에 대한 논란은 상당부분 핵심을 벗어난 논란이라고 할 수 있다. 민족 내부의 갈등을 조장하고 유지하는 외세의 문제점을 비판하고 그 외세와의 관계를 변화시키는 일은 민족 내부의 지배와 착취를 옹호하고 정당화하는 세력과의 부단한 싸움과 뗄 수 없다.

오늘 우리 한국의 현실에서 이 두 문제가 결국 하나의 통일된 문제임을 역설적으로 잘 웅변해주는 것은 바로 국가보안법이다. 국가보안법은 남북 민족의 이질성을 극복하고 하나 됨을 추구하는 통일운동에 대해서도, 그리고 민족 내부의 지배와 착취관계를 변혁 또는 개혁하려는 노동운동에 대해서도 동시에 활용되어온 양날검이었다. 지배세력이 국가보안법이라는 하나의 통일된 무기로 두 개의 진보세력의 도전에 대처하고 있다면, 진보적 정치세력도 반통일세력과 반노동세력을 하나의 통일된 극복개념으로 파악하고 대응하는 것이 필요하다.

통일운동이 우선이냐 노동운동이 우선이냐 하는 논란은 국면에 따라 전술·전략의 차원에서 논의될 수는 있다. 그러나 한반도 역사의 진보라는 차원에서는 이 두 운동은 결코 질적으로 다른 과제로서 경직되게 규정되어서는 안된다. 수구세력은 통일되어 있으나 진보진영은 의식분열 상태라면 그렇지 않아도 힘겨운 싸움을 더 어렵게 만들 뿐이다.

과거 군사독재 시절에 진보진영에서는 한국의 민주화문제가 먼저인가 통일이 먼저인가라는 논란이 벌어진 일이 있고, 이런 논란은 형태는 다르지만 오늘날에도 남아 있다고 할 수 있다. 먼저 통일운동이 우선이라고 하는 논리를 보자. 이런 인식은 분단이 극복되지 않는 한 민주화는 근본적으로 불가능하다는 판단에 기초했다. 그러나 이러한 인식과 운동은 두 가지 면에서 모순된 것이었다. 첫째, 민주화가 안된 마당에 관변이 아닌 진보적 통일운동은 한치 앞을 나서는 것이 어려웠다. 우선 국가보안법이 앞을 막았다. 둘째, 통일운동은 다른 한편으로 민주화가 안된, 즉 국가보안법 체제하에서 운동을 전개함으로써 노동탄압과 통일논리 독점에 기초한 독재정권에 도전하는 운동이었다. 그런 점에서 통일운동은 통일을 위한 운동이었다기보다는 진보적 민간 통일운동을 막는 정부의 독재에 항거하는 일종의 민주화운동이었다는 측면을 부인할 수 없다. 결국 민주화보다 통일이 우선이라는 논리는 두 가지 측면 모두에서 자기모순적이었다.

통일운동보다 남한 내 민주화 및 노동운동이 우선이라는 논리 역시 그것이 경직적으로 극단화될 때 비생산적인 자기모순에 빠지는 것이었다. 첫째, 분단체제와 불가분한 관계에 있는 국가보안법이 온존된 상황에서, 그리고 그러한 국가보안법을 무기로 삼아 각종의 진보적 노동운동사상과 행동을 국가안보를 위태롭게 하는 것으로 간주하는 각종의 법적·제도적 장애물이 많은 환경 속에서 '노동운동'의 질적인 진보는 기대하기 어려운 것이었다. 오직 부단한 투쟁이 기다리고 있을 뿐이었다. 이런 상황에서 통일운동진영이 지나치게 앞서감으로써 공안정국이 조성되고 그래서 노동운동이 이룰 수 있는 진보를 제약했다는 논리는 크게 보면 책임과 원인의 소재를 지나치게 축소시켜 보는 시각이라고 할 수 있었다.

1994년 6월 미국이 대북한 제재를 추진하다가 중국과 러시아가 강하게 제동을 거니까 미국 내 강경파가 주춤하고 온건론이 재등장했다. 이에 미국은 카터방북을 계기로 유화국면으로 들어섰고, 카터는 남북간 정상회담을 중재한 꼴이 되었다. 그러자 노동운동진영 안에서는 이 국면을 김영삼 정권이 노동운동 탄압에 활용하고 있다는 지적이 있었다. 이것은 일면의 진실은 있을 수 있다. 그러나 정상회담 국면이 전개되지 않고 계속 전쟁불사론이 지속되었다고 하자. 이런 상황에서 노동쟁의가 확산되었을 때에 김영삼 정권이 가만 있었겠는가? 똑같은 또는 그 이상의 탄압이 가해졌을 것이다. 즉 정상회담이 있든 없든 노동운동이 확산되면 민자당 정권의 정치적 성격상 탄압을 본격화하게 마련이었다. 핵심적인 문제는 어떤 상황에서도 자본과 국가의 억압에 저항할 수 있는 노동운동의 비전과 결집된 힘이라고 할 수 있는 것이다.

노동운동의 상황은 남북관계 개선과 반비례해서 나빠지는 것이 아니다. 중단기적으로 보면 별 상관없이 진행된다고 볼 수 있다. 그리고 장기적으로 볼 때는 남북관계가 남북 기본합의서의 취지대로 화해, 군축, 교류·협력이 본격화되는 단계에 들어서면 국가보안법의 근거가 약화됨으로써 결국 노동운동 환경의 개선에도 근본적으로 기여하게 된다고 보아야 할 것이다. 요컨대, 노동운동 환경에 통일운동이 부정적으로 작용한다는 생각은 일면적인 평가이다. 실제 노동운동 환경과 통일운동 환경은 단기적으로 보면 때로는 갈등하기도 하고 때로는 같이 맞물려 진척되기도 하는 등 그 상호관계가 유동적이지만, 적어도 중장기적으로는 상호보완적 관계에 있다고 생각된다.

둘째, 올바른 노동운동이 발전할수록 자주적 통일운동 환경은 개선될 수밖에 없다. 올바른 노동운동은 노동자들의 개인적인 임금인상 투쟁에 그치지 않고 국가보안법의 폐지와 같은 광범한 정치적 변화를 몰고 올 것이다. 그만큼 통일운동 환경 조성에 이바지하는 것이다. 따라서 올바른 노동운동은 자신의 의지가 어떠했든 통일운동 환경을 개선하기 위한 노력이기도 하였다. 이런 의미에서도 노동운동과 통일운동을, 즉 민족모순 극복운동과 계급모순 극복운동을 상호부정적이고 대립적인 성격으로 보는 관점은 그릇된 것으로 보인다. 그 두 운동은 상호보완적인 것이며 통일된 과제의 성격을 띠고 있는 것이다.

따라서 문제는 노동운동과 통일운동을 각자 저마다의 위치에서 어떻게 올바르게 전개할 것인가 하는 점이라고 할 수 있다. 우리에게 필요한 것은 국면마다 전략·전술의 차원에서 그 두 운동이 어떻게 서로를 뒷받침해주고 연계시켜주며 상호보완적으로 될 수 있는가를 고민하는 '실용적인 대화'라고 하겠다. 두 운동진영이 서로를 이념상 근본적으로 다른 우선순위를 내포한 사상체계로 규정하는 '이념적 논쟁'에 빠져서는 안된다는 뜻이다.

1994년 7월 김일성 주석의 사망을 계기로 수구세력이 벌였던 집단적 히스테리 양상 즉, 비이성적인 신매카시즘 양상도 반통일세력과 반노동세력은 하나로 통일되어 움직인다는 사실을 재확인해준 바 있었다. 이에 대한 진보진영의 사상적·운동적 대응 역시 통일운동과 노동운동의 과제를 통일적으로 파악하는 자세를 가져야 한다고 생각된다. 남북관계가 개선되면 북한의 노동을 활용하는 재벌들만 이득을 보고, 한국의 노동자들은 북한의 노동과의 경쟁 때문에 오히려 손해를 볼 것이라는 분석이 제시된 일도 있었다. 그러나 우리는 한반도에서 반통일 및 반노동의 수구세력이 통일되어 있는 만큼이나 우리가 극복해야 할 과제들 즉 평화적 분단극복과 노동정의 실현이 통일된 과제라는 점을 확인하면서 문제를 장기적으로 보아야 한다.

한반도에서 전쟁위기를 조성하고 이를 활용하는 자들이 곧 한국의 노동운동 억압의 선봉에 있는 자들이기도 했다. 재벌들은 남북관계 개선이 되면 그 상황을 자신들에게 유리하게 돈 버는 기회로 활용하려 하지만, 남북관계 개선을 위해 운동하는 사람들은 분명 아니다. 남북관계 경색과 그로 인한 한국정치의 경색은 남북대화가 진행될 때 못지않게 한국의 재벌들에게 이점을 가져다 주기 때문이다. 노동운동이 발전할수록 재벌들은 앞장서서 남북관계를 경색시킬 준비가 되어 있는 세력이라고 할 수 있다. 남북관계가 개선되면 궁극적으로 국가보안법의 기초를 흔들면서 진보운동이 한반도 전체에서 노동정의를 확보해낼 환경이 개선될 수 있기 때문이다.

한국의 재벌들에겐 남북관계 개선에 따른 남북경협은 북한의 노동력 활용이라는 새로운 기회를 제공해주는 것은 사실이지만 그렇지 않다고 해서 재벌이 몸이 달아 조바심하지는 않는다. 재벌들은 오히려 그 같은 남북간 긴장완화가 한국 내 국가보안법 및 비민주적 노동법체계에 제기할 도전을 동시에 우려하지 않을 수 없는 입장에 있다. 이와 달리 진보진영 전체에게 있어서 남북관계 개선은 남북간 화해와 평화체제 실현을 통한 한반도 내 민족공동체 회복의 기초가 된다. 이것은 또한 민족 내부의 지배와 착취의 모순과 함께 우리 민족과 외세 사이에 존재하는 군사·경제적 모순을 극복해나가는 데 있어 불가결한 과정이다. 따라서 남북관계 개선을 통한 평화적 민족공동체 회복과 건설이라는 통일운동의 목표와 작업을 재벌들의 대북투자이익이라는 측면에 한정해 봄으로써 그 의의를 폄하하는 단기적이고 소극적인 인식에서 벗어나야 할 것이다.

대외적 국제관계가 외세에 의하여 장기간 지배당하고 왜곡된 우리와 같은 약소민족 사회에서는 대내적인 사회적 모순은 민족의 대외적 모순과 긴밀하게 얽혀 있다. 김영삼 정권이 핵문제로 미국에 끌려다니는 한편 노동운동에 대하여 부단히 폭력을 행사해온 지난 세월을 되돌이켜보면 이 점을 새삼 절실하게 생각하게 된다. 그런 가운데 진보적이며 비판적인 민족주의 사상과 운동이 통일운동뿐만 아니라 우리 노동운동의 발전을 포함한 역사의 진보에 갖는 여전한 중요성을 재확인하게 된다. 그럴수록 우리는 앞서 지적한 진보적 민족주의가 추구하는 민족모순 극복의 두 가지 복합적 의미를 명확히 인식해야 한다. 그래서 우익적인 민족통합과 통일논리가 민족주의적 가치를 둘러싼 세계관의 싸움터를 지배하도록 방치하는 일이 없도록 해야 한다.

현대세계는 한편으로 기존에 국가와 민족들이 각기 갖고 있던 정치, 경제, 문화 등에서의 이질성과 차별성을 희석시켜왔지만, 강대국과 약소국, 부국과 빈국, 일등 세계인과 삼등 세계인 간의 격차는 지속적으로 더욱 벌어져왔다. 강대국의 이기적인 민족주의는 오늘날 국제주의 이데올로기와 불가분한 측면을 부인할 수 없다. 우리와 같은 약소민족의 민족주의는 그러한 강대국들의 국제주의 이데올로기 속에 내포된 강대국 민족주의에 대한 보다 철저한 인식과 대응을 필요로 한다.

탈냉전으로 초강대국들간의 갈등이 크게 해소되면서 선진국들의 자원배분의 우선순위가 달라질 가능성이 생겼다. 그러나 약소민족들을 포함한 전인류주의적 가치들, 즉, 진정한 초국가적-국제적 공동선을 향한 협력과 투자에 강대국들이 인색할 가능성은 엄존하고 있다. 구소련사회의 정치적·경제적 통일성과 안정성의 상실은 전인류적 문제의 해결과 관련해 구소련권 지역이 기여할 능력을 거의 상실했음을 의미한다. 또 냉전시대에 자본주의권 전역에서 리더의 역할을 해온 미국이 특히 탈냉전에 들어 세계적인 경제지도국가의 위상을 상당부분 상실하면서 국가자원 배분에서 국제적 공동선에의 투자가 우선순위에서 더욱 배제되는 경향도 무시할 수 없다. 초국적 자본의 역할의 확대는 한편에서는 국가적·민족적 갈등의 경계를 넘어 전지구주의적 통합의 가능성을 높여주는 것으로 기대되기도 한다. 그러나 본질적으로 경제적 이윤추구와 적자생존의 논리에 지배되는 초국적 자본들은 환경, 군축, 인권, 노동자의 권익, 전지구적 부의 재분배 등과 같은 전지구주의적 공동선의 향상에 기여하기보다는 카우츠키가 논의한 바 있는 주요 국가들에 실질적 국적을 가진 자본들간의 초제국주의적 협력 및 그에 바탕한 전지구적 환경파괴,[3] 그리고 경우에

---

3) 동남아시아와 라틴아메리카 등지의 열대림 파괴라는 심각한 환경파괴의 문제,그리고 오존층 파괴 등의 문제에서 선진국 다국적 자본들의 중심적 역할에 대해서는 많은 조사보고가 있는 바이다. 일례로 권태선, "하나의 아시아 : 시민연대 새물결,인도네시아 편—선진국의 열대림 파괴 고발", 『한겨레신문』(1995. 6. 13) 참조

따라서는 부정의한 지역적 질서들의 유지——예로 중동의 정치와 경제질서——에 기여할 가능성이 엄존하고 있다.

그럼에도 불구하고 한국의 언론과 학계에서는 1990년대 들어 초국적 자본이 중심적 역할을 하는 국제화의 시대에 전지구주의의 확산을 지적하고 그 안에서 초국적 자본들이 수행하는 긍정적 역할을 강조하면서, 민족주의를 그 종류와 성격을 거의 무시하고 시대착오적인 것으로 매도하는 경향이 늘고 있다. 그러나 초국적 자본들이 전지구주의에 충실하고 그에 기여한다는 보장이 없는 상황에서 약소지역, 약소민족의 민족주의적 경계는 불가피한 것이라고 할 수 있다. 그것은 초국적 자본들이 자본과 이윤의 논리에 따라 전지구주의적 공동선의 가치들을 파괴하는 것을 견제할 수 있는 몇 안되는 힘의 원천이라 할 수 있겠다. 따라서 전지구주의적 공동선을 향한 국제주의적 노력에 있어 약소민족들 내부의 진보적 민족주의에 대한 정당한 평가가 필요하다.

20세기 전반에 세계사의 모순의 주요 축으로서 자본주의 열강간의 파시즘 대 민주적 자본주의의 대결이 정치적 민주주의를 지원하는 자유주의 이데올로기의 승리로 귀결된 것은 다행스러운 일이었다. 그러나 그 후 세계사의 모순의 주요 축으로서 민주적 또는 권위주의적 자본주의와 권위주의적 현실사회주의의 대결은 사회주의 내부의 정치적 민주주의의 결여, 생산력 확장 메커니즘의 결여 등 두 가지 면에서의 실패로 자본주의의 승리로 일단 귀결되었다.

현재 진행되고 있는 국제화는 20세기 전반의 세계사적 모순인 자본주의적 제국주의 국가들간의 내부 갈등, 그리고 20세기 후반 세계사적 모순인 자본주의 대 사회주의의 대결이 모두 민주적 자본주의의 승리로 귀결되면서 세계가 하나의 얼굴, 하나의 비전, 하나의 공동체로 되어가는 것 같은 이미지를 불러일으키고 있는 것이 사실이다.

그러나 과거의 모순이 사라진 만큼 세계는 또다시 새로운 모순을 잉태하고 예비하고 있다고 볼 수 있으며, 과거의 기본적인 모순들이 새로운 형태로 제기될 가능성을 안고 있다고 볼 수 있다. 이러한 모순들에는 자본주의와 사회주의 간의 모순이 사라진 만큼 그 틈에 자본주의 내부의 갈등이 오히려 심화될 가능성을 안고 있다. 미국과 일본, 미국과 유럽 등등의 관계는 한편 더욱 깊어지면서도 다른 한편으로는 기본적인 국민국가 경제권을 경계로 경제적 패권을 위한 경쟁이 치열해지고 있으며, 국가의 무역정책 개입과 산업전략 개발이 새로운 형태로 치열해지고 있는 것이다.

이러한 상황에서 우리는 몇 가지 과제를 안고 있다. 첫째, 우리는 한편으로 20세기의 승자를 자처하게 된 민주적 자본주의의 이념이 20세기에 그 나름으로 이룩한 정치적, 경제적 업적을 창조적으로 소화하고 활용해야 한다는 것은 분명해 보인다. 정치적 민주주의는 부르주아 사상이라고도 불린 일이 있지만, 그것은 유럽의 역사에서 봉건계급과 함께 새로운 권력계층으로 부상한 부르주아지의 전제(專制)의 가능성에 대한 노동자들의 부단한 저항과 투쟁에 의해서 이룩된 것이기도 하다. 사상과 표현, 결사의 자유와 같이 인류 개개인이 어떤 형태의 권력에 대해서도 응당 가져야 할 보편적 권리의 개념들을 철저하게 우리 것으로 만들고 확립해나가며 이것을 우리의 공동체 건설의 기본이념으로 만들어야 한다.

둘째, 자본주의는 애초에 맑스가 지적한 것처럼 경제적 생산력 증진이라는 역사적 역할을 담당하였다. 이 중에서도 고도한 단계의 선진 자본주의는 자본간의 경쟁과 노동자에 대한 상대적 잉여 착취라는 방식을 통해 생산력 증진을 이룩하였다. 향후 우리의 경제공동체는 생산집단간의 경쟁을 보장하고 노동자의 생산능력의 질의 확보라는 문제를 소화하여 현실사회주의가 겪었던 실패를 되풀이하지 않도록 해야 할 것이다.

셋째, 우리가 지향할 공동체는 이처럼 정치적 민주주의에 바탕한 고도한 자본주의가 이룩한 업적을 긍정적으로 이해하고 소화하되, 사적 소유의 절대성이 자본주의적 성공의 요체라는 이데올로기를 극복하고 집산주의의 폐해를 극소화하면서도 개인적 자율과 공동체적 소유와 창조활동이 양립하는 사회상에 대한 진지한 모색을 중단하지 말아야 할 것이다. 즉, 맑스가 애당초 꿈꾸었던 소외된 노동이 극복된 민족공동체, 세계공동체를 위한 새로운 진보를 구상하며 기획해야 한다. 즉, 민주적 자본주의의 성공의 현실과 그 핵심을 현실로 이해하고 받아들이되 그로부터 또 하나의 진보와 도약을 위한 비전을 모색해야 하는 것이다.

끝으로 우리가 추구할 민족공동체는 세계시민공동체의 비전을 배제하는 것이 아니다. 우리 공동체는 인류를 나누고 있는 여러 가지 요소들, 인종과 종교, 이데올로기, 지역적 차이 등을 극복하고 전쟁이 아닌 평화, 힘이 아닌 대화를 통해서 문제를 해결해나가도록 노력하는 것이 당연하다. 그러나 이러한 노력에 있어 우리 민족공동체가 건설적이고 적극적인 역할을 하기 위해서는 우리가 먼저 통일된 자주적이며 민주적인 민족공동체를 건설해야 한다. 기존의 성공적인 강대국 자본주의 사회들이 그러한 비전을 제공해주는 것이 아니기 때문이다. 세계주의에 대한 열린 마음과 함께 건실하고 현실적인 진보적 민족주의의 지적 공간을 지켜나가야 한다.

4. 국제정치이론과 진보적 국제정치관

냉전시대에는 국제관계의 본질과 미국의 세계적 위상 및 그 역할의 성격에 대하여 '현실주의' 국제정치이론이 미국을 필두로 한 서구 정치학계를 지배했다. 현실주의의 이론은 국제정치에서 미국의 '리더십' 행사의 기초를 경제력·군사력과 같은 물리적인 기반에서 찾았다. 그리고 이러한 물리적 권력기반, 즉 소위 '강성 권력'에 있어서 주요 국가들간의 세력배분 및 그 역학관계에 의하여 국제관계가 규정되는 것으로 파악했다. 그런 가운데 현실주의는 강대국의 권력행사에 인간사회의 역사가 피할 수 없는 하나의 자연법칙과 같은 보편적 타당성을 부여하고 '현실의 이성화'를 통해 그것을 정당화하는 기능을 수행한 것으로 지적되기도 한다. 이 같은 현실주의적 관점은 미국이라는 하나의 강력한 국가가 국제정치의 '규율자'로 행동함으로써 국제질서가 안정을 획득하는 가운데 안보와 자유무역질서라는 '공공재(公共財)'를 모든 나라에 제공한다는 소위 '패권적 안정이론'으로 연결되었다.

그러나 현실주의자들이 미국의 '국제적 리더십'의 기반의 하나로 간주했던 경제력에서 미국의 상대적 쇠퇴가 두드러져 보이기 시작한 1980년대에 이르러, 미국 국제정치학계는 중요한 이론적 변화를 겪게 되었다. 먼저 기존의 주류를 형성했던 현실주의자들은 '미국 헤게모니 쇠퇴론'을 운위하기 시작했다. 미국의 패권적 리더십의 기반을 경제력·군사력과 같은 가시적인 물리력에 두고 있던 현실주의 이론은 그 논리적 귀결로 미국 헤게모니의 쇠퇴를 지적할 수밖에 없었다.

월러스타인 등의 세계체제이론과 길핀 등의 신현실주의 헤게모니 이론들은 궁극적으로 한 국가의 경제력이 그 나라의 정치·군사 능력의 기초로 작용하며, 경제력의 쇠퇴는 곧 정치·군사 능력의 쇠퇴로 이어진다는 관점을 받아들이고 있는 점에서 일치하고 있다. 이들의 관점에서는 한 국가가 헤게모니적 권력을 장악하게 되는 것도, 그 위상을 상실하는 것도 경제력의 흥망성쇠와 직결되어 있다. 대표적인 현실주의적 헤게모니 이론가인 로버트 길핀 역시 기본적으로 근대의 국제관계에서 패권적 국가의 국력은 주로 경제력에 의하여 결정되는 것으로 파악했다.

미국 헤게모니 쇠퇴론자들은 경제적 팽창에 바탕한 근대의 패권국가는 곧 그 팽창이 한계에 이르며 마침내는 쇠퇴하게 된다고 보는 점에서 또한 일치된 견해를 보인다. 길핀의 전형적 설명에 따르면, 처음엔 팽창에 따르는 비용보다 그로 인한 경제적 잉여가 더 커서 팽창이 패권국가에 이롭다. 그러나 일정한 기간이 지나면, 팽창에 따르는 한계효용이 체감하는 현상(diminishing returns)이 나타나고 그 비용은 증가한다. 곧 패권국가가 패권 확립기에 정립한 국제질서, 즉 영토와 영향권의 배분, 체제의 규범들, 국제경제 등을 유지하는 비용과 그 패권국가가 이러한 질서를 지킬 수 있는 재정적 능력 간에 불균형이 초래된다. 이러한 불균형상태는 패권국가에게 '재정위기'(fiscal crisis)를 초래하며, 그 결과 패권국가는 경제적·정치적 쇠퇴기에 접어든다는 것이다.

결국 월러스타인이나 길핀 등의 헤게모니이론은 기본적으로 한 헤게모니 국가의 흥성과 쇠퇴의 과정을 역사적으로 거의 회피할 수 없는 필연이라고 파악하는 경향을 갖고 있다. 이러한 경향은 헤게모니 국가가 역사의 일정한 시점에서 구조적으로 '점증하는 필요와 불충분한 자원의 딜레마'에 봉착하게 된다는 길핀의 논의에 잘 나타나 있다.[4] 월러스타인을 비롯한 주요 맑스주의자들도 미국 헤게모니의 쇠퇴는 "미국 지도자들의 의지의 약화 때문이 아니라, 객관적 현실 때문"이라고 지적함으로써, 헤게모니의 흥망을 경제력·군사력의 관점에서 파악하고 있음을 보여주었다.[5] 이들은 그 결과로 국제적 안

---

4) Robert Gilpin, *War and Change in World Politics*(Cambridge University Press, 1981), p.159.

5) Samir Amin, Giovanni Arrighi, Andre Gunder Frank, Immanuel Wallerstein, *Dynamics of Global Crisis*(London : The Macmillan Press, 1982), p.10.

정 및 자유무역질서와 같이 미국이 국제적으로 제공했던 '공공재'의 혜택이 사라지고 무질서와 무역분쟁 가능성이 높아질 것으로 전망했다.

그러나 이와 동시에 다른 형태의 논리체계, 즉 자유주의 혹은 신자유주의적 인식이 현실주의를 대체하여 1980년대 이후 서구 학계를 풍미하기 시작한 것으로 볼 수 있고, 1990년대에 들어서서는 그 학문적 영향력이 특히 현저해졌다. 자유주의는 미국의 '국제적 리더십'의 기반을 다른 차원에서 인식하려 했다. 이 사조에 따르면, 미국의 국제적 리더십은, 미국이 패권적 영향력을 행사하던 냉전시대에는 상당부분 경제력과 군사력, 즉 '강제적 권력'(command power)을 바탕으로 했던 측면을 인정하되, 그때에도 이미 다른 나라들의 자발적 협력과 동의를 확보하는 능력인 소위 '연성권력' 또는 '유인적 권력'(co-optive power)을 바탕으로 했다는 것이다. 자유주의는 이러한 새로운 국제권력 개념을 바탕으로, 미국이 경제력의 상대적 쇠퇴에도 불구하고 유인적 권력의 적절한 사용을 통해 '국제적 리더십'을 계속 자임할 수 있고 또 그렇게 해야 한다는 논리를 전개했다.

자유주의 경향의 이론가들이 미국 헤게모니 쇠퇴론에 대해 제기하는 비판은 크게 두 가지 형태를 띠었다. 첫째, 미국이 과거에 비하여 경제적으로 상대적인 쇠퇴를 겪은 것은 사실이지만 국제적 리더십을 잃을 정도로 경제력이 쇠퇴한 것은 아니라는 주장이다. 조셉 나이는 유럽과 일본의 재건으로 인한 세계 주요 국가들과 미국 간의 경제력의 상대적 위상 조정은 1970년대 중반에 일단락되었으며, 그 후에는 미국 경제력의 상대적 쇠퇴가 계속된 것으로 볼 수 없다는 견해를 보이고 있다. 그는 CIA의 한 연구를 인용하여, 1975년에서 1988년 사이에 세계총생산에서 미국이 차지하는 몫은 25퍼센트에서 26퍼센트로 오히려 늘어난 것으로 볼 수 있다고 지적한다.[6] 한편, 수잔 스트레인지는 미국 경제력을 미국의 영토 안에서 이루어지는 생산활동과 그 결과물에만 한정시켜 정의하는 것은 잘못된 것이라고 주장했다. 한 나라의 경제력은 그 나라 영토 자체 안에서 이루어지고 있는 생산활동과 그 결과물의 크기에 한정되는 것이 아니라, 그 나라 기업인들이 영토 밖에서 세계적인 차원에서 설계, 지휘, 감독하고 있는 모든 생산활동과 그 결과물을 포함한다는 것이다. 경제력을 그러한 개념에서 파악할 때, 미국의 경제적 생산력은 결코 부단한 쇠퇴과정에 있는 것이 아니라고 스트레인지는 주장했다.[7]

자유주의자들이 미국 헤게모니 쇠퇴론에 대해 제기하는 두번째 형태의 반론은 미국의 세계적 패권의 기초를 경제력·군사력과 같은 물리력으로 파악하는 '권력개념'에 대한 비판이다. 이들은 미국의 세계적 리더십이 상당부분 문화적 힘과 국제제도들에서의 미국의 정치적 리더십 등과 같은 소위 '연성권력'에 바탕을 두고 있다는 주장을 제시하면서, 미국은 그러한 리더십을 유지할 잠재력을 충분히 갖고 있다고 파악한다. 자유주의적 이론가들은 경제력·군사력과 같은 물리적 능력의 기초에 있어서의 국가간 역학관계의 상대적 변화에 따라 헤게모니의 흥망성쇠가 필연적 과정을 밟는다는 역사적 필연론을 거부한다. 스트레인지는 미국 헤게모니의 쇠퇴를 영국 헤게모니의 쇠퇴와 같은 역사적 선례에서 찾아 그 필연성을 주장하는 이론들을 비판한다. 이들의 견해로는 경제력과 군사력에 있어서 상대적 우위가 약화되었더라도 미국은 기존의 강성권력과 함께 여러 가지 연성적

---

6) Joseph S. Nye, Jr., *Bound To Lead : The Changing Nature of American Power*(New York : Basic Books, 1991), p.7.

7) Susan Strange, "The Future of the American Empire," *Journal of International Affairs*, vol.42, no.1(1988) ; in Richard Little and Michael Smith(eds.), *Perspectives on World Politics*(London : Routledge, 1991), p.435.

50

권력자원들을 활용할 수 있기 때문에 국가 리더십의 노력에 따라서
는 여전히 강력한 국제적 리더십을 행사할 수 있다는 것이다. 따라서
이들은 향후 미국의 세계적 리더십 유지 여부는 미국이 세계 주요
국가들과의 '협조적인 공생적 관계'(cooperative symbiotic relation-
ship)를 형성하는 데 필요한 '새로운 리더십 역할'(New Leadership)을
담당하고자 하는 의지를 얼마나 갖고 거기에 얼마만큼의 노력을 기
울일 것인가에 달린 것으로 파악한다.[8]

현재 미국의 국제정치학계는 이 같은 논리를 설파한 로버트 코헨,
조셉 나이 같은 이들이 상당한 영향력을 행사하고 있다. 그러나 '정
치학계' 내부의 이 같은 세력판도 변화는 자유주의자들의 논리체계
가 현실주의자들의 논리체계보다 애당초 더 합리적이고 타당한 것이
었기 때문이라고는 생각되지 않는다. 그것은 미국이 경제력의 상대적
약화를 겪으면서 경험하고 있는 국제적 역학관계의 변화, 그리고 그
결과 미국의 '국제적 리더십'의 행사방식이 불가피하게 변하게 된
데 따른 것이다. 즉, '현실 권력관계 변화의 반영'이다. 미국의 '리더
십'이 강제력보다는 동의(同意)에 의존하게 된 것은, 자유주의의 주
장처럼 강대국의 헤게모니의 기초가 원래부터 '동의'에 기초를 둔
것이기 때문이 아니라, 미국이 권력관계의 변화로 인해 다른 선진국
들과의 관계에서는 일방적 강제보다 협의와 동의를 중시하지 않을
수 없게 된 현실의 반영인 것이다. 그렇다면 변화된 권력관계의 행태
적 외양은 자유주의가 잘 포착했으나 그 외양 변화의 원인은 오히려
현실주의적 이해가 더 잘 포착하고 있다고 말할 수 있다. 이것이 자
유주의의 논리적 함정의 본질이다.

이러한 자유주의의 함정은 미국과 선진국들 간의 관계와 미국과

---

8) Strange, pp.442~43 ; Joseph S. Nye, Jr., *Bound to Lead*.

제3세계 국가들 간의 관계에 일어나고 있는 변화에 대해 자유주의가 일관된 설명을 제시하지 못하고 이중적인 기준을 설정하는 데서 잘 나타난다. 오늘의 국제정치에서 미국은 선진국들과의 관계에서 강제력보다 동의에 기초를 두고 있다고 할 수 있는 반면, 제3세계 약소국가들에 대해서는 과거보다도 오히려 더 직설적이고 즉각적으로 군사력을 활용하는 경향도 보였던 것이다. 이러한 행태는 자유주의적 일반론의 관점에서는 혼란스러운 현상이다. 그러나 현실주의적 관점에서 이러한 현상은 탈냉전 이후 전개된 두 가지 측면의 국제적 역학 변화를 정확히 반영하는 것이다.

첫째, 소련의 붕괴로 인해 제3세계에서 미국의 힘의 직접적 행사에 대한 소련의 견제가 사라졌다. 그에 따라 제3세계에서 미국의 힘의 행사방식은 더 자유분방하고 공격적인 성격을 띨 수 있었다. 둘째, 그런가 하면 이미 지적한 바와 같이 선진국과의 권력관계에서는 미국의 상대적 위치가 약화됨에 따라 이들 나라들과의 관계에서 미국의 '리더십'은 과거와 같은 위계적 질서보다는 그들과의 '협의' 또는 '동반자관계'를 통해서만 효과적으로 행사될 수 있게 된 것이다.

요컨대, 선진국과의 관계에서 미국 '리더십'의 행사방식에 일어난 그 같은 행태적 변화를 초래한 것은 바로 경제력·군사력과 같은 강성권력 자원들의 배분상태라는 의미에서의 국제적 권력관계의 반영이다. 그런데, 자유주의적 논리는 행태적 변화만(그것도 미국·선진국 간 관계의 행태변화만) 포착한 채, 그 변화의 원인은 포착하지 못하거나 은폐하는 결과를 초래한 것이다. 자유주의적 논리는 로버트 콕스와 같이 안토니오 그람시의 '문화적 헤게모니론'을 수용한 일부 신맑스주의자들의 국제정치이론과 결부되어, 일종의 '탈근대' 또는 '포스트모던' 국제정치학 논의로 확산되는 기초가 되기도 했다.

로버트 코헨이나 조셉 나이 같은 자유주의 이론가들은 사실 안토

니오 그람시의 문화적 헤게모니론을 국제정치 분석에 연장·적용한 로버트 콕스와 같은 신맑스주의자들의 시각이 적실성이 높은 것으로 평가한다. 예컨대 조셉 나이는 '팍스-브리태니카'와 '팍스-아메리카나'는 다른 국제경제체제에 비하여 국가들 사이에 보다 광범한 동의를 확보할 수 있는 '자유 국제무역질서'를 창조했기 때문에 효과적인 힘을 발휘할 수 있었다는 로버트 콕스의 주장을 주목하고 있다. 나이는 또한 어떤 국가의 국제적인 지배적 위치 확보 여부는 주도적 국가와 그 지배적 사회계급들의 우위를 확보해주는 동시에 상대적으로 약소한 위치에 있는 국가와 계급들의 기대를 어느 정도 만족시킬 수 있는 일반 원칙들을 기초로 광범한 동의를 확보해내는 능력에 좌우된다는 콕스의 주장에 동의한다.

이러한 지적 흐름은 국제정치의 본질에 대한 지나친 현실주의적 시각을 교정하는 데 도움이 된다. 그러나 우리는 자칫 앞서 언급한 자유주의적 논리가 내포한 함정에 빠지지 않도록 유의해야 한다. 또 '민족국가' 및 '국가주권' 문제와 관련해서도 균형된 인식이 필요하다. 민족국가와 국가주권의 의의가 현저히 감소했다는 '탈근대'론은 우선 구소련지역에서 점증해온 '민족주의'의 폭발, 즉 개별적인 민족 이익을 단위로 한 주권획득 운동의 의의를 제대로 설명해주지 못한다. 이 같은 구소련 및 동구지역에서의 민족주의의 폭발현상은 냉전체제 속에서 억압되어온 '민족국가' 및 '민족자결'의 욕구가 소련의 붕괴라는 현실 역학관계의 변동을 틈타 현실화된 것을 의미한다. 강대국 또는 일단의 강대국들이 국제정치의 게임의 룰을 만들고 그 가운데에서 약소 민족국가의 주권이 크게 제약당해온 현실은 오늘만의 일도 아니고 과거만의 일도 아니다. 앞으로도 그런 일이 '신세계질서'의 형성으로 근본적으로 사라질 것으로 기대하는 것은 금물이다. 이 점은 중동지역 질서에서 적나라하게 표현되어왔듯이 냉전시대나 탈냉전시대나 근본적인 차이가 없는 것이 현실인 것이다.

　같은 맥락에서, '민족국가가 소멸하고 국경과 주권을 초월한 초국가적 행위자 및 제도들', 그리고 '초국가적인 이슈들'이 오늘날의 국제관계에서 매우 중요해졌다는 자유주의적 탈근대론의 주장 역시 문제의 핵심을 놓치고 있다고 볼 수 있다. 자유주의적 탈근대론은 유럽통합 현상이 근대적인 민족국가의 의의가 약화되고 '초국가적 관계'의 의의가 커진 것을 실증하고 있다고 본다. 그러나 '유럽통합'의 원동력은 미국·일본 등 다른 선진국들과의 국제 경제전쟁, 그리고 제3세계에 대한 경제·정치력의 확산경쟁에서 유리한 고지를 점하고자 하는 유럽국가들의 욕구에 있음을 유럽통합의 추진자 자신들이 자국민들을 설득하는 과정에서 분명히해왔다. 그렇다면 유럽통합은 유럽 각국의 '국가이익' 추구의 결과라고 할 수 있다. 즉, 그것은 유럽의 주요 국가들 각자가 그러한 민족국가의 '근대적 이익들'을 더욱 효율적으로 추구하는 과정에서 진행된 근대적 이해관계들의 상호접근의 결과이지, '초국가적 이익'이 새로운 실체로서 등장한 것을 의미하는 것으로 보기엔 아직은 이르다. 또한 환경문제나 국제적 군비통제와 같은 초국가적 이슈들 역시 미국을 위시한 강대국들의 경제적·전략적 이해관계에 의하여 그 해결의 전망이 반드시 밝은 것만은 아닌 현실을 직시할 필요가 있다.

　'초국성'은 19세기 후반과 20세기 초반에도 융성하여 결국은 선진 자본주의국가들간의 제국주의적 갈등과 폭력적 전쟁의 뿌리가 되었던 시대에도 유행하였던 개념이다. 이런 현실을 바탕으로 20세기 전반의 자유주의적 국제정치학자들도 '국제주의'를 운위하였는데, 그것이 주요 국가들의 지배엘리트(특히 당시의 초국적 국제자본들이겠다)의 이데올로기적 성격을 띠고 있었다는 것은 에드워드 카가 날카롭게 비판한 바 있다.[9] 그의 우려대로 당시의 초국성과 그것이 불러올 조화로운 국제질서에 대한 환상은 2차대전의 발발로 잿더미가 되기도 했던 것이다.

국경이 없어지고 있다는 신세계에 대한 환상은 자본과 그 사회 엘리트들의 독과점물일 수도 있다. 프랑스혁명을 통해 민족단위의 공동체의식이 확산되면서 민족주의가 확산되기 전에 유럽은 귀족사회를 중심으로 코즈모폴리터니즘(세계시민주의)이 풍미했었다. 귀족들은 자기 사회의 평민들보다는 자주 전쟁을 벌이던 이웃나라의 귀족과 오히려 더 강한 일체감을 갖고 있었다.[10] 21세기를 바라보는 오늘의 세계에서도 초국성이란 자본과 상품의 자유로운 이동에 기득권을 가진——그것이 바람직한 것이든 그렇지 않은 것이든 간에——각 사회의 지배엘리트들간의 초국적 연대를 의미하는 측면이 강하다고 할 수 있다. 그러나 근로계층이나 일반인들에게 국경 없는 세계의 도래란 그렇게 현실적인 상황은 못 된다. 미국을 비롯한 선진국들은 갈수록 이민정책을 보다 정교하게 다듬어서 자기에게 이로운 자본과 인력은 제한적으로 허용하면서 자기들에게 해로운 이민은 더 철저하게 봉쇄하기 위한 노력을 강화해가고 있다. 심지어 미국에서는 외국인 체류자들에 대한 사회복지 서비스를 더욱 축소하는 법안이 소수민족들의 강한 반발에도 불구하고 백인중산층의 광범한 지지를 받고 있는 상황이다.

결국 자유주의적 시각이 강조하는 탈냉전시대의 '초국성'(超國性 : transnationality)은 상당부분 주요 강대국간의 역학관계에 일어난 변화를 투영한 것에 다름아니라는 것을 잊지 말아야 한다. 탈냉전과 미

---

9) Edward H. Carr, *The Twenty Years' Crisis, 1919~1939 : An Introduction to the Study of International Relations*(London : Macmillan, 1946).

10) Richard N. Rosecrance, *Action and Reaction in World Politics : International Systems in Perspective*(Little, Brown & Company, 1963), pp.23~25.

국의 상대적 쇠퇴로 인해 주요 국가들간의 관계는 대결에서 상호의존으로, 그리고 양극성에서 다소간의 다극성으로 바뀌어온 것이다. 이것은 국가들간의 차이와 대결보다는 다양성 속의 통일성과 경쟁 속에서의 협조가 강조되는 양상을 낳았다. 말하자면 1990년대 이후 강조되고 있는 '초국성'이란 따지고 보면 국제적 힘의 균형의 변화에서 많이 기인하고 있는 것이며, 그것이 국제정치의 어떤 본질적 변화를 보여주는 것이라는 충분한 논거는 찾기 힘들다.

그렇다면 향후의 국제관계와 그 안에서 미국의 역할이라는 문제를 현실주의의 입장에서 설명해야 하는가? 그렇지 않다. 나는 여기에서 현실주의와 자유주의를 진보적인 차원에서 지양하는 비판적 종합을 추구하여야 할 것으로 생각한다. 이러한 진보적 국제정치 시각은 기존의 현실주의(전통적 현실주의 및 신현실주의 포함)의 공통점과 함께 중요한 차이점을 지니고 있다. 그것들은 이론적 차원과 전략적 차원에서 각기 다음과 같이 정리할 수 있다.

먼저 이론적 차원에서 진보주의는 기존의 전형적인 현실주의와 같이 국제정치에서 주요 국가들간의 '현실적 권력관계'의 핵심적 기초는 무엇보다도 경제력·군사력과 경제적 이해, 전략적 이익과 같은 '근대적인 이익들'의 추구라고 파악한다.

그러나 경제, 군사, 정치, 외교 간의 상호작용 관계에 대한 인식에서 전형적 현실주의가 상당부분 정치·군사 중심적인 시각을 보이는 데 비해서, 진보주의는 상대적으로 정치경제학적 관점을 폭넓게 수용한다. 그 결과, 진보적 시각은 '민족국가' 문제를 각 국가 내의 '계급관계'와 불가분한 것으로 연결시켜 파악한다.

진보주의 시각은 또 다른 이론적 의미에서 기존의 현실주의와 차이점이 있다. 전형적 현실주의는 '강자의 지배' 및 그 지배수단과 관련하여 기존의 인간과 권력의 관계를 하나의 영속성을 띤 자연법칙으로 간주하며 이의 현실적 긍정과 도덕적 승인을 암묵적으로 요구한다. 반면에 진보적 시각은 기존의 국제관계체제는 역사적으로 규정된 것에 불과한 것으로 파악하고, 그것이 초역사적인 보편타당성을 갖는다는 고정관념을 거부한다. 기존의 생산양식, 계급관계, 민족적 의지 등이 변하면 국제정치체제의 변동도 초래될 가능성은 역사적으로 열려 있는 것으로 본다.

이상과 같은 이론적 차원의 공통점과 차이점은 곧 전략적 차원에서도 진보적 시각이 기존의 현실주의와 공통점과 함께 차이점을 나타내는 기초가 된다. 전략적 차원에서 현실적인 진보적 관점은 현실을 무시한 막연한 이상주의나 공리공론을 멀리하고 기존의 정치현실에 대한 냉엄하고 객관적인 분석을 추구하며, 이를 바탕으로 현실적으로 가능한 처방을 모색해나가려 한다는 점에서 기존의 현실주의와 맥이 닿는다고 할 수 있다. 그러나 기존의 현실주의가 '식민주의' 또는 강대국들간의 '나눠먹기식 지배'와 같은 '권력정치적 행태'를 '현실이 곧 이성'이라는 논리를 통해 암묵적으로 정당화하는 데 반해, 진보적 관점은 강대국의 폭력적 행태와 그들 논리의 이면에 있는 이해관계의 현실들을 밝혀내고 그것이 내포한 비이성과 반인류적 내용에 저항한다. 또 그러한 약육강식의 숙명론을 수용하기보다는 약소민족 내부의 정치역학의 변동과 민족적 노력에 따라서는 적어도 국지적인 차원에서 해당 민족의 자율성과 인류 전체의 공동선을 증진시키는 결과가 획득될 수 있다고 믿는다.

한편, 진보적 시각은 자유주의가 갖고 있는 국제주의적 인식을 상당부분 긍정적으로 받아들인다. 그러나 일찍이 에드워드 카가 비판한 바 있는 것처럼 주요 국가들간의 국제주의적 연대가 약소국가들을 사실상 배제하고 진행되는 측면, 그리고 현실의 권력관계에 대한 정확한 인식을 저해하거나 왜곡하는 측면들에 대해서 비판적으로 경계해야 한다. 반면에, 국제질서에서 평화와 안보를 이룩하는 방법론에 대하여 현실주의에 대한 코헨 등의 자유주의적 비판은 경청할 필요가 있다고 본다.[11] 제로섬적 사고에 매몰되기 쉬운 현실주의의 문제점을 극복하고 보편적 다자주의의 원리를 통해서 공동안보의 비전을 개척하며 이를 통해 인류의 공영을 추구하는 자유주의적 경향 자체는 중요하게 생각할 필요가 있다고 본다.

순전한 권력정치적 동맹체제를 넘어서서 다자적 제도를 건설해야 될 필요성은 권력정치적 동맹이 내재적으로 안고 있는 불안정성에서 기인한다. 권력정치적 동맹의 양식은 기본적으로 유사시 무력을 통해 상대진영에 대한 군사적 승리를 염두에 둔, 즉 전쟁의 수단으로 가정되고 또 실제로 그렇게 활용되기 마련이다. 19세기 말, 20세기 초의 3국동맹과 3자협상체제는 기본적으로 전쟁을 치르기 위한 수단으로서 발전한 것이라고 지적되기도 한다. 물론 동맹체제들 자체가 내재적으로 전쟁과 갈등을 이끄는 것은 아니다. 어쩌면 그것은 해당 시점에서의 갈등적 국제질서의 표현이라고 할 수 있다. 예를 들어 리차드 로스크랜스에 따르면, 20세기 초 유럽의 약극화된 동맹체제는 '제국주의적 민족주의'가 유럽 정치경제이념의 주류로 발전하면서 나타난 결과였다.[12]

그러나 다른 한편으로, 순전한 권력정치적 동맹체제에 안주하기보다 다자적 제도를 만들기 위한 인간의 의지적 노력이 평화에 의미 있는 역할을 할 수 있다는 인식은 여전히 필요하며, 이러한 인식에 기초해서 국제질서를 결정하는 주요 국가들의 외교행태를 권력정치적 행태 일변도에서 평화의 제도 건설로 향하게끔 이끄는 노력의 중

---

11) 이삼성, 『현대 미국외교와 국제정치』(한길사, 1993), 599~601면.
12) Richard N. Rosecrance, pp.166~68.

요성을 간과해서는 안될 것이다.

평화의 제도란 주요 국가들이 그 제도들을 세력균형에서 절대적 우위에 서서 유사시 상대진영을 누르고 성공적 전쟁을 치르기 위한 수단으로서 이용하기 위한 것이 아니다. 잠재적 분쟁요인들을 평화적이고 예방적으로 해결하기 위한 대화의 장으로 활용하려 할 때 평화의 제도가 성립한다. 이와 함께 우리는 국가들간에 진행되는 불균등 발전으로 인한 세력균형의 변화를 대화를 통한 기존의 역할분배의 틀의 조정을 통해 어떻게 평화적인 방식으로 수용해낼 것인가 하는 문제의식을 필요로 한다.

이른바 신현실주의자들은 국제정치에서 전쟁과 평화를 결정하는 중요한 변수를 레닌이 말한 바 있는 국가들간의 힘의 '불균등 발전의 법칙'에서 찾았다. 주요 국가들간의 역학관계가 바뀔 때 국제질서는 바뀌며, 그러한 질서변동의 매개는 흔히 전쟁의 형태를 취하게 된다는 것이다.[13] 문제는 이러한 구조적 경향으로 인한 인간 역사의 어두운 측면에 대한 허무주의적 긍정에 머무르지 않고 그 같은 불균등 성장으로 인한 세력균형 변동과 국제질서의 변화가 가져오는 파괴적 경향을 억제하고 그것을 어떻게 평화적인 제도의 틀 속에서 소화해낼 것인가를 탐구하고 노력하는 일이다.

그리고 보다 근원적으로는 민족과 국가의 경계를 넘어서서 어떻게 인류 공동선의 가치들에 대한 동의와 합의의 차원을 생산하고 또 확대 재생산해낼 것인가에 대한 관심과 노력이 필요한 것이다. 공동선에 대한 동의와 합의의 차원을 확산시키는 문제는 곧 정치적 민주주의, 시장과 복지체제의 적절한 결합으로서의 경제적 정의, 선진국과 저개발국가 간의 부의 재분배 필요성 등에 대한 합의와 실천의 확대

---

13) 대표적인 것으로, Gilpin, *War and Change in World Politics*, 특히, pp.14~16.

과정이다. 우리가 평화를 '전쟁의 부재로서의 평화'와 '전쟁 없는 억압으로부터의 해방'이라는 두 가지로 구분한다면, 위에서 지적한 민주주의의 가치와 같은 인류의 공동선은 후자를 말하는 것이다. 그러나 이 후자는 또한 그것의 진전이 곧 전자인 물리적인 의미의 전쟁의 부재로서의 평화 그 자체에도 유리한 환경을 제공할 것으로 보아야 한다.

그러한 평화가 원천적으로 가능하다는 확실한 희망이나 증거는 존재하지 않는다. 지역적, 세계적 차원에서 칸트가 말하는 '영구평화'는 하나의 이상으로 있을 뿐이다. 그러나 절망하지 않고 인류 역사의 진보를 믿는 사람들에게, 진보의 과정이란 인간과 집단들 사이의 분쟁의 요인들을 힘으로서가 아닌 이성적 대화와 합의된 제도들을 통해 해결해나가는 능력의 점진적 개선이라고 할 수 있다. 그렇다면 한반도에서 그리고 나아가 동북아에서 평화의 체제를 건설할 수 있다는 희망과 비전을 가질 때, 우리는 인류의 진보에 한 걸음 더 다가가는 것이 될 것이다. 이러한 노력은 지금 현재의 시점에서는 오늘의 세계와 동북아 지역 질서가 안고 있는 불안정과 파괴적 요소들을 현실적으로 분별해내고 이를 유연한 세력균형의 외교와 함께 창의적으로 제도화된 평화과정 속에 어떻게 흡수해낼 것인가를 탐구하는 일이 될 것이다.

나는 바로 이와 같이 현실주의적 인식과 함께 자유주의 시각의 문제의식을 비판적인 차원에서 종합해 사고하고, 이에 바탕해 한반도와 아시아의 전쟁과 평화의 문제를 연구하는 태도가 필요하다고 본다. 그것이 또한 건실한 진보적 민족주의 정신을 내포한 '진보적 국제정치관'의 요체이며, 그 기초가 되는 '열린 독립적 사고'를 우리 국제정치학의 출발점으로 삼아야 한다고 생각한다.

이 글에서 내가 '초국성' 또는 '국경 없는 세계'의 허구성을 강조한 것은 우리의 민족공동체에 불행이 닥쳤을 때, 이 땅과 공동체를 버리고 떠날 수 있는 사람은 그렇게 많지 않다는 사실을 상기시키기 위해서이기도 했다. 이 땅의 정치, 사회, 문화, 그리고 전쟁과 평화는 이 땅에 살고 있는 대부분의 사람들에게는 곧 자신의 삶의 질이며, 삶과 죽음을 가르는 일이다. 진보적 민족주의는 바로 이 민족공동체의 삶에 대한 애정, 그 역사적 모순과 아픔을 같이하는 것, 그리고 미래의 꿈과 희망을 같이 가꾸어나가는 것의 소중함을 일깨우는 것이며, 진보적 국제정치학은 바로 그러한 가치에 기여하는 것이어야 한다고 본다. 여차하면 이 땅을 훌쩍 떠나 미국으로 가서 미국 국무부나 국방부 관리들처럼 한반도를 강 건너 불 보듯, 남의 부동산 다루듯 할 일이 아니라면, 우리의 국제정치학은 한반도의 역사적 고뇌와 이 땅의 문제들을 미국의 권력엘리트나 그에 봉사하는 학문의 견지에서가 아닌 우리 자신의 눈과 머리로 생각하고 말해야 하는 것이다.

'바나나 공화국'의 문제는 이 공화국을 떠남으로써가 아니라 그 안에서 모순을 극복하고 새로운 인간다운 공화국, 인간다운 공동체를 만드는 데에서 해결해야 한다. 이 공동체가 개인들의 창의와 자유를 보장하고 실현하는 마당이 되도록 하는 것, 계층간의 갈등과 모순을 억압이 아닌 대화로 해결하는 능력을 가진 공동체로 만드는 것, 분단을 극복하고 평화로운 공동체 건설을 위해 노력하는 것, 여기에 한반도의 진보적 국제정치학이 담당할 역할이 있다고 본다. 그것은 강대국 정부와 다국적 기업들이 말하는, 또는 한국의 재벌들이 말하는 국제화나 국제주의와는 다르다. 걸핏하면 미국 강경파들의 한반도 전쟁 불사론에 덩달아 날뛰던 한국의 '바나나 정치인'이나 '바나나 지식인'의 가슴으로는 느낄 수 없는 우리 공동체의 과거와 현재의 아픔과 모순에 대한 애정어린 인식을 바탕으로 우리의 땅에 절실한, 이 땅에서의 전쟁과 평화에 관한 우리 자신의 철학을 다듬어내는 것, 이것이 전인류적 공동선에 기여하는 진정한 '국제주의'요, 참된 '세계시민주의'가 우리 안에 뿌리내릴 수 있는 근거라고 믿는다.

제2장 미래의 역사에서 미국은 희망인가

1. '비밀정부' 와 미국의 민주주의

내가 미국을 처음 방문하게 된 1983년은 미국정치사에서 가장 이데올로기적 성격이 뚜렷했다고 평가되는 레이건 보수주의 정치와 대외정책이 맹위를 떨치던 시기였다. 내가 이 나라에 도착한 그 해 가을은 마침 8월 31일 소련 영공인 캄차카 지역 상공에서 미국에서 서울로 향하던 대한항공 소속 KAL 007이 소련 전투기의 총격으로 추락해 200여 명의 승객이 몰사한 것으로 알려져 이를 비난하는 대대적인 반소(反蘇) 캠페인이 레이건 정권의 주도하에 전세계적으로 전개되고 있었다.

미국이 겉으로 내세우는 것과 실제 행동의 괴리, 미국의 민주주의와 그것의 내적인 부패의 가능성을 나에게 가장 충격적으로 깨우쳐 준 것은 바로 이 KAL 007의 격추를 둘러싸고 미국 안에서 전개되고 있던 논쟁이었다. 물론 미국 국무부의 공식발표는 KAL 007이 기기고

장이나 조종사의 실수로 소련 영공에 잘못 침범했으나, 소련공군은 이를 깨우쳐주고 일단 착륙시킴으로써 승객은 보호해야 했는데, 잔인무도하게 격추했다는 것이었다. 그것은 소련의 비인도적 만행의 본보기, 결국 공산주의 체제의 비인간성을 여실히 드러낸 본보기라는 것이었다. 그러나 미국 학계 일각에서는 이 사건의 진상에 대한 미국정부의 공식 스토리를 정면으로 반박하고 거기에 개입된 미국정부의 '거대한 음모'의 가능성을 주목하고 이를 밝히려는 노력이 진행되고 있었다.

예일대학 사회학과에는 데이빗 피어슨이라는 사람이 있었다. 그는 미국의 세계적인 차원의 군사통신 지휘통제체계(American military communications, command, and control system on a world scale)를 박사논문의 주제로 삼고 연구해오고 있었다. 그가 연구주제로 삼고 있던 이 체계의 공식명칭은 미국의 세계적 패권을 뒷받침하는 군사적 신경체계의 핵심인 '세계적 군사 지휘통제체계'(World Wide Military Command and Control System : WWMCCS, 발음은 Wimex)였다. 그는 1984년 8월 미국의 드문 진보적 저널인 『네이션』(The Nation)에 KAL 007에 얽힌 의문점들을 날카롭게 논한 장문의 글을 발표했다. 그리고 그 후 3년 후인 1987년 460여 페이지에 달하는 책을 발간했다.[1] R.W. 존슨 역시 이 문제에 대해 미국정부의 공식스토리를 반박하고 미국의 감추어진 음모와 은폐기도를 학술적으로 논구한 책을 1986년에 간행한 바 있다.[2]

레이건 정권의 공식 스토리는, KAL 007의 소련 영공침범은 이 여객기의 항해기기에 우발적인 에러가 발생한 때문이며, 미국정부는 이

---

1) David E. Pearson, *KAL 007 : The Cover-Up* (New York : Summit Books, 1987).
2) R.W. Johnson, *Shootdown : Flight 007 and the American Connection* (New York : Viking Penguin Inc., 1986).

비행기가 격추될 때까지 그것이 처한 위험을 알지 못했다는 것, 따라서 미국정부는 이 비극적 사건에 아무런 책임이 없다는 것이었다. 그러나 이 분야의 전문가로서 캄차카 반도라는 소련의 극동함대의 핵심기지가 있는 지역에 미국의 군사신경체계가 집중되어 있는 것을 잘 알고 있던 피어슨은 이를 이해할 수 없었다. 그는 면밀한 연구 끝에, 이 비행기의 비극은 미국 군사신경체계에 전례가 없는 수준의 납득할 수 없는 실패가 있었거나 아니면 이 비행기가 어떤 이유에서든——즉 모종의 사명을 띠고——의도적으로 소련 영공을 침범한 결과 발생한 사건일 가능성이 높다고 결론짓고, 이에 대한 미국 의회의 본격적인 진상조사를 촉구하는 내용을 1984년의 논문에 담았다.

그 논문을 발표한 지 3년에 걸쳐 더 진행된 조사와 그리고 그에 대한 미국정부의 대응태도에 대한 긴 연구 끝에 내놓은 1987년의 저서에서 피어슨은 크게 두 가지 결론을 제시했다. 첫째, 1983년 8월 31일에 일어난 사건은 고도로 복잡한 체계에서 불가피하게 발생할 수 있는 '정상적인 사건'(normal accident), 즉 우발적 사건은 결코 아니라는 것이었다. KAL 007의 정상코스 이탈을 예방하고 또 그것이 발생했을 때 그것을 시정하게끔 경고할 수 있는 여러 가지 다층적인 장치들이 하나같이 동시에 작동하지 않았어야 하는데, 그런 일은 있을 수 없는 일이라는 것이었다. 그래서 미국 군사신경체계를 연구하는 전문가라면 이 사건이 우연히 발생한 사고라는 미국정부의 공식견해를 믿을 수 없다는 것이다. 피어슨이 이 책에서 강조하고 있는 두번째 요점은 미국정부가 체계적으로 이 사건의 진실 규명을 방해하고 은폐하며 미국민을 기만해왔다는 사실이었다. 이를 위해 미국정부가 보인 행태들을 피어슨은 낱낱이 기록하고 있다. 바로 그 점이 미국정부의 공식 스토리를 믿을 수 없게 만드는 또 하나의 중요한 요소라는 점을 피어슨은 강조하면서 이 사건의 진실을 규명하기 위한 미 의회의 결단을 재측하였다.

만일 피어슨이 주장하는 대로 KAL 007이 소련 영공을 침범한 것이 우발적 실수에 의한 것이 아니라 어떤 의도성을 내포한 고의적인 것이었다면 그것은 어떤 맥락에서인가? 피어슨과 존슨은 다같이 KAL 007 사고가 발생한 캄차카 반도 지역이 1980년대 초반부터 더욱 달아오른 미소간 신냉전에서, 그것도 미국이 주도하는 가운데 치열한 지정학적 대결이 불을 뿜고 있던 지역임을 주목한다. 특히 레이건 정권이 공공연히 발표한 '수평전략'(horizontal escalation)과 관련이 있다. 당시 미 국방장관 캐스퍼 와인버거(Caspar W. Weinberger)는 중동 유전지대와 같이 미국의 사활적 이익이 걸려 있으나 방어 면에서 취약한 지역을 소련이 공격하면, 미국은 "평화를 회복하기 위해서 다른 곳(elsewhere)에서 대반격을 시도할 수 있다"고 밝혔다. 그리고 미국이 반격을 가할 그 '다른 곳'으로 가장 유망한 곳이 바로 KAL 007이 넘어간 지역이었다. 전 국방부 관리이자 미국 군사정보 전문가인 윌리엄 케네디(William Kennedy)는 바로 이 캄차카 반도야말로 "소련의 이해관계에 치명적이면서 미국이 지리적으로 볼 때 우월한 군사력을 배치해 공격하고 이에 대해 소련이 적절히 대응하기가 어려운 유일한 지역"이라고 말했다.[3]

미국이 실제로 이 지역에 그 같은 관심을 가지고 있었던 것은 1982년 미국이 캄차카 반도에 대한 침공을 가상한 훈련인 '북태평양 유연작전'(Operation North Pacific Flexible Operations 1982)을 실시하면서, 캄차카 근해에 두 개의 항공모함 전투선단을 파견한 일에서 시사되고 있었다. 이어 1983년 4월에는 그보다 더 규모가 큰 '플리텍스 1983'(Operations Fleetex '83)이란 훈련을 실시했다. 마이클 클레어가 파악한

---

3) Pearson, pp.20~21.

바로는 "적어도 3개의 항공모함과 전투선단에 300개의 전투기와 23,000명의 해군이 북태평양에 배치되었다." 태평양 지역 미군 사령관 로버트 롱(Robert Long) 제독은 이 훈련을 "2차대전 후 태평양함대가 실시한 최대의 함대훈련이며, 미국이 태평양, 특히 북태평양과 동북아에 초점을 맞추고 있음을 가시적으로 과시하는 것"이라고 스스로 정의했다.[4]

이것은 말할 것도 없이 엄청난 규모의 미국의 군사정보 신경장치들이 이 지역에 배치되어 있었고 계속 증강되어가고 있었다는 것을 말한다. 미국의 이 막강한 군사신경체계를 피어슨이 설명한 대로 다 인용할 수는 없지만 약간의 감을 전달하기 위해서는 몇 가지 적어둘 필요가 있을 것 같다. 먼저 미해군 음성감시체제(Navy's Sound Surveillance System : SOSUS)다. 거미줄처럼 해저에 설치한 수백 개의 마이크로폰들이 소련해군의 군사행동을 모니터한다. 이들 수중 마이크로폰들(hydrophones)은 위성통신체계를 통해 괌도에 있는 통신사령부에서 종합된다. 또 이 지역에 배치된 많은 미국 핵잠수함들과 특수장비를 갖춘 첩보함들이 통신첩보를 담당한다. 또 일본 북부의 홋카이도 섬 북단에는 소련의 온갖 군사행동과 소련측 통신내용을 1년 365일, 하루 24시간을 쉬지 않고 모니터하는 정보기지들이 밀집해 있다. 또 혼슈 섬에 있는 미사와 공군기지는 극동 지역에 미국이 갖고 있는 최대의 통신첩보기지이기도 하다.

뿐만 아니라, RC-135기와 같은 최첨단 첩보기들이 소련 영공 가까이에서 첩보를 수집한다. 이들 첩보기들은 알래스카의 페어뱅스에 있는 에일슨 공군기지, 알류산 열도의 쉬마야 섬, 일본의 미사와 공군기지, 오키나와의 카데나 공군기지 등에서 발진한다. 그리고 가장 중요

---

4) Pearson, p.21.

한 첩보장비가 캄차카 지역 22,300마일 상공에서 지구의 자전속도로 돌고 있다. 따라서 캄차카 상공에 실제로는 그대로 머물러 있기 때문에 '지리동시적 위성'(geosynchronous satellites)이라고 불리는 이 첩보위성은 소련측 군사통신내용을 '철저하게 빨아들이는' 기능을 갖고 있다. 이 위성 외에도 지리동시적 위성보다 낮은 궤도, 즉 300~400마일 궤도를 돌면서 첩보기능을 맡고 있는 페렛(ferrets)이라는 작고 가벼운 위성들이 있다. 그리고 이 위성들의 첩보활동 대상의 핵심적인 지역의 하나가 바로 소련 극동 지역이었다.[5]

1983년 8월 31일 KAL 007사태는 이 같은 엄청난 미소간의 냉전과 거미줄 같은 첩보체제의 망 속에서 일어난 것이었다. 이 같은 중복적이고 집중적인 첩보망 속에서 미국이 알지 못하는 사이에 KAL 007이 소련 영공 깊숙이 침투하고, 그 이후에도 이 비행기가 소련 전투기의 추격과 그 경고에도 반응을 보이지 않고, 마침내는 도망을 치다 격추당하기까지 미국측이 전혀 모르고 있었다는 것은 이치에 닿지 않는다는 것이 피어슨의 기본적인 주장이다.

그럼 왜 그런 일이 일어났을까? 피어슨이나 존슨 등 비판적 분석가들은 이런 일이 1983년의 KAL 007에만 한정된 일이 아닐 가능성을 지적한다. 1978년에 대한항공 여객기 KAL 902가 소련 영공 깊숙이 침범한 일이 있었다. 이때는 다행히 소련측이 격추를 결행하지 않고 무르만스크에 강제착륙시켰었다. 미소간에 전략무기 제한협상 I(SALT I)이 1977년 가을에 만료됨에 따라 그것을 연장하기 위한 회담이 미소간에 진행중이던 무렵이었다. 즉, SALT II를 성사시키기 위해 미국 사이러스 밴스 국무장관이 1978년 4월 19일 모스크바를 방문할 예정이었으며, 이때까지만 해도 미소는 회담 성사 가능성을 낙관할 수 있

---

5) Pearson, pp.21~24.

는 분위기였다. 바로 그러한 미소 국무장관 회담이 열리기 직전에 KAL 902의 소련 영공 무단침범 사건이 벌어졌던 것이다.[6] 이 비행기는 파리를 출발해 북극을 거쳐 한국을 향하는 비행기였다. 따라서 지는 해를 '뒤로 하고' 나아가야 하는 것이었으나, 무르만스크 지역 상공에서 갑자기 소련 영공으로 향하는 통에 지는 해를 '향해서' 나아가는 상황이 벌어졌다. 이것은 항공에 문외한인 사람들도 능히 알 만한 일이어서 탑승객들 여럿이 의아해하고 있었지만, 이 코스를 70회 정도 무사고 운행 경력이 있는 김찬규 기장 자신은 그 잘못을 깨닫지 못하고 있었다는 납득할 수 없는 발뺌을 하게 된다. 그런데 소련의 콜라반도에 있는 무르만스크 지역은 소련의 북부함대의 사령부가 있는 곳이었으며, 또 그 근처인 세베로모르스크에는 대규모 해군기지가 있고, 역시 근처인 폴리아르니이에는 중요한 핵잠수함기지가 있었다. 이 지역에는 또 90만의 육군 및 해군병력이 주둔해 있었고, 서유럽을 향한 중거리미사일 기지들이 밀집해 있었으며, 모스크바 주변에 배치된 탄도탄 미사일시스템을 작동시키는 조기경보 레이더네트워크가 배치되어 있었다. 또한 60~80기에 달하는 장거리 및 중거리 핵폭격기들의 공군기지가 있었다. 또 이 지역엔 당시 막 최신 방공체제(air defence system)가 설치되고 있는 중이었다고 한다. 말하자면 무르만스크 지역은 소련 군사신경체계의 핵심지역의 하나였다. KAL 902가 갑자기 항로를 이탈해 들어간 코스는 바로 미국의 리베트 조인트(Rivet Joint) RC-135기들이 자주 침입한 경로였다. 그래서 소련측은 KAL 902를 처음에는 미국의 RC-135 첩보기로 잘못 파악했었다고 한다.

　바로 이 지역에서 KAL 902의 항로이탈과 그 코스로의 소련 영공 침범은 한편으로는 소련의 군사신경체제를 자극해 그 작동방식과 능

---

6) Pearson, pp.101~102.

력을 시험해보는 기회로 삼는 동시에 그로 인해 어떤 사태가 발생할 경우 당시 미소간에 진행되고 있던 전략무기 제한협상의 타결 등으로 인한 데탕트, 그리고 카터의 자유주의적 대외정책 전반을 파괴할 수 있다는 계산을 한 한미 양국 내 냉전유지세력의 음모였을 가능성을 상당수 전문가들은 배제하지 않고 있는 것이다. 소련은 이 여객기의 정체를 파악한 후엔 불시착을 유도함으로써 격추로 인한 국제긴장을 초래하지 않는 태도를 보임으로써, KAL 902의 행동에 대한 소련의 대응방식이 즉각 미소간 긴장을 불러일으키지는 못했다. 그러나 이 사건 이후 미소관계는 서서히 악화된다. 물론 이 사건 자체가 1970년대 말 본격화되는 신냉전의 중요한 견인차였다고 할 수는 없다. 그러나 그것을 촉진시킨 일련의 사태들을 조장한 미소간 긴장요인의 하나였다고는 말할 수 있다. 김찬규기장은 나중에 "나는 정부가 시키는 대로 할 뿐이다"라고 말했다 한다. 그는 이 사건 이후 경질되기는커녕 당시 대한항공 조종사로서는 최대의 영예인 보잉747기 기장으로 영전하게 된다.[7] 나중에 1983년 사고비행기 KAL 007의 기장인 전병인 씨는 한국공군 대령 출신으로 대한항공의 최고 조종사의 한 명인 베테랑 기장이었는데, 사고 이후 그의 부인 김옥희씨를 대면한 변호사의 한 사람에 따르면, 전병인 기장이 그 운명의 날의 비행길에 오르기 직전 부인에게 "다음 비행은 특히 위험할 것이다. 돌아오지 못할지도 모른다"고 말했다 한다.[8] 기장 본인은 어떤 압력 속에서 행동하면서 자기 운명을 알았던 것인가?

　1983년 8월 31일 KAL 007의 캄차카 반도 소련 영공침범도 KAL 902 사건과 유사한 국제적 배경 속에서 유사한 의심들을 불러일으켰

---

7) Pearson, p.110.
8) Pearson, p.30.

다. 이 때는 마침 미국이 퍼싱 II와 크루즈 미사일들을 1983년 말에 배치하기 위한 협상을 나토 국가들과 진행하고 있었다. 문제는 이에 대해 서유럽의 평화운동과 일반 여론이 크게 반발하고 있었던 것인데, 이를 무력화시키는 것이 당시 미국외교의 중요한 과제가 되어 있었다.[9] 실제 KAL 007의 격추사건이 있고 난 후 미국은 성공적으로 중거리 핵미사일들을 유럽에 배치할 수 있게 된다. 레이건 정권 내 강경매파 냉전주의 세력들은 유럽 배치 핵미사일 이외에도 1983년 여름 자신들이 추진하는 주요 군비증강 프로그램 진척에 애로를 겪고 있었다. 레이건 정부는 새로운 화학무기인 비지예(Bigeye) 신경가스폭탄 생산을 위한 1억 3천만 달러짜리 예산을 의회에 제출해놓고 있었으나, 당시 공화당이 다수파를 점하고 있던 상원에서조차 반대에 부딪쳐 있었다. 의회의 반대파들은 이 화학무기가 1925년에 체결된 제네바협정(1925 Geneva Protocol)이 규정한 독가스의 선제사용 금지조항을 위반할 수 있다는 근거에서 반대하고 있었다.[10]

그래서 KAL 007의 소련 영공침범은 당시 소련 극동군사력이 집중되어 있고 또 새로운 방공체제가 건설되고 있던 소련 블라디보스토크 지역에 의도적으로 침투함으로써, 격추되건 안되건 소련의 군사신경에 대한 귀중한 새로운 정보들을 얻을 수 있고, 거기에다 만일 소련이 격추하면 반소련 캠페인을 통해 유럽에서의 미국 핵미사일 배치에 대한 반대여론을 잠재우는 효과를 노린 혐의를 안고 있는 것이다.

KAL 007이 항로를 이탈해 소련 군사신경지역으로 침범해 들어간 코스는 미국 군사전략상 전쟁발발시 미국 폭격기들이 침공해 들어갈 코스였다고 지적되기도 한다. 그 경우에 대비해 소련 극동 군사중심

---

9) Pearson, p.126.
10) R.W. Johnson, p.64.

지역의 방공망체제를 자극해 이를 작동케 유도함으로써 소련의 군사
신경체제에 대한 다량의 정보를 노렸으리라는 것이다.[11] 실제 KAL
007 격추사고가 난 직후 미국 정보관리들은 『뉴욕 타임스』와의 인터
뷰에서 이를 뒷받침할 만한 솔직한 진술을 했다. 이 신문기사는 이렇
게 보도하고 있다. "미국은 이 지역에서의 소련의 방위체제의 능력을
확인하기 위해서 1950년대부터 의도적으로 소련의 반응을 불러일으
키기 위한 비행들(flights)을 계획해왔다.…… 이번 주의 사건은 오호
츠크 해에 대해 기술첩보 침투를 발전시키기 위한 30년이 넘는 미국
의 공격적인 노력을 배경으로 나타난 것이다. 수십 건의 그 같은 사건
이 있었으며, 이 사건들의 상당부분은 자세히 기록에 남아 있다고 전
문가들은 말했다."[12] KAL 007의 희생이 이러한 미국의 비밀 아닌 비
밀공작들의 일환으로 발생한 것이라면 미국은 종속적인 친미 약소 동
맹국의 민간여객기를 냉전의 제물로 이용한 가공할 범죄행위를 한 셈
이다.

　이러한 의구심을 뒷받침하기 위해 비판가들이 제기하는 의문점들
은 매우 다양하다. 그 중에서 몇 가지만을 들어보자. 무엇보다도 이미
지적한 것처럼 그토록 군사적으로 민감한 지역에서, 그리고 그토록
노련한 기장들이 그토록 깊숙이 소련 영공을 침범하고서도, 첨단여객
기가 갖추고 있던 첨단 항해장비들이 다같이 작동하지 않았고, 또 기
장과 숙련된 항해사들이 이를 체크하지 않았고, 또 그렇게 중복적이
고 거미줄 같은 미국과 일본의 첩보망들이 이를 파악하지도 못하고
또 그래서 KAL 007에 경고를 보내주지도 못했다는 것은 납득할 수
없는 가장 기본적인 문제점이다. 1978년 KAL 902가 소련 영공을 침

---

11) R.W. Johnson, p.58.
12) *New York Times*, 2 September, 1983 ; R.W. Johnson, p.59.

범했을 때는 그때 새로이 발사된 미국의 페렛 첩보위성과 또 다른 사진첩보위성 '키홀'(Keyhole)이 이 비행기를 모니터할 수 있는 위치에 자리잡고 있었다. KAL 902는 파리에서 출발시각이 9분 내지 39분이 지연되었는데 이것은 이 첩보위성들의 운행시간과 맞추기 위한 의도적인 것이었다는 주장도 제기된다. 1983년 8월 31일 KAL 007이 캄차카 반도에서 소련 영공에 침범한 시각에도 미국의 페렛 첩보위성이 바로 그 상공에 위치해서 KAL 007과 소련의 대응을 모니터할 수 있는 위치에 있었다고 한다. KAL 007도 앵커리지에서 출발할 때 40분을 지연했는데, 그 역시 패렛 첩보위성과 보조를 맞추기 위한 것이었다는 주장이 있는 것이다.[13]

실제로 격추당하기까지 이 사태를 몰랐다는 미국정부의 주장과 정면으로 모순되는 미국해군의 행동이 있었다. 미국과 일본정부는 놋카(Nokka) 지역이 사고지점이라고 발표했지만, 사실 미국 군부는 민간인 구조선들은 그 놋카 지역으로 보내놓고 해군함정들은 실제로는 실제 비행기 격추사고 지점인 사할린 서부 지역으로 보냈다는 것이다.[14]

이런 의문들이 바로 미소의 냉전 속에서 미국정부 또는 미국의 국방부나 CIA 내부의 냉전주의 세력들이 한국의 군사독재 정권의 정보기관들과 공모해 벌인 것이라는 음모설을 뒷받침하는 것들이라면,[15] 그것은 냉전시대 냉전세력의 엄청난 음모에 해당하는 것이며, 약소국 민간여객을 담보로 한 첩보전쟁의 비정함을 말해주는 것이다.

데이빗 피어슨이 그 책을 출판한 1987년 가을에 나는 그 지난해에 이어 나의 지도교수의 '정보와 비밀공작'이란 학부 및 대학원 공통과

---

13) Pearson, p.102.

14) Pearson, p.116.

15) 비판가들은 대한항공과 한국 중앙정보부의 긴밀한 정치적 연관을 주목했다. R.W. Johnson, pp.4~5.

목의 TA로 일하고 있었다. 나의 지도교수인 브랫포드 웨스터피일드는 미국 외교정책이 전공인데 그 중에서도 특히 미국의 정보활동에 대한 권위자이다. 그 해 가을 이 강의시간에 데이빗 피어슨을 초청해서 세미나를 같이한 일이 있었다. 그 세미나가 끝날 무렵 웨스터피일드교수는 KAL 007이 미국의 첩보임무(spy mission)를 띠고 고의적으로 소련 영공을 침범했을 가능성을 그 전에는 30퍼센트로 보았으나 그 세미나 후엔 60∼70퍼센트로 올려잡게 되었다고 자신의 견해를 피력한 바 있다.

이러한 강한 의문들이 제기됨에도 불구하고, 그리고 이에 대한 명백한 해명이 이루어지지 않고 있음에도 불구하고, 미 의회는 국정조사권 발동에 응하지 않았다. 피해 여행객들의 가족이 피해보상 문제와 관련해 소를 제기하여 불가피하게 부분적인 조사가 이루어지긴 했지만 총체적인 진실 규명은커녕, 미국 안보에 관련된다는 명분으로 많은 핵심적 부분들에 대한 조사가 이루어지지 않았고, 결국 미국정부의 공식입장을 변호해준 결과만 낳았다고 평가되기도 했다.

결국 이것은 미국의 세계적 군사정치적 패권이 안고 있는 부조리와 부패상의 어떤 가능성을 말해주는 것이기도 하지만, 궁극적으로는 미국사회에서의 민주주의의 진정한 의미가 무엇인가에 대해 생각하게 만드는 것이기도 하다. 말하자면, 안보국가의 체제 속에서 국민과 그 대표자들의 실질적인 감시와 견제와는 독립적으로 미국 국가이익 보호라는 이름하에 진행되고 있는 암흑의 공작들과 그것을 뒷받침하는 일련의 '비밀정부'(secret government)의 문제를 생각하게 한다.[16] KAL 007의 문제는 그 진상이 아직 가려져 있으며, 그것이 어떤 음모와 부

---

16) Bill Moyers, *The Secret Government* : *The Constitution in Crisis* (Cabin John, MD. : Seven Locks Press, 1988).

조리를 내포하고 있는지는 아직은 추정의 차원이요, 차후의 역사가 가려줄 일이다. 그러나, 1987년에 이르면 이란-콘트라 사건이 백일하에 폭로되어 레이건 정권하에서 미국 의회와 국민의 감시를 벗어난 일종의 비밀정부적 차원에서 극소수의 인물들이 미국의 주요 대외정책을 불법적인 방향으로 진행하고 있었다는 것이 드러났다. 이 이란-콘트라 사건은 그것 자체로서 미국의 민주주의의 허실을 증명한 일인 동시에 앞서 논의한 KAL 007을 둘러싼 미국의 내밀한 권력기관의 음모가 충분히 있을 수 있는 일이라는 것을 증명하고 있는 점에서 특히 충격적인 일이 아닐 수 없다. 그런 의미에서 KAL 007 사건과 이란-콘트라 문제는 같이 연결해서 생각해보아야 할 점인 것이다.

이란-콘트라 사건은 레이건 행정부가 두 가지 중요한 점에서 의회가 통과시킨 법을 어기고 진행시킨 비밀공작이었다. 먼저 미국은 스스로 테러국가로 지목한 나라에 대해서는 무기를 판매할 수 없도록 하고 있었다. 그러나 레이건의 승인하에 백악관의 국가안보회의 (National Security Council : NSC)의 장인 안보담당 보좌관(National Security Adviser)의 지휘하에 이란에 무기를 판매했다. 두번째로 이 이란-콘트라 스캔들은 그 무기판매 이익금을 중미의 니카라과의 산디니스타 사회주의 정권을 무너뜨리기 위해 반란활동을 하고 있던 콘트라(Contras)에게 자금을 지원한 것이었다.

이 부분을 이해하기 위해서는 1979년 니카라과의 혁명과 이에 대한 카터와 레이건 행정부의 대응을 언급할 필요가 있다. 미국은 1927년 해병대를 보내 니카라과의 민족주의 정권을 무너뜨리고 친미적인 정치질서를 부과한 이래 니카라과에서 '니카라과를 전적으로 지배하는 정당'(a totally dominant party in Nicaragua)이었다. 카터 정권 시대도 미국이 바로 코 밑의 라틴 아메리카 국가들에 대해 자신이 갖고 있다고 생각하는 '사활적인 이해관계' 때문에 소모사 친미 독재체제를 기본적으로 지원하는 행태에는 변함이 없었다. 한 예로 1975년 소모사 독재체제의 친위대인 국가방위대(National Guard)가 600여 명의 농민을 학살한 지역에다 1978년 소모사 정권이 두 개의 군사주둔기지 시설을 연결하는 다리를 건설하는 데 미국의 아메리카 개발은행(Inter-American Development Bank)은 그 해 5월 3천2백만 달러를 차관으로 제공했다.[17] 1978년 8월 민족주의적 사회주의 성격을 띤 산디니스타 무장반군 세력이 대규모 군사공세를 전개하면서, 소모사 정권의 자기 안정 능력이 심각한 문제점을 드러내자, 카터 정권은 소모사 정권의 개편을 구상하기에 이르렀다. 그러나 이 미국의 구상은 니카라과의 현실을 무시한 심각한 결함을 가진 것이었다. 미국은 소모사 족벌체제는 버려야 한다고 생각했지만, 그 대체세력으로 산디니스타는 배제하고 있었다. 친소모사 군대인 국가방위대를 존속시키는 가운데 소모사의 자유당도 새로운 정치질서의 주요 요소로 유지하는 것이었다.[18] 실제로 산디니스타를 제외한 또 다른 형태의 소모사 체제를 구상한 것에서 크게 벗어난 것이 아니었다. 당시 미 의회에서는 소모사 독재체제의 악명을 익히 알고 있었기 때문에 니카라과 문제 해결방안으로 소모사의 퇴진을 촉구하는 성명문에 1978년 9월 86명의 의원들이 서명했다. 그러나 다른 한편에서는 78명의 우익 의원들이 소모사를 계속 지원해야 한다고 성명을 내고 있었다.[19] 이스라엘은 국가적 차원에서 소모사 독재체제를 지원하고 있었다. 1979년 4월 이스라엘은 소모사 정권에 군사전문가들을 파견해 영공방어체제를 건설해 주었다. 같은 달 국제통화기금(IMF)도 소모사 정부에 4천만 달러의 차관을 제

---

17) Jenny Pearce, *Under the Eagle : U.S. Intervention in Central America and the Caribbean* (London : South End Press, 1982), p.123.
18) Pearce, p.125.
19) Pearce, p.125.

공했다.[20] 반면에 산디니스타 혁명군인 FSLN을 지원하는 국제세력은 코스타리카, 파나마, 멕시코, 베네수엘라, 그리고 서유럽 국가들 내부의 사회민주주의 정당들이었다.

이때 미국은 소모사의 퇴진을 종용하되, 기본적으로 소모사가 실권을 잃지 않는 변형된 소모사 체제를 유지하고 이를 근간으로 산디니스타를 제외한 다른 정치세력들과 소모사 세력 간의 연합을 통해 위기를 해결하고자 했다. 그러나 이러한 미국의 구상은 두 가지 면에서 근본적인 결함을 안고 있었다. 먼저 소모사가 개인적으로 니카라과에서 상당한 정치적 통제력을 상실하는 데 동의할 가능성은 없었다는 것이었다. 또한 산디니스타를 위시한 진보적 정치군사세력들을 배제한 문제 해결은 비현실적인 미국의 희망에 불과한 것이었다.[21]

미국의 구상에 당연히 반대한 산디니스타는 1979년 6월 대규모 공세를 전개했다. 이때 미국의 선택은 두 갈래였다. 하나는 산디니스타의 승리를 받아들이는 것이었고, 다른 하나는 미국이 직접 군사개입을 감행하는 것이었다. 브레진스키 안보보좌관은 개입을 주장했고, 국방장관 해롤드 브라운도 개입을 "고려에서 배제하지는 않는다(not inconceivable)"고 공개적으로 말했다. 국무장관 사이러스 밴스(Cyrus Vance)는 개입에 반대했다. 그러나 국무부 관리들도 니카라과에 쿠바군이 개입해 있다는 정보가 있다고 시사하기 시작함으로써 미 행정부가 전체적으로 개입을 결정할 때 이를 정당화할 구실을 찾고 있었던 것으로 지적된다.[22]

---

20) Pearce, p.125.

21) Richard Millet, The Statement of Professor R.L. Millet before the Subcommittee on Inter-American Affairs of the House Committee on Foreign Affairs, United States Policy Toward Nicaragua, June 1979 ; Pearce, p.124.

22) Pearce, p.126.

미국이 니카라과에 결국은 개입하지 못하고 그래서 산디니스타의 승리를 막지 못한 데에는 여러 가지 원인이 있겠지만, 빠뜨려서는 안 될 일의 하나는 미국이 군사개입을 암중모색하고 있을 바로 그 무렵 소모사 정권의 국가방위대가 미국 ABC 방송사의 통신원 한 명을 잔인하게 사살하는 장면이 카메라에 잡혀 이것이 미국 텔레비전에 방영된 사건이었다.[23] 이 사태로 카터 정권은 니카라과에 대한 군사개입을 고려하기 어려워졌다. 그럼에도 카터 정권은 산디니스타의 권력장악을 저지하기 위해 아메리카 국가기구(OAS)에 대해 공동으로 '평화유지군'을 파견할 것을 제안했다. 그러나 멕시코가 중심이 되어 아메리카 국가기구는 카터의 공동개입 제안을 거부했다. 이것은 미국의 아메리카 개입을 아메리카 국가기구가 거부한 최초의 사건으로 기록되고 있다.[24]

처음엔 도덕성에 바탕한 자유주의 외교의 기치를 높이 내걸었던 카터 행정부도 제3세계로부터의 이 같은 도전의 파고 속에서 구태의연한 검은 외교수단들에 의존하는 행태로 돌아가는 경향을 보이게 된다. 한 예로 카터 정권의 CIA 국장 스탠스피일드 터너(Stansfield Turner)는 카스트로, 호메이니, 카다피에 대한 정치적 암살 가능성을 모색했다. 오히려 1960년대 말과 1970년대 초 CIA의 정치적 암살 활동들이 베트남전쟁과 워터게이트의 여파 속에서 여론의 비난과 의회의 조사 대상이 되는 홍역을 치러 그 위험성을 더 잘 알고 있는 CIA 내부 실무진들이 장차의 책임추궁을 두려워하여 터너의 그 같은 무모한 정치적 암살 재개 계획을 반대했던 것으로 알려지고 있다.[25]

---

23) 이 사건은 「언더 화이어(Under Fire)」라는 제목으로 영화화되어 있다.
24) Pearce, pp.126~27.
25) Bob Woodward, *Veil : The Secret War of the CIA, 1981~1987* (New York : Pocket Books, 1987), p.6.

아무튼 콘트라 반군들은 니카라과에 산디니스타 사회주의 혁명정
권이 들어서기 전 이 나라를 지배했던 무도한 독재정권인 소모사 정
권의 군대간부들이 이끄는 것이었다. 이들은 사회주의혁명이 성공한
후에는 이웃의 다른 친미독재 정권들이 있는 나라로 옮아가 그곳에서
우익 살인부대(death squads)에 붙어 청부살인을 하거나 마약밀매 등
으로 돈을 벌어 조직을 유지하면서 레이건 보수정권의 힘을 빌려 니
카라과의 새로운 사회주의 정권을 무너뜨리고 구토를 회복하기 위해
와신상담하고 있었다. 미국 의회는 니카라과의 신사회주의 정권은 증
오했으나 콘트라 부대는 그 성격이 잘 알려져 있어 미국 여론도 이들
을 혐오하는 애증의 태도를 안고 있었다. 레이건 정권은 이들 콘트라
들을 '자유의 투사'(freedom fighters)라 미화하는 대대적인 언론플레이
를 전개하면서 니카라과 산디니스타 정권 타도에 이들 콘트라 세력을
이용하려 하고 있었다. 그러나 민주당이 강한 세력으로 남아 있던 의
회는 당시 코스타리카 등의 중미국가들이 제안한 평화협상을 통한 외
교적 해결에 기회를 주어야 한다고 보고, 레이건의 군사적 개입정책
을 반대하고 있었다.

그래서 의회는 1983년 제1차 볼랜드 수정안(Boland Amendment I)을
통과시키고 이어 1984년엔 제2차 볼랜드 수정안을 통과시켰다. 이것
은 CIA, 국방부, 또는 "정보활동에 관여하는 어떤 다른 기관이나 조
직"이 갖고 있는 자금을 콘트라에게 제공하는 것을 금지하고 있었
다.[26] 그러나 니카라과 산디니스타 사회주의 정권에 대한 미국 내 적
의(敵意)와 콘트라에 대한 지지여론이 높아지면서 1986년에는 분위
기가 바뀌어 오히려 의회는 1억 달러에 달하는 콘트라에 대한 원조자

---

26) Theodore Draper, *A Very Thin Line : The Iran-Contra Affairs* (New York : Simon &
Schuster, 1991), p.27.

금을 승인함으로써 볼랜드 수정안은 뒤집히게 된다. 그러나 어떻든 1983년에서 1986년에 이르는 기간에 미국정부가 정부자금을 콘트라에 지원하는 것은 법으로 금지되어 있는 셈이었다.

그러한 법에도 불구하고 레이건 대통령은 공공연히 콘트라에 대한 지원을 역설하고 있었고, 의회의 감시를 벗어나 콘트라를 도울 수 있는 방법을 혈안이 되어 찾고 있었다. 미 행정부가 의회의 법망을 피해 콘트라를 돕는 방법을 고안해낸 것은 먼저 공금이 아닌 다른 재원을 마련하는 작업이었다. 여기에 이란에 무기를 판 돈이 동원된 것이고, 그 이외에도 사적인 돈이나 다른 나라로부터 돈을 모금하는 일이었다.[27] 이 작업에 이스라엘의 정보기관과 한국의 정보기관이 관련되어 있다는 것이 미국 언론에 보도된 일이 있었다. 또 이 작업을 진행시키는 주체는 CIA와 같이 의회의 감사를 받는 기관이 아닌 백악관 내 국가안보회의실 참모진을 활용하는 것이었다. 국가안보회의실 총책임자인 안보담당 보좌관은 레이건 초기에는 로버트 맥팔렌(Robert C. McFarlane)이었으며, 나중에는 존 포인덱스터(John Poindexter)가 맡았다. 그러나 실제 실무는 올리버 노스(Oliver North) 중령이 도맡았다.

1979년 이란에 회교혁명이 난 이후 미국은 이란을 국제테러주의를 지원하는 나라로 맹비난해왔다. 그래서 이란은 엄격한 수출통제 대상 국가의 목록에 올랐고, 그 중에서도 무기수출은 생각할 수 없는 일이었다. 1980년대 중반엔 아랍 민족주의자들이 레바논에서 미국인들을 인질로 납치하는 일이 잇달았다. 1984년 미 CIA의 베이루트 지부장인 윌리엄 버클리(William A. Buckley)를 포함한 3명의 미국인이 인질로 잡혔고, 1985년엔 AP통신(Associated Press)의 중동 지역 지부장 테리 앤더슨(Terry Anderson)을 포함한 4명의 미국인이 더 인질로 납치

---

27) Draper, p.27.

되었다. 레이건 정부는 겉으로는 테러리스트들과는 어떤 흥정도 하지 않는다는 것을 공식정책으로 삼고 있었다. 그러나 CIA 베이루트 지부장 버클리는 CIA 국장 윌리엄 케이시에게는 커다란 문제였다.[28] 중동 지역 CIA 활동과 그 인맥에 관한 핵심정보를 갖고 있는 버클리를 적의 수중에 남겨놓을 수는 없었던 것이다. 결국 미국은 겉으로는 아랍 민족주의자들의 배후에 있는 이란과 흥정을 하지 않는다고 했으나 실제로는 무기를 이란에 수출하고 인질을 구해내는, '인질과 무기를 교환하는 흥정'(arms-for-hostages deals)을 하기에 이른 것이었다. 레이건은 나중에 호메이니 이후의 이란에 변화를 가져올 온건파들과의 접촉선을 만들어내기 위한 것이었다고 변명하게 된다.

더 나아가 레이건 정부는 볼랜드 법안을 어기면서 이란에 무기를 수출해서 번 돈을 니카라과의 반군들에게 지원하게 된다. 이 행동도 위법적인 것이었던 만큼 비밀리에 추진되어야 했다. 그래서 CIA나 국방부, 또는 국무성이 아닌 백악관 국가안보회의실이 주도했다. 1960~70년대 CIA가 해외 지도자들에 대한 암살을 배후조종하는 등 물의를 일으키자, 미국 의회는 1970년대 중반 베트남과 워터게이트 사태 후 적극적으로 미국의 해외 비밀공작을 통제하려는 노력을 전개한 바 있다. 그 하나가 해외비밀공작에 대한 통제와 책임소재를 확실히 하기 위해 모든 비밀공작은 대통령이 사전에 문서로 결재하는 승인서(Findings)를 남기도록 하는 것이었다. 이란-콘트라 공작은 그런 승인서 없이 진행되었다.

그래서 이란-콘트라 사태의 핵심쟁점의 하나는 레이건 대통령이 이란에 무기를 판 돈을 니카라과 반군들에게 제공하는 비밀공작을 사전에 승인했거나 적어도 알고 있었는가 하는 것이었다. 즉 최고책임자

---

28) Draper, pp.120~21.

의 승인 아래 이루어진 일인가 하는 것이었다. 안보담당 보좌관 존 포인덱스터는 나중에 의회 청문회에서 니카라과 반군에 대한 지원은 대통령이 강력히 역설하고 희망한 정책이었기 때문에 자신의 책임하에 대통령의 정책을 실행하기 위해 반군에 대한 자금지원을 행했다고 했다. 그러나 그런 사실이 알려질 경우 대통령이 불법적인 정책을 추진한 것으로 되어 곤란한 처지에 빠지게 될 것이므로 대통령을 그러한 국내정치적 비판으로부터 보호하기 위해 대통령에게는 보고하지 않고 실행했다고 증언하게 된다. 즉, 그는 대통령이 원해서 그 정책을 실행하되, 만일의 경우 대통령이 책임추궁을 당하지 않도록 하기 위해 대통령의 결재를 받지 않았다고 주장한 것이다.[29]

이란-콘트라 스캔들에 관한 미국 의회 청문회에서 중요하게 떠오른 개념이 '설득력 있는 부인 가능성'(plausible deniability)이라는 것이었다. 이것은 원래는 미국정부가 해외에서 수행하는 비밀공작을 다른 나라들이 알 수 없도록, 또 만일의 경우 그 공작이 세상에 드러나더라도 미국정부가 자신이 한 일이 아니라고 설득력 있게 부인할 수 있게끔 비밀을 유지한다는 데 뜻이 있는 것이었다. 그러나 이란-콘트라 공작의 경우는 그것이 불법적이었던 것인 만큼 비밀을 유지할 대상은 다른 나라 정부들이 아니라 미국의 의회와 언론, 즉 미국 국민이었다. 포인덱스터가 대통령에게까지 결재도 받지 않고 행했다는 그의 증언이 사실이라면, 이란-콘트라 공작은 '설득력 있는 부인 가능성'을 넘어서 '절대적 부인 가능성'(absolute deniability)을 추구한 셈이었다. 그것도 물론 미국 국민을 대상으로 한 것이었다.[30]

이 사건은 미국 민주주의 정치제도의 실효성과 관련해 심각한 문제

---

29) Draper, pp.558~63.
30) Draper, pp.562~63.

의식을 던졌다. 안보국가의 성장 속에서 비대해진 미국의 대외정책기구들이 미 의회와 국민의 비판으로부터 완전히 은폐되고 절연된 채 아무에게도 책임지지 않고 오직 자신들에게만 책임지는 가운데 자기들이 스스로 정한 정책목표를 자신들이 선택한 불법적 방식으로 얼마든지 추진할 수 있다는 것을 말했기 때문이다. 다행히 이 사건은 폭로되기는 했다. 그러나 2~3년에 걸쳐 의회가 그런 공작을 금지했던 시기에 레이건 정부는 비밀리에 니카라과 반군에 대한 자금지원을 했고, 그럼으로써 니카라과 경제와 사회는 산디니스타 정권하에서 반군이 야기한 '더러운 전쟁'(dirty war)으로 인해 피폐해질대로 피폐해지고 무고한 양민 수만 명이 희생되고 난 뒤에야 이 사건은 폭로되었다. 또 그것을 폭로한 것은 미국의 의회도, 언론도 아니었다. 이란의 소식통을 인용한 레바논의 한 작은 언론사였다.

결국 미국 행정부 또는 그 안의 비밀스런 조직체의 일부 세력들이 마음만 먹으면 얼마든지 미국 헌법이 정한 민주적 과정을 무시하고 독립적으로 중대한 대외정책을 수행할 수 있다는 것을 말한다. 세계에서 미국의 대외정책이 특히 약소국들에 대해 갖는 결정적 영향력을 고려한다면, 미국 내의 그 같은 크고 작은 비밀정부적 행동들이 갖는 의미는 결코 예사로이 볼 일은 아니다. 이 사건은 이미 지적한 바와 같이 KAL 007 사건이 단순한 조종사의 실수에서 비롯된 것이 아니라 미국 행정부 안팎의 강경매파들이 인류와 헌정질서를 유린하면서 자신들의 정치적, 군사적 목적을 위해 어떤 불법적인 행동도 불사하는 맥락 속에서 발생한 것일 수 있는 가능성을 던져준다. KAL 사태가 벌어진 것이 바로 이란-콘트라 공작을 추진하거나 그것을 방조하는 세력들이 미국외교의 고삐를 쥐고 있던 시기에 벌어진 것이라는 점도 유의할 필요가 있을 것이다.

미국민들은 그런 비밀스런 공작들이 어떤 비상한 사태를 계기로 백

일하에 드러나 만천하에 공개되기 전에는 "미국정부가 그런 일을 저지를 리가 없다"고 생각한다. 그래서 미국정부가 교묘한 어법으로 자신의 행동들을 변호할 때 그것을 의심하려는 미국의 일반인들은 극소수에 불과하다. 미국인들이 가진 미국 민주주의에 대한 자만과 과신이 어쩌면 미국 민주주의의 더이상의 발전과 성숙을 가로막고 나아가 그것을 안으로부터 곪게 만드는 가장 치명적인 원인이 될 것으로 볼 수도 있다.

1987년 이란-콘트라 사건에 대한 의회 청문회가 한창일 때, 나는 미국에 있었다. 거의 매일 생방송되는 청문회의 어떤 부분에서 나는 특히 충격을 받은 일이 있다. 그것은 올리버 노스 중령이 유사시 국가위기 관리를 위해 '비밀정부' 또는 '비밀조직' 같은 기구를 구상했었다는 것을, 그것도 당시 하루에 수만 통의 격려전화를 미국민들로부터 받으며 영웅시되기도 했던 군인답게, 당당하게 밝힌 대목에서였다. 민주주의 질서에 대한 미국인들의 자기성찰이 의외로 부실한 것일지도 모른다는 의구심을 낳게 하는 이런 분위기가 미국 행정부의 내밀한 밀실에서 국민과 그 대표자들에 책임지지 않는 음모와 정책들이 결정되고 추진될 수 있는 토양이 될 수 있다는 생각을 떨칠 수 없었던 기억이 난다.

막대한 양의 자금을 반군들에게 적지 않은 기간에 걸쳐 지원하고 있는 일에 대해서 미국 정치권이나 언론인들이 하나같이 무지했다고 믿기는 어렵다. 그것은 어쩌면 비밀 아닌 비밀이었는지 모른다. 그들 대부분은 어떤 낌새를 채고 있으면서도 그것의 은폐에 공모해왔다고 보는 편이 옳을지도 모른다. 결국 1986년 말 레바논의 한 작은 언론사의 폭로로 이 문제가 국제사회에서 뜨거운 이슈가 되면서 비로소, 즉 외적인 충격을 통해서만 미국 정치권과 언론은 레이건 정부의 불법적인 비밀공작들을 공격하기 시작했던 것이다. 이것은 미국의 외교행태에 대한 비판과 그 변화는 오직 강력한 외적인 충격에 의해서만 가능할 것이라는 몇몇 미국인 학자의 지적을 떠올리게 한다.[31]

2. 미래의 역사에서 미국은 희망인가

제3세계 사람들에게 20세기 전반은 제국주의 국가들의 식민지배로부터 해방되기까지의 고난과 몸부림의 시기였다. 20세기 후반은 식민주의에서는 벗어났으나 미국을 중심으로 한 서방의 냉전주의적 자본주의 국가들과 정치군사적, 경제적으로 종속된 국내의 억압적이고 착취적인 권력과 대결해 안으로부터 민주주의를 건설해나가는 시기였다.

이제 21세기로 들어가는 길목에서 제3세계 사람들에게 미국은 무엇인가? 앞서 언급한 사례들이 한 편린처럼 보여주듯이 미국의 민주주의는 미국 국가 내부의 '비밀정부적 행태'와 이에 대한 미국민의 무감각으로 자주 안으로부터의 도전에 직면해왔다. 물론 미국은 결국 그러한 문제들을 스스로 교정하는 저력을 보여온 것도 사실이다. 그래서 아직도 미국은 민주적 자본주의 국가로서 여전히 정치적 억압과 빈곤의 전제에 시달리고 있는 많은 제3세계 나라 사람들에게는 '자유와 기회의 나라'로 인식되어 있다.

미국은 20세기 전반에는 다른 제국주의 국가들과의 패권경쟁, 그리고 독일과 일본 군국주의와의 전쟁의 선봉에 섬으로써 세계사에서 그 긍정적인 역할을 시작했다. 20세기 후반에는 미국은 소련과의 이념과 체제의 대결을 이끌면서 제3세계에 대한 경제, 정치군사적 패권을 통

---

31) Ira Katznelson and Kenneth Prewitt, "Constitutionalism, Class, and the Limits of Choice in U.S. Foreign Policy," in Richard Fagen ed., *Capitalism and the State in U.S.-Latin American Relations* (Stanford University Press, 1979).

해 제3세계의 정치와 경제에 지배적인 영향을 미쳤다. 이 과정에서 미국은 스스로 민주적 자본주의 국가인 바로 그 점으로 인해 한편으로는 정치적 다원주의와 경제적 생산력 발전의 견인차로서 세계질서에 긍정적 역할을 했지만, 다른 한편으로 미국은 민족해방과 사회혁명을 추구하는, 즉 미국보다 더 진보적인 비전을 추구하는 제3세계의 정치사회세력과 대결하면서 이를 억압하는 대국주의와 제국주의의 수뇌로서의 역할도 떠맡았던 것이다. 그런 의미에서 20세기의 미국은 세계사에 대한 역사적 기여와 함께 미국 자신의 사회상이나 미국 주도의 세계질서보다 더 정의롭고 평등한 질서를 추구하는 세력의 성장을 억압하는 부정적 기능도 담당했던 것이다.

20세기 말에 이른 지금의 시점에서 미국은 경제적 생산력의 견인차로서의 자본주의의 경제원리, 그리고 정치적 다원주의를 세계사의 기본원칙으로 정립하는 역사적 역할을 담당했다. 경제적 생산력 혁신의 체제로서의 자본주의와 정치적 다원주의는 그것들이 정의와 평등의 차원에서 내포한 많은 문제점들에도 불구하고 그 현실적인 경제력과 문화적 헤게모니를 통해 현실사회주의들을 붕괴시키거나 흡수통합하면서 세계의 지배적 원리로서 정립되게 된 것이다.

이제 21세기를 바라보는 시점에서 세계사와 한반도의 삶의 진보에 있어서 미국이 갖는 의미는 무엇인가. 그것은 네 가지 문제로 요약될 수 있다. 첫째는 민주적 자본주의를 극복하는 새로운 사회상의 창출에 미국은 어떤 역할을 할 수 있을 것인가라는 장기적 전망의 문제이다. 둘째는 민주적 자본주의의 테두리 안에서 미국사회의 정치경제가 과연 모범적인 민주적 자본주의인가 하는 것이다. 20세기에 민주적 자본주의를 세계사의 중심 위치에 정립시키는 현실적인 힘이 미국이었다 하더라도 21세기에 들어서도 미국식의 민주적 자본주의가 지속적으로 헤게모니를 장악할 수 있을 것인가는 얼마든지 의문을 제기할 수 있기 때문이다. 셋째는 위의 두 가지 문제에서 미국의 역할을 구체적으로 뒷받침하게 될 향후 세계에서의 미국 헤게모니의 장기적 전망은 어떻게 할 수 있는가 하는 것이다. 마지막 문제는 아시아와 한반도에서 우리와 미국의 관계는 어떻게 정립되어야 하는가 하는 문제이다.

먼저 현존하는 형태의 민주적 자본주의를 극복하는 새로운 사회상의 장기적 비전의 문제를 보자. 여기에서 핵심적인 과제는 경제적 성장이 지구환경 생태계와 공존하며, 또한 경제적 생산력의 증대와 함께 기업과 국가정책 결정과정에 대한 노동계층의 실질적인 참여를 확대하는 것이 양립 가능한 질서를 만들어나가는 것이다. 그것은 결국 생산력 증대 속도에 비해 노동자들의 경제적, 정치적, 문화적 소외를 최소화하고 그들의 삶의 질이 향상되는 속도가 더 빨라져갈 수 있는 사회상을 건설하는 것을 말한다. 이러한 작업에 미국은 어떤 역할을 할 수 있을까? 미국의 정치와 경제질서, 그리고 미국의 문화와 정신적 풍토는 그러한 인류의 장기적 비전의 개척에 주도적 역할을 할 수 있을까? 그 답은 다분히 부정적이라고 생각된다. 미국의 지나친 개인주의, 자유기업주의는 노동의 권리와 자본의 논리, 개인과 공동체 이상과 같이 20세기를 지배했던 대립적 요소들을 새로운 차원에서 종합하고 조화시키는 작업에서 유럽에 비해 뒤질 수밖에 없지 않을까 생각되는 것이다. 미국보다는 유럽에서, 또는 동유럽의 새로운 사회실험의 과정에서 진보적 비전은 더 발전할 가능성이 높다고 본다. 단지 미국은 세계에서 차지하는 현실적인 경제력과 군사력이 강하고 그에 따라 문화적 헤게모니도 쉽게 관철할 수 있는 반면에 유럽이나 다른 지역은 창조적 비전에는 강할 수 있으나 그것을 전인류적 비전으로 확장시킬 수 있는 물적 토대는 취약하다. 한 가지 희망을 가져본다면 그것은 유럽의 통합 진전과 그 통합된 유럽이 창조적 비전을 개척함과 동시에 그것을 통합된 힘으로 뒷받침해낼 가능성이다.

두번째로 지금 현존하는 민주적 자본주의 국가들 중에서 미국적 형태를 보다 구체적으로, 비판적으로 인식하는 문제이다. 그리고 미국의 기업과 국가가 해외, 특히 약소국가들의 정치경제질서에 미치는 영향의 긍정적 면과 부정적 측면을 적절히 인식하는 문제이다. 미국의 현존 정치질서의 가장 커다란 문제점은 역시 서구의 민주국가들과 달리 노동계층의 정치적 조직화를 추구하고 그것을 반영하는 정당이 존재하지 않고 있으며, 공화당과 민주당 모두 '압도적으로 중산층 지향적 정당'이라는 사실에 있다.[32] 민주당은 상대적으로 공화당에 비해 흑인 등 소외계층과 노조의 이해관계를 대변하는 데 적극적인 정치세력을 포함하고 있지만, 그들이 민주당의 중심에 있다고 보기는 어렵다. 또 정당정치가 다같이 자본가집단과 중산층 성향에 집중되어 있는 만큼 미국 노동자계층 자체가 제대로 조직화되어 있지 않고 이들의 정치의식도 중산층 지향적인 '미국의 꿈'(American dream)의 포로로 되어 있다고 할 수 있다.[33] 따라서 미국의 국내정책이나 대외정책과 관련해 근본적으로 다른 시각과 가치관들이 경쟁하면서 상호간의 균형과 비판, 견제의 메커니즘을 충분히 갖고 있지 못하다고 할 수 있다. 바로 이 같은 의미에서 루이 하츠는 미국에서는 로크적인 개인주의적 자유주의 가치관이 지나치게 압도적이어서 거의 획일적이 됨으로써 오히려 미국사회의 사상과 문화의 다양성을 해치고 그래서 미국인의 자유를 궁극적으로 위협할 가능성이 있다고 지적하기도 했던 것이다.[34] 물

---

32) Walter Dean Burnham, *The Current Crisis in American Politics* (Oxford University Press, 1982), p.92.

33) Mike Davis, *Prisoners of the American Dream : Politics and Economy in the History of the U.S. Working Class* (London : Verso, 1986).

34) Louis Hartz, *The Liberal Tradition in America* (New York : Harcourt Brace Jovanovich, 1955), p.11.

론 인간개성의 존중과 개개인의 자유 자체의 중요성은 아무리 강조해도 지나치지 않는 것이지만, 로크적 자유주의는 개개인의 능력과 자유, 경제적 복지를 실현하는 문제를 지나치게 개개인의 책임으로 환원시키며 불평등한 개인들의 서로 다른 사적 재산의 절대성을 강조하는 특수한 형태의 자유주의라고 할 수 있다. 이것이 획일적으로 강요될 때는 개인의 자유와 함께 모든 개인들의 공동체적 복지와 정의를 보다 잘 조화시키고 실현시키기 위한 새로운 사상과 제도에 대하여 배타적인 편협한 정치체제로 전락할 수 있다. 미국의 정치체제는 유럽 민주국가들의 그것과 비교해 바로 그와 같은 결함을 지니고 있으며, 그러한 문제점이 더 심각해질 수 있는 가능성을 깊이 안고 있다고 말할 수 있다.

미국의 민주적 자본주의 질서가 갖고 있는 두번째로 지적할 중요한 문제점은 이렇게 부유한 나라에서 그 첨예한 빈부격차, 그 놀라운 풍요와 함께 인간을 황폐화시키는 엄청난 빈곤이 공존하는 상황이 과연 용납되어도 좋은 것인가 하는 점이다. 이것은 물론 미국이 중하층 노동자계층의 정치적 조직화가 미미하다는 미국정치의 구조적 성격과 무관한 것이 아니다. 미국은 원래 심각한 빈부격차가 있어왔지만, 1980년대 레이건의 보수정치하에서 그 경향이 더욱 악화되어 왔고, 1990년대 들어서도 크게 개선될 전망은 제시되지 않고 있다. 미국은 그 엄청난 국부에도 불구하고 남한의 전체인구 숫자에 육박하는 약 3천5백만의 자기 시민들을 아무런 의료보험조차 없이 방치해왔다. 이른바 선진 자본주의 산업국가들 중에서 유일하게 미국만이 국가적인 차원의 의료보험체제(national medical insurance program)를 갖추고 있지 않다. 그러면서도 미국인들이 의료비로 퍼부어야 하는 비용은 어느 나라보다도 높다. GNP의 10퍼센트에 달하는데 이것은 어떤 나라보다도 높은 비율이다.[35] 그만큼 국가적 자원배분의 구조가 불균형하고 가난한 사람들에게 정작 필요한 의료보건 서비스는 제공되고 있지 못하다는 것을 말한다. 이런 상황을 개혁하고자 클린턴 민주당정부가 노력했지만, 노동자들의 의료보험 부담을 부분적으로라도 책임지기를 거부하는 기업가집단과 의료수가의 하락을 두려워하는 의료집단 등 기득권층의 강한 반발로 벽에 부딪쳐 있는 형편이다.

미국 자본주의가 엄청난 부를 생산하고 있으면서도 이것이 국민 골고루에게 최소한의 인간다운 삶을 보장하는 방식으로 활용되지 않고 부에 못지않은 엄청난 불평등의 체제라는 것은 다른 수치에서도 쉽게 확인된다. 미국의 불평등지수는 유럽의 선진국가들에 비해서 훨씬 높게 나타나고 있다. 그 사회의 중간소득(median income)에서 다시 그 절반 이하만을 버는 계층을 빈곤층이라고 볼 때, 이 같은 상대적 빈곤층의 비율은 1979~81년의 경우 미국은 16.9퍼센트에 달했는데, 이것은 영국의 8.8퍼센트의 두 배에 해당하는 것이다.[36]

미국 흑인들의 경제적 위치는 물론 더욱 열악하다. 미국 인구의 약 11퍼센트를 차지하는 흑인들이 미국 전체 빈곤층에서 차지하는 비율은 1959년의 경우 25.1퍼센트에서 1979년 30.9퍼센트로 증가했으며, 1988년의 경우에도 29.5퍼센트를 차지했다.[37] 미국 남자들의 수명은 세계에서 20위권이며, 유아사망률은 22번째로서, 선진국 수준에서 밀려나 있다. 산업재해율은 1965~79년 사이에 두 배로 늘어나 매년 5백만 명 이상이 산업재해를 당하고 있다. 1980년의 경우 그 중 220만 명의 산업재해 피해자들이 일을 못하게 될 정도의 중증이었다.[38] 범죄

---

35) Joshua Cohen and Joel Rogers, *On Democracy : Toward a Transformation of American Society* (Penguin Books), p.24.

36) A. Kahn, "Poverty Research in International Perspective," *Focus*, vol.9, no.2; Vic George and Irving Howards, *Poverty Amidst Affluence : Britain and the United States* (Edward Elgar, 1991), p.70.

37) George and Howards, p.72.

와 그리고 그것을 처벌하는 수준, 즉 교도소 수감률도 가히 세계적인 수준이다. 일정 인구당 교도소 수감률은 1980년대 초를 예로 들면 소련, 그리고 당시 인종차별주의 정권이 장악하고 있던 남아프리카공화국 다음으로 높았다.[39] 이 역시 미국 정치사회의 인간적 파탄과 모순, 그리고 극심한 불평등구조의 반영이라 할 수 있다. 이런 상태로 미국의 민주적 자본주의가 진정 21세기에 인류의 정치사회적 비전을 이끌 주체가 될 수 있는 것인지 비관적으로 생각할 수밖에 없도록 만드는 것이다.

미국의 사법체계는 만인에게 평등한 것인가. 그 답은 불행히도 결코 긍정적이지 못하다. 특히 흑인들은 미국 사법체계의 가장 큰 피해자들이다. 1995년 10월 3일 미국 법정은 재판 끝에 왕년의 풋볼 영웅 심슨(O. J. Simpson)에게 무죄를 선고했다. 그는 자신의 전처이자 백인 여자인 니콜 브라운과 그의 새로운 남자친구를 살해한 혐의로 1년에 걸친 재판을 받아왔었다. 우연히 흑인들이 많이 포함되었던 이 재판의 배심원들이 무죄평결을 내리자 백인들은 한결같이 아우성을 쳤고 흑인들은 축제 분위기를 보였다. 이것은 언뜻 보면 미국 사법체계가 소수민족에게도 공정하게 대하고 있다는 증거로 보일 것이다. 그러나 이 재판 결과에 심슨이 풋볼로 벌어들인 억만금의 재화가 결정적 변수의 하나였다는 것을 부인하는 미국인들은 드물다. 흑인들 대부분은 그럴 만한 돈이 없다. 심슨의 경우가 하나의 희귀한 예외에 불과하다는 것은 한 가지 통계만 보아도 곧 분명해진다. 1995년 10월 5일 피터 제닝스(Peter Jennings)가 진행하는 ABC TV의 '월드 뉴스'에서는 충격적인 통계를 공개했다. 마약을 상용하는 미국인들 중에 흑인은

---

38) Cohen and Rogers, pp.24~25.
39) Cohen and Rogers, p.28.

13퍼센트에 불과하다. 그러나 마약사범으로 경찰에 체포되어 유죄판결을 받은 미국인 전체에서 흑인이 차지하는 비율은 55퍼센트에 달한다. 그러나 더 놀라운 것은 그 마약문제로 실제 징역형을 선고받은 미국인들 전체에서 흑인의 비율은 무려 74퍼센트에 달한다는 것이다. 그 '월드 뉴스'는 또한 20세에서 29세 사이의 남자 흑인들 전체의 3분의 1이 어떤 형태로든지 형사처벌에 처해진 상황에 있다고 밝혔다. 이것은 놀라운 일이다. 더욱 놀라운 것은 이런 통계 앞에서도 많은 미국인들이 전혀 놀라워하지 않는다는 사실이다.

내가 미국생활 중에 가장 인상적이고 충격적이었던 현상을 딱 한 가지만 들라면, 나는 주저하지 않고 미국 대도시와 웬만한 중소도시에 광범하게 형성되어 있는 슬럼가들, 바로 거기에 처절하게 배어 있는 '절대의 절망'(absolute despair)의 분위기를 꼽을 것이다. 위의 마약사범 통계에 놀라지 않는 사람들은 이것에 대해서도 전혀 충격받지 않을 것이다. 진실로 충격적인 것은 미국 흑인들의 삶의 그 절대의 절망과 불평등의 상황이 오히려 당연시되고 있다는 사실이다. 그 현란한 자유와 번영에도 불구하고 미국사회가 그런 문제들을 해결할 능력이 없다면, 21세기 인류의 희망을, 21세기 남북문제의 해결을 어떻게 미국 자본주의에 기대할 수 있을 것인가.

1980년대에는 유럽에서도 미국 레이건 시대의 신보수주의의 물결이 도도했다. 그래서 집권 사민당이나 사회당, 또는 야당으로 있는 좌익정당들도 정강정책을 보수적으로 바꾸는 사례가 나타났었다. 그래서 이를 두고 유럽에서 사민주의 자체가 크게 약화된 것으로 해석하는 학자들도 생겨났다. 그러나 유럽의 사민주의 체제는 그 역사와 뿌리가 깊을 뿐 아니라, 한 나라가 사민주의 체제냐 아니냐 하는 것은 단순히 그 나라 사민당이나 사회당의 정강정책이 바뀐 것만으로 판단할 수는 없다. 정강정책도 물론 보아야 하지만 그것과 함께 그 정강정책의 추진 주체가 노동자계층에 정치적 기반을 둔 정당일 때에는 그 정강정책이 보수화된 것이라 하더라도 기본적으로는 노동자계층의 참여와 선택에 의하여 결정된 것이므로 보수적 정당들이 선택하고 추진하는 것과는 성격이 다르다고 할 수 있다. 또 보아야 할 것은 그 나라 복지체제의 틀이다. 노동자들과 빈곤층을 위한 복지체제가 빈약한 미국에서 양대 정당이 경기부양을 빌미로 부유층에게 세율을 줄인다든지 '복지'의 개념을 웰패어(welfare)에서 워크패어(workfare : 노동을 전제한 복지 제공)로 바꾸어나가려 한다든지 하는 움직임과, 스웨덴, 영국, 독일, 프랑스에서처럼 기존에 오랜 사민주의 역사를 통해 뿌리 깊게 자리잡은 복지체제를 바탕으로 하면서 기업활동 활성화를 목표로 기업이윤에 대한 세금을 감면하거나 워크패어 개념을 거론하는 것은 그 맥락에 중대한 차이가 있는 것이다. 따라서, 우리가 미국의 사회체제와 유럽 사민주의 국가들의 사회체제와 그 변동을 비교평가하기 위해서는 정당들의 정강정책, 추진의 주체가 되는 정당의 노동계층 기반 여부, 그리고 그 나라에 장기적으로 정착되어 있는 복지체제의 질, 이 세 가지를 동시에 입체적으로 고려해야 하는 것이다.

그러한 복지체제와 그 수준을 평가할 때에는 고등교육에 대한 국가부담이나 외국인에 대한 의료와 교육 등 기본적 삶을 보장하는 서비스에서 노동자의 정당이 없는 미국과 노동정당이 존재하는 유럽의 나라들이 보여주는 사회적 환경의 차이도 유의할 필요가 있을 것이다.

미국이 기본적인 민주주의의 틀은 갖추고 있어도 우리가 제기해야 할 또 한 가지 문제는 서유럽의 더 선진적인 사회들보다 세계정치의 주도적 역할을 계속해서 담당할 위치에 있는 미국이 향후 세계에서 최소한 정치적 다원주의와 민주주의의 기본원칙이나마 덜 민주적인 제3세계 사회들에 확장시키는 데에 어떤 역할을 할 것인가 하는 것이다. 이 문제에 대해서 우리는 한 가지 구분할 점이 있다. 미국은 세계에서 강력한 힘을 갖추고 있는, 최선은 아니지만 최대의 정치다원주의 국가라는 사실로 인해 미국은 세계적으로 민주적 다원주의 질서를 확장하는 데 중요한 요인으로 남을 것이다. 그러나 유의할 점은 미국은 미국이 존재하는 것 그것 자체로 인해 그런 역할을 한다는 점에 있다. 미국의 국가와 미국의 기업들이 어떤 의도적 노력을 통해 그렇게 하는 것은 아닐 수 있다는 것이다. 미국의 '존재'가 그렇게 역할을 하는 것일 뿐, 미국의 국가와 기업들의 대외적 '행태'는 제3세계의 민주주의 확대와 언제나 긍정적 관계에 있는 것은 아니라는 말이다. 우리에게 문제는 미국의 국가와 기업들의 행태가 해외에서 민주주의 확대에 대해 어떤 의미를 갖느냐 하는 것이다.

미국은 냉전시대에도 미국이라는 나라 자체의 정치질서로 인해 제3세계에서 정치적 다원주의 발전의 한 요소가 되었지만, 많은 경우 대소봉쇄와 반서방적인 급진주의 정치세력을 저지하기 위해 제3세계 사회에서의 사회혁명을 방해했으며, 그 과정에서 제3세계의 억압적이며 매판적인 정치세력과 검은 유대를 맺어왔다. 미국은 민주적인 나라이지만, 미국의 경제, 군사전략적 이익을 우선시하는 미국 국가의 대외정책과 미국 기업들의 대외적인 행태는 제3세계 인민들의 민주주의와 무관하거나 오히려 그것을 해치는 것이었다. 중동의 경우처럼 세계경제의 요충지에서 미국의 패권을 확보하기 위해 과거부터 이 지역의 민족주의적이며 혁명적인 세력들을 억눌렀다. 그러다보니 시대착오도 한참이나 시대착오적인 봉건적인 억압적 왕정정치가 중동의 여러 미국 동맹국들을 지배하고 있는 것이다. 물론 이라크의 후세인 정권이나, 리비아의 카다피 정권, 또는 이란의 호메이니 정권이 인간적인 정권이라고 할 수는 없을 것이나, 그것들을 견제한다는 명분으로 미국이 뒷받침하고 있는 정권들은 아직도 봉건적 노예제에 바탕한 정치체제에 가까운 지극히 시대착오적인 성격을 안고 있다. 미국과

서방의 다국적 기업들이 중동에서 그와 같은 행태를 보이지 않았다
면, 후세인 정권이나 카다피 정권과 같이 반서방, 반미의 구호로 아랍
민족주의에 의존해 권위주의적 정치질서를 정당화하고 강화시키는
부작용도 크게 덜어졌을 것이다. 실제 미국 CIA가 군부쿠데타를 배후
조종해 1953년 억압적이고 시대착오적인 왕정정치를 이란에 부활시
키기 전에 이란에 등장해 있던 모사데크 정권은 근대적인 사회개혁
프로그램을 가진 민족주의적 정권이었다. 미국과 서방의 제국주의는
중동에서 바로 그와 같은 건실한 민족주의적 개혁주의 정치세력을 압
살하고 더이상의 정치발전을 막아왔던 것이다. 그런 가운데 친미적인
봉건적 왕정정치와 반미적인 권위주의적 민족주의 정권들이 서로 공
생하는 구조를 지속시켜왔던 것이다.

　미국은 민주적이지만 향후 세계에서 미국의 전략적 이익과 경제적
이익을 우선시할 수밖에 없는 미국의 국가와 기업이 제3세계의 정치
발전에 오히려 역기능을 하는 경우는 다른 지역에서도 얼마든지 찾아
볼 수 있다. 냉전시대부터 미국에게 전략적으로 중요한 나라인 터키
는 미국의 동맹국이면서 인권유린으로 예나 지금이나 악명이 높은 나
라이다. 국제사면위원회(Amnesty International) 미국 지부장인 윌리엄
슐츠(William Schultz)는 1995년 7월, 터키를 가리키면서 "미국의 동맹
국이 미국이 제공한 무기를 활용해 자국 국민의 인권을 유린하고 있
는데" 미국정부는 이를 제지하기는커녕 군사원조를 지속하고 있는 것
을 비판했다.[40] 슐츠는 또 라틴 아메리카 전반에서 아직도 미국 CIA
는 그 지역의 우익 정부나 군부, 비밀집단들과 연계하여 고문, 살인,
실종 등의 각종 인권유린에 개입하고 있다고 지적했다. 그는 가정용

---

40) Slobodan Lekic(AP), "Amnesty blames U.S. role in human rights abuses abroad,"
　　The Korea Herald, July 7, 1995.

삽 하나씩을 미 의회 의원들 전원에게 보낼 것이라고 말했다. 그것은 의원들과 행정부에게 "아메리카 대륙 전역에서 CIA가 조장하고 있는 인권유린들에 관한 모든 진실을 파헤쳐 진실을 규명해야 할 그들의 의무"를 상기시켜주기 위한 것이라고 슐츠는 말했다.

제3세계에서 미국의 대외정책수단의 대표적인 기관인 CIA가 그런 활동을 하고 다닐 때는 그 배후에 그 해당지역에서 자본을 투자하고 경제활동을 하고 있는 미국 기업인들의 이해관계가 그 지역의 보수적이고 억압적인 정치사회세력과 연결되어 있기 때문이다. 제3세계에서 미국이 억압적 정치세력과 연대한 것은 반드시 소련이라는 국제 공산주의세력과 이들이 연계되어 있었기 때문은 아니다. 그들은 그들의 민중의 가난과 피압박을 해결하기 위해서는 불가피하게 혁신적 정치사회변화가 있어야 한다고 믿었기 때문인 경우가 대부분이었다. 따라서 이들의 비전과 운동은 소연방의 붕괴와 탈냉전과는 별로 상관이 없다. 그들은 그들의 비전과 운동을 계속할 것이다. 탈냉전의 시기이며 미국과 자유무역협정을 체결한 하나의 '희망의 시기'처럼 통하던 1990년대 초반의 멕시코에 급진적 농민반란이 발생한 것은 그렇게 느닷없는 일이 아니었다. 이들 제3세계의 진보적 운동과 그 비전은 많은 경우 해외에 진출한 미국 다국적 기업들의 이해관계와 충돌하기를 계속할 것이다. 그러는 한에서 미국 CIA는 검은 세력과 연대해 해외에서 인권유린의 배후세력으로 기능하는 경향도 사라지지 않을 것이다.

2차대전에서 권위주의적, 군국주의적 자본주의 체제들이 패망하고 서구와 미국의 민주적 자본주의 질서가 주도권을 잡았다. 다른 한편에서는 프롤레타리아 독재를 표방하는 사회주의적 권위주의가 확산되었다. 또 세계 자본주의의 운동은 저개발국가들에 봉건적 질서에 대항할 만한 프롤레타리아트와 프티 부르주아를 양산해왔다. 이러한 상황에서 제3세계 사회들의 봉건적 지배세력은 민족해방적 사회주의 또는 민주적 자본주의를 지향하는 새로운 사회세력들과 갈등관계에 있었다. 제3세계 사회들은 많은 경우 권위주의적 자본가세력과 봉건적 지배세력이 연대한 권위주의 질서를 유지한 가운데 반공을 앞세운 미국의 세계전략 속에서 자신의 권위주의의 질서를 보호받을 수 있었다.

이러한 질서는 신흥 프롤레타리아트와 일정한 교양과 경제적 기반을 가진 프티 부르주아지 집단들로부터 부단한 도전에 직면했다. 미국의 외교정책은 자주 권위주의 체제들에 대한 일방적 지원과 약간의 인권외교를 어정쩡하게 결합한 태도를 취했다. 그러나 미국의 안보적, 경제적 이해관계가 중요한 지역에서는 정치적 진보가 이들 사회의 안정을 해칠 것으로 우려될 때 미국은 단호히 권위주의 질서의 안정을 선호했다. 이러한 미국의 태도는 제3세계 사회에서 새로이 성장한 프롤레타리아트와 중산층의 민주주의적 지향과 갈등을 빚었고, 많은 신흥개발국 사회들에서 반미적 정치이념을 성장하게 했다.

결국 1980년대 이후 제3세계 권위주의 질서들과 미국의 유동적 동맹관계를 비집고 많은 제3세계 사회에서 민주주의적 질서가 성장한 것은 무엇보다도 먼저 제3세계 사회의 산업화와 도시화를 배경으로 성장한 프롤레타리아트와 비판적 중산층이라는 요인이었다. 이들은 1960년대와 70년대에 자신들의 사회에서 권위주의 정권들이 미국의 정부와 자본가들과의 연대 속에서 유린해온 자신들의 민주주의를 위해 새로운 투쟁을 전개했고, 그들의 실패와 좌절은 일정한 휴면기를 거친 후에 1980년대에 거의 일제히 폭발적인 민주화의 원동력으로 작용했다. 필리핀의 피플 파워(People Power), 아르헨티나의 알폰소 현상, 칠레의 반피노체트 운동, 브라질의 민주화운동, 광주의 비극 이후 6·10항쟁에 이르기까지 한국에서 전개된 강력한 민주주의 운동을 보라. 또한 미국 내에서는 1960년대, 70년대 미국의 외교가 제3세계에서 안보와 안정이라는 명분하에 제3세계 권위주의 정권들에 제공한 지원이 초래한 부정의와 그 정치적, 사회적 역기능들에 대한 비판적 인식이 성장했다. 그들의 눈에는 놀랍게 비친 제3세계 자체 내 진보적 사회세력들의 강한 민주화에의 열망과 헌신에 대한 인식이 미국 내에서도 새롭게 등장한 것을 들 수 있다. 이것은 과거와 같은 거의 무조건적인 친미독재 질서에 대한 묵인과 지원의 태도가 보다 많은 변명을 필요로 하는 상황을 만들어내었다고도 볼 수 있을 것이다. 셋째로는 1970년대 말 그리고 1980년대 초반의 격심한 신냉전의 갈등 이후 미·소 간의 냉전은 1980년대 중반에 들어 소련에 고르바초프가 등장하면서 소강상태에 빠지기 시작했고, 곧 탈냉전의 상황으로 진전되게 된다. 이러한 국제정치적 상황의 변동으로 과거 안보와 안정지상주의하에 제3세계 권위주의와 미국 사이에 지속되어온 검은 결탁의 근거와 명분이 약화되었던 것이다.

또한 제3세계 사회 자체 안에서는 현실 사회주의의 몰락으로 이념적 대결의 폭이 줄어들었다. 이것은 민주적 자본주의로 지배적 이데올로기가 수렴되는 현상을 보였고, 이것은 미국의 대외정책의 초점도 공산주의 세력에 대한 경계와 억압으로부터 이들 사회 내 다양한 집단들과의 연결과 경제적 진출로 옮아가는 양상을 보이게 되었던 것이다. 이 상황에서 미국은 이들 사회 내의 어떤 특정한 집단과의 노골적인 연대보다는 다분히 느슨한 보수적 연대로 그 이미지가 바뀌었을 뿐이다. 그런 가운데 이들 제3세계 사회에서 미국이 갖는 의미는 자신들의 사회 내의 어떤 특정한 세력과 미국의 연대가 아니라 미국 자체가 갖고 있는 민주적 자본주의 사회로서의 모범이라는 측면이 되고 있을 따름인 것이다.

또한 미국은 탈냉전 이후에 들어 오히려 더 압도적인 비율로 세계

무기시장을 장악하고 있으며, 이를 기반으로 세계 무력분쟁의 중요한 물적 토대가 되고 있다. 미국이 보스니아 같은 엄청난 인종말살의 비극의 현장에서는 오랫동안 무력한 방관자였으면서도 무기판매는 활발히하여 각종 세계 무력분쟁에 대해 살상과 파괴의 수단의 공급자로서는 리더의 역할을 확실히 담당했던 것이다.

궁극적으로 약소민족이나 저개발 국가들의 민주주의의 기반은 그 나라 민중들이며 미국의 대기업가들이 아닌 것이다. 그들을 움직이는 동기는 냉전시대에나 탈냉전시대에나 여전히 이윤의 획득과 무제한적 경제적 경쟁에서의 생존일 뿐이기 때문이다. 그러한 동기와 부합하고 또 거기에 필요하다면 미국의 기업가들은 언제라도 그리고 언제까지라도 지구의 각종 검은 정치세력들과 음양의 흥정을 계속할 것이다.

결국 미국은 미국 자신 내부에서의 다원적 민주주의 체제로 인해 제3세계의 봉건적이며 권위주의적 질서에 대한 제3세계 자체 내의 비판세력들을 고무시키는 면을 갖고 있는 반면에 미국의 해외에서의 안보적, 경제적 이해관계는 바로 그러한 비판세력들의 민주적 이해관계와 충돌되고 갈등하는 경우가 많았던 것이다. 이것은 현대 미국의 매우 흥미 있는 모순의 하나라고 할 수 있는데, 우리는 그것을 미국의 '존재와 행태 사이의 모순'이라고 불러도 좋을 것이다. 바로 그 같은 미국의 존재와 행태 사이의 모순은 탈냉전의 세계라고 해서 어떤 근본적인 변화를 보일 것이란 증거는 없는 것이다.

3. 미국의 패권적 의지와 능력

이러한 모순을 안고 있는 미국이 향후 세계에서 얼마만한 중요성을 가질 것인가, 즉 세계질서를 얼마나 주도할 능력이 있을 것인가? 이것은 결국 미국의 패권적 의지와 그것을 뒷받침할 수 있는 미국 자신의 능력 사이에 어떤 모순이 있는가 하는 문제를 통해 접근해볼 수 있다.
1980년대 말에 필자가 귀국할 무렵, 한국과 미국 학계에서는 다같이 미국은 이제 쇠퇴의 길에 접어들었으며, 아시아에서도 미국은 멀지 않아 군대를 철수하는 등 물러갈 것이며 곧 커다란 권력의 공백상태가 나타날 것이라고 예언하는 사람들이 다수를 차지하고 있었다. 나도 물론 미국의 패권이 상대적으로 쇠퇴의 단계에 들어섰다는 것에는 기본적으로 동의하였지만 그것이 곧 아시아에서 미국의 힘이 퇴조하고 커다란 권력의 공백이 생길 정도로까지 나아갈 것으로 보는 것은 매우 성급한 진단이라고 보았다. 그래서 나는 1989년 『사회와 사상』 9월호에 「미국의 헤게모니 : 쇠퇴인가 교착인가」라는 글을 다음과 같은 비평으로 시작했다.

"많은 사람들이 미국 헤게모니의 쇠퇴를 이야기하고 있다. 특히 1980년대에 들어서 비대해진 미국의 재정적자와 무역적자 문제가 부각되면서 미국 헤게모니의 쇠퇴는 불문가지의 일처럼 간주되게 되었다. 자주 인구에 회자되는 폴 케네디의 『강대국들의 흥망』은 미국의 쇠퇴를 지난 500년의 역사 속에서 명멸한 헤게모니적 국가들의 성장과 쇠퇴라는 보편적인 운명에 비추어 파악했다. 미국 정치학계의 주류의 한 사람인 로버트 코헨은 『헤게모니 이후』라는 저서에서 미국 헤게모니의 상실을 기정사실화하고 그러한 헤게모니 이후의 국제사회에서의 갈등과 협력의 문제를 논하고 있다.

그러나 한 걸음 물러서서 생각하면 이처럼 미국 헤게모니가 쇠퇴했다는 인식이 보편화된 80년대는 서방 자본주의 진영 안에서 미국의 상대적 쇠퇴가 무역수지의 변화라는 단적인 지표를 통해서 명백해진 시기이기도 했지만, 다른 한편으로는 여전히 미국 자본주의를 중심축으로 한 서구 자본주의가 70년대의 침체와 불안의 늪에서 벗어나

번영을 구가한 시기였다. 그런 가운데 사회주의 경제에 대한 자본주의 경제체제의 우월성이 확인되었다는 인식이 서방에서 보편화된 것이 바로 이 80년대였다는 점을 유의하지 않으면 안된다.

제3세계에 관련해서도 70년대는 베트남, 앙골라, 이란, 니카라과 등 여러 지역에서 미국이 후퇴를 강요당한 시기였으나, 미국은 80년대에 들어서 레이건의 강력한 보수정권하에서 제3세계의 모든 친미정권을 사회혁명의 도전으로부터 '수호'했을 뿐만 아니라 오히려 더 나아가 그레나다와 같은 곳에서는 1983년 해병대를 파견하여 기왕의 사회주의 정권을 전복시키고 친미질서를 확립했다. 또 앙골라, 니카라과, 캄보디아, 에티오피아, 엘살바도르, 아프가니스탄 등 곳곳에서 미국은 정력적인 반혁명사업을 펴서 70년대에 '잃었던' 실지(失地)에 대한 역공을 실시해 이들 지역을 상당히 위축시켰다.

소련과의 군사력경쟁에 있어서도 70년대에 소련이 상당부분 미국의 군사력 우위를 상쇄시키는 데 성공했던 것으로 알려진 반면, 80년대는 레이건의 군사력 증대정책으로 대소 군사력 우위의 절대확보라는 '자신감'을 미국인들이 공유하기에 이르렀다고 할 수 있다.

이것은 적어도 몇 가지를 이야기한다고 볼 수 있다. 첫째, 우리가 미국 헤게모니의 쇠퇴를 생각함에 있어서 그것이 마치 일직선적으로 시간이 흐름에 따라 미국의 힘이나 영향력이 부단히 쇠퇴하는 것으로 볼 것은 아니라는 점이다. 둘째로, 미국의 힘은 다층적인 구조를 가지고 있는 것이며, 따라서 어떤 시점에서 자본주의권 내부의 상대적인 경제력은 쇠퇴하는가 하면 군사력이나 제3세계에 대한 정치군사적 영향력은 오히려 증가할 수 있고, 또 자본주의 경제가 활력을 더하여 자본주의체제에 대한 자신감이 보다 확인될 수도 있다는 것이다.

뿐만 아니라 자본주의권 내부에서의 미국의 경제적 생산력과 상대적 쇠퇴도 어떤 일정한 한계를 가질 수 있다는 점에 주목하지 않으면 안된다고 생각한다. 자본주의권 안에서의 미국 경제력의 상대적 쇠퇴는 무한정 계속될 수 있는 것은 아니다. 코헨이 지적한 바 있는 것처럼 1945년에서 1965년 사이의 전후 20년간에 미국이 서방 안에서 누린 엄청난 헤게모니는 2차대전으로 인해 왕년의 선진 자본국들이 황폐화된 반면, 미국 자본주의는 전쟁이라는 특수한 환경에 일부 힘입어서 급속한 번영을 구가할 수 있었던 '예외적인 현상'이었던 점에 주목해야 한다. 이것은 곧 다른 선진제국들이 왕년의 자본주의 경제를 재건하면 애당초 그러한 예외적인 불균형상태는 상당부분 해소되게끔 예정되어 있었다는 것을 말하기도 한다. 그 사실은 곧 미국의 헤게모니가 조만간 축소될 것을 의미했던 것이기도 하지만, 역으로 말하면 미국에 대한 다른 서방국가들의 미국 따라넘기에도 일정한 포화점이 존재할 수 있다는 것을 말하는 것은 아닐까 …… 서방의 재건이 곧 미국 자본주의의 몰락을 의미하지는 않는다. 양자의 생산력의 상대적 관계는 어떤 균형점이 있을 것으로 생각할 수도 있는 것이다. 지금 미국과 다른 서방 선진국들 간의 관계가 어느 정도 그러한 단계에 도달해 있다고 본다. 1인당 GNP에서 양자가 균형을 이룬다고 할 때, 서방 최대의 인구와 엄청난 영토적 광대함, 그리고 자원에 있어서 다른 나라들에 비해 미국이 가진 명백한 상대적 이점을 염두에 둔다면 미국은 서방 안에서 여전히 강력한 중심 축으로 남아 있을 가능성이 높다. 그리고 미국의 경제적 능력은 사회적 조직의 향방에 따라 오히려 그 잠재적 발전의 가능성이 대단하다고도 말할 수 있다.

우리는 미국 헤게모니를 말할 때 오늘의 상태를 주로 전후 20년간 미국이 누렸던 영향력에 비추어보기 때문에 오늘의 미국의 헤게모니 쇠퇴를 과장하는 경향이 있다고 생각한다. 그러나 이미 지적한 것처럼 1945~65년 기간의 미국의 헤게모니는 역사상 어떤 제국도 누려본 적이 없는 '예외적인 현상'이었다. 그렇다면 오늘 미국이 과연 헤게모니적 국가인가는 그 '예외적인 시절'에 미국이 누린 예외적인 헤게모니를 기준으로 삼기보다는 그 이전 즉 2차대전 이전까지에 미국이 세계에서 수행한 역할에 비추어볼 필요도 있다. 디포티(A.W. DePorte)가 말한 것처럼 1900년대의 처음 반세기는 이미 세계정치에서 미국이 균형자의 역할을 담당하게 된 것을 여실하게 보여준 시기였다. 19세기 말 통일국가를 수립한 후 유럽국가들 중에서는 압도적인 인구와 생산력에 기초해 국력이 팽창한 독일이 20세기에 들어서 식민지 팽창사업과 유럽제패의 야망을 실천에 옮기게 되었다. 이러한 독일의 야망은 매번 거의 실현될 단계에까지 이르렀었다. 이것을 저지시킨 것이 다름아닌 미국의 개입이었다. 물론 2차대전의 경우 2천만이라는 천문학적 숫자의 인적 희생을 치른 소련의 참전도 결정적 힘이 되었다. 그러나 적어도 서방에서의 세력균형은 향후에는 미국의 존재 없이는 불가능하다는 것, 서방의 미국에의 의존이 불가피하다는 것이 이미 전후시대 이전에 확립된 것이었다.……

　바로 이 점이 폴 케네디처럼 역사에 있어서의 제국의 명멸을 논하는 일반론 속에 미국 헤게모니의 운명을 파악하는 순환론적인 단순한 도식이 간과하기 쉬운 점이다. 물론 100년이 지나면 세계는 어떻게 변할지 알 수 없다. 그러나 그런 논리로 오늘 미국 헤게모니가 처한 현실적 의미를 논하는 것은 잘못이다. 앞으로도 상당한 기간 서방의 군사·정치·경제적 운명에 있어서 미국이 중심적 역할을 담당할 것을 상정하지 않으면 안될 것이다. 사실 브루스 러셋 같은 자유주의자나 사뮤엘 헌팅턴 같은 보수주의자들은 다같이 미국 헤게모니의 쇠퇴가 부단히 진행되고 있는 것으로 보는 폴 케네디와 로버트 길핀 같은 이들을 '쇠퇴주의자'(declinists)라고 비판한다.[41] 이들은 여러 가지 논거를 동원하여 미국 헤게모니의 쇠퇴 주장은 과장과 왜곡을 내포하고 있다고 반박한다.……"

104

　나는 이런 논의에서 출발해 미국 헤게모니의 문제를 주로 경제적 생산력의 비교를 중심으로 ‘국력’의 개념에 기초해서 논하는 것은 한계가 있다고 주장했다. 그래서 일단 미국과 다른 강대국들 간의 경제력이라는 측면에서는 어떤 단선적인 명백한 변화가 일어나고 있다는 관점에서 벗어나되, 그럼에도 불구하고 미국의 헤게모니를 전반적으로 또는 특정한 제3세계 지역과의 관계에서 미국의 패권적 영향력을 현저히 변화시킬 수 있는 요인들을 살펴야 한다고 지적했다. 필자는 당시 상황에서 국제관계의 성격변화 여부, 미국 국내의 사회적 변동과 국가자원 배분의 우선순위를 둘러싼 정치사회세력간의 투쟁과 역학관계 변동 가능성, 사회주의권의 변화와 그것이 몰고 올 미국 패권에의 영향, 제3세계에서의 자본주의적 생산력 발전이 이들 지역에 대한 미국의 패권에 미칠 영향, 그리고 제3세계 지역에서의 민족해방 또는 사회변동의 차원들이 어떤 방향으로 진전되고 또 서로간에 어떻게 결합되느냐에 따라 미국 헤게모니의 전반적 향방과 구체적인 제3세계 개별 민족들에 대한 미국의 헤게모니의 장래에 대한 생산적인 논의가 될 수 있다고 주장했던 것이다. 이 부분들에 대한 나름의 분석에 기초해 필자는 그 글에서 “전체적으로 굳이 잠정적인 결론을 내린다면 미국의 헤게모니는 어떤 지속적인 쇠락의 과정에 있다기보다는 일종의 교착상태에 있다고 보는 것이 타당할 것”이라는 결론을 내렸었다.

　이러한 지적은 당시 지배적인 논의 방향과는 상당히 다른 것이었다. 나는 또한 미국 패권의 향방에 대한 이런 시각의 연장선에서 아시아와 한국에서 미국이 군사력을 멀지 않은 장래에 철수할 것인가에

---

41) Bruce Russett, “The Mysterious Case of Vanishing Hegemony,” *International Organization*, Spring 1985 ; Samuel P. Huntington, “The United States : Decline or Renewal?”, *Adelphi Paper 235*, Spring 1989.

대해 "아니다"라는 결론을 내리는 글을 쓰게 되었다. 이것은 1989년 『신동아』 10월호에 실린 「주한미군 철수론」이라는 글에서였다. 당시 미국의 학계와 그리고 한국의 학계에서 다같이 미국이 이제 곧 한반도에서 물러날 것같이 쓰는 것이 유행이었던 점을 감안하면 색다른 관점을 제시한 것으로 볼 수 있었다. 당시 미 의회가 한창 주한미군 철수 일정과 그 원칙을 정하는 문제로 떠들썩한 분위기였기 때문에 더욱 그러했다.

결과적으로 지난 일을 돌이켜보면, 미국의 헤게모니가 크게 쇠퇴했다는 관점도, 미국이 아시아와 한반도에서 군사적으로 물러갈 것이라는 전망도 지나치게 성급한 판단이었음이 사실로 드러나게 되었다고 할 수 있다. 소련권의 붕괴라는 국제정세의 변동과 미국의 단호한 패권유지의 의도, 그리고 유럽경제의 침체와 그에 대비되는 미국경제의 회복은 마치 지속적 쇠락의 과정에 있는 것처럼 보였던 1980년대 말에서 1990년 무렵의 미국에 대한 인식이 어떤 의미에서든 성급한 판단이었음을 강조해주었다. 특히 1991년 초에 미국의 부시 정권이 중동에서 이라크 정부를 상대로 전격적으로 전개한 첨단전쟁은 소연방의 붕괴로 거칠 것 없는 국제사회에서 미국의 강한 패권적 의욕과 능력을 부각시킨 가운데 미국이 고립주의로 돌아섰다는, 그 전까지 점증하고 있던 학계의 인식을 단연코 뒤바꾸어놓았다.

그러나 1990년대 중반의 시점에서 미국의 헤게모니 문제에 대한 나의 문제의식은 단순히 미국의 헤게모니가 쇠락의 길에 있는가 또는 유지될 것인가 하는 문제보다는 미국의 헤게모니 유지의 야망과 전략을 한편으로 하고, 미국 자본주의 경제의 작동의 방식과 성격을 다른 한편으로 하는 그 양자간의 모순으로 관심을 재조정하는 것이 바람직하다고 보게 되었다. 미국이 향후에도 세계에 대한 정치군사적, 경제적 패권을 유지하고 가능한 확대하려는 개입주의적 의도를 가진 것은 변함이 없다고 본다. 또 앞으로 상당 기간은 실제로 미국이 상당한 군사정치적 패권을 유지하려 하고 그것을 바탕으로 상대적으로 쇠퇴해가는 경제적 영향력도 붙들어두려 하고 있고, 또 그것이 앞으로 상당 기간 가능하리라고 보는 것이 타당하다고 생각한다. 그것은 필자가 미국의 민주당 정권이나 공화당 정권이나 다같이 국제주의적 세계전략관을 갖고 있다고 강조해온 것과 같은 맥락이다. 문제는 미국 자본주의의 운동방식, 미국정치의 방향이 미국의 패권의 장기적 지속을 가능케 하는 가운데 미국 국내적으로 건실한 경제와 사회 그리고 정치를 발전시켜나가는 그런 방향으로 움직이고 있는 것인가이다.

여기에는 미국의 세계적 패권지속에의 의지, 그리고 그것을 뒷받침하는 미국의 내적 원동력 사이에 어떤 모순이 있을 수 있는가, 미국 자본주의의 현재 발전양식이 그러한 패권을 건실하게 뒷받침할 수 있는 미국의 내적인 경제 및 사회의 건설과 유지의 기초가 될 수 있는 방향인가 하는 문제이다. 먼저 확인해둘 것은 미국은 자신의 상대적인 경제력 쇠퇴에 대한 논의가 일반화된 1980년대 말과 1990년대 초에도 여전히 세계적인 정치군사적 패권에의 강한 의지를 공공연하게 밝혀왔으며, 그것이 실제 정책에도 강하게 반영되어왔다는 사실이다. 나는 1993년 초에 미 국무부가 한 달 일정으로 마련한, 세계 여러 지역에서 모인 언론인, 외교관 등과 함께 미국의 각계각층을 방문한 바 있다. 이 프로그램에는 미 국방부 방문도 있었는데, 국방부 내 대변인의 한 사람이 향후 세계에서 미국의 역할에 관한 브리핑을 하였다. 그때 나는 한국과 미국의 언론이나 학계에 무성하던 '세계로부터 미국의 후퇴'에 관한 말들에도 불구하고 미 국방부는 요지부동 세계를 미국의 뜰로, 태평양을 동네 연못 정도로 생각하고, 향후 세계에서도 미국이 주도적인 리더십을 행사해야 하며 또 당연히 그렇게 할 수 있다는 의지와 자신감을 갖고 있다는 강한 인상을 받았다. 우리가 듣기에는 매우 오만한 태도였다.

 사실 경제적으로 상대적인 쇠퇴기에 있다고 말해지는 시기에 미국이 세계에 패권자의 위치를 과시한 상징적인 사건이 하나 있다. 이것은 의외로 다른 나라들의 비난과 항의를 거의 받음이 없이 지나갔지만 매우 중요한 상징성을 갖는 사건이라고 나는 생각한다. 미국은 이른바 '미국법의 해외 적용성의 원칙'(the doctrine of 'extraterritoriality')을 주장하면서 미국법이 미국 국경을 넘어서 국제적 적용력(international jurisdiction)을 갖는다고 주장하는 경향을 보였다. 바로 이런 논리에 따라 미국 부시 정권은 1987~90년 사이에 파나마의 마누엘 노리에가(Manuel Noriega) 장군을 체포하기 위해 파나마에 대해 정치, 경제, 군사작전을 전개하고 드디어 해병대를 파견한 전격적 군사행동을 통해 노리에가를 체포해 미국 법정에 세운 바 있다. 같은 시기에 미국 정보기관원들은 멕시코의 한 의사를 납치해 미국 법정에 세웠다. 바로 이러한 행동들을 미국 대법원은 1992년 6월 합법적인 것으로 결정했다. 즉, 미국정부는 다른 나라의 다른 나라 사람이 미국법을 어긴 혐의가 있어 이를 처벌하고 싶다고 할 때, 그 나라 정부와 상의나 미리 정한 절차와 상관없이 그 다른 나라 사람을 그 사람의 나라에서 납치해 미국으로 데려다가 미국 법원에 세우는 것을 전적으로 합법적인 것이라고 결정한 것이었다. 이것은 국제법이나 다른 나라와의 범인인도 협정 등에 규정한 절차를 무시해도 좋다고 선언한 것을 말한 것으로서 미국정부가 예전부터 주장해온 미국법의 해외 적용성의 원칙을 미국법의 공식적인 일부로 성문화한 것을 의미했다.[42] 1992년 말 부시 정권은 또 미국 다국적 기업들의 해외 방계회사들도 쿠바

---

42) James Petras and Morris Morley, *Empire or Republic : American Global Power and Domestic Decay* (New York : Routledge, 1995), p.4.

와의 무역을 금한 미국법에 따라 쿠바와의 무역에 관여할 수 없도록 하는 법안에 서명했다. 이것은 다른 나라의 국가주권을 무시한 또 하나의 대표적인 행동으로 지적되고 있다.[43]

물론 이러한 미국의 자세는 이미 지적한 바와 같이 소연방이라는 견제축의 붕괴와 1991년 초 페르시아만에서의 전격적인 성공적 힘의 과시라는 '두 개의 승리'(two victories)로 부추겨진 것으로 볼 수 있다. 이 같은 미국의 자세는 1992년 2월 부시 행정부하에서 마련된 미국의 중장기 세계전략 지침이라고 할 수 있는 「1994～1999 회계년도 방위계획 지침」(Defense Planning Guidance for the Fiscal Year 1994～ 1999 : DPG)에 단적으로 반영되어 있었다.[44] 이 지침은 소연방의 붕괴와 걸프전이라는 '두 개의 승리'가 '새로운 국제환경'을 창조했으며, '미국의 전지구적 리더십'(U.S. global leadership)을 재확인했다고 선언했다. 이 국방지침은 이같은 미국의 리더십이 미국의 군사력 투사능력(Washington's capacity to project military power)에 기초한 것이라 인식하고, 이 상태를 유지해 세계경찰로서의 미국의 역할을 지탱하기 위해서 위의 가간에 1조 2천억 달러의 군사예산을 투입할 것을 제안했던 것이다.[45]

이 국방지침은 무엇보다도 향후 세계에서 미국의 역할을 다음과 같이 정의했다. "우리의 첫째 목표는 구소연방 지역이나 그 외의 다른 곳에서 과거에 소련이 제기했던 것과 같은 위협을 제기하는 새로운 경쟁자가 등장하는 것을 예방하는 것이다. 이를 위해서 우리는 어떤 적대적 세력이 세계적 강국을 배양할 만한 자원을 가진 지역을 지배하게 되는 사태를 막기 위해 노력해야 한다. 이러한 중요한 지역들은

---

43) Petras and Morley, p.4.

44) Petras and Morley, p.14.

45) Petras and Morley, p.15.

서유럽, 동아시아, 구소연방 영토, 그리고 남서아시아 지역 등이다.…… 마지막으로 우리는 잠재적 경쟁자들이 보다 큰 지역적 또는 세계적 역할을 추구하는 것을 억지할 수 있는 메커니즘을 유지해야 한다." 이것은 곧 미국이 기본적으로는 냉전시대에 확립된 군사적 우월성(military supremacy)을 계속 지탱해나가야 한다는 것을 말하는 것이었다.[46] 국가자원 배분의 우선순위를 두고 공화당과 민주당 사이에 이견이 없는 것은 아니지만, 그것은 기본적으로 미국 권력엘리트 전반이 공유하고 있는 인식이라 볼 수 있다. 따라서 클린턴 민주당 정권 하에서도 이 같은 국제주의, 즉 개입주의적 기조는 큰 차이가 없다. 이 점은 군사력의 규모는 과거 공화당 정권의 계획에 비해 좀더 축소하되 신속대응군은 강화해서 세계 주요 분쟁지역 두 군데에 동시에 출동해 동시에 승리하겠다는 클린턴 정권의 '윈-윈 전략'에서 공식화된 바 있다.

이러한 흐름은 미국의 대아시아 정책의 인식에도 그대로 반영되고 있다. 이것은 역시 1992년 2월에 나온 국방지침의 다음 구절이 잘 요약하여준다. "우리가 태평양 지역에서 갖고 있는 사활적인 정치적·경제적 관계를 뒷받침하기 위해서는 우리는 이 지역에서 최고의 군사력을 가진 우리의 위상(our status as a military power of the first magnitude in the area)을 유지해야 한다. 이를 통해서 미국은 균형자적 힘(balancing force)으로 행동함으로써 지역적 안보와 안정에 기여할 수 있고, 권력공백이나 지역적 패권국의 출현을 방지할 수 있다.…… 우리는 또한 우리의 동맹국들, 특히 일본 그리고 그뿐 아니라 한국의 역할 증가가 초래할 수 있는 잠재적인 안정파괴적 효과(potentially destabilizing effects)를 경계해야 한다." 이 국방지침은 특히 통일된 한

---

46) Petras and Morley, pp.15~16.

국이 잠재적으로 초래할 수 있는 안정파괴적인 영향을 최소화하기 위한 최선의 방법으로 한국과의 쌍무관계의 약화를 방지하는 것을 지적했다. 그래서 이 국방지침은 "통일된 민주적 한국과 동맹관계를 유지하도록 노력해야 한다"고 밝히고 있는 것이다.[47]

클린턴 민주당 정권하에서 1995년 초에 국방부가 작성한 「아시아 태평양 지역에 대한 미국의 전략」(United States Strategy for the East Asian Pacific Region)은 실제로 부시 행정부하의 1992년 국방지침의 내용과 크게 다를 바가 없다. 국방부의 경우 클린턴 정권이나 부시 행정부 때나 다른 부서에 비해 인적, 조직적 연속성이 크기 때문에, 아시아에 대한 미국의 군사전략적 인식에는 큰 차이가 없다고 보는 것이 타당할 것이다. 「동아시아전략」이라는 위의 문서 역시 동북아에서 미국의 지속적인 균형자적 역할, 그리고 이를 뒷받침하기 위한 군사력 전진배치 지속, 한국 및 일본과의 쌍무적 동맹관계 유지 등을 미국의 기본 동아시아 전략으로 못박고 있다.

조셉 나이는 한동안 클린턴 정권하에서 국제안보담당 국방차관보(Assistant Secretary of Defense for International Security Affairs) 자리에 앉아 탈냉전시대 미국외교 기조의 틀을 짜는 데 중요한 역할을 했다. 이 사람은 미국의 헤게모니는 미국이 그것을 유지하고 행사하려는 '의지력'(willpower)의 문제라고 보는 대표적인 국제정치학자의 한 사람이기도 하다. 그는 미국이 세계패권의 경제적 기초에서 쇠퇴하고 있다는 것을 부정한다. 그는 미국 리더십의 쇠퇴를 가져오는 것은 미국의 의지력이 부족할 경우라는 인식을 가진 사람이다. 그는 '정치적 리더십과 전략적 비전'의 중요성을 강조하는 것이다. 그래서 조셉 나이는 미국 헤게모니 역할 유지 여부의 문제에 관한 '의지주의자'(意志主義

---

47) Petras and Morley, pp.18~19.

著 : ‘voluntarist’)라고 불린다. 조셉 나이는 미국이 전후의 최고의 경제성장률을 누리던 상태에서 떨어진 것은 미국의 경제성장률 자체가 떨어졌기 때문이 아니라 다른 나라들의 경제성장율이 미국 만큼 올라섰기 때문이며, 다른 나라들의 경제성장은 미국의 주도적인 경제와 기술혁신의 확산으로 혜택을 입은 것이라고 주장한다. 미국경제가 새로운 기술을 흡수하는 것을 촉진시키는 총고정자본 구성(gross fixed capital formation)은 거의 악화된 일이 없다고 말한다. 다른 나라들이 성장해서 국제경쟁이 치열해진 것일 뿐이며, 그러한 국제경쟁의 강화가 미국경제의 어떤 경화증이나 내적 쇠퇴(economic sclerosis or domestic decay)에서 비롯된 것이 아니라는 주장인 것이다.[48] 이것은 다른 말로 하면, 미국이 세계적 리더십을 담당할 수 있는 미국의 내적 기초에 문제가 있는 것은 아니며, 달라진 국제상황에서 보다 능동적이고 창의적으로 대처하는 리더십과 비전이 문제가 될 뿐이라는 주장의 근거가 된다. 나이에게 있어서는 향후 세계에서 미국이 국가경쟁력을 유지하고 또 리더십을 행사하는 데 문제가 되는 것은 미국 경제의 어떤 근본적인 쇠퇴가 아니라 미국인들의 자기만족(complacency),[49] 즉 의지력의 부족일 뿐이다.

 나이는 전형적인 현실주의자들처럼 군사력이 미국 국력과 헤게모니의 근거이자 전부라는 생각을 하는 사람은 아니다. 그는 자유주의자답게, 국력의 연성 측면(soft power, cooptive power)에 관심을 많이 갖고 있다. 그래서 그는 ‘유인적인 행태적 권력(cooptive behavioral power)을 제공하는 것을 돕는 연성권력 자원들(soft power resources)’에 더 많은 투자를 해야 한다고 말한다. 이것은 곧 국제제도들, 그리고 미국의

---

48) Joseph Nye, Jr., *Bound To Lead : The Changing Nature of American Power* (Basic Books, 1990), pp.206~7.
49) Nye, pp.207~8.

정치문화의 개방성과 매력을 향상시키는 국내개혁에 더 많은 투자를 해야 한다는 주장이기도 하다. 그는 또 군사개입은 일반적으로 너무 비용이 크므로 다국적 개입과 외교적 압력을 잘 활용해야 한다고 주장한다.[50]

이러한 자유주의적 색깔에도 불구하고 나이는 기본적으로 미국이 기존의 자신의 경제력과 군사력을 바탕으로 세계에서 리더십의 역할을 담당해야 한다고 믿는 사람이다. 또 어떤 분야에 얼마만큼의 자원배분이 필요한가에 대해 의견차이가 있을 수 있겠지만, 국제적 리더십 행사에 미국이 적극적으로 투자해야만, 또 그렇게 하기만 하면 미국의 세계적 리더십의 유지와 그에 바탕한 세계적 안정이 가능하다고 믿는 사람이다. 그리고 그 투자의 내용으로는 유엔과 같은 국제제도와 함께 기존의 쌍무적 동맹관계 유지 및 일정한 수준의 군사력 전진배치 유지라는 군사적 헤게모니 유지의 필요성도 강조하게 되는 것이다. 바로 이것이 1990년대 미국의 자유주의자들과 현실주의자들이 다같이 공유하는 국제주의적 인식이라고 할 수 있다.

조셉 나이는 클린턴 정부의 1995년 초 「동아시아 태평양 지역에 대한 미국의 전략」을 작성한 주요 인물이다. 그가 이 전략수립에서 아시아 지역에 대한 미국의 군사력 주둔지속이 이 지역에서 미국의 '리더십' 즉 패권을 유지할 수 있는 기초라고 규정한 것은 그의 철학과도 무관하지 않겠다. 그는 1995년 『포린 어패어즈』에 기고한 논문에서 다시 그러한 관점을 재확인하고 강조했다. 그는 미 클린턴 행정부의 동아시아전략을 '리더십전략'(leadership strategy)이라고 이름짓고, 그 요체를 세 가지로 정리했다.[51] 첫째는 동아시아 국가들과 미국이

---

50) Nye, p.200.

51) Joseph S. Nye, Jr., "The Case for Deep Engagement : East Asian Security", *Foreign Affairs*, July/August 1995, pp.94~96.

현재 맺고 있는 동맹관계들을 강화하는 것이며, 이것을 특히 리더십 전략의 핵심으로 정의했다. 둘째는 아시아에 전진배치된 군사력을 계속 유지해야 한다는 것이다. 그는 탈냉전 초기에 미국이 동아시아 주둔 미군철수계획을 발표했던 것은 탈냉전이 시작될 즈음 발생한 잘못된 환상적 행복감이 지배하던 시기의 실수로 규정했다. 동아시아 주둔 미군이 지속되어야 하는 이유로 조셉 나이는 무엇보다도 북한으로부터의 군사위협이 계속되고 있다는 것을 강조했다. 나이는 그 외에도 이 지역에 미국이 군사력을 계속 주둔하고 있어야 아시아문제에 대한 미국의 발언권이 유지되며, 아시아 지역 안팎의 자유로운 무역활동을 보장할 수 있고, 아시아뿐 아니라 페르시아만에 이르는 광활한 지역에서 미국이 유사시 미국의 이익을 신속하게 보호할 수 있는 기반을 갖게 된다고 주장했다.[52] 그는 아울러 군사력 철수는 재정문제 해결에 도움이 된다는 주장을 비판하면서, 한국과 일본이 주둔미군 비용을 분담하므로 미국이 군사력 주둔지속으로 경제적으로도 잃을 것은 거의 없다고 강조했다.[53] 마지막으로 지역적인 국제제도들 (regional institutions)을 발전시키는 것을 들었는데, 그는 이러한 지역적인 다자제도는 미국이 주도하는 기존의 쌍무적 군사동맹관계를 대체해서는 안되며, 그것을 보완하는 수준의 것이어야 함을 강조했다.

이것은 결국 많은 사람들이 미국 헤게모니의 물적 토대에 대해 의문을 제기하는 현재의 과도기적 시점에서도 미국의 권력엘리트 전반은 바로 그 같은 개입주의적 세계관, 그리고 그러한 역할 수행에 있어서 세계적 군사정치적 리더십 유지에 대한 국가자원 투입의지의 필요성을 다같이 인식하고 있는 것으로 볼 수 있는 것이다.

---

52) Nye, "The Case for Deep Engagement," p.95.
53) Nye, "The Case for Deep Engagement," p.98.

미국이 과연 그런 리더십을 행사할 수 있는 물적 토대가 건실하게 존재하는가에 대하여 물론 이론이 있을 수 있다. 이런 이론은 크게 두 가지로 볼 수 있다. 하나는 폴 케네디처럼, 미국이 군사정치적 패권을 계속 유지하려다 그 비용 때문에 미국의 경제적 경쟁력은 더욱 쇠퇴하고 그래서 조만간에 미국의 패권적 리더십은 소멸하고 말 것이라고 생각하는 경우이다. 그러나 이러한 인식은 지나치게 단순한 것이라고 생각된다. 군사정치적 우월성은 많은 경우 미국의 국제주의자들이 공공연하게 주장하거나 또는 은연중 믿고 있는 것처럼 미국의 대외적인 경제적 영향력을 유지하고 확장하는 데 도움을 준다는 것을 부정하기는 어려운 것이다.

군사정치적 영향력 유지와 경제적인 국제경쟁력은 상호 배타적인 것이 아니라 상당부분 상호보완적인 경우가 얼마든지 가능하다. 또 미국 국가가 군사정치적 패권을 유지하고자 노력하는 데에는 미국 내 자본가집단, 즉 미국의 경제엘리트들이 그것이 자기들의 경제활동에 크게 도움이 된다고 믿기 때문이다. 즉, 미국의 대외적 패권 행사의지는 미국 내에 그것을 지지하는 사회세력의 지지와 이해관계가 있기 때문에 지속되는 것이다.

미국이 공화당이든 민주당이든 그 외교노선이 기본적으로 다같이 고립주의가 아닌 국제주의에 기초하고 있다는 것은 1995년 초 리처드 닉슨 추모 토론회에서도 잘 나타난 것으로 볼 수 있다. 이 토론회에 참석한 클린턴 대통령은 공화당 외교노선을 신고립주의라고 비판하고 자신은 그에 대항하는 국제주의자라고 주장했다. 이에 대해 공화당은 즉각 반발하면서 자신들 역시 국제주의자들이라고 주장했다. 문제는 어떤 방식으로 그것을 추구할 것인가에 있다고 키신저, 슐레진저 등의 공화당 쪽 인사들은 강변했던 것이다. 클린턴은 '불확실성의 세계에서 미국의 역할' 이라는 연설을 통해, "현정부는 새로운 형태의 고립주의에 대항하는 정책을 모색하고 있다"고 주장했다. 그는 "겉으로는 강한 미국을 외치면서 국익보호를 위한 힘의 배양을 부정하는 세력들이 있다"고 비판하면서, 그러한 고립주의 세력을 "유엔에서의 미국 역할을 줄여나가야 한다고 주장하는 자, 평화유지군이나 심지어 자국 군사력까지 줄이는 대신 우주개발에 주력해야 한다고 주장하는 자, 해외 신생 민주정권들에 대한 원조나 빈곤추방, 환경보전 운동에 대한 지원을 줄이려는 자들"로 정의했다.

이에 대해 토론회의 주요 참석자들은 과거에 횡행했던 편협한 고립주의와의 대응선상에서 현정부가 국제주의 정책을 수행하는 것은 옳지 않다고 주장했다. 이들은 "국제주의란 미국이 국제적 리더십을 확보해야 한다는 현대의 미국 역대정권 모두의 대의명분을 뜻한다"고 주장하고, 문제는 이를 세계 각국과 얼마나 조화롭게 (역할을 분담하면서) 추구할 것이냐에 있는 것이라고 비평했다.

헨리 키신저는 "국제주의·고립주의의 대립이 논점이 아니라 미국이 해외에서 이득을 추구할 것인지 아니면 세계 각국이 유엔이나 기타 국제기구를 통해 이득을 추구하도록 허용할 것인지 하는 이분법이 중요하다"고 주장했다.

제임스 슐레진저는 보다 신랄하게 "근래 정부의 국제정책에 대해 일고 있는 국내의 비판을 '고립주의'라는 해묵은 용어로 매도하는 것은 옳지 않다"고 주장하고 "오늘날 고립주의란 용어는 '가정을 버린 게으름뱅이 가장' 같은 경멸적 의미를 담고 있다"고 지적했다.[54] 이 논쟁은 현재 미국 권력엘리트 사회 전반에서 고립주의가 갖는 부정적 이미지를 강력하게 반영하는 가운데, 이들이 다같이 미국의 세계적 역할유지에 대한 강한 의지를 내포하고 있음을 웅변해주는 것이다.

---

54) 『중앙일보』, 1995. 3. 8.

따라서 미국이 군사정치적 패권을 계속 유지하고자 하는 것을 곧 미국이 물적 토대를 근거로 하지 않고 단순히 무리한 환상에 기초한 것이라고만 보아서는 안될 것이다. 문제는 미국 내 지배적인 사회세력이 바로 그 같은 미국의 군사정치적 패권 추구에 이해관계를 갖고 있고 또 그것이 미국의 경제적 경쟁력 유지에 도움이 되는 반면에, 그로 인해 미국 안에서 손해를 보는 사회세력과 역기능의 측면들이 있다는 사실일 것이다. 그래서 이 같은 모순과 불균형이 장차 미국 사회경제의 모순을 심화시키고 그래서 궁극적으로 미국의 세계적 역할에 긴장을 초래할 가능성을 타진해보는 것이 필요하다고 생각된다.

바로 이 점에서 미국의 현재 자본주의 내부 헤게모니를 장악한 자본이 어떤 종류의 자본이며, 이 자본은 미국의 국제적 역할 유지와 어떤 이해관계를 갖고 있는지, 또 이것은 미국 국내에서 사회경제적으로 어떤 모순과 갈등의 요소들을 반영하고 또 그것을 심화시키고 있는가를 살펴본 페트라스와 몰리의 연구가 주목할 만하다고 생각된다.

이들은 먼저 미국이 '상대적인' 경제적 쇠퇴기에도 군사정치적인 세계적 역할에 매달리는 데에는 미국 자본주의 내 자본분파간의 역학관계와 연관이 있다는 점을 잘 지적하고 있다. 이들은 현재 미국 자본분파들을 크게 국제자본, 금융자본, 그리고 내수자본의 세 가지로 나눈다. 국제자본은 물론 다국적 기업을 비롯해 주로 해외에 자본을 투자하거나 해외시장을 목표로 한 수출산업 분야 자본을 말한다. 내수자본은 미국 국내시장을 목표로 생산하는 제조업 분야 자본을 말한다. 금융자본은 또한 금융제도를 장악함으로써 돈의 흐름을 통제·조정함으로써 이윤을 생산해내는, 즉 돈을 가지고 돈을 버는 부문의 자본을 말한다.

이들 중 모든 자본이 세계시장에서 모두 다 수세적이 되었다는 명제는 타당성이 없다. 특히 1990년대 초를 벗어나면서 미국 국제자본은 노동생산성을 상당폭으로 증가시켰으며, 이를 바탕으로 세계시장 장악력을 회복한 경우가 많다. 특히 컴퓨터, 항공우주 등 하이테크 첨단산업 분야에서 미국 국제자본은 뚜렷한 주도적 역할을 해왔다. 반면에 내수 제조산업은 1980년대 이후 쇠퇴추세를 돌이키지 못하고 있다. 즉, 미국 자본 전체가 전반적인 쇠퇴기에 있다기보다는 첨단산업에서 세계시장에 진출한 국제자본들은 지속적으로 팽창하고 있는 추세로 볼 수 있고, 이것은 곧 미국의 상대적인 경제적 쇠퇴를 단선적으로 지속되는 현상으로 볼 수는 없다는 것을 말해준다. 산업분야마다 차별성이 있다는 얘기이다. 이것은 어떤 의미에서 미국의 국제경쟁력이 불균형을 안고 있다는 것을 말하기도 하지만, 첨단분야에서의 기술혁신 주도 능력을 상당부분 여전히 보유하고 있다는 것은 미국의 '국제경쟁력'이란 것을 단순하게 쇠퇴일로에 있다고 단언할 수 없게 한다.

미국의 내수자본은 지속적으로 쇠락의 길에서 벗어나지 못하고 있지만, 다국적 기업을 중심으로 한 국제자본이 팽창하고 있다는 사실이 바로 미국의 권력엘리트 전반이 민주당과 공화당을 불문하고 기본적으로 국제주의적, 개입주의적 대외정책 성향을 보이고 있는 사회경제적 토대가 되어주고 있다고 볼 수 있을 것이다. 이것이 또한 무역분야에서도 미국 내부로부터 상당한 보호주의적 압력에 직면해서도 미국이 북미자유무역협정, 아태경제협력회의 등을 통해 자유주의적 무역정책을 지속하고 있는 것은 미국 자본들 중에서 자본과 시장, 노동의 자유로운 이동을 선호하는 국제자본은 계속 팽창하고 있다는 것을 반증해주는 것이기도 하다.

그러면서도 미국 경제의 내적인 모순을 지적할 수 있는데, 페트라스와 몰리는 크게 보아 미국 경제가 세 가지 중요한 문제점을 안고 있다고 본다. 이러한 문제점들 때문에 미국은 국제자본의 지속적인 팽창에도 불구하고 현재 미국 권력층이 원하는 만큼 강력하고 장기적으로 미국의 패권을 유지하는 것이 불가능하게 될 것이라고 주장한다.

첫째, 미국에서 국제자본은 내수자본에 비해 팽창하고 국제적인 경쟁력도 유지하고 있지만, 1980년대 이후 미국에서 지배적인 자본은 금융자본이라는 것이다. 미국 경제에서 이 같은 금융자본의 지배는 미국 산업자본의 견실한 경쟁력 유지를 전제로 산업자본의 생산성 향상을 지원하고 보완하는 방식으로 존재하는 것이 아니라 비생산적인 투기적 성격이 비대해져 있다는 것이다.

미국에서 금융자본은 지배적 위치에 있지만 부실한 제조업 자본 위에 존재하고 있기 때문에 그 내용이 견실하지 못한 결과도 초래했다. 제조산업 분야를 지원하는 방식으로 금융자본이 성장하는 것이 아니고, 투기적 방식으로 금융자본이 주로 운용되는 바람에, 미국의 금융자본은 산업자본을 약화시키는 기능을 하고 있으며, 그렇게 산업자본을 약화시킴으로써 궁극적으로는 금융자본 자신의 존립기반을 약체화시키는 경향이 강하다고 보고 있다. 페트라스와 몰리는 미국 최대 은행인 '씨티뱅크'를 끼고 있는 주요 그룹인 씨티코퍼레이션(CitiCorp)의 경제적 기반이 1990년대 들어 매우 불안정해지기 시작한 것은 바로 그와 같은 미국 금융자본의 투기성과 기생적 성격이 초래한 결과라고 주장한다.[55]

이러한 금융자본의 지배는 미국이 제조업 분야에서 안고 있는 문제점들을 계속해서 악화시키게 될 것이며, 이러한 경향은 첨단분야 경쟁력을 기반으로 존립하고 있는 국제자본들의 생산성에도 장기적으로는 부정적인 결과를 가져오게 될 것이다.

미국정부는 1980년대 이후 미국 은행들에서 '돈세탁'(money

---

55) Petras and Morley, pp.29~30.

launderings)이 더 용이하게끔 관련 법령들을 개정해왔다. 그것은 미국 은행들이 세계의 검은 돈들을 끌어들임으로써 무역수지 개선에도 도움을 받기 위한 것이기도 하지만, 미국 금융자본이 미국의 정치 및 경제제도들을 장악하고 있다는 증표이기도 하다.[56] 또 바로 미국 금융자본이 그런 투기적이고 비생산적인 활동을 통해서 자신을 유지하고 팽창시켜왔다는 것을 말하며, 그만큼 미국의 세계적 패권의 경제적 기초의 취약성을 의미하게 된다.

미국 경제가 특히 1980년대 레이건의 신보수주의 경제정책 이후 투기적 금융자본이 비대하기 시작했고, 바로 이런 경향이 미국 경제의 기반을 좀먹고 있다는 지적은 클린턴 정권에 들어서 노동장관이 된 로버트 라이시가 1980년대 중반부터 이미 중요한 문제로 지적하기 시작한 것이기도 했다. 1987년 10월에 미국 주식값을 나타내는 다우 존스 인더스트리얼 애버리지(Dow Jones Industrial Average)가 500포인트나 떨어진 엄청난 주식폭락 사건이 있었다. 라이시는 이 일이 있기 불과 2주 전에 한 텔레비전 토크 쇼에 출연한 자리에서 주가폭락이 한 달 안에 있으니 주식시장에서 지금 빠져나가는 것이 좋을 것이라고 예언해서 유명해진 사람이었다. 그가 이런 예언을 한 것은 어떤 남다른 예감에서라기보다는 그가 특히 1980년대 미국 경제에서 산업자본의 생산성은 제자리걸음인데, 투기자본은 비대해지고 주로 '적대적 기업인수'(unfriendly takeovers)를 통해 주가를 부풀리고 돈을 버는 상황이 심각하다는 데 대한 문제의식이 강했을 뿐이었다.[57] 라이시는 또 미국 자본가들 중에는 생산성을 늘리는 기술들, 즉 더 나은 품질관리, 노사관계 개선, 경영자와 노동자들에게 보다 효과적인 인센티브를

---

56) Petras and Morley, pp.28~29.

57) Robert B. Reich, *The Resurgent Liberal and Other Unfashionable Prophecies* (New York : Vintage Books, 1989).

제공하는 것, 보다 공세적인 마케팅과 판매활동 등에 정력과 자본을 투자하는 '생산물 기업가'(product entrepreneurs)보다는 자본투자를 자극한다는 명목하에 달러화 평가절하, 세금감면, 자본이득세율(capital-gains tax rates) 감면, 반트러스트법 완화 등과 같은 '지상 해법'(紙上解法 : paper remedies)에 주로 의존하는 '지상 기업가'(紙上 企業家 : paper entrepreneurs)가 많다고 비판하기도 했다.[58]

이것은 미국 자본주의가 상당부분 '투기적 자본주의'(speculative capitalism)의 성격을 강하게 띠고 있으며, 따라서 미국 자본가들의 기생적 성격(parasitic capitalists)이 갈수록 심해지고 있다는 것을 말하는 것이기도 하다.

미국 경제의 두번째 문제점은 미국이 여전히 경쟁력을 유지하고 있고, 또 팽창하고 있는 부분인 국제자본도 견실성에서 문제가 많다는 사실이다. 미국 국제자본이 아직도 역동성을 유지하여 세계시장을 주도하고 있는 분야는 화학산업, 철강, 항공기 엔진, 컴퓨터, 산업기계, 군사장비 및 여러 가지 소비재 분야이다.[59] 예를 들어 1991년에 컴퓨터계의 거물인 휴렛-패커드는 해외판매분이 전체 판매고의 60퍼센트에 도달했다. 또 군사무기 판매의 경우 1990년 부시 정권하의 국무부지침은 '모든 직원들이 총출동해서' '미국 무기수출회사들을 돕도록' 했다. 이런 외교적 차원의 강력한 지원에 힘입어 탈냉전시대에도 군사무기 판매가 미국의 무역수지 개선에 중요한 역할을 담당하게 되었다.[60]

그러나 해외에서 경쟁력을 갖고 팽창하고 있는 미국 국제자본 전체에서 첨단제조산업보다 갈수록 소비재 부문, 즉 프록토 앤드 갬블

---

58) Reich, p.9.
59) Petras and Morley, pp.39~40.
60) Petras and Morley, p.40.

(Proctor and Gamble), 필립 모리스(Philip Morris), 존슨 앤 존슨(Johnson and Johnsom) 같은 것들, 영화산업 등 오락 비지니스(entertainment business), 의류, 그리고 맥도널드 햄버거와 같은 패스트푸드 체인점 등의 비중이 커져가고 있는 추세이다.[61]

페트라스 등은 이같이 미국 국제자본의 내용 중에서 중요성이 커져가는 이른바 '주도 분야들'(leading sectors)은 미국 헤게모니를 증거하기보다는 헤게모니 쇠퇴의 증거라고 보는 편이 어울릴 것이라고 주장하기도 한다. 결국 미국 산업이 전반적으로 다 경쟁력을 상실했다고 말할 수는 없으며, 산업부문별로는 재산업화(reindustrialization)가 진행되고 있는 것이기도 하지만, 그 재산업화의 내용이 상당부분 부실한 것이 아니냐라는 문제를 페트라스 등은 지적하고 있는 셈이다.

미국 경제의 마지막이자 가장 근본적인 문제는 국제자본, 첨단산업 분야에서의 미국의 경쟁력 유지 또는 회복은 대량실업과 노동계층의 소득수준 저하를 대가로 이루어진 것이라는 점이다. 이것은 미국 사회경제체제에서 장기적으로는 파괴적인 모순을 축적시킬 것이며, 미국 노동생산성의 궁극적인 하락요인이 될 것이다.

결국, 금융자본이 비대해지고 지배적이 된 사실과, 미국 자본 중에서는 팽창하고 있는 부분인 국제자본도 그 내용이 문제가 있다는 것, 그리고 이처럼 일부 산업분야에서의 국제경쟁력 유지나 회복도 미국 국내적인 사회복지, 노동자복지와 교육의 열악화, 즉 미국 '내적인 쇠락'(domestic decay)을 대가로 가능했던 것이란 점에서, 미국의 세계적인 경제적 위상은 그 근거가 허약하며, 따라서 미국이 탈냉전 이후에도 지속적으로 군사적 우월성 유지에 바탕해 세계의 거의 모든 주요 지역에서 주도적 역할을 유지하려고 하는 미국의 패권의지는 장기적

---

61) Petras and Morley, p.41.

으로 볼 때는 상당한 모순과 취약성을 안고 있다는 말이 될 것이다.

그러나 미국 자본주의가 가진 이 같은 취약성이 곧 중단기적으로 미국 패권의 소멸과 아시아 등 주요 지역으로부터의 미국의 후퇴를 강요할 사안으로 보는 것은 무리이다. 그런 의미에서 미국 패권의 유지 가능성에 대한 페트라스와 몰리의 평가는 지나치게 비관적이며 가혹한 것이라고 보아야 할 것이다. 1989년의 논문에서 이미 지적한 바 있는 것처럼 나는 미국 패권의 경제적 기초는 유럽과 일본 경제의 재건과 팽창으로 '예외적인 패권'은 사라졌다고 볼 수 있지만, 미국이 1980년대 말에서 현재에 이르기까지 보이고 있는 세계정치 주도능력은 당분간 크게 도전을 받지 않을 것으로 보는 것이 타당하다고 생각된다. 미국은 앞서 지적한 것과 같이 세계시장을 목표로 하는 국제자본 분파가 계속 팽창하고 있고, 페트라스가 미국의 정치경제제도를 장악하고 있다고 판정한 금융자본이 해외에 차관 등의 형식으로 깊게 개입해 있는 등 미국의 지배엘리트의 개입주의적 성향을 유지할 근거는 여전하다고 할 수 있다. 그리고 미국 자본주의가 취약하다고 하지만 상대적인 차이는 있을지라도 유럽이나 일본의 경우도 국면에 따라 미국보다 심한 경기침체 현상을 보이기도 한다. 예를 들어 1990년대 들어 일본 경제는 엔고현상과 맞물려 상당히 지속적이며 심한 경기침체 현상을 보였다. 그래서 일본 경제팽창을 두려워하던 미국도 1995년 여름이 되면 일본 경기침체가 너무 심해서 그것이 세계경제에 미칠 악영향을 우려하는 상황도 벌어지게 되었다. 『워싱턴 포스트』는 1995년 8월 13일자 기사에서 일본 은행들은 이자를 받지 못하는 악성대출금을 무려 5천7백억 달러나 안고 있다는 점을 지적하고 이와 함께 일본 경제성장률의 둔화, 증시의 침체, 부동산가격 폭락, 점증하는 실업률 등 4가지 주요 문제점을 지적했던 것이다.

일본의 '소니'사 사장 아키오 모리타(Akio Morita)는 "미국인들은 일정한 실제 가치가 있는 상품을 창조하고 생산해서 돈을 버는 것이 아니라, 즉 앰앤에이(M&A ; mergers and acquisitions)와 같은 '돈놀이'(money game)를 통해서, 그냥 돈을 이리저리 굴림으로써 돈을 벌고 있다"고 비판했었다.[62] 미국 자본주의가 그 같은 투기적이고 비생산적인 면이 있다면, 일본의 금융자본 역시 거품같이 부풀려진 부동산경제에 의존한 또 하나의 사상누각이었다는 인식도 생기고 있다. 그런가 하면 유럽은 사회민주주의적 체제하에서 막대한 사회복지비용을 감당하면서도 어떻게 실업률을 낮추고 자본의 경쟁력도 유지할 수 있을 것인가로 고민하고 있다.

그렇다면 현재 세계 자본주의에서 미국의 경제적 기초는 불안정하면서도 그것은 어쩌면 주요 선진 자본주의 사회들이 다같이 주기적으로 겪고 있는 문제라고도 할 수 있다. 그리고 이들 선진경제들은 상호 경쟁하는 체제이기도 하지만 서로 긴밀히 얽혀 있다. 한 경제의 불안정은 다른 주요 경제에도 악영향을 미친다. 따라서 미국 패권의 기초를 상대적인 경제적 쇠퇴 여부에만 지나치게 집착해 평가하는 것은 설명력에 한계를 갖기 쉽다.

따라서 향후 미국의 패권문제에 대한 논의는 미국, 유럽, 일본 간의 경제적인 상대적 쇠퇴의 문제에 관해서 못지않게 미국의 국제자본의 지속적인 팽창이 미국 사회 내에 부과하고 있는 사회경제적·정치적 내출혈, 그로 인한 긴장과 모순의 가능성, 그것이 선진 자본주의 전반에 던질 충격, 그리고 그 모순의 축적이 '장기적으로' 가질 세계사적인 의미에 관한 것이 되어야 할 것이다. 미국의 패권의 상대적 쇠퇴라는 것이 '중단기적인 차원에서' 아시아와 한반도에 미칠 영향을 논하기에는 적어도 예측 가능한 장래의 세계에 있어서 미국과 다른 선진

---

62) Petras and Morley, p.35.

자본주의 경제권들 간의 관계에 그것을 근본적으로 변화시킬 현격한 '불균등성장'이 진행되리라고 예언하는 것은 가능하지 않다고 생각되기 때문이다.

그런 의미에서 아시아와 한반도에 대한 미국의 패권적 영향력 행사의지와 그 물적 기초는 앞으로 상당 기간 근본적 변화가 없으리란 전제를 두고 향후 한국과 그리고 통일한국이 미국과의 관계를 어떻게 정립해나가야 할 것인가를 논하는 것이 필요하다고 생각한다. 성급한 미국쇠퇴론은 인류와 한반도의 미래에서 미국의 의미에 대한 비판적 성찰의 여전한 절실함을 망각시키는 것이다.

미래의 역사에서 미국의 의미와 관련해 내가 여기서 강조하고자 한 것은 이 시대의 우등생임을 자타가 인정하는 미국의 자본주의, 정치질서, 그리고 그 사회와 문명에 대하여, 미국의 백인중산층들이 일반적으로 강하게 갖고 있는 '자기만족'(complacency)에 빠져들어서는 안 될 것이라는 점이다. 미국의 백인중산층들에게, 미국의 군산복합체의 구성원들에게, 미국의 기업가들에게, 역사는 '끝난 것'인지 모르나, 미국의 반쪽, 그리고 인류의 90퍼센트에게 있어 역사는 결코 끝난 것이 아니며 영원한 '미완성'일 것이다. 미국의 내면, 그리고 그 미국이 여전히 우등생으로서 주도하고 있는 이 세계의 질서가 내포한 모순들과 아픔들에 어느샌가 '불감증' 환자들이 되어버린 듯한 오늘 우리의 지적 풍토를 새삼 되돌이켜보는 것은 '좋아진 세상'을 깨닫지 못하는 또 하나의 다른 '불감증' 때문만은 아니다. 불완전한 사회가 주도하는 불안정한 세계 속에서 민족과 인류의 미래상을 설계하고 전망하기 위해서는 자기도취된 현실주도세력의 세계인식으로부터 일정한 거리를 두면서 그것과 언제나 지적 긴장의 관계를 유지하지 않으면 안되기 때문이다.

제3장 한미관계의 본질에 대한 하나의 조망

1. 종속의 핵심 : 군사관계의 종속성

한미관계는 비정상적인 것이었다. 이런 비정상성을 잘 보여주는 것
은 한미행정협정에 잘 요약되어 있다. 그 중에서도 주한미군들의 범
죄에 대한 한국의 재판권 행사가 극도로 제약되어왔다는 사실에서 상
징되어왔다고 할 수 있다. 주한미군 범죄문제에 대해 문제를 제기하
면, 많은 사람들이 미군도 사람들이니까 범죄를 저지른 자들도 생기
는 것 아니냐고 대수롭지 않게 생각하는 경향이 의외로 널리 퍼져 있
다. 그런데 문제는 한국 사람은 죄를 지으면, 하다못해 빵 한 조각을
훔쳐도 교도소에 갈 수 있지만, 미군은 살인죄를 저지르고도 한국법
정이 제대로 재판권을 행사해 적절한 처벌을 할 수 없었다는 사실에
있다.

1995년 가을 일본에서는 미군이 12세 일본소녀를 성폭행한 일로
양국 안보관계 조정을 운운하는 등 온 나라가 떠들썩하고 주일미군이

반성의 날을 선포해야만 했다. 1995년 미일 국방장관 회담은 이 문제를 정식으로 거론했다. 그러나 한국에서는 미군이 한국여성을 성폭행한 후 몸에다 콜라병을 깨 박아넣어 살해해도 그 범죄자에 대해 제대로 재판권을 행사하지 못했다. 그런 문제를 끈질기게 제기하는 사람들이 오히려 '사상불온'으로 '온전히 세상살기 어려운 사람'으로 지목받는 현상까지 있다. 말할 수 없는 비극이요 희극이다. '바나나 리퍼블릭' 현상의 극치이기도 하다.

「주한미군의 주둔 및 지위에 관한 한미행정협정(SOFA)」은 형사관할권, 민사청구권, 미군시설과 기지의 사용권, 한국인 노무자관리, 통관 관세 및 과세의 특혜 등을 규정하고 있는데, 그 중에서도 형사관할권의 조항들이 한미관계의 불평등성을 극명하게 노정한 것이었다. 먼저 한국정부는 미군범죄자에 대해 구속수사를 할 수 없도록 되어 있어, 살인·강도·강간 등의 흉악범죄를 저지른 미군에 대해 현행범이라 하더라도 이들의 신병을 미군측에 넘기고 미군측의 협조를 얻어 수사할 수밖에 없게 되어 있다. 또 미군의 공무상 범죄에 대해서는 한국이 재판권을 행사할 수 없게 하였고 그 범죄가 공무중 범죄인가의 여부에 대한 유권적 판단을 미군측이 내리게 되어 있다. 또한 범인을 미국정부 대표가 접견하게 하고 이 접견이 없이 이루어진 범인의 진술에 대해서는 그 증거능력을 인정하지 않게 했으며, 범인이 미군부대로 일단 도주하면 한국은 이 범인들에 대해 경찰권을 행사할 수 없게 되어 있다. 아울러 한미행협은 미군 피의자가 1심에서 무죄가 되거나 피고인이 상소하지 않는 경우 한국 검찰이 항소 또는 상고하지 못하도록 하고 있는데 이 역시 한국의 사법권을 침해하는 불평등한 요소로 지적되고 있다.

한미행협이 안고 있는 이 같은 불평등 요소들은 북대서양조약기구(NATO) 국가들과 미국 간의 나토협정, 그리고 일본과 미국 간의 미

일협정에 비교할 때 분명하게 드러난다. 나토협정이나 미일협정에서
는 현행범에 대한 나토 국가들과 일본 검찰에 의한 구속수사가 가능
하게 되어 있다. 검찰의 상소권도 한미행협과 달리 제한되어 있지 않
으며, 공무중 범죄 여부에 대한 판단도 한미행협은 '미군장교'가 하도
록 되어 있는 반면, 나토협정에서는 고급지휘관으로 그 격을 높였으
며, 미일협정의 경우는 일본법원이 그 권한을 장악하고 있다. 그리고
미군의 가족이 범죄를 저질렀을 경우 이 형사재판권협정으로 특별대
우를 받는 미군속의 범위를 한미행협의 경우는 미군속의 배우자와 자
녀뿐만 아니라 그 부모 및 기타 친척에까지 확대적용하고 있는 데 비
해, 나토협정의 경우는 배우자와 자녀로 엄격히 제한하고 있고, 미일
협정의 경우도 친척은 제외시키고 있다. 미국관리가 참관하지 않은
상태에서 미군범죄자의 진술을 증거능력으로 인정할 것인지에 대해
서도 한미행협은 전혀 인정하지 않도록 해 한국검찰의 수사권한을 크
게 축소한 결과를 가져온 데 비해, 나토협정과 미일협정의 경우는 다
같이 미국관리가 없는 상태에서의 미군범죄자의 진술도 증거로 인정
하고 있다.

또한 미군이 범죄를 저지르고 미군부대로 도주했을 경우 한국경찰
은 미군시설 내에서 체포·압수·수색 등 강제권을 행사할 수 없도록
되어 있지만, 나토협정에서는 현행범일 경우 나토 국가들이 영장 없이
체포·구금할 수 있도록 했고, 범죄예방을 위해 미군의 동의 없이도
미군들로부터 무기를 압수할 수 있도록 했다. 미일협정의 경우에도 미
군속과 미군가족들이 범죄인일 경우 이들을 미군이 체포했거나 이들
이 미군시설 내에 있더라도 일본 당국에 인도하도록 규정하고 있다.[1]

그 결과 한국문화방송이 1995년 5월 20일 보도한 바에 따르면, 한

---

1) 한기홍, 「'주한미군특례」 바로잡기", 『동아일보』, 1995. 5. 24.

국에서 매년 2,200건에 달하는 미군범죄에 대해 한국정부가 재판권을 행사하는 비율은 나토 국가들과 일본의 경우에 비해 비교할 수 없을 정도로 미미했다. 나토 국가들과 일본은 다같이 32퍼센트에 달하는 재판권 행사율을 보인 데 비해, 한국정부가 미군범죄에 대해 재판권을 행사한 비율은 겨우 3퍼센트에 지나지 않았던 것이다. 말하자면, 다른 나라들의 재판권 행사율의 10퍼센트에도 미치지 못한 것이다. 이것도 공식적으로 입건된 사건들에 대한 것이다. 실제 발생한 미군범죄를 공식적으로 입건해내는 능력에 있어서 한국정부가 나토 국가나 일본의 경우에 비해서 더 낮을 것이란 점을 고려한다면 실제 한국정부가 미군범죄에 대해 주권을 행사하는 정도는 더욱 비참한 수준이라고 보지 않을 수 없을 것이다.

한미행협에서 드러나는 한미관계의 이같이 예외적인 비정상성은 단순히 그런 법조문상의 문제에서 그치지 않고 미군범죄와 이에 대한 적정한 재판권 행사문제에 대한 한국경찰과 검찰의 이상할 정도로 비굴한 자세와 그것을 부추겨온 역대 한국 정권들의 굴욕적인 외교자세의 문제였다고 할 수 있다. 한 예를 들어보자. 1995년 봄 서울의 한 지하철 역에서 여러 명의 미군들이 한국인 여성을 희롱하다 이것을 항의하는 한국인 청년을 집단폭행했다. 이 문제가 한국 언론에 크게 보도되자 주한미군측은 한국 경찰청에 공문을 보내, 미군범죄가 발생할 경우 미군피의자 인적 사항을 한국기자들에게 알리지 말 것과 모든 정보는 반드시 미군 공보담당자를 통해서만 기자들에게 알려지도록 할 것을 요청했다.[2] 현행협정으로도 일단 한국측이 수사 및 재판에 참여할 수 있게 되어 있는 한 피의자에 관한 정보공개는 국민의 알 권리에 당연히 속하는 것이었다. 그러나 한국경찰과 검찰의 소극적이

---

2) 『내일신문』, 1995. 3. 15.

고 굴욕적인 자세가 문제를 악화시키고 있었다. 이에 대해 메리놀 수녀회 소속의 예순일곱 살 먹은 요한나 할머니수녀는 "미군범죄가 발생할 경우 모든 정보를 통제하려는 것"이라고 주장했다. 그러나 한심하게도 한국 경찰청은 이 미군측 요청을 비판적 검토 없이 일선 파출소까지 하달했다. 문민정부 정통성 운운해도 미국에 대한 사대주의적이고 종속적인 관계청산에 이렇다 할 노력과 의지를 보이지 않고 있었던 것이다. 역대 한국정부가 보인 이 같은 태도는 미국 고위관리들로 하여금 한국에서 미군범죄의 문제에 대해 올바로 인식하고 잘못된 불평등관계를 바로잡는 계기로 삼기는 커녕 적반하장의 행태를 보이게 했다. 한 예를 들어보자. 1995년 5월 서울 지하철에서 미군들의 한국인에 대한 집단폭행사건 발생 후에 한국 언론과 여론은 한미행협의 불평등성과 그 동안의 한국정부의 굴욕적 태도에 비판을 가했다. 이런 비판에 직면해서야 비로소 한국정부는 한미행협 개정문제를 거론할 기미를 보였다. 그러자 1995년 8월 제임스 레이니 주한 미국대사는 『뉴욕 타임스』 기자와의 인터뷰에서 한국에서 미군범죄와 관련한 한국인들의 문제의식을 전혀 이해할 수 없다는 태도를 보였다. 그는 "범죄 자체보다 무책임한 한국 언론의 선정적 보도가 더 문제"라고 말했던 것이다.

한미관계는 왜 이 모양인가? 무엇이 근본적으로 잘못되어 있어서인가? 한미관계 연구에서 중요한 문제의 하나는 두 나라 사이의 관계의 핵심적 요소가 무엇이냐를 파악하고 그 성격을 정의하는 일이다. 나의 견해로는 한미관계를 정의하는 가장 뚜렷한 특징은 군사적 차원이 중심적 위치를 차지하고 있다는 사실이다. 이것은 두 나라의 현대사——미국의 한국에 대한 군사점령, 한국전쟁, 긴 냉전 기간, 그리고 한반도에 지속된 군사적 긴장——의 유산이다.

나는 한 걸음 더 나아가 지난 수십 년간에 있어서 한미관계의 가장 중심적 성격은 그것이 '종속적' 군사관계가 중심이 된——비대칭적인 군사관계가 지배적인——관계였다는 사실이라고 믿는다. 바로 이 같은 종속적 군사관계 중심의 한미관계가 주한미군의 군사적 역할의 가치를 절대적으로 우선시하는 가운데 다른 모든 가치는 부차시하여 결국 굴욕적 주권 포기에 가까운 한미관계를 오랜 세월 감수해온 배경이었다고 생각하지 않을 수 없다.

한국이 경제적으로 미국에 대해, 종속이론가들의 문헌에서처럼 종속적 관계에 있는지에 대해서는 다양한 의견이 가능하겠다. 사람에 따라서는 한미 경제관계를 '종속적 발전'의 시각에서 보기도 하고 상호의존, 또는 비대칭적 상호의존의 관계에 있다고 말할 수도 있을 것이다. 종속적 시각에서 본다면, 한국 경제는 미국 경제에 대해서보다는 일본 경제에 더 종속되어 있다고 볼 수도 있을 것이다. 이것은 한국이 경제적으로는 다양한 해외 강국들과 상대적으로 다변화된 관계를 맺고 있음을 말하는 것이기도 하다.

그러나 군사관계에서는 한국은 미국에 종속적 관계를 유지해왔다. 미국은 이 관계를 다양한 측면에서 지배해왔다. 첫째, 미국은 한국에서 폭넓은 기지사용권에서 한국 군부에 대한 작전통제권에 이르기까지 광범한 제도적 특권들을 확보해 유지했다.[3] 둘째, 미국은 한반도에서 전략적 사고와 전쟁계획에 관한 핵심적 영역들을 통제해왔다. 셋째, 미국은 한반도 안팎의 군사력 균형을 분석하고 더 나아가 그 전반적 이미지를 조작할 수도 있는 정보능력을 확보해왔다. 미군부의 정보분석이 대체로 이 지역의 군사상황에 대한 한국정부의 인식을 결정했다. 다른 말로 하면, 미군부가 한국 군사문제의 '소프트웨어' 측면

---

3) 한국전쟁 발발 직후부터 현재까지 한국군에 대한 '작전통제권'은 미국 사령관에게 있다. 1995년 초 한국군은 미국으로부터 '평시 작전통제권'을 이양받았으나 '전시 작전통제권'은 여전히 주한미군 사령관이 가지고 있다.

들을 지배해왔다. 미국이 한국군부에 대해 '두뇌'의 역할을 담당해온 셈이다. 넷째, 군사적 하드웨어 측면에 있어서도 한국은 압도적으로 미국무기에 의존하고 있으며 신군사무기의 대부분을 미국으로부터 수입하고 있다.[4] 다섯째, 한국정부는 궁극적인 안보보장장치로서 미국의 핵무기에 의존해왔다.[5] 이러한 보장은 물론 정치심리적 차원에서만 존재하는 것일 수 있다. 그럼에도 불구하고, 이 핵우산의 요소는 남한의 군사적 정책결정에서 미국의 결정력을 크게 만든 요소의 하나였다. 마지막으로 남한정부 지도자들은 북한으로부터의 군사적 위협과 남한 내부 국민들로부터의 정치적 도전이라는 이중적 압력 하에서 기꺼이 미국의 군사적 리더십에 종속해왔다.

그렇다면, 우리는 두 나라의 관계에서 종속적 군사관계의 중심성은 냉전이라는 역사적 요인, 한미 양국의 권력관계의 구조적 비대칭성, 그리고 그러한 관계양식을 한국 지도층이 기꺼이 정치적으로 받아들이는 태도를 포함한 다양한 요소들의 공모의 결과라고 말할 수 있을

---

4) 미 국무부가 1995년 5월중 의회에 보고한 1996회계년도 대외활동 보고서에 따르면, 한국은 1996회계년도에 미국으로부터 18억 2백만 달러어치의 무기를 수입할 예정이며, 이는 이 회계년도중 미국의 전체 FMS 판매량인 95억 달러의 약 20 퍼센트에 해당하고, 단일국가로도 물론 최고치를 나타내는 것이다. 『동아일보』, 1995. 5. 26.

미국 내 군비통제 군축국(Arms Control and Disarmament Agency : ACDA)에 따르면 1993년 현재 남한은 이집트, 이란, 터키 등 중동 국가들과 함께 외국산 군사무기를 수입하는 주요 국가 중 하나이다. 남한이 수입하는 외국산 무기는 8억 7500만 달러에 이르는데 이것은 전체 무기수입국 중 7위에 해당하는 것이다. 반면 같은 자료에서 북한은 무기수입이 전혀 없는 국가로 기록되어 있다. 『동아일보』, 1995. 3. 30.

5) 1994년 북미합의에서 미국은 북한에 대한 핵무기 사용금지를 약속했다. 그러나 이것은 북한이 남한에 대해 군사적 행동을 취하지 않을 때 (혹은 반드시 그럴 때에만) 미국이 북한에 대해 핵무기를 사용하지 않겠다는 이른바 '소극적 안전보장'(negative security assurance)의 의미 이상으로 보기는 어렵다.

것이다.

한국이 경제적으로 발전함에 따라 두 나라의 관계는 과거에 비해 보다 다차원적 성격을 띠게 되었다. 그럼에도 불구하고, 1990년대 들어 몇 년간 북한 핵문제가 다루어진 과정은 한미관계에서 군사적 측면이 갖는 중심성을 재확인해주었다. 물론 상당수 학자들은 이 관계에서 군사적 '종속성'이 핵심적인 요소로 남아 있는가에 대해서 의문을 표시할 수도 있겠지만 말이다.

한미관계에서 군사적 종속성이 가진 중심적 위치는 몇 가지 중요한 결과를 낳았다. 첫째, 그것은 한미 양국의 대북한 정책을 한반도에서 남북간의 평화적 공존을 조성하기 위한 정치외교적 노력들을 대체로 배제하는 군사 중심적 사고에 바탕한 협소한 영역의 정책들에만 한정시키는 경향이 있었다. 대부분의 사람들은 한미 양국이 취해온 방법들 외에 현실적으로 다른 대안이 없었다고 본능적으로 생각하는 경향이 있다. 그러나 필자는 이제 우리가 과연 그런 접근밖에는 대안이 진정 없었던가에 대해서 비판적으로 성찰해볼 필요가 있다고 믿는다.

두번째 결과는, 미국의 대한정책의 전반적 방향을 결정한 열쇠는 두 나라간의 상호적인 작용이었다기보다 미국 내부의 상이한 외교정책 비전들을 가진 상이한 집단들간의 내적인 정치적 권력관계로 되었다는 사실이다. 이들 미국 내 상이한 권력집단들간의 권력균형에 있어서의 변화는 어떤 때는 미국 내 집권정당의 변화로 인한 것이기도 했고, 또 어떤 때는 국제환경의 변화로 촉발된 것이기도 했다. 어떤 경우든 이 점은 대부분의 경우 미국이 한반도에서 정치적 접근으로의 정책적 변화로 나아갈 때, 남한정부는 그러한 변화에 있어서 이니셔티브를 제공한 경우가 거의 없었다는 것을 의미한다. 남한 지도층은 많은 경우에 변화보다는 과거 접근방식의 지속을 원했던 것이다.

세번째 결과는 보다 구체적으로 미국과 남한이 북한 핵문제를 다루는 방식을 결정함에 있어서 종속적 군사관계의 중심성이 적어도 두 가지 측면에서 중요한 역할을 했다는 사실이다. 1) 핵문제를 다루는 과정에서 군사 중심적 접근은 두 나라의 정책결정 집단들의 상당부분에서 지배적인 태도로 남아 있었고, 이것은 한반도에서 몇 차례에 걸친 심각한 군사적 긴장을 증폭시키는 원인들로 작용하기도 했다. 2) 온건파들의 정치적 접근이 북한 핵문제 해결에서 궁극적 승리를 확보했는데, 이 과정에서 이니셔티브는 미국 내 리버럴들에 의한 것이었고, 한국정부 지도층은 그러한 접근에 오히려 저항했다는 점이다. 남한의 이 같은 행태적 패턴이 최근 북한이 남한과의 대화를 거부하는 경향을 보인 데 중요한 요인의 하나였다고 나는 생각한다.

　이 글의 목적은 세 가지 상호연관된 문제들을 검토하려는 것이다. 첫째, 미국 내 외교정책 시각들의 몇 가지 기본요소들, 특히 현실주의적 국제주의와 자유주의적 국제주의 사이의 정향적 차이를 논의할 것이다. 둘째, 미국에서 그들 상이한 외교정책 시각들간의 역학관계를 결정한 주요 요인들과 그러한 역학관계의 변동이 미국의 대한반도 정책에 영향을 미친 방식을 검토할 것이다. 셋째, 보다 구체적으로 남한 집권층이 매우 최근까지도 대북한 정치적 접근에 저항한 저변의 원인들을 논의할 것이다. 한미관계에서 가장 논란이 많은 이슈들 중의 하나이며, 향후 한미관계에서 군사적 차원의 중심성을 유지하는 데 결정적 요소로 남을 문제인 미군사력의 한반도 주둔지속이라는 문제를 어떻게 볼 것인가는 장을 달리해서 논의하기로 한다.

2. 미국 외교정책에서 현실주의와 자유주의

　현대 미국 외교사에서 외교정책 시각들을 분류하는 방식은 여러 가지로 제시되어왔다. 한 예로 러기는 자유주의적 국제주의(liberal internationalism), 보수적 일방주의(conservative uniliteralism), 그리고 현실정치(realpolitik)의 실행자들이 채택하는 도구주의(instrumentalism) 세 가지로 현대 미국 외교시각을 분류했다.[6]

필자는 미국 외교시각을 네 가지로 분류해왔다. 이것은 자유주의-현실주의의 축과 국제주의-고립주의의 축을 교차시킴으로써 얻어낸 것이다. 즉, 자유주의적 국제주의(liberal internationalism), 현실주의적 국제주의(realist internationalism), 자유주의적 고립주의 (liberal isolationism), 현실주의적 고립주의(realist isolationism)가 그것이다.

오늘날 현실주의적 국제주의는 공화당 주류의 외교시각을 나타내며, 민주당 주류의 외교시각은 자유주의적 국제주의의 성격을 띤다. 공화당 내부 일부 소수파(팻 부캐넌 같은 인물들)는 현실주의적 고립주의를, 그리고 톰 하킨(Tom Harkin) 같은 민주당 일부 인사들은 자유주의적 고립주의의 성격을 보여준다.

이 분류법은 미국 외교정책이 지속적으로 국제주의와 고립주의 사이에서 순환적 방식으로 요동해왔으며, 1990년대에 미국 외교시각은 고립주의로 회귀하고 있다는 견해——프랭크 클링버그(Frank Klingberg)에 의하여 대표되는——를 거부한다. 필자가 이런 분류법을 제시한 목적의 하나는 1990년대 미국 외교시각 내부의 중심적인 분열의 축은 미국이 고립주의로 돌아갈 것인가 여부를 둘러싼 논쟁이 아니라 국제주의 내부에서 어떤 성격의 국제주의를 추구할 것인가에 관한 논쟁이라는 것을 강조하려는 것이었다.

국제주의는 안보와 무역 두 분야에서 주요한 국제적 제도들에서 미국의 광범한 참여와 리더십을 지지하는 것을 말한다. 고립주의는 그

---

6) John Gerard Ruggie, "Peacekeeping and U.S. Interests," *The Washington Quarterly*, Autumn 1994, p.175.

러한 국제적 제도들로부터 철수할 것을 주창한다[7] 그러나 현재 미국 내 양대 정당들의 대다수는 기본적으로 국제주의자들이다. 그들은 주요한 국제적 제도들의 상당부분으로부터 미국이 기존의 역할을 포기하는 것을 반대하기 때문이다. 따라서 현재 공화당과 민주당 간의 외교시각상의 갈등을 국제주의와 고립주의(또는 半고립주의)라는 이분법적 시각으로 단순화하는 것은 잘못된 것이다.[8]

한편, 현실주의와 자유주의 간의 첫번째 주요한 차이는 미국이 그러한 광범한 세계적 리더십을 어떤 방식으로 추구할 것인가라는 문제와 연관되어 있다. 안보문제의 영역에서는 현실주의는 미국이 주도하는 군사동맹구조에 대한 지지를 제외하고는 대체로 일방주의적 경향을 갖는다. 이것은 실제적으로 말하면, 유엔이 대표하는 다자주의적 접근방식을 거부하는 것을 뜻한다. 현실주의자들은 유럽에서는 북대서양조약기구를 지지하며 아시아에서는 일본, 한국, 필리핀과의 쌍무적 군사동맹체제들을 지지한다. 이러한 안보구조들은 미국의 리더십

---

7) 과거 외교사가들은 국제주의(internationalism)를 적국을 포함한 다른 나라와의 다자적 협력을 추구하는 수용적 개입주의(accommodative interventionism)를 추구하는 노선으로 해석했다. 그러나 로즈노-홀스티 팀(Ole R. Holsti & James N. Rosenau)과 위트코프(Eugene Wittkopf)는 '국제주의'라는 개념을 국제정치 및 경제에 대한 미국의개입주의(interventionism)적 역할을 지지하는 경향 일반을 나타내는 중립적인 개념으로 사용하고 있다. Ole R. Holsti and James N. Rosenau, *American Leadership in World Affairs: Vietnam : and the breakdown of consensus* (Boston : Allen Unwin, 1984) ; Eugene R. Wittkopf, "Elites and Masses : Another Look at Attitudes toward America's World Role," *International Studies Quarterly*, vol.30, no.4, June 1987.

8) 세계 주요 부분에서의 쌍무적 군사협정구조에 대한 미국의 계속된 개입은 미국 엘리트그룹 내에 국제주의가 여전히 우세하다는 것을 입증한다. 만일 미국이 한·미·일 군사동맹을 포기한다면, 그것은 미국이 고립주의로 회귀함을 뜻한다. 동아시아 내 동맹국과 동맹관계를 유지하려 하고 있다는 점에서 클린턴 행정부는 기본적으로 국제주의자이다. 이러한 점은 클린턴 행정부를 비롯한 현대 모든 미국의 행정부들이 공유하는 공통분모이다.

136

일반을 뒷받침하며, 필요할 때는 미국의 일방주의적 결정들을 지원해 주기 때문이다.[9] 이와 대조적으로, 자유주의자들의 국제적 안보제도들에 대한 지지는 미국 중심적 안보구조들을 넘어서서, 상대적으로 말해서, 유엔에까지도 확대된다. 이에 따라, 외교정책 분야에서 현실주의자와 자유주의자 사이의 주요한 갈등의 하나는 유엔 평화유지 활동에 대한 지원 그리고 미국군대의 일부를 유엔의 지휘하에 넘길 수 있는가의 문제 등을 둘러싼 것들이다.[10] 브루스 러셋같은 자유주의자들은 탈냉전 시대 미국외교가 유엔과 같은 세계적 제도들을 적극 지원할 것을 주장하면서 유엔이 독립적인 재정원천과 독립적 집행력을 갖추기 위한 일정한 상비군을 보유하도록 해야 한다는 견해를 보인다.[11]

둘째, 현실주의자들은 적대국과의 협상에 회의적이며 목표를 달성하는 수단으로 무력에 보다 더 의존하는 경향이 있다. 반면에 자유주의자들은 국제분쟁을 정치외교적 시각에서 이해하는 경향이 있으며,

---

9) 나토(NATO)를 통하여 혹은 아시아 국가와의 쌍무적 군사관계를 통하여 보장받는 미국과 동맹국 간의 비대칭 권력관계(asymmetrical power relations)는 미국의 일방적 결정구조를 지원하는 기능을 한다. 만일 동맹국과의 심각한 충돌로 인해 비대칭 권력관계가 중단된다면 미국 내 현실주의자들은 더이상 그러한 제도를 지지하지 않을 것이다.

10) 1995년 초 공화당 중진의원들은 아프리카, 아시아, 중동, 중앙아메리카 내 12개 이상의 유엔 평화유지작전에 미국이 직접 운영자금을 지원하는 것에 반대하는 법안을 도입하였다. 그것은 국제조직에 지원하는 미국의 재정적인 비용을 일년에 약 10억 달러 감축시킬 수 있게 하는 것이다. 미국을 따라 다른 주요 수혜국들도 비슷한 정책을 취한다면 유엔의 부담은 보다 커질 것이다. 지난 2년 동안 유엔 평화유지작전을 상당부분 지원한 클린턴 행정부는(*Washington Post*의 평가에 따른 것임) 의회 원내총무인 돌(Robert Dole)이 상원에서, 긴그리치(Newt Gingrich)가 '미국과의 계약'(Contact with America)을 통해 하원에서 각각 도입한 국가안보법률(national security legislation) 제안에 대한 반대캠페인에 나섰다. *Washington Post*, January 24, 1995.

11) Paul Kennedy and Bruce Russett, "Reforming the United Nations," *Foreign Affairs*, September/October 1995, pp.56~71.

군사적 해결책보다는 정치적 해결방안을 모색하는 경향을 상대적으로 강하게 띤다. 자유주의자들은 무력이 문제를 해결하는 효과적인 수단인가에 대해 보다 더 회의적이다. 따라서 이들은 포괄적인 정치적 협상에 더 열려 있는 태도를 보인다.[12]

셋째, 위의 두번째 차이의 결과이기도 하지만, 현실주의적 공화당원들과 자유주의적 민주당원들은 흔히 값비싼 군비증강사업을 둘러싸고 자주 논쟁을 벌인다. 최근의 예를 하나 들면, 공화당원들은 국방부로 하여금 탄도미사일 방어체제 개발을 계속 추진하도록 지시하는 입법안을 만들려고 시도했다. 반면에 클린턴 행정부의 각료들은 이 법안에 반대하면서, "미사일체제를 만들려는 노력을 부활시키는 것은 미국의 안보에 대한 현재의 위협수준에 비추어 정당화될 수 없다"고 지적했다.[13]

부시의 공화당 행정부는 상당 수준의 미 군사력 전진배치를 포함해, 냉전 기간에 확립된 군사자원의 수준과 거의 동등한 수준을 유지할 필요성을 강조했는데, 이것은 현실주의적 성격의 국제주의를 대변한 것이었다. 부시 행정부는 대단히 변화한 세계상황에서도 군사적 자원 및 군사압력과 군사행동의 적실성을 강조했던 것이다.

이것은 일반적으로 말해서, 공화당원들이 사회적 프로그램들에 대해서는 정부지출을 축소시키려 하면서도 아직도 국가안보 목표들에 대해 국가자원 배분의 우선순위를 두고 있다는 것을 말해준다. 공화당원들은 국가에너지의 더 많은 부분을 미국의 독자적인 권력 투사능

---

12) 최근 미국 외교정책 논쟁에서 현실주의와 자유주의 간에 부각되는 중요한 차이점에 대해서는 Richard G. Lugar, "American Foreign Policy in the Post-Cold War Period," *Presidental Studies Quarterly*, Winter 1994, pp.15~27.

13) 북한, 이란, 이라크 등의 제한적인 미사일 공격에 대해 클린턴 행정부가 택한 방어체제 방안은 공화당에 비해서는 상대적으로 온건한 편이다. AP, "Christopher, Perry urge veto of GOP foreign policy bill," February 15, 1995.

138

력(power projection capabilities)을 구축하는 데 투입하기를 선호하며, 민주당원들은 해외에서는 유엔과 같은 다자주의적 정치적 사업들에,[14] 그리고 국내에서는 사회적 프로젝트들에 국가자원을 배분하는 데 보다 적극적이라고 할 수 있다.

　마지막으로, 자유주의자들은 공화당의 현실주의자들에 비해서 인권문제를 미국정부의 중요한 외교정책 안건으로 제기할 가능성이 높다. (북한 핵문제의 경우와 같이) 이념적 적대국들과의 대결에서는 국무부의 자유주의자들은 문제해결을 위해 정치적 접근방식도 시도하는 경향이 있는 데 반해, 국방부의 현실주의자들은 군사적 행동을 포함한 보다 강경한 태도를 지지한다. 그러나 (1994년 가을 아이티의 상황에서와 같이) 미국과 동맹을 맺고 있는 나라들에서의 인권문제에 대해서는 국무부의 자유주의자들은 보다 단호한 태도를 나타내는 경향이 있으며, 국방부의 현실주의자들은 아이티의 인권문제처럼 미국의 '안보이익'이 게재되어 있지 않은 문제들에 대해 군사력을 동원해 미국인의 생명과 돈을 투여하는 것을 회피하려는 경향을 강하게 나타낸다.[15]

　미국의 보수적 사상가인 어빙 크리스톨이 '자유주의적 국제주의'와 '고립주의' 모두에 대한 대안적이고 바람직한 미국 외교 시각의 핵심적 요소들로서 '국가이익'이라는 것과 '현실주의'적 사고라는 개념을 확립하려고 애쓰고 있는 점은 위의 논의와 관련해서 흥미 있는 바가 있다. 현실주의(realism)로 나타나는 크리스톨의 '국가이익'(national

---

14) 그러나 클린턴 행정부의 전략적 사고에서도 유엔이 특수한 지위를 부여받는 것은 아니라는 사실에 주목해야 한다. 『워싱턴 포스트』지의 사설에서 보듯이 클린턴의 정책자문위원 중 한 사람은 유엔 평화작전을 "3류 수준의 미국의 이익을 위한 임시기구(a sometime tool for third-level American interest)"라고 표현하고 있다. 이것은 클린턴 행정부의 전략적 사고 안에 존재하는 자유주의적 요소와 함께 그 한계를 동시에 보여주는 것이다.

15) Bruce W. Nelson, "Haiti : Invasion on Hold," *Time*, August 15, 1994.

interest)의 의미는 다음 그의 글이 잘 나타내준다. "만일 오랜 혹은 새로운 자유주의적 국제주의가 모두 멸망하고 고립주의에 대한 향수가 도래한다면 미국 외교정책은 어디로 갈 것인가? 국가이익에 의해 외교정책을 세우는 것이 신뢰성을 가지는 이유는 바로 이 때문이다. 미국의 국가이익이라는 관념은 새로운 것이 아니고 완전히 역사적인 것이다. 다만 그것이 우드로 윌슨(Woodrow Wilson)에 의해 촉발된 자유주의적 국제주의 사고틀에 빠져서 신뢰를 잃기 전까지는. 19세기에 그 용어는 유럽에서처럼 여기에서도 자유롭고 자연스럽게 쓰여졌다. 그러나 윌슨 혁명(the Wilsonian Revolution) 이후 미국 외교정책에서 국가이익을 가지고 있을 때 그것은 더이상 국가이익이 되지 못하는 것으로 생각되었다. 그러한 용어와 이념은 반동적 고립주의나 무자비하고 비도덕적인 현실정치와 동일한 것으로 생각되었다. 심지어 외교정책에서 '현실주의'에 대해 말할 때조차도 수상한 것으로 의심받았다. 이러한 것은 현재까지도 여전히 많은 그룹 내에 남아 있다."[16] 그가 바람직하게 본 미국 외교이념은 필자의 연구에서 '현실주의적 국제주의'라고 정의한 것과 동일한 것으로 볼 수 있겠다.

3. 클린턴 외교정책의 과도기적 성격

약 150년 전에 미국이 태평양을 넘어 아시아로의 팽창을 시작했을 때, 한국에 대한 미국의 이해관계는 경제적으로나 전략적으로나 동아시아 전체에 대한 그 전반적인 관심의 매우 주변적인 일부에 불과했다. 그리고 한국에 대한 미국의 외교행위는 대체로 권력정치적인 고

---

16) Irving Kristol, "Defining Our National Interest," in Alvin Z. Rubinstein ed., *America's National Interest in a Post-Cold War World* : *Issues and Dilemmas* (Preliminary Edition, New York : McGraw-Hill, 1993), p.52.

140

려들에 의하여 지배되었다. 미국이 1866년 포함외교를 통해 한국의 개항을 유도하려 했다면, 미국은 또한 20세기 초에 일본이 필리핀에 대한 미국의 지배권을 인정하는 대가로 한국에 대한 일본의 지배권을 미국이 인정하는 그 유명한 카쓰라-태프트 밀약을 맺었는데, 이는 권력정치적 관점에서 매우 시사하는 바가 큰 것이었다.[17] 우드로 윌슨의 민족자결주의 선언도 수백만의 한국인들이 일본의 식민지배에 항거해 봉기했던 1919년 한국에 대해서는 거의 아무런 의미도 갖지 않았다. 당시 미국은 일본과 일종의 동맹관계에 있었기 때문이다.

한국이 그것 자체로서 미국의 외교정책 입안가들에게 중요한 전략적 중요성을 획득하게 된 것은 한국에 대한 일본의 식민지배가 끝나고 곧이어 냉전이 시작되면서부터였다. 냉전시기에 한국은 반소봉쇄(反蘇封鎖)라는 미국의 세계적 정치전략의 일부로서 기능했다. 딘 애치슨이 말한 '거대한 아시아의 벼슬'(great Asian crescent)의 일부로서, 한국은 동아시아에 지속적인 정치경제적 동맹구조를 건설하려고 고안된 일본에 중심을 둔 미국의 지역통합 개념에서 중요한 위치를 점하게 되었다. 미국의 외교목표와 올바른 수단에 관한 미국 내의 갈등하는 시각들간의 세력균형과 그 변동이 미국의 대한반도 정책에 직접적이고 복합적인 방식으로 영향을 미치게 된 것은 바로 이처럼 미국이 한국문제에 깊이 개입하게 되면서부터였다.

전후세계에서 미국 헤게모니의 확립은 미국 내에서 고립주의와 국제주의 간의 논쟁의 종식을 의미했다. 논쟁의 초점은 이제 개입의 범

---

17) 한 분석가는 다음과 같이 말한다. "세기가 변하는 시기에 루스벨트와 태프트(그리고 1902년 이후부터 일본과 동맹을 맺은 영국 역시)는 일본이 군사적으로는 러시아를 방어할 수 있을 만큼 강하고, 경제적으로는 미국이나 영국을 위협하지 않을 만큼 약하기를 원했다." Bruce Cumings, "Japan's Position in the World System," in Andrew Gordon ed., *Postwar Japan as History*(Berkeley : University Press of California, 1993), p.54.

위와 방법, 또는 제국을 관리하는 전략을 둘러싼 것으로 이동했다. 루즈벨트적인 자유주의적 국제주의(조오지 케난이 암묵적으로 이상주의라고 비판했던)와 현실주의적 국제주의 사이의 논쟁이 미국 정치엘리트의 외교정책 신념체계상의 분열의 핵심을 구성했다. 자유주의적 국제주의는 적대적 세력들과도 실질적 수준의 대화와 협상에 임할 준비가 되어 있었으며, 반면에 현실주의적 국제주의는 적과의 협상을 엄중한 회의를 가지고 바라보았고, 그 대신 군사적 준비태세의 미덕을 강조했다.

트루만독트린 선언 이후 미국 외교정책은 심각한 분열상을 드러내지 않았다. 현실주의적인 봉쇄적 시각에 대한 초당파적 합의가 지배하게 되었다. 그러나 일정한 시간이 흐르면서 미국의 정치적 지평에는 일련의 정치·경제적 긴장들이 재등장하여 미국의 해외군사개입의 합당한 범위와 방식에 대한 새로운 논쟁을 불러일으켰다. 즉, 베트남전쟁의 충격과 1970년대 초 및 중반의 소련과의 짧은 데탕트는 미국 내에서 자유주의적 국제주의(제임스 로즈노와 오울 홀스티가 '탈냉전 국제주의'라고 명명한)[18]의 재등장을 가능케 했다. 닉슨 정권 초기 그리고 나중에 카터 행정부 당시에 미국이 한국으로부터 군사력 철수를 계획한 것은 적어도 부분적으로는 1970년대에 재탄생한 자유주의적 국제주의의 반영이었다. 미국이 군사력 철수를 고려하기 시작한 것은 미국의 정책 결정자들이 적(敵)과도 평화를 협상할 필요가 있다는 것, 미국이 세계를 관리하는 데 있어서 군사적 준비태세의 중심성을 축소시킬 필요가 있다는 것, 그리고 협상은 의미가 있다는 것을 인정한 것을 의미했다.

---

18) Holsti and Rosenau, *American Leadership in World Affairs : Vietnam and the breakdown of consensus*, pp.130~132.

리차드 닉슨과 헨리 키신저는 그들의 독트린에서 전형적인 현실주의자요 그들의 행동에서 실용적 현실주의자로 알려져 있지만, 그들의 현실주의는 이중적 기원을 갖는 것이었다. 한편으로 그들의 현실주의는 미국의 힘의 한계에 대한 실용적 인식과 함께 미국이 다른 적대적 국가들과 공존하는 것을 배워야 한다는 사실의 인정을 의미했다. 다른 한편으로 이들의 현실주의는 1960년대 말과 1970년대 초에 미국 내 정치적 지평에서 현실주의자들과 자유주의적 국제주의자들 사이에서 일어난 권력균형의 변동을 반영하고 있었다. 보다 실용적인 성격을 지녔던 키신저판 현실주의는 냉전적 현실주의와 세계를 관리하는 대안적 방식을 찾아야 한다는 자유주의자들의 촉구 사이의 일정한 타협을 의미했다. 닉슨 정권의 몰락 이후 자유주의는 카터의 외교정책에서 보다 충분히 발현되어 나타났다. 카터 정권하에서 미국은 한국과의 사이에 인권문제와 군사력 철수문제를 둘러싼 또 한 차례의 논쟁을 불러일으켰던 것이다.

그러나 1970년대 말 냉전의 복귀는 미국 외교정책 일반에서, 그리고 미국의 대한정책이라는 특정한 분야에서 다같이 자유주의적 국제주의의 부상에 종지부를 찍었다. 이에 따라 카터 정권 후반기에 이미 미국의 외교정책은 현실주의로 돌아가 한국을 포함한 약소 동맹국들에 대한 정책에서 군비증강과 안보 중심적 자세를 강조하는 경향을 보였다. 1980년 봄, 카터 행정부는 인권문제를 이유로 칠레와 아르헨티나에 취했던 무기금수조치를 철회하는 것을 고려하고 있었다. 바로 이와 같은 맥락에서 카터 행정부는 광주봉기에서 절정에 달한 한국에서의 정치적 소용돌이 기간에 안보 제일주의의 태도를 취했다. 이러한 현실주의적 행태는 로널드 레이건의 외교정책에서 절정에 달하게 되었는데, 이 보수적 행정부의 출범 후 미국정부는 첫 정부 공식초청 해외 국가원수로서 한국의 전두환을 선택했으며, 남한에서의 군비증강을 강력히 뒷받침했다.

전두환 정권과 레이건 행정부는 군사 및 정치, 모든 면에서 협력을 증진하는 밀월의 시기를 가졌지만 곧 몇 가지 중요한 사태발전으로 레이건 행정부의 마지막 2년간에 미국의 대한정책의 우선순위는 상당한 변화를 겪게 되었다. 첫째는 국제환경의 변화였다. 고르바초프가 소련의 정치권력을 장악하면서 추진한 '신사고' 외교는 극동에서도 안보의 차원의 중요성을 낮추었다.

둘째는 미국 행정부 안팎의 정치적 환경의 변동이었다. 미국에서 이란-콘트라 사건의 폭로와 정치문제화는 상이한 부처들과 정책 결정자들 간의 역학관계에 중요한 변화를 초래했다. 그에 뒤따른 정치적 위기 속에서 윌리엄 케이시, 존 포인덱스터, 캐스퍼 와인버거, 도널드 리건 등 레이건의 현실주의적 외교정책팀의 심장부를 차지하고 있던 유력가들은 사퇴를 강요당하거나 이런저런 방식으로 무력화되었다.[19] 반면에 당시 국무장관을 하던 조오지 슐츠와 같은 상대적으로 자유주의적 성격을 띠고 있던 정책 결정자들이 미국 외교의 조타수의

---

19) 주요 정책 결정자 중에 와인버거(Caspar Weinberger) 국방장관은 이란-콘트라 작전에 다소간에 간접적으로만 관계되어 있었다. 그래서 그는 다른 사람보다 오래 관직에 머무를 수 있었다. 그러나 결국 그 역시 1987년 말에 갈루치(Frank Callucci)에게 자리를 내주었다. 처음에 와인버거는 이러한 불법적인 작전에 반대 했으나 결국 그 결정에 순응했음을 인정하였다. 이 때문에 레이건 행정부하에서 그의 상대적 권력은 슐츠 국무장관에 비해 약화된 것이다. 결국 와인버거는 1987년 7월 상원 위원회에서 증언해야 했다. 그의 증언내용을 보면 "포인덱스터(Poindexter)장군으로부터 대통령이 국방부에서 강경파인 CIA로 실질적인 권력이양을 승인하고 CIA가 그것(무기)을 이란에 보냈다는 말을 들었을 때 나는 심각하게 사직을 고려하였다.…… 그러나 전망에 대해 생각하면 할수록 사임함으로써 내가 할 수 있는 일은 없는 것 같았다. 그때는 사건 전모가 여전히 대중과 우리 쪽에 알려지지 않았을 때이므로 나는 사임을 통해서 그 작전을 막을 수 있는 효과적인 어느 발언도 할 수가 없었다." Caspar Weinberger, *Fighting For Peace : Seven Critical Years in the Pentagon*(Warner Books, 1990, 1991), pp. 383~84.

자리로 나아가게 되었던 것이다.[20] 사건 직후에 슐츠와 국무부는 국가 안보 보좌관인 포인덱스터(John Poindexter)로부터 이란에 대한 미국의 정책조정권을 인계받았다.[21] 그때부터 슐츠가 가지게 된 외교정책 조정권은 이란정책에만 국한되지 않는 보다 광범위한 것이 되었다고 보아야 한다.

이 같은 관료정치적 변화는 소련의 신사고 외교에 대해 미국이 보조를 맞추어주는 상황을 촉진시켜 1987년 중거리핵 폐기협의 성사를 앞당겼을 뿐 아니라, 제3세계 지역에서 미국이 덜 군사중심적인 방향으로 나아가도록 미국의 대외시각을 변화시킨 측면이 있었던 것이다.

셋째, 한국에서 1987년 봄에서 여름에 걸쳐 군사독재정권의 독재지속 기도에 대하여 밑으로부터 전개된 국민의 정치적 도전이라는 상황이었다. 서울올림픽이 다가오고 있는 상황에서 전개된 이러한 정치적 사태는 남한에서 미국의 정책상의 자유주의적 요소를 강화시키는 계기로 작용했다. 1980년 광주에서의 역사적 유혈의 경험은 전두환 정권이 1987년 6월 국민적 봉기를 다시 한번 무력으로 억누르려는 기도를 차단하는 강력한 억지력의 하나로 작용했다. 1980년의 그 역사적 경험은 또한 한국의 군사정권에 의한 그 같은 유혈진압의 재발시이에 미국이 다시 암묵적으로 공조할 잠재적 가능성을 예방하는 데 결정적 요소의 하나였다고 볼 수 있다는 것이 나의 생각이다.

이러한 요인들이 결합하여 1987년 여름에 시작된 한국에서의 정치권력이동, 즉 덜 권위주의적인 노태우 정권으로 변화하는 결정적인

---

20) 이란-콘트라 사건 이전에는 슐츠 장관은 국가안보 보좌관을 통해서만 레이건 대통령을 만날 수 있었다. 그러나 사건이 알려지고 관료정치적 대변동이 일어난 이후에는 슐츠가 자신을 직접 만나러 올 수 있다는 레이건의 승인을 받았다. George P. Shultz, *Turmoil and Triumph, My Years as Secretary of State* (New York : Charles Scribner's Sons, 1993), p.841.

21) Shultz, p.839.

국면에서 미국의 대한정책은 레이건 정권의 초중반에 비해 상대적으로 보다 자유주의적인 성격을 띠게 되었다. 1986년 여름 슐츠 국무장관이 서울에 방문했을 때 당시 확산되고 있었던 한국민의 정치적 저항에도 불구하고 전두환 정권에 대해 그가 가장 중요하게 강조한 것은 한국의 안보였다. 이때 한국의 주요 언론들은 슐츠의 메시지가 기본적으로 '안보 우선'이라고 지적했다. 이것은 적어도 부분적으로는 1986년 여름에 슐츠와 국무부는 미국 외교정책의 주요 중심권 밖에 있었다는 것을 나타내는 것으로 볼 수도 있다.

레이건의 후임자인 부시의 행정부는 변화하는 동서관계에 적응하려고 신중한 방식으로, 그러나 기본적으로는 현실주의적인 자세로 적응하려고 노력했다. 대한정책과 관련하여 부시 행정부는 주한미군의 철수계획을 제시했다. 이것은 국제적 긴장의 이완에 따른 반응이기도 했지만, 미국의 국가자원 투입 우선순위를 국내경제적 필요부분을 중시하는 방향으로 재조정해야 한다는 미국 내부의 점증하는 정치적 요구에 부분적으로 부응한 것이기도 했다. 그러나 부시 행정부는 그 당시 민주당원들에 비해서 해외에서 미국의 국가이익에 제기되는 위협들——낡은 것과 새로운 것들——이 지속되고 있는 측면을 강조했으며 이에 기초해 우선순위의 변화를 최소한으로 한정하고자 했다.[22] 1990

---

22) 당시 국방장관이었던 체니(Dick Cheney)의 발언을 살펴보자. "지역적 세력균형이 변화하는 이 시대에 우리 군사력의 전진배치는 권력의 공백(power vacuums)이나 불균형(power imbalances)의 등장을 예방하고 지역적인 군비경쟁을 회피함으로써 다른 나라들이 번영하는 데 필요한 안정을 유지하려는 우리의 목적을 뒷받침한다. 전진배치는 또한 지역적 위기나 비상사태에 조기에 신속하게 대응할 수 있는 능력을 제공한다.
군사력의 해외 전진배치는 여러 가지 형태를 취할 수 있다. 선별된 전진기지들에 군사력을 주둔시키는 것은 핵심지역들에서 미국의 공약을 과시하는 아마도 가장 가시적인 증표이다. 정기적인 배치, 순회, 군사연습, 그리고 정기적인 방문은 유연한 작전전력의 현존(flexible operational presence)을 제공한다. 그리고 이들

~91년 중동에서 전개된 이 행정부의 군사작전의 성공은 공화당원들에게 현실주의적이며 안보 중심적인 정치의 정치적 효용성이 지속되고 있다는 환상을 불어넣어 주었다. 상당부분 이 같은 안보 중심적이며 기본적으로 전통적인 현실주의적 시각에 관한 공화당의 도취가 국내적인 경제적 및 사회적 문제들에 보다 많은 관심을 기울일 것을 요구하는 미국인들의 요구를 충분히 인식하지 못하게 방해했던 것으로 보이며 이 점이 곧 1992년 대통령선거에서 공화당의 패배를 가져온 중요한 요인의 하나였다고 생각된다.

1990년대 초 소연방의 정치적 질서의 붕괴는 부시 행정부 정책 결정자들 사이에 전혀 새로운 종류의 핵위협이 제기되고 있다는 우려를 낳았다. 미국과 그 동맹국들은 소련에서 안정된 정치적 권위의 통제 하에서 벗어났기에 더욱 위험스런 것으로 여겨지는 수만 개의 전술핵

은 우리의 미래의 전진배치를 유지하는 한 방법으로서 과거에 비해 더 많은 중요성을 띨 수 있다. 무엇보다도 우리는 전진배치를 유지하는 데 필수적인 기반시설(군사기지 등을 말함——역자)과 병참 관련 협약들(infrastructure and logistics arrangements)(전시주둔국 지원협정 등을 말함——역자)을 유지해야 한다.

우리는 전진배치의 규모를 줄일 것이지만, 너무 빨리 너무 많이 감축하는 것은 위험하다. 줄어든 전진배치와 관련된 위험성은 때로는 엷은 얼음판에 비유될 수 있다. 당신이 빠져버리고 말 때까지는 그것이 얼마나 엷은지를 당신은 결코 알 수 없는 것이다. 그 결과는 치명적이며 지속적인 것이 될 수 있다. 이런 위험성을 최소한으로 줄이기 위해서는 전진배치를 용인할 수 있는 최소한의 수준으로 줄이는 일은 점진적이어야 하고 신중하게 고안되고 잘 합의된 장기적인 계획의 일환이어야 한다. 아시아에서의 우리의 단계적인 감축계획——이 지역의 우리 전진배치 군사력을 1992회계년도까지 10퍼센트 정도 감축하기로 우리 동맹국들과 합의한 것을 포함해——은 우리의 전진배치를 가능한 한 정리해서 유지하려는 우리의 의도를 잘 나타내준다. 그러나 나는 우리가 이 세계로부터 철수할 수는 없다는 것을 강조하지 않으면 안되겠다. 우리의 군사력 전진배치는 우리의 전반적인 국방전략에서 그리고 우리 동맹국들의 전략에서도 마찬가지로 핵심적인 요소로 남을 것이다." The Statement of the Secretary of Defense, Dick Cheney, before the Senate Armed Services Committee, in connection with The FY 1992~1993 Budget for the Department of Defense, February 21, 1991, p.13.

무기들에 노출되어 있다는 위기의식이었다. 이러한 상황은 부시 행정부가 미국과 소련 양쪽 모두의 전술핵무기들을 전부 폐기하는 방안을 제안하는 배경이 되었다. 이 같은 미국 핵정책의 변화는 그처럼 기본적으로 현실주의적 위기의식에서 비롯된 것이었지만 한반도에서 남북관계에 획기적인 해방적 효과(liberating effect)를 가질 수 있었다. 미국은 전술핵 전폐의 일환으로서 한반도로부터도 핵무기를 철수하게 되었고, 이것은 북한의 유서깊은 핵심적 대미 요구사항의 하나를 충족시킨 것이었기 때문이다. 이것은 자연히 한반도의 군사정치적 상황에 심오한 구조적 변화의 가능성을 열었다. 실제로 그 여파 속에서 남북한은 1991년 말 「남북간 화해, 불가침, 및 교류·협력에 관한 기본합의서」와 함께 「한반도 비핵화를 위한 공동선언」에 합의하기에 이르렀다. 이것은 또한 북한이 1992년 5월 국제원자력기구(IAEA)와의 핵안전협정 체결에 임하는 길을 열었고 그 해 이 기구에 의한 수차례에 걸친 핵사찰을 가능케 했다. 만일 남북한과 미국, 이 세 나라들이 각자 창의적이고 유연한 비전들을 가진 적절한 정치적 리더십하에 있었다면 위와 같은 사태발전들은 한반도에서 새로운 평화의 시대를 열 수 있는 가능성을 안고 있었다.

그러나 부시 행정부는 한반도에서 불확실한 성격의 핵문제가 등장했을 때, 그것이 갖고 있던 기본적인 현실주의적 정향과 그것이 익숙한 군사 중심적 접근태도——대이라크전 이후 어느 정도 더욱 활성화되었을 것으로 추정할 수 있는——를 드러냈다. 1992년 가을, 부시 행정부는 북한의 일부 시설물들에 대한 보다 철저한 핵사찰을 강행하려고 결정했을 때, 그 접근양식 역시 일방적 성격의 강경노선을 걸었다고 할 수 있다. 북한의 더한층의 협조를 확보해낸다는 목표에 접근함에 있어서 인내심을 갖고 외교적 협상을 추진하기보다는,[23] 부시는 1992년 10월부터 이미 군사적 압력방안을 동원하면서, 1992년에는 중단했던 팀스피리트 한미 합동군사훈련을 1993년에는 재개하겠다고 선언했다. 이 결정, 그리고 이에 대해 당시 충분히 예상되고 있던 북한의 확고한 저항은 한반도에 일련의 위기를 촉발하게끔 운명지어져 있었다. 부시 행정부는 강경노선의 군사압력을 동원하기 전에 문제를 외교적 접근으로 해결하는 방안을 인내심 있게 모색하는 태도를 보이지 않았다. 이러한 태도는 부시 행정부의 현실주의적 충동, 군사적 압력에 대한 본능적인 의존, 또는 제라르 러기가 말하는 '보수적 일방주의'의 성격과 연결되어 있는 것이었다.[24]

클린턴 행정부는 상대적으로 보다 광범한 정치외교적 접근을 수용할 준비가 되어 있었으며, 부시 행정부가 만들어낸(남기고 간) 교착국면에 대한 정치적 해결을 모색했다.[25]

처음에는 클린턴 행정부도 부시 행정부가 계획한 팀스피리트 군사훈련을 강행하는 강경론을 추진했다. 이것은 새로이 들어선 민주당 행정부 역시 처음에는 이전의 공화당 정권이 그 마지막 기간에 확립해둔 노선에 따라 위기대처에 나섰었다는 것을 의미한다. 그러나 몇 달이 지나지 않아 클린턴 행정부는 북한과 잠정적인 외교적 합의에 도달했다. 이것은 이 새로운 행정부가 폭넓은 정치적 틀을 모색함으

---

23) 북한정부는 팀스피리트 훈련 중지와 미국의 핵위협 중지뿐 아니라 서방 국가와의 외교적, 경제적 관계 정상화를 요구하고 있었다.

24) 부시 정권 때 국무부의 정치담당 차관보를 지낸 캔터(Arnold Kanter)는 다음과 같이 발언하였다. "부시 행정부는 북한에 대해 어떤 특별한 동기나 인센티브 제공을 거부하고 심지어 사태해결을 위한 북한 정치인과의 정치적 수준의 회담을 거부하면서 강경노선으로 일관하였다." Jim Mann, "Doves gain upper hand over hawks in N.K. nuke debate," *Los Angeles Times*, November 26, 1993.

25) 캔터(Arnold Kanter)는 다음과 같이 말했다. "클린턴 행정부는 다른 방식을 취하려 한다. 미국의 오랜 정책이 반전되면서 중진 행정관료들은 지난 몇 달 동안 북한과 적어도 두 번의 직접적이고 쌍무적인 협상을 가졌다. 또 한 번의 협상이 준비중이다." Jim Mann, "Doves gain upper hand over hawks in N.K. nuke debate."

로써 핵문제를 해결할 의지가 있음을 시사한 것이었다. 1993년 6월 11일 북미간 공동성명에 표현된 이 합의는 북한 핵문제의 궁극적인 정치적 해결을 향한 이정표적 지침을 제공한 것이었다.

그러나 1994년 10월의 '합의틀'(agreed framework)이라는 최종적 해결에 이르기까지 클린턴 외교는 군사적 대결의 위협과 협상이라는 두 축 사이에서 길고 복잡한 요동의 과정을 거쳐야 했다. 북한 핵문제에 대한 클린턴 외교의 이 같은 두 측면은 물론 북미 양쪽의 계산된 전략적 행태들의 결과일 수도 있다. 또는 학파에 따라서는 그 길고 복잡한 협상과정의 원인을 북한측의 고집스러움과 변덕에서 찾을 수 있으며, 또 다른 학파는 클린턴 외교의 방향감각 결여와 무능력에서 찾을 수도 있을 것이다. 이 문제에 관해서 필자는 그러한 북한 핵문제 해결과정의 난맥상 또는 이중성은 클린턴 행정부의 역사적 성격과 관련이 있다는 점을 부각시키고자 하는 것이다. 클린턴 정권의 역사적 성격들이 한편으로는 미 행정부 내부의 현실주의와 자유주의 시각 간의 내적인 갈등을 증폭시켰고 다른 한편으로는 자유주의적 접근의 최종적 승리를 가능케 했다고 보는 것이다.

첫째, 클린턴 행정부 내의 협상 지향적 세력들이 정책 결정과정에서 최종적인 힘을 발휘했다는 것은 이 행정부의 외교정책 정향이 보수적인 현실주의적 국제주의보다는 자유주의적 국제주의에 가깝다는 사실과 대체로 잘 어울린다고 할 수 있다. 클린턴 행정부는 초기에 자유주의적 외교정책을 실험했던 카터 행정부에 대한 격세유전적 계승자였다. 카터 초기의 자유주의적 노선은 1970년대 말에 발흥한 신냉전으로 파탄했었다.[26] 반면에 클린턴의 자유주의는 탈냉전이라는 변

---

26) 카터 정부의 자유주의 외교노선 실패원인에 대한 다양한 내외적 요인 분석은 Michael Klare, *American Arms Supermarket* (Austin : University of Texas Press, 1984) : Fred Halliday, *The Making of the Second Cold War* (Verso, second edition, 1986). 카터의

화된 국제환경으로 인해 과실을 맺을 수 있었다.[27]

둘째, 우리는 클린턴 행정부하에서 그처럼 자유주의적인 협상론자들이 궁극적으로 승리했음에도 불구하고, 그들이 북한과 정치적인 일괄타결을 모색한 시도는 줄곧 행정부 안팎의 강경론자들로부터 막강한 도전에 직면해야만 했었다는 사실을 주목해야 한다. 그것은 클린턴 행정부가 갖고 있는 이중적 성격들을 증거하는 것이며, 이 이중성은 적어도 다음 두 가지 사실에서 비롯되었다고 생각된다.

첫째, 클린턴 행정부는 미국이 변화된 세계질서와 대면하고 그 안에서 자신에게 적합한 역할을 재정의하며 국가자원 배분의 우선순위를 재조정하기 위해 씨름하고 있는 역사적으로 과도기적인 시기에 등장했다는 사실이 중요하다. 클린턴 정권 등장의 이 같은 역사적 조건은 새로운 세계에서 미국의 역할에 관한 상이한 개념들과 그에 따른 상이한 접근양식들이 미국의 정치적 지평에서 치열하게 상호경쟁하는 사태를 불가피하게 만들었다. 이것은 미국 외교정책에서 일관성과 단호함보다는 오히려 좌충우돌을 낳는 중요한 배경의 하나가 되었던 것이다.

둘째, 클린턴 행정부하에서 외교정책이 지닌 과도기적 요소가 초래한 필연적인 이중성은 클린턴 행정부의 인적 구성에서도 그대로 반영되었다. 부시 행정부하에서 미국외교를 지휘했던 많은 현실주의자들이 클린턴 행정부하에서도 여전히 중요한 자리들을 계속 차지하고 있

주한미군 철수계획에 반대한 카터 행정부 안팎의 저항에 대해서는 Peter Hayes, "American Nuclear Hegemony in Korea," *Journal of Peace Research*, vol.25, no.4.

27) 클린턴 행정부는 적어도 두 가지의 사실로 카터 자유주의의 격세유전을 상징한다. 하나는 카터 행정부 당시 국무차관을 지낸 크리스토퍼(Warren Christopher)가 클린턴 행정부 내에서 자유주의적 협상자로서 결정적인 역할을 담당한 사람이라는 것이다. 다른 하나는 1994년 6월 핵논쟁의 마지막 정치적 해결을 지미 카터 자신의 중재적 역할을 통해 이루었다는 점이다.

었다.[28] 그런가 하면, 클린턴 대통령은 그의 외교정책팀에 워랜 크리스토퍼를 비롯한 자유주의적 인물들을 새로이 끌어들였다.

우리는 보통 관료정치적 갈등은 어떤 행정부하에서도, 특히 국무부와 국방부 사이에 언제나 있기 마련이라고 가정한다. 그러나 어떤 행정부하에서는 그러한 갈등이 비교적 덜한 반면 어떤 행정부에서는 상대적으로 더 강한 갈등양상을 보이기도 한다. 필자는 클린턴 행정부의 역사적 이중성과 그에 따라 상이한 비전을 가진 상이한 집단들이 같은 행정부 안에 긴장된 공존 속에 있던 사실이 이 행정부 안에서 관료적 갈등을 보다 두드러지게 만들었다고 생각한다. 이 심화된 관료적 갈등은 명백히 북한 핵문제를 둘러싼 온건파와 강경파들 간의 심각한 논쟁들 속에도 반영되었던 것이다.

헨드릭슨(David Hendrickson)에 의하면 북한 핵문제에 대한 미국 내 강경파의 관점은 "북한의 모든 행위는 폭력적 공격에 대한 충동으로부터 나온다"는 잘못된 가정에 기초하고 있었다. 이러한 관점에서는 북한과의 협상은 시도할 가치조차 없는 것이며 심지어 '예방적 전쟁'(preventive war)은 그들에게 합리적인 선택이었다. 반면 온건파인 헨드릭슨은 만일 북한의 핵개발 프로그램이 존재한다면 그것은 약소국인 북한이 한국에 비교해 '계속 불리해지는 상황'에 대한 자구책으로 보아야 한다고 보았다. 따라서 북한과의 정치, 외교적인 협상을 통한다면 '북한의 핵무기 개발 의사를 해소시킬 가능성이 남아 있다'고 제안했던 것이다.[29]

---

28) 짐 만은 이렇게 적고 있다. "(핵문제에 대한 북한과의 논쟁에서) 다수의 강경파는 레이건과 부시 행정부 내에 있었던 전직 관료들이었다." Jim Mann, "Doves gain upper hand over Hawks in N.K. nuke debate."

29) David C. Hendrickson, "The Recovery of Internationalism," *Foreing Affairs*, September/October 1994, pp.35~36.

셋째, 우리는 1960년대 말과 1970년대 초의 데탕트가 그러했듯이 많은 중요한 외교정책상의 혁신들이 원래는 보수적인 행정부들하에서 등장했다는 것을 염두에 둘 필요가 있다. 변화된 국제상황은 미국 내부의 상이한 외교정책 시각들간의 이념적 균형 그 자체보다도 미국 외교정책의 향방을 변화시키는 데 더 결정적인 역할을 하는 경우를 볼 수 있는 것이다. 1994년 여름, 미국이 북한과 강경 대결자세에서 벗어나 정치적 타협으로 방향을 선회했을 때, 그렇게 영향을 미친 결정적 힘의 하나는 적어도 부분적으로는 북한에 대한 유엔의 제재를 요구했던 미국 내 강경압력론에 대한 중국의 강력한 저항이라는 국제정치적 요인이었다. 이 중국의 요인이 국무부와 국방부 간의 내적인 힘의 균형을 국무부의 자유주의적 협상론자들에게 유리한 쪽으로 움직이는 데 중요한 역할을 했던 것이다.

4. 한반도 정책결정구조에서 남한의 위치 : 미국 매파의 포로

이상의 논의는 결국 미국의 대한반도 정책의 지속성과 변화를 결정한 것은 주로 미국 내의 현실주의적 보수주의자들과 자유주의적 정책결정자들 간의 정치적 균형이었으며, 이 균형은 또한 국제관계의 변화들에 의하여 크게 영향을 받았다는 명제로 요약할 수 있다. 미국 내 정치적 균형의 변화와 국제적 상황의 변화는 서로 얽혀 있다. 국제적인 변화는 미국 내 다른 정책적 관점간의 정치적 균형에 크게 영향을 미친다. 예를 들어 1990년대 초반 미국 내에서 자유주의적 국제주의로의 역학변화는 공산주의의 붕괴로 인해 촉발된 미국 정치의 변화의 결과였다. 반면 미국 내 정치세력간의 역학변화는 미국 자신을 비롯한 주요 국가들의 국제적 행위에 영향을 주어 국제환경 변화에 크게 영향을 미칠 수 있다. 이란-콘트라 사건이라는 국내적 사태의 영향으로 미국 행정부 내에 상대적으로 자유주의적인 요소들이 등장하고 이로써 1980년 후반, 세계 두 강대국간의 데탕트가 촉진된 것을 그 한 예로 들 수 있다.

미국 내 상이한 외교시각들 간의 그 같은 정치적 균형은 미국의 대한정책에 반영되었다. 미국 내적 정치적 균형이 한국에서 미국의 군사적 주둔을 지속할 것인지, 인권문제를 제기할 것인지, 또는 북한과 협상과 타협을 추구할 것인지 등에 대한 미국의 정책들을 결정했다. 남한정부의 역할은 기본적으로 현상을 유지하고자 하고 변화에 저항하는 데 있었을 뿐이었다. 남한의 이 같은 행동양식은 북한과 미국 간의 핵협상 과정에서도 되풀이되었다.

이것은 남한정부가 한반도의 정치군사적 상황에 영향을 미치는 문제들에 대해서 정책적 혁신의 이니셔티브를 추구한 예가 거의 없었다는 것을 말한다. 혹자는 이것이, 남한이 미국과 후견-피후견 관계(patron-client relationship)에 있었기 때문에, 또는 남한이 그저 약한 나라였기 때문에 필연적인 일이었다고 주장할 수도 있겠다. 그것들은 다 사실일 수 있다. 그러나 그러한 해석들은 두 나라간의 결정력의 차이는 설명할 수 있지만, 미국의 이니셔티브들에 대한 남한정부의 대응이 취한 특정한 방향들, 즉 남한이 미국이 시도한 자유주의적 정책 변화들의 경우에 저항했던 사실을 설명해주지는 못한다.

필자의 견해로는, 그것은 남한정부와 미국 간의 관계가 안고 있는 한 가지 기본적인 사실에서 비롯되었다. 그것은 남한의 집권층이 미국 내 보수적인 현실주의자들과 확고한 동맹관계를 맺어왔다는 사실이다. 한국전쟁이라는 충격과 그것이 한반도의 정치구조와 심리상태에 미친 지속적인 영향이 그러한 경향을 낳은 커다란 요인이었다. 동시에, 미국의 현실주의자들과 남한의 집권층 간의 동맹은 그것 자체가 남북한간의 자기충족적인 대결적 정치를 증폭시키고 영속화시키면서 한반도에서 어떤 진지한 정치적 대화의 가능성도 차단하는 주요한 요인의 하나로 기능했다. 이 동맹은 남한정부가 북한에 대한 정책변화를 발의(initiate)하고 한반도에서 정치적 돌파구를 모색하는 것을 거의 불가능한 것으로 만들었다.

이러한 동맹양상이 남한의 모든 권위주의적 정권들에 걸쳐서 일관되었던 것은 놀라운 일이 아니다. 이들 권위주의적 정권들에게 있어서 미국 내 보수적 현실주의자들과의 동맹은 본능적으로 편안하고 정치적으로도 직접적인 이득을 가져다 주는 것이었기 때문이다. 그러나 문제는 훨씬 자유주의적 성격을 띨 수 있을 것으로 기대될 수도 있었던 김영삼 정권 하에서도 그러한 양상이 지속되고 있다는 사실이었다. 북한과 미국 간의 핵협상과 관련한 많은 중요한 고비들에서 남한 정부는 포괄적인 외교적 접근을 촉진하기보다는 방해하는 역할을 수행했다. 1994년 가을 남한의 보수주의자들이 북미간의 정치적인 일괄타결에 심히 당혹해하고 있을 때, 미국 국무부의 한국과장이었던 데이빗 브라운(David Brown)은 남한의 보수주의자들이 미국의 보수주의자들과 잘 연결되어 있으며 상호간에 효과적으로 의사소통을 하고 있다는 것은 잘 알려진 사실임을 지적했다. 그는 남한정부 안팎의 강경파들이 북미간 합의에 대한 반대를 조장하는 운동을 벌임으로써, 1994년 11월 중간선거에서 의회 양원을 장악한 후 클린턴 정권의 대북한 흥정에 대한 철저한 재검토를 다짐하고 나선 공화당원들에게 북미합의를 반대할 좋은 빌미를 제공하여 결국은 그 북미합의 자체를 사보타주할 가능성에 대해 당시 국무부가 갖고 있던 우려를 숨기지 않았다.

남한과 미국 내 현실주의자들간의 동맹이 왜 김영삼 정권하에서도 지속되었는가? 필자는 세 가지 요인이 이 문제를 설명하는 데 중요하다고 본다. 첫째, 남북한간의 수십 년간에 걸친 대결의 시대는 남한의 주요 세력들과 언론에 강한 반북(反北)의 신념체계를 확립해놓았다.

그것은 일종의 매우 보수적인 표준대응절차(standard operation procedure : SOP), 즉 북한의 의도와 파괴적 군사역량에 관한 최악의 가정들에 바탕한 미리 제조된 판단과 처방을 내포한 하나의 지배적인 반응양식을 창조했다. 이러한 사회적 인지체계(social cognitive system)는 물론 남한의 여러 대에 걸친 군사독재 정권들의 정치적 동기들로 인해 심화되고 유지되어온 것들로서 남한 사회구조 자체에 새겨져 있으며 남한의 주요한 엘리트제도들을 지배하고 있는 것이다. 이러한 사회적 인지환경은 그처럼 적어도 부분적으로 과거의 권위주의적 정부들의 정치적 동기에 의해 창조되고 심화되었지만 그것은 그것 자체로서 남한의 어떤 정치지도부도 북한에 대한 참신하고 창조적인 접근을 모색하는 것을 어렵게 제약하는 중요한 요인으로 계속 기능했다. 이러한 상황에서 정부지도자들은 북한과 갈등이 일어날 때마다 북한에 대한 '강경한(tough)' 대응을 취하는 것을 더 안전한 일로 간주했다. 실제로 한국정부 안에서 상대적으로 북한과의 협상을 선호한 관료들은 남한의 지도적인 엘리트 언론집단들의 냉혹한 비판과 개인적 조사들에 직면해야 했다. 남한사회가 안고 있는 이러한 특징은 새로운 정권들도 제약하는 기본적인 환경이 되었다. 김영삼 정권 역시 여기에서 예외가 아니었다.

둘째, 김영삼과 그의 정부는 냉전의식에 아직도 지배되고 있는 사회 여론 주도층과 언론을 새로운 방향으로 이끌어갈 수 있는 새로운 방향감각과 정치적 리더십을 결여하고 있었다. 김영삼은 취임사에서 자신의 외교정책에서 남북한 민족간의 화해를 다른 어떤 요소보다 위에 놓겠다고 선언했다. 그러나 남북간의 관계가 긴장될 때, 그는 북한에 대한 강경한 태도를 지지하는 강경파들을 지지하는 경향을 보이곤 했다.

김영삼은 또한 북한문제들에 대해 보수적인 엘리트 언론집단이 보이는 반응들에 매우 민감했다. 특히 한국에서 대체로 가장 영향력 있는 보수적 언론사로 통하는 『조선일보』는 김영삼 대통령 개인에게도 역시 가장 중요한 신문으로 취급되고 있는 것으로 알려져 있다. 김영삼은 한국의 보수언론에 지배적인 인식들로부터 독립적으로 새로운 남북관계에 관해 그가 초기에 보이는 듯했던 비전을 지키는 데 필요한 정책적 신념과 자신감을 갖고 있지 못했다.

이러한 상황에서, 주요한 정부관료들은 북한의 의도들과 관련해서 최악을 가정하는 경향이 있는 대통령의 전체적인 반북적 시각에 영합하려는 경향을 보였다. 그의 정부의 비교적 현실주의적 온건인사들은 강경론과 온건론 간의 줄타기를 통해 당분간 더 오래 자리를 유지할 수 있었다. 반면에 좀 순진한 비둘기파는 훨씬 일찍 각료직에서 물러나야 했다.[30]

김영삼 정부가 냉전의식에 찌든 한국의 중산층과 언론을 설득해 핵문제에 관한 광범한 정치적 해결의 틀을 이룩하는 데 중요한 역할을 하기 위해서는 새로운 사고와 고도의 정치적 리더십이 필요한 것이었다. 김영삼과 그의 정부는 그 두 가지 미덕의 어느 것도 충분히 갖고 있지 못했다.

셋째, 1990년 초 3당합당 과정을 통해서 1992년 출범한 김영삼 정부 지지기반에 통합된 보수적인 사회세력은 김영삼 정부가 출범 후 추진한 여러 개혁조치에 저항하기 위한 효과적인 수단의 하나로 반북의 정치(anti-North politics)를 최대한 활용하려 했다. 남한에서 여러 사회정치적 제도들에서 보수적인 엘리트집단들은 강경한 반북의 정치에 기득권을 갖고 있었다. 국가안전기획부와 국방부를 비롯한 많은

---

30) 한 예로 김영삼 정부하의 첫 통일원 장관이던 한완상씨가 1993년 말에 그 자리에서 물러난 것을 들 수 있다.

중요한 정부기관들은 북한과의 화해가 지배적이 될 때, 가장 많이 잃을 집단들로 간주될 수 있었다. 자유총연맹을 비롯한 많은 정부지원을 받아온 이념적 성격을 띤 반관(半官) 조직들도 북한에 대한 정책상의 의미 있는 변화에 저항적이었다. 이러한 조직들이 북한에 대해 과거와 크게 다른 접근들을 반대하는 것은 자연스러운 일이었다.

김영삼 정부는 초기에 광범한 개혁운동을 시도했다. 이러한 개혁이 성공할 경우 반북적 성격이 특히 강한 조직들은 정책 결정력과 예산 배정에서 주된 희생자들이 될 것이었다. 더구나 1993년 초여름 북한 핵문제가 중요한 고비에 있을 때, 김영삼의 개혁추진은 언론의 영역에까지 파급될 수 있는 단계에 서 있었다. 이때 한국 주요 언론의 지도자들은 그들의 자산운영기록을 공개하도록 의무화시킬 수 있는 입법들을 포함한 개혁들에 강력히 반발했다. 김영삼의 개혁의 일부는 보수적인 엘리트집단들의 부패하고 투기적인 재산증식의 물질적 토대를 위협할 수 있는 가능성을 안고 있는 것으로 운위되고 있었다. 금융실명제와 부동산실명제는 1993년 여름 중요한 개혁사항들로 떠오르고 있었다. 정부는 공직자들 사이의 부패의 근거를 축소시키고 군부를 포함한 국가안보 관련 기관들의 권력을 줄이는 데 부분적으로나마 성공하고 있었다. 언론재벌들을 포함한 한국의 보수세력들은 김영삼 정부의 개혁이 그들의 물적 토대에까지 미침으로써 그들의 현상의 권력을 상실할 가능성을 우려하고 있었다. 김영삼 정부 안팎의 보수주의자들이 북한 관련 문제들에 대해서 강력한 이데올로기적 전쟁을 전개한 것은 바로 그와 같은 상황 속에서였던 것은 음미해둘 대목이라 하겠다. 우리는 이것을 김영삼 정부의 사회경제개혁 확산을 저지하기 위해 동원된 보수세력들의 '정치화'라고 부를 수 있을 것이다.

김영삼 정부는 보수언론이 주도하는 이 같은 반북운동의 정치적 동원 속에 휘말렸으며 그런 가운데 많은 중요한 개혁안건들을 포기하기

에 이르렀다. 국가보안법은 거의 손상되지 않은 채 생존하게 되었고
국방부는 냉전시대의 연간 증가율에 뒤지지 않는 예산을 지속적으로
확보하였다. 이데올로기적인 반관 조직들은 국민들의 세금으로 계속
적인 지원을 받았고 공공건물을 무상으로 점거사용하기를 계속했다.
언론조직들은 그들의 금융 관련 활동에 대한 공적인 조사 대상에서
계속 제외되었다.

앞서 언급한 바 있는 김영삼 정부의 리더십의 결핍은 한국정부가
핵문제의 평화적 해결과정에서 실질적이고 건설적인 역할을 수행하
는 것을 불가능하게 했다. 이른바 문민이 지배하는 한국정부도 미국
내 현실주의자들과의 밀접한 동맹이라는 과거의 행태에서 벗어나지
않은 채, 한국의 밖에서 진행되는 사태들과 세력들에 의하여 제기되
고 촉진된 새로운 대북한 정치적 접근들을 오히려 견제하고 그에 저
항하는 데에만 자신의 역할을 한정시킨 결과가 되었던 것이다.

5. 한국의 보수정치와 한미간 보수동맹의 정치학

나는 이 책의 서문에서도 한국 내부의 진보적 정치의 부재는 곧 민
족공동체 중심적인 통일정책과 외교를 가로막는 한미간의 종속적 군
사관계를 유지하는 물적 토대의 하나라는 것을 지적한 바 있다. 그러
나 그 역도 마찬가지로 성립한다. 한반도의 안보와 평화, 그리고 통일
문제에 관련하여 기존의 종속적 군사관계 중심의 한미관계를 축으로
사고하고 거기에 안주해 있는 한국의 집권층, 언론 및 학계의 인식체
계와 그것이 이 사회에서 갖는 문화적 헤게모니가 바로 한국 내 진보
적 정치의 발전을 가로막는 중요한 변수이기도 한 것이다. 바로 그 점
은 국가보안법과 노동억압적 법운용체계를 바탕으로 한 한국의 보수
적 정치구도의 타파를 저지하는 중요한 정치사회적 메커니즘으로 작

용하고 있는 것이다. 그 두 차원이 서로 얽히고설켜서 한반도에서 남북한관계의 탈냉전화와 한반도의 정치발전을 저해하는 효과를 서로 간에 주고받는 것이다.

한국군이 월등한 경제력을 바탕으로 지속적으로 추구하고 있는 고율의 군사력 현대화, 그리고 주한미군이 한반도에서 주도하고 있는 군사무기 도입경쟁에 대해서는 한마디 비판적 언급이 없이, 북한이 개발하고 있다는 구식 미사일의 효과와 그 의미에 대해서는 과장과 왜곡을 일삼는 한미 양국의 군사주의 세력의 이해관계와, 한국 정치와 사회의 진보적 변화를 혐오하는 기득권 세력의 이해관계는 일치한다. 따라서 비대한 군사관계를 중심으로 한 한미관계가 한국의 국제관계를 주도하는 상황에 대한 비판적 인식과 대안적 질서에 대한 비전과 소망이 확립되지 않는 상황에서는 한반도의 탈냉전화——즉 한반도 평화체제 건설과 군축에 바탕한 남북한의 평화공존과 남북한 사회 내부 자원배분구조의 진보화——의 가능성을 나는 회의한다.

한국사회의 보수적 수구세력은 통일문제에 대한 강경한 대응을 발판으로 결정적 순간마다 한국 정치구조의 진보적 변화의 목을 졸라왔다. 그들의 논리를 음으로 양으로 뒷받침하는 것이 종속적 군사관계 중심의 한미관계에 기득권을 갖고 있는 세력들이다. 그들은 바로 한미 양국 내에서 힘의 논리를 숭상하고 거기에 이해관계를 갖고 있는 대결적인 군사주의 세력들이다. 그들은 양국 내부의 정치권, 군산복합체, 언론, 학계에 고루 포진해 있다. 이들은 자신들의 정치적, 문화적 헤게모니가 위협받을 때마다 북한의 위협을 과장하고 남북관계 교착의 진실을 왜곡하는 '극단적인 반북(反北)의 정치'를 동원함으로써 한반도의 탈냉전의 가능성을 미연에 막고 그를 통해 한국 내의 진보적 정치변화를 차단하는 데 음양의 강력한 영향력을 발휘해온 것이다.

한국의 언론과 학계 일부는 종속적 군사관계 중심의 한미관계에 대한 의존과 안주(安住)를 그 의미가 모호한 용미(用美)의 논리로 정당화하는 경향이 있다. 나는 이 책의 취지가 반미(反美)의 논리로 오해되거나 왜곡되는 일이 없기를 기대한다. 나의 논리는 친미도 아니지만 반미도 아니라고 말하고 싶다. 그렇다고 내가 용미라는 범주에 동의하는 것은 아니다. 용미라는 개념은 기존의 쓰임새에 있어서 불행히도 내가 비판하는 종속적 군사관계 중심의 한미관계를 기본적으로 긍정하고 정당화하는 치우친 이데올로기적 함의를 가져왔고 지금도 여전히 그러하다. 용미라는 말이 원래 담을 수 있는 뜻과는 상관없이 나의 생각을 그것과 동일시하고 싶지 않은 것은 그 때문이다.

문제는 미국을 배척할 것인가, 미국을 이용할 것인가가 아니라고 생각한다. 그보다는 미국 내의 어떤 세력과 어떤 방식으로 연대하고 무엇을 위해 동맹하며 협력할 것인가의 문제일 것이다. 친미냐, 반미냐, 용미냐의 문제가 아니라 우리가 결코 피할 수 없는 미국과의 관계를 어떻게 변화시켜나가고 그래서 미국 내 사회정치세력들과 어떤 방향의 연대와 협력을 추구할 것이냐이다. 미국 내 보수적인 군사주의 세력과의 일방적 동맹은 '친미가 아닌 용미'로 미화하면서, 미국과 우리의 관계에 대한 새로운 모색들은 '반미'로 일도양단하는 한국의 지적 풍토야말로 종속적 군사관계 중심의 한미관계가 뿜어내고 있는 문화적 독소현상의 한 표현이라 해도 과언은 아니지 않을까.

나의 한미관계 비판은 '한국 내 냉전세력과 미국 내 군사주의 세력 간의 비대칭적 동맹'을 그 본질적 속성으로 하는 종속적 군사관계 중심의 한미관계를 극복해야 한다는 주장이다. 그것은 비정상적 관계의 정상화를 주장하는 것에 다름아니다. 한미 양국 내의 비군사주의적, 탈냉전적 사고에 적응하는 정치사회세력들간의 우호적인 동맹과 협력의 관계를 중심으로 한미관계를 재편해야 한다는 것을 주장하는 것이다. 그러한 비전의 모색과 그 확산이 한국의 정치권, 언론, 사회운동권, 학계를 포함한 이 사회 전반에서 이루어질 때 한반도의 탈냉전이 가능성을 갖게 되고, 그것은 또한 한반도 남북한 내부의 정치적 진보화를 가능케 할 수 있다는 것—또는 적어도 그 양자는 긴밀한 상호의존의 관계에 있다는 것—이 나의 기본적인 문제의식이다.

그러나 그 같은 새로운 비전의 모색은 한미간의 종속적 군사관계 그 자체에만 초점을 맞추어서는 이루어질 수 없다. 미국 자체에 대해서, 그리고 한미관계의 전반적인 역사적 조망 속에서, 한반도 통일문제에 대한 비군사적 접근의 요체에 대해서, 통일한국의 미래상에 대한 설득력 있는 이성적 논의에서, 한반도 역사의식에 하나의 트로마로 남아 있는 일본의 과거청산 없는 정치군사대국화의 문제에 대한 논의에서, 그리고 궁극적으로 동북아의 평화를 위협하는 요인들과 그것들을 슬기롭게 대처할 방안들에 관해서, 현실과 유토피아를 다같이 넘어서는 이성적 논의를 제기하는 우리의 노력이 곧 미국과의 종속적 군사관계에 대한 안주를 넘어서 한반도의 평화와 통일의 문제를 우리의 머리와 우리의 가슴으로 생각하고 행동하고자 하는 새로운 비전의 타당성을 결정하게 될 것이다.

제4장 북미합의 이후에 대하여

1. 한반도 핵위기는 어떻게 시작되었나

1968년 1월 23일 미국 해군 첩보함 '푸에블로'(USS Pueblo)호는 원산 앞바다에서 활동하다가 북한 해군에게 나포되었다.[1] 당시 미국 언론이 국방부 관리의 말을 인용해 보도한 바에 따르면, 푸에블로호가 나포되었을 당시 한국에 주둔해 있던 미군 신예 팬텀기 부대는 푸에블로호로부터 SOS를 받았으나 응할 수가 없었다. 신예 팬텀기들이 전술핵을 장착하고 있었기 때문이었다. 그런 상태로 그만한 일에 이들 부대가 출격할 경우 한반도에 위기의 상승 작용이 있을 것을 우려하지 않을 수 없었다는 것이다.

이 내용은 1970년 2월 미 상원 외교위원회의 미국안보협정 소위에

---

1) '푸에블로' 호의 함장이었던 사람이 이 사건에 대해 직접 자전적으로 기록한 책이 있다. Commander Lloyd M. Bucher (USN Captain USS Pueblo) with Mark Rascovich, *Bucher : My Story* (New York : Doubleday, 1970).

164

서 풀브라이트 상원의원이 1968년 1월에 일어난 푸에블로호 나포사건 때 미국 언론에 보도된——물론 한국 언론에는 보도되지 않았을 터이다——사실과 관련해 행정부 관리들에게 추궁하는 과정에서 재차 논의되었다. 풀브라이트 의원은 이렇게 말했다. "푸에블로호 사건 당시 한국에는 핵무기를 장착한 비행기들이 있었으며 이들이 핵무기를 장착했기 때문에 출격할 수 없었다는 언론보도가 있었다. 정부는 이 보도를 결코 부인한 일이 없다. 정부는 핵무기 사용을 원한 것은 아니었다는 것이다. 그런 상황에서 핵무기는 적절한 것이 아니었다고 판단했다는 것이다. 그리고 미국 비행기들 중에 핵무기를 장착하지 않은 비행기는 없었다는 것이다."[2] 풀브라이트 의원이 이 청문회에서 제시한 당시 언론자료, 즉 1968년 1월 24일자의 한 신문기사는 「미 전투기들은 핵무기용으로 묶여 있었다」(Tie-Up of U.S. Jets Laid to Atom Role)는 제목을 달고 있었다. 이 기사의 내용은 이러했다. "첩보함 푸에블로호와 가장 가까운 거리에 있었던 제트 전폭기들은 오직 핵무기 미션에만 묶여 있었다고 국방부 고위소식통이 오늘 밝혔다. 그래서 이 비행기들은 어제 곤경에 처한 푸에블로호가 구조를 요청했을 때, 제때에 출격준비를 할 수가 없었다." 또 이 기사에 따르면, 당시 한국에는 12대의 팬텀 F-4전투기들(Phantom F-4 jet fighters)이 있었다. "이 중의 반절은 중대한 위기시에 즉각 핵무기를 사용할 수 있도록 경계태세에 있었고, 그 나머지는 (그 경계상태의 다른 전투기들이) 기계적 고장을 일으켰을 경우 그것들을 대체하기 위해 대기상태에 있었다는 것이다."

---

2) United States Senate Subcommittee on U.S. Security Agreements and Commitments Abroad of the Committee on Foreign Relations, "United States Security Agreements and Commitments Abroad : Republic of Korea," February 24, 1970, pp.1658~70.

이 문제를 제기한 풀브라이트 의원의 추궁에 대해 당시 질문을 받았던 미 정부관리는 물론 노 코멘트로 일관했다. 그러나 이를 통해 우리는 미국 고위 정부관리가 '공식확인'의 형태로는 아니었지만 한반도에 미국이 핵무기를 배치했을 뿐 아니라 유사시 언제라도 즉각 핵무기를 한반도에서 사용할 수 있기 위해 상시 경계태세에 돌입해 있었다는 엄청난 사실을 1968년 1월 24일 맨처음 언론에 인정한 것을 알 수 있다. 미국은 냉전시대에 일반적으로 어떤 지역에 미국의 핵무기가 배치되어 있느냐 아니냐 여부는 미국정부가 긍정도 부정도 하지 않는다는 NCND(neither confirm nor deny) 정책으로 일관했었다. 미국은 한반도에 관해서도 적어도 1975년까지는 그랬다. 1975년 인도차이나가 공산화되는 사태에 임해서 미국은 그 정책을 바꾸게 된다. 그 사정은 좀 뒤에 이야기하기로 한다. 아무튼 1968년 '푸에블로' 사건은 미국의 바로 그 같은 공식적인 NCND 정책에도 불구하고 미 정부관리가 한반도에 대한 미국의 핵무기 배치라는, 어쩌면 비밀 아닌 비밀을 미국 언론에 맨처음 언급한 사건으로 기록될 수 있다.

미국은 한국전쟁을 계기로 '대량보복'(Mass Retaliation)이라는 핵전략을 공개적으로 천명했었다. 이는 소련이나 소련이 지원하는 세력이 개입된 국지전(局地戰)에서 미국이나 미국의 동맹국이 핵공격이 아닌 재래식 공격만을 당했을 경우에도 미국은 한국전쟁에서처럼 재래식 대응에만 한정하지 않고, 소련 본토를 포함해 미국이 선택하는 장소에 핵보복을 감행하겠다는 것이었다. 한국전쟁에서 미국이 절실하게 확인한 것은 국지전에 지상군만으로 개입할 경우 미국정부가 심각한 인적, 물적 손실을 겪고, 그로 인해 치명적인 정치적 위기에 직면했던 사실이었다.[3] 미국은 그러한 문제를 극복하고자 '대량보복 전략'을

3) John Lewis Gaddis, *Strategies of Containment : A Critical Appraisal of Postwar American*

채택했고 이를 뒷받침하기 위해 미국 본토에 다수의 전략핵을 건설하는 동시에 유럽 및 아시아의 주요 지역에 전술핵을 배치하기 시작했다.

미국은 1958년 한국에 제4미사일 사령부(The Fourth US Missile Command)를 설치했다. 이 미사일 부대는 비무장지대에서 불과 24마일 떨어진 곳에 배치되었으며,[4] 이와 때를 같이해 '아니스트 존'(Honest John) 미사일이 한국에 반입된 것으로 알려져 있다. 이러한 일련의 조치들은 한국에 대한 미국의 전술핵 배치와 무관하지 않은 것으로 지적되어왔다. 미국 의회의 한 보고서가 "미국 밖에 대한 미국의 전술핵 배치는 원래 1950년대 중반이나 후반에 이루어졌다"고 말하고 있는 것은 그러한 판단을 뒷받침하는 증거라고 볼 수 있겠다.[5]

미국의 핵전략은 1960년대 들어 대량보복 전략에서 '보장된 공멸'(Mutual Assured Destruction : MAD)이라는 전략개념으로 변화해간다. 1957년 소련이 스푸트니크 인공위성 발사에 성공하자, 전략적인 핵공격 능력에 있어서 미국의 소련에 대한 압도적 우위가 사라졌다. 이에 따라 상대방의 재래식 공격에 대해서까지 핵무기로 대응한다는 대량보복전략은 현실성을 결여한 위험한 전략으로 인식되기 시작했던 것이다. 1960년대에 정립된 '보장된 공멸' 개념은 상대방이 핵공격을 해왔을 때만 이쪽도 핵으로 보복하겠다는 위협을 통하여 상대방의 선제 핵공격을 억지한다는 전략이었다. 이 전략이 곧 '공포의 균형'과

National Security Policy (Oxford : Oxford University Press, 1982), pp.145∼48.

4) Roland A. Paul, *American Military Commitments Abroad* (New Brunswick : Rutgers University Press, 1973), p.96.

5) Report to the Committee on Foreign Relations, United States Senate, by the Subcommittee on Security Agreements and Commitments Abroad, December 21, 1970 (Washington, D.C. : US Government Printing Office, 1970), p.12.

'억지이론'의 요체를 이루면서 1950년대의 '대량보복 전략'을 대체하게 되었다.

그럼에도 불구하고 '대량보복 전략'의 핵심인, 적의 재래식 공격을 저렴한 비용으로 성공적으로 격퇴하기 위해 핵무기를 동원할 수 있다는 사고가 실제적으로도 완전히 사라진 것은 아니었다. 더구나 한국 등에 배치된 미국의 전술핵들은 반드시 적의 재래식 공격시 동원될 전투용 무기로서뿐만이 아니고 한국에 대한 미국의 방위공약 준수라는 정치적 상징성과 적의 군사적 모험에 대한 심리적 억지라는 다차원적인 효과를 갖는 것으로 인식되었다. 또 미국이 스푸트니크의 충격 속에서 대소련 핵전략에서는 '대량보복 전략'을 포기하지 않을 수 없었지만 소련과 직접 부딪치지 않는 제3세계 분쟁 가능 지역에서는 미국은 여전히 상대방의 재래식 군사력에 대해서도 핵을 사용할 의사를 포기하지 않고 있었다. 따라서 주한미군의 전술핵은 미국의 대한 안보정책의 일부로 유지되고 있었다. 이 점은 1960년 후반에 아이젠하워 행정부가 한반도에서는 오히려 '핵무기에 더욱 의존하는 군사전략'을 채택하였다는 사실에서도 재확인된다. 즉, 1960년 11월에 기초된 「국가안보회의문서 6018」(NSC 6018)은 「국가안보 기본정책」(Basic National Security Policy)에서 제시한 한계를 넘어서까지 한반도에서 핵무기에 대한 의존을 높일 것을 결정했다.[6]

미 국방부와 미 합참회의가 추진한 이 정책은 미 행정부 내 부분적인 반대를 누르고 미국의 대한군사정책 기조로 확정되었던 것이다.[7]

---

6) 현재 비공개문서. Donald Stone MacDonald, *US-Korean Relations from Liberation to Self-Reliance, The Twenty-Year Record : An Interpretive summary of the archives of the US Department of State for the period 1945 to 1965* (Boulder : Westview Press, 1992), p.28.

7) D. Macdonald, p.29.

1970년대에 들어 미국의 핵전략은 또다시 수정단계에 들어섰으며, 이러한 변화는 전술핵의 전략·전술적 가치를 더욱 높이는 결과를 낳았다. 첫째로는 '보장된 공멸' 전략은 적의 핵공격이 전면적이든 부분적이든 상관없이 적에 대해 대량의 핵보복을 감행한다는 것인데 이러한 경직된 전략은 실제 상황에서 적용될 수 있는 현실성이 부족할 뿐 아니라 공동자살 전략에 불과하다는 비판을 받게 되었다.[8] 즉, 다양한 형태의 핵전쟁을 상정하고 이에 적절한 수준에서 제한적이고 유연하게 대응할 수 있는 새로운 전략이 필요하다는 논리가 제기되었다. 더욱이 1970년대 들어 미국은 다탄두 핵미사일(MIRV)과 같이 다양하고 정확성이 크게 향상된 핵무기체계를 개발함으로써 새로운 '핵의 유연대응 전략'을 뒷받침하는 것이 기술적으로도 가능하게 되었던 것이다.

이러한 핵의 유연대응 개념과 이에 바탕한 제한핵전쟁론은 핵전쟁의 제한적 수행이라는 측면을 갖고 있는 것이었다. 그러나 이 새로운 핵전략들은 다른 한편 '승리 가능한 핵전쟁'이라는 위험한 사고를 내포한 것이라는 비판도 있어왔다. 핵의 유연대응과 제한핵전쟁 수행이라는 개념은 미국이 자신의 국익이 개입된 지역에서 적의 재래식 공격으로 국지전이 발발했을 때 이에 대해 적절한 수준의 핵무기로 단계적으로 대응하면, 세계적인 핵전쟁으로 확장된 '아마게돈'을 피하면서 소기의 전쟁목적을 성공적으로 달성할 수 있다는 사고를 내포하고 있기 때문이었다. 그런 의미에서 제한핵전쟁론은 1950년대의 대량보복 전략을 변형된 형태로 부활시킨 측면도 있었던 것이다. 70년대부터 특히 풍미하기 시작한 이러한 핵전략은 한국 등 해외에 전진배

---

8) Michael Nacht, *The Age of Vulnerability : Threats to the Nuclear Stalemate* (Washington, D.C. : The Brookings Institution, 1985), p.88.

치한 미국 핵무기들의 전술적 중요성을 재확인해준 효과를 가져온 것으로 볼 수 있다.

제한핵전쟁론과 관련된 미국 핵정책의 주요 원칙의 하나는 소위 '핵선제사용 가능원칙'(first-strike option)이라는 것이다. 이것은 상대방이 핵을 먼저 사용하지 않은 상태에서도 미국이 핵무기를 사용할 수 있다는 것으로서, 핵공격에 대해서만 핵보복을 한다는 '보장된 공멸' 또는 전형적인 방어적 핵억지이론과 구분된다. 미국은 이러한 핵선제사용 가능원칙을 한반도에 대해서도 적용한다는 것을 강력하게 시사했었다. 이러한 미국의 입장은 특히 베트남의 사이공이 함락되어 아시아에서 미국의 군사적 위상과 공약이 '신뢰성의 위기'(credibility crisis)에 처한 것으로 보였던 1975년 이후 공개적으로 나타났다. 1975년 6월 제임스 슐레진저 미 국방장관은 "북한이 남한을 침략할 경우 미국은 핵무기를 사용하거나 더 많은 지상군을 투입할 옵션을 갖고 있다"고 발언했던 것이다.[9] 또 바로 며칠 뒤에 제럴드 포드 대통령은 "미국은 남한에 강력한 억지력(a strong deterrent force : 核을 의미)을 갖고 있다"고 밝혔다. 그리고 전쟁이 났을 때 미국은 남한의 방위를 위해 핵을 사용할 것이냐는 한 기자의 질문에 그는 "무엇이 우리 자신의 국익인가를 결정함에 있어 우리는 최대한의 융통성을 유지한다는 정책을 갖고 있다"고 언명했다. 이 역시 한반도 분쟁시 미국이 핵의 선제사용을 하나의 옵션으로 선택할 수 있음을 표명한 것으로 주목되었다.[10]

이러한 미국의 대한반도 핵정책은 한반도의 경우 유럽에 비해서 핵

---

9) *The New York Times*, June 21, 1975. 이 신문에 따르면, 슐레진저 장관의 이 발언은 한국에 미국의 핵무기가 배치되어 있음을 미국정부가 최초로 공식 확인한 것으로도 주목할 만한 내용이었다.

10) *The New York Times*, June 26, 1975.

무기 사용결정에 관한 미국의 권한이 상대적으로 크다는 점에 비추어 볼 때, 그 중요성을 간과할 수 없는 것으로 간주되었다.[11]

이러한 상황에서 한반도에 대한 미국의 핵무기배치, 그리고 핵선제공격 가능 옵션에 바탕한 대한국 핵우산 제공정책과 같은 미국의 핵무기정책은 북한의 지속적인 정치적 비판의 대상이 되어왔으며, 한국의 외국 군사력이 북한에 대해 갖는 위협을 강조하는 근거로 기능한 측면 역시 무시할 수 없을 것이다.

더욱이 1970년대 중반 이후 미국의 주한미군 철수 논의에 대응해 박정희 정권은 핵무기 독자개발을 추진하려 했다. 이것이 북한의 핵무기 개발 유혹을 촉발했을 가능성을 짐작하기는 어렵지 않은 일이다.

많은 사람들은 북한이, 소연방이 신사고 외교로 전환하여 북한이 국제적으로 고립되고 또 경제난이 심각해진 1980년대 말 이후 본격적으로 핵무기 개발을 시작했다고 말한다. 그리고 미국이 강력한 대응을 함으로써 북한이 핵을 동결하게 된 것이라고 생각한다. 그러나 나는 이 문제를 그 반대로 생각한다. 북한은 오히려 더 일찍, 즉 1970년대 말 이후부터 핵무기 개발에의 유혹을 느끼고 그것을 모색해왔을 것으로 생각한다. 당시 한반도에 배치된 1천여 개의 미국 전술핵무기, 역시 미국이 한반도에 배치한 화학무기, 1970년대 중반 이후 월등해진 남한의 군사비, 1970년대 박정희 정권의 핵무기 개발기도, 1976년 이후 한미간에 실시되어온 대규모 합동군사훈련 '팀스피리트' 등에 대한 대응으로 북한이 핵무기 개발 유혹을 느꼈을 것은 충분히 예상

---

11) 1990년 6월 21일 미국 카네기 국제평화재단의 셀릭 해리슨 수석연구원이 밝힌 바에 따르면, 미국의 전 합참의장인 에드워드 마이어 장군은 1983년 1월 "한반도에서 핵무기사용에 대한 최종결정권은 미국 정부에 있으며, 한반도에서의 핵무기사용 결정은 15개국과 협의해야 하는 유럽보다 훨씬 용이하다"고 지적했다. 마이어 장군의 이 발언은 한반도에서의 미국의 핵선제공격결정 메카니즘과 관련하여 특히 주목할 만한 발언이었다고 할 수 있다.

할 수 있다.

그러나 미국은 1991년 가을 전술핵무기 폐기선언을 하고 그 일환으로 한반도로부터 전술핵무기를 철수하며 주한미군의 단계적 철수를 계획하고 이를 일부 실행에 옮기기 시작했다. 바로 이때부터 북한은 핵무기 개발정책을 수정한 것으로 보인다. 북한은 1991년 말 남북기본합의서에 서명했으며, 핵무기뿐만 아니라 재처리시설도 포기하는 한반도 비핵화 공동선언에 합의했다. 그래서 1992년 신년사 이후 북한 김일성 주석은 북한은 핵무기 개발의 능력도 의사도 없다고 누차 강조했다. 핵폭탄 제조의 기본원료인 플루토늄을 추출해내는 재처리시설로 의심받아온 방사화학실험실 건설이 중단된 것도 이 시기였다. 1992년 초 북한은 NPT 체제 안에서 국제원자력기구의 사찰을 받아들이는 조약인 핵안전협정을 국제원자력기구와 체결하고 사찰을 수용했다. 북한은 가동중이거나 건설중인 자신의 16개 핵시설을 국제원자력기구에 신고하였으며, 이에 기초해 국제원자력기구는 1992년 5월부터 사찰활동을 시작했다. 이러한 조치들은 물론 미국이 1992년도 팀스피리트 훈련을 중지한 것과 연계된 것이기도 했다.

이 무렵부터 북한은 탈냉전에 들어서 미국의 대한반도 정책이 군사력과 핵무기에 기초해 북한을 고립화시키고 끝내는 고사시키는 전략을 벗어나 북한과의 공존을 추구하는 새로운 정책 방향을 택하기 시작한 것으로 판단했다. 이에 따라 외교·경제·군사적 부담이 따르는 핵무기 개발은 그 전에 가졌다 하더라도 중단하기에 이른 것으로 생각된다. 북한은 미국과의 사이에 주한미군의 핵무기는 물론이고 주한미군 자체와 팀훈련 등으로 인한 군사적 긴장이 해소되고 곧 북미간에 외교적 정상화도 가능할 것이라는 기대를 가졌을 것이다.

그러나 1992년 가을부터 미국과 북한은 핵사찰의 범위와 수준을 놓고 첨예한 갈등을 벌이기 시작했다. 그 해 10월 한미 양국은 연례

안보협의회의에서 1993년도 팀훈련을 재개하기로 결정했다. 북한이 국제원자력기구의 핵사찰을 상당부분 협조적으로 받았고 또 앞으로도 특별히 사찰을 거부할 뚜렷한 징후가 드러나기 전이었다. 이후 국제원자력기구는 영변에 북한이 신고하지 않은 두 개의 중요한 핵시설, 즉 '핵폐기물을 은닉·저장하고 있는' 2개 미신고 시설이 있다고 주장하고 이에 대한 특별사찰을 요구하기 시작했다. 북한은 이 시설들이 군사시설이라고 주장하면서 이 요구를 수용하지 않았다. 미국은 이를 기화로 북한의 핵시설들이 평화적 핵이용을 위한 것이 아니라 핵무기 개발을 위한 군사적 목적의 것이라고 주장하면서 1993년 3월 팀훈련을 강행했으며, 주한미군의 2단계 철수를 동결했던 것이다.

북한은 이에 반발하면서 스스로 경고해온 대로 1993년 3월 11일 **NPT**를 탈퇴했다. 북한의 이러한 반발은 반드시 영변의 미신고 시설이 핵시설인가 군사시설인가에 대한 의견차이 때문만은 아니었다. 북한은 1992년 전반에는 국제원자력기구의 사찰을 받아들이기만 하면 곧 미국과의 관계가 점진적으로 개선되고, 나아가 관계 정상화도 이루어질 수 있을 것으로 낙관했던 것으로 보인다. 그러나 1992년 후반으로 접어들면서 그러한 기대는 사라지기 시작했다. 1992년 5월에 실시된 임시사찰 결과 북한의 핵개발 수준이 미미한 것이라는 국제원자력기구의 1차 보고서를 그 해 6월 미국은 긍정적으로 평가하고 남북간의 경제교류협력에 대해서도 유화적인 태도를 보였다. 그러나 그 후 곧 미국은 핵문제가 해결되더라도, 북한의 테러리즘 포기선언, 미사일 수출문제, 인권문제 등등 때문에 미국이 북한과의 근본적인 관계개선을 고려하지 않을 것이라는 점을 분명히하기 시작했다. 이어 한미 양국은 1992년 10월에는 한미연례안보협의회의에서 1993년도 팀훈련 재개를 결정하였으며 북한 핵문제 완전해결 때까지 주한미군 철수를 동결한다고 선언했다. 미국은 또한 괌도의 공중전술핵을 통한 대한 핵우산을 유지하며 유사시 핵무기를 사용하는 핵선제사용 옵션을 한반도에서 유지한다는 정책을 누차 확인했다.

북한은 이제 미국이 북한에 대해 외교적 고립화와 군사적 압력 정책을 지속할 것이며, 동북아와 한반도에서 북한의 핵문제를 정치군사적으로 과장·왜곡하여 이를 이 지역에서 미국의 정치군사적 패권을 유지하기 위한 방편으로 삼고 있다는 의혹을 갖게 되었다. 이후 북한은 국제원자력기구의 사찰을 충실히 받으면 미국과의 관계개선이 자동적으로 뒤따를 것이라는 낙관론을 버리고 핵사찰의 완전수용을 팀훈련 중지와 핵선제공격 위협 중지 및 북미 관계개선과 연결시키는 '정치적 일괄타결' 원칙을 강하게 내세웠다. 이후 이 북한의 기본원칙을 둘러싸고 북한과 미국 두 나라간에 긴 줄다리기가 시작되었던 것이다.

끝으로 미국이 한반도에서 전술핵무기를 철수한 1992년 이후에도 한반도 핵문제가 근본적으로 해결되지 않고 수년에 걸친 갈등과 위기의 국면을 겪어온 것은 한반도 비핵화의 내용에 대하여 한미 양국과 북한이 서로 다른 인식을 갖고 있었던 데서 비롯된 점 역시 크다는 사실을 지적해둘 필요가 있다. 그 핵심은 미국은 한반도에서 전술핵무기를 철수한 후에는 '비핵화정책'과 '핵을 통한 억지'라는 정책을 병행해왔다는 사실이었다.

먼저 미국이 한반도에서 추진해온 '비핵화정책'은 두 가지 요소를 내포한 것이었다. 하나는 미국이 1950년대 후반부터 한반도에 배치해온 것으로 알려진 전술핵을 한국으로부터 철수한다는 것이며, 다른 하나는 남한과 북한이 다같이 핵무기는 물론 핵 재처리시설을 갖지 못하도록 하는 것이었다. 미국은 1987년 이후 구소련 및 러시아 연방과 일련의 실질적인 핵감축협정을 맺어왔다. 특히 1991년 9월 미국은 정치적 불안정으로 군사력 통제에 문제를 안고 있던 소련의 전술핵

174

폐기를 유도하는 한편 미국 핵무기체계의 구조개편을 위해, 미국이 해외에 배치해온 지상 및 해상 전술핵을 전폐하는 조치를 취했다. 미국 부시 대통령의 전술핵 관련 감축선언이 있은 후인 1991년 11월 8일 한국정부는 「한반도 비핵화와 평화정책에 관한 선언」을 발표했으며, 1991년 12월에는 한국 내 「핵부재선언」을 하기에 이르렀다.

문제는 그럼에도 불구하고 미국은 한반도에서 '핵무기를 통한 억지'(nuclear deterrence)라는 냉전시대 핵무기주의적 군사정책을 한반도에서도 유지하고자 했던 데 있다. 미국의 '한반도 비핵화'는 유사시 남북한의 영토, 영공, 영해에 대한 미국 핵무기의 '반입' 및 '사용'을 배제하지 않았던 것이다. 이것은 미국의 한반도에 대한 '핵우산'정책 유지와 불가분한 관계가 있다. 따라서 1991년 11월 한국정부가 발표한 「한반도 비핵화와 평화정책에 관한 선언」에는 한국에 의한 핵무기의 제조·보유·배비·저장·사용을 금하고 있을 뿐, 외국 핵무기의 한국 내 반입이나 사용 문제에 대해서는 언급하지 않고 있었다. 반면에 북한이 제시해온 '한반도 비핵지대화' 주장은 '특정 지역 내의 관계국가들이 핵무기의 생산·실험·보유·반입 등을 공동으로 포기할 것'을 요구했던 것이다.

미국은 1992년 6월 미러 정상회담에서 전략핵탄두를 1992년 현재의 3분의 1 수준으로 추가 감축하기로 하는 등 일련의 핵감축협상에 임해왔지만, 적어도 수천 개의 핵탄두 보유를 바탕으로 다른 핵보유국들로부터의 핵위협에 대처하고, 군사초강국으로서의 미국의 위상을 지킨다는 목적을 위해 '핵억지' 전략 자체는 수정하지 않았던 것이다. 미국은 이러한 핵억지 전략을 일본·한국과 같은 주요 동맹국들에게도 확대적용하는 '핵우산' 정책을 견지했다. 미국은 공중전술핵 사용 가능성을 전제한 대한국 핵우산을 계속 유지하는 가운데 이 지역에서의 핵무기 확산을 방지한다는 자신의 핵정책이 여전히 유효한 것으로 파악하고, '핵우산' 정책 등 기존 미국 핵정책을 견지해나갈 것이라고 누차 밝혀왔다. 한 예로 로버트 리스카시 주한미군 사령관은 1992년 7월 24일, 미국은 북한의 핵무기 보유 여부와 관계없이 한국에 대한 '핵우산'을 계속 제공할 것이라고 말했다.[12] 이러한 미국의 입장은 미국 등 외국 핵무기의 한반도로의 '반입'을 금지하고 더 나아가 미국을 포함한 동북아 지역 핵무기 보유국가들이 어떠한 경우에도 핵무기를 사용하지 않는다는 것을 법적으로 보장해줄 것을 요구한 북한의 '비핵지대화론'과 근본적인 갈등을 내포했던 것이다.

1990년대 초까지 배치했던 핵무기들을 기초로 한 미국의 한반도 핵무기정책은 북한의 군사적 모험 가능성을 핵무기 위협을 통해 어떻게 잘 '억지'할 것인가보다는 유사시 핵무기를 어떻게 '사용'할 것인가에 집중되어 있었다고 지적되기도 한다.[13]

미국 내 강경파는 북한의 군사력에 대한 과대한 평가에 기초해 북한의 호전성을 부각시켜왔다.[14] 이에 기초해 팀스피리트 훈련 등 북한과 긴장을 유발하는 군사정책들을 웬만하면 지속하려고 해왔다. 사소한 문제점이라도 구실로 활용하여 군사적 긴장완화로 이끌 수 있는 협상진전을 중단시키고 군사적 긴장을 복원시키며 그런 가운데 팀스피리트 훈련을 정당화하려 해왔다.

1994년 여름 이후 북한 핵문제가 북미간에 평화적 타결에 이르면서 팀스피리트 훈련은 더이상 실시하지 않기로 양해되고 있다. 그러

---

12) 『조선일보』, 1992. 7. 26.

13) Peter Hayes, *Pacific Powder keg : American Nuclear Dilemmas in Korea* (D.C. Heath, 1990), p.63.

14) 남북한 군사력 균형에 대한 미국과 한국정부의 과장과 왜곡의 문제에 대해서는 졸저, 『미국의 대한정책과 한국민족주의』(한길사, 1993)의 제2부, 그리고 『한반도 핵문제와 미국외교』(한길사, 1994)의 제3부의 3장, 「한반도 군사문제의 인식」 참조

나 한미 양국은 다른 합동군사훈련을 확대실시하는 방법으로 그 공백을 메우려는 태도를 보이기도 했다. 예를 들면, 1995년 3월 미 육군참모총장 고든 설리번은 제네바 핵합의로 팀스피리트 훈련이 취소됨에 따라 이완된 미군의 전투태세를 높이기 위해 주한미군이 새로운 군사훈련을 실시할 것이라고 밝혔다. 그는 또 한반도에 대한 미국의 전력증강 차원에서 첨단장비가 제공될 것이라고 말하고, 그 한 예로 최근 한국의 병참기지에 아파치 공격용 헬기를 추가로 배치했다고 공개했다.[15]

미국은 또 1995년 3월 하순 B-1B 폭격기 두 대를 한국에 보내 서해안과 경북지역 공군훈련장에서 폭격훈련을 실시한다고 했다. 이들 폭격기들은 괌도를 전진기지로 해서 1995년 4월 초까지 2~4차례 반복해서 그 같은 폭격훈련을 반복실시할 것으로 알려졌다. 이 폭격기는 특히 핵무기 탑재 능력을 갖춘 것이어서 주목되었다.[16]

결국 미국은 북한 핵문제를 협상으로 해결하기 위해 팀스피리트 훈련은 포기했지만, 그를 대체하는 다른 형태의 군사전략과 훈련 등으로 과거에 못지않은 군사적 긴장과 대결의 구조를 한반도와 그 주변에 유지시키고 있다. 미 국방부는 1995년 4월 초, 한반도와 중동 양 지역을 특별히 지칭하면서, 유사시 이 두 지역에서 두 개의 전쟁을 동시에 성공적으로 수행한다는 '원-원 전략'을 뒷받침하기 위해 기존의 신속 해외파병용 군대에 1개 군단병력을 추가한다는 계획을 공개했다. 현재는 태평양 지역의 신속 억제전력과 미국 본토의 시애틀 주둔 1개 군단병력 이외에 텍사스 3군단 병력을 신속 해외파병용 전력으로 추가지정한 것이었다.[17] 이것은 미국이 군사력의 전반적 축소조정

---

15) 『동아일보』, 1995. 3. 24.
16) 『한겨레신문』, 1995. 3. 27.
17) 『동아일보』, 1995. 4. 3.

에도 불구하고 세계 주요 지역에 대한 군사력 개입능력은 효율화하고 극대화한다는 미국의 탈냉전시대 군사전략의 요체를 잘 드러내주고 있는 좋은 예라고 하겠다. 바로 이러한 미국의 전략보강은 곧바로 주한미군과 한국군 사이의 한미 연합방위 전략의 수정보완으로 연결되고 있다. 유사시 미군의 한반도 파견병력의 규모와 장비, 성격이 달라짐에 따라 이에 맞춰 한미 연합방위 계획을 수정할 것이라고 한국군 고위소식통이 전했던 것이다.[18] 유사시에 한반도에 파견된 미군들을 한국민의 세금과 인력으로 지원할 의무를 규정한 전시주둔군 지원협정에 따라 한국은 그 유사시 부담의 규모도 재조정해야 하는 작업도 거기에는 포함되어 있는 것이다.

한국정부도 1994년 이후 북한 핵문제의 평화적 해결추세를 계기로 북한과의 군사적 긴장완화를 위한 남북간 평화협상을 추구하기는 커녕 오히려 대북한 군사전략의 공격적 측면을 강화하는 방향으로 나아갔었다. 이런 경향은 핵문제의 평화적 해결과정이 진행되고 있던 1995년에도 지속되었다. 한국군은 1995년 초 평시작전권을 미국으로부터 환수하는 것을 계기로 한국 단독의 육해공 합동군사훈련을 확대 실시하고 그 훈련방식도 종전보다 더 공격적인 형태의 훈련을 실시한다고 공개적으로 천명했다. 한국 합동참모본부가 1995년 4월 초 발표한 바에 따르면, 합참은 평시작전통제권 환수 이후 처음으로 8만 명의 병력이 참가하는 가운데 대규모로 합동전술훈련을 실시하는데, 이 훈련에서는 해병대의 기습상륙훈련과 공군의 합동공중공격훈련 및 해병상륙지원훈련 등을 추가해 실시함으로써 공격적 성격을 대폭 강화한다고 밝혔다. 한국은 이 같은 훈련을 1년에 상반기와 하반기 두 차례에 걸쳐 실시하고 있는 것으로 알려져 있다.[19]

---

18) 『동아일보』, 위의 기사.
19) 『동아일보』, 1995. 4. 2.

미국 내 강경파의 세계인식을 대변하는 국방부와 CIA가 보다 많은 국방비 확보를 위해 지역분쟁 가능 지역의 군사력 평가를 정치적으로 왜곡할 가능성은 항상 존재한다. 그럴수록 남북간 평화적 통일환경 조성의 관건은 남북간 군사력 실태에 대한 자주적인 객관적 평가에 바탕해 한반도 군사적 긴장을 완화하고 신뢰를 구축함으로써 남북간 경제·사회·정치적 공동체 형성의 기초를 닦는 일이라고 볼 수 있다. 그러나 아직도 한국정부의 인식은 미국 내 매파의 포로인 채로 남아 있는 것이다.

2. 북미 핵합의 이후 미국 내 정세와 대한정책 기조

북한이 핵무기를 개발했거나 개발하고 있다는 미국 내 강경론은 명확한 근거를 갖고 있지 않았다. 그 결과 북한 핵문제에 대한 미국의 인식과 대응은 사실적 판단에 근거한 것이라기보다는 미국 내 강온파들 각각의 정치적 판단과 그들간의 정치적 역학에 의하여 결정되었다. 온건파들은 북한의 핵무기 보유나 개발의지를 기정사실로 보지 않았다. 온건파들은 북한이 핵무기 확산금지 조약체제에 복귀하는 대가로 요구하는 정치외교적 요구들을 수용하면 북한 핵문제는 해결될 수 있는 것으로 보았다. 그래서 이들은 정치외교적 협상을 통한 평화적 해결에 동의하였다. 강경파들이 북한에 대한 완전한 사찰의 핵심 조건으로 내세운 특별사찰, 즉 국제원자력기구가 핵폐기물 저장소이기에 반드시 사찰해야 한다고 주장한 두 곳에 대한 특별사찰 문제에 대해서도 미국의 온건파들은 그것을 북한 핵투명성 확보에 핵심적 중요성을 갖는 것으로 보지 않았다. 미 국무부는 특별사찰이 북한의 핵투명성 확보에 절대불가결하다는 강경론자들의 주장에 동의하지 않았던 것이다. 국무부 인사들은 비공개적인 자리에서, 국제원자력기구가 특별사찰을 요구해온 장소들이 북한이 주장하는 군사시설이 아니라 실제로 핵폐기물 저장소라 하더라도, 이들 핵폐기물 저장소(nuclear waste sites)에 대한 조사가 일반 정기사찰에서 가능한 원자로들에 대한 샘플링(sampling)에 의한 조사보다 북한의 플루토늄 추출량 추정에 더 정확한 정보를 제공하는 것이 아니라는 기술전문가들의 지적을 인용하기도 했던 것이다.[20] 결국 특별사찰의 필요성에 대한 판단은 정치적인 것이었다. 결국 국무부는 특별사찰이 갖는 이 같은 부차성을 이해하고 북한과 적정한 수준에서 타협함으로써 북미합의를 이끌어내게 된 것이었다.

반면에 강경파들은 북한과의 협상을 위험한 것으로 보았다. 이들은 미국 자신의 힘과 동맹국들의 국제적 압력을 동원해 힘으로 북한을 압박함으로써 굴복시킬 것을 주장했다. 이들 강경파들이 우세할 때에는 미국은 북한의 핵무기 확산금지체제 복귀를 위해 한반도에서 전쟁도 불사한다는 태도를 보였다. 이런 상황은 특히 1994년 3월과 6월 초에 현저히 나타났었다.

1994년 6월 초순 미국이 전쟁불사론을 운운하며 북한에 대한 제재 결의안을 유엔 안보리에 제출하는 결정적 시점에 중국과 러시아는 미국의 강경제재론을 강하게 견제했다. 이러한 동북아 국제정치 현실이 미국 내 강경론을 무력화시켰다. 그래서 미 국무부 온건협상파들이 대북한 외교주도권을 회복할 수 있게 했다. 북한 핵문제는 기본적으로 북미간에 정치외교적 협상의 문제이며, 북한 핵 규명은 일방적으로 북한에 여러 가지 사찰선행(査察先行)을 강요함으로써가 아니라 그것과 북한의 요구조건과의 정치적 교환에 관한 협상과 실천의 과정

---

20) 1994년 12월 5일 필자가 참석한 미 국무부 한국과장 David Brown과의 대담에서.

을 통해 풀릴 수 있다고 믿는 온건파들의 주도하에 1994년 8월 13일 북미간에 역사적인 합의가 이루어지게 되었던 것이다.

그 해 10월에 북미 양국은 구체적인 협의를 거쳐 제네바 합의를 이루게 된다. 그러나 그 다음 달인 11월에 미국에서 실시된 중간선거에서 공화당은 양원을 모두 장악하게 됨으로써 북미합의에 비판적이었던 공화당의 태도로 인해 미국의 대북한정책이 크게 바뀌지 않겠는가 하고 특히 한국정부 안팎의 보수파들은 기대하기도 했다.

나는 여러 가지 역사적 이유에서 클린턴 민주당 정권은 한반도정책을 비롯한 대외정책에서 강경파와 온건파들 간의 정책경쟁으로 강한 이중성을 보였다고 지적한 바 있다. 이러한 이중성은 1994년 11월 8일 실시된 중간선거에서 공화당이 40여 년 만에 양원을 다시 장악하게 됨에 따라 그 양상이 더욱 심화될 가능성을 안고 있었다. 그러나 1994년 11월 중간선거에서 공화당의 압승은 클린턴 대외정책에 대한 미국 일반 대중의 불만에서 비롯된 것은 아니었다. 따라서 공화당의 승리가 곧 클린턴 대외정책의 근본적 수정과 공화당 대외정책 프로그램으로의 전환을 필연적으로 수반할 것은 아니었다. 1994년 11월 9일과 10일 사이 타임·CNN 공동주관에 따라 양켈로비치 파트너스(Yankelovich Partners Inc.)가 800명의 미국인 성인을 대상으로 전화 인터뷰로 실시한 여론조사는 이 점을 잘 말해준다. 이 선거에서 공화당 승리의 최대요인을 묻는 설문에, 클린턴의 대통령직 수행에 대한 불만(voter disapproval of Clinton's job as President)이 가장 높은 50퍼센트였고, 민주당 프로그램들에 대한 유권자의 반대는 24퍼센트, 그리고 공화당 프로그램에 대한 유권자의 찬성은 12퍼센트에 불과했다.[21] 그러면 그 선거에서 민주당 참패의 원인은 무엇이었는가.

---

21) *Time*, November 21, 1994, p.18.

먼저 전통적인 구조적 요인과 관련이 있다. 이번 중간선거에서도 흑인, 빈곤층 등 민주당 지지기반인 유권자집단이 선거에 대거 불참했다. 대체로 미국 역대 중간선거에서는 유권자의 3분의 1만 투표해왔다. 이 점은 상대적으로 진보적 민주당 인사들에게 불리하게 작용한다. 94년 선거에서는 이 점이 특히 두드러지게 공화당에게 유리하게 작용한 것으로 볼 수 있다.[22]

또 경제회복의 성격과 관련이 있었다. 1993년 이후 미국은 경제경쟁력, 생산성 등에서 일본, 독일 등을 앞지르고 전반적인 경제회복세를 보였다. 그러나 미국 근로계층은 전반적으로 경제적 향상과 직장 안정성에 의문을 제기해왔다.[23] 1990년대 미국 생산성 회복은 기업별 대대적인 노동력 감축, 임금인상 제한 또는 완전동결, 풀타임 직장의 파트타임 직장으로의 전환 등, 고용조건과 고용 안정성 및 임금 등 전반적인 노동조건의 악화와 불안정화라는 대가를 통해서 이루어졌다.[24] 그 결과 한 예로 과거에는 세 사람이 분담해 하던 일을 요즘엔 한 사람이 초과노동시간을 투여해 도맡아 하는 현상이 흔해졌다. 다른 서방 민주국가들에 비해 노조조직률이 매우 낮은 미국의 노동자들이 신보수주의 경제상황의 가장 큰 피해자로 되고 있는 측면이다. 1992년 선거때는 1980년대 후반 이후 악화되어온 미국 내 전반적 경제사정과 부익부 빈익빈이라는 경제불평등 상황으로 부동표 집단이 공화당 보수주의에서 이탈해 민주당에 표를 던졌다. 그러나 이들 부동표 집단이 94년에는 민주당 행정부와 의회 등 기존 정치권 전반에 대한 불신임을 한 것으로 볼 수 있었다.

또한 클린턴의 대내외 정책, 특히 의료복지 및 사회적 이슈에 대한

---

22) *The Economist*, "Disgruntleds have it," Nov. 5th 1994, p.33.
23) George J. Church, "Back on Top," *Time*, October 24, 1994, p.35.
24) George Church, "Back on Top," p.35.

정책이 미국 수준에서 보인 예상외의 진보성이 초래한 파장도 공화당의 압승에 영향을 미쳤다. 클린턴 정부가 추진한 대표적인 자유주의적 정책인 의료보건제도 개혁은 기업가들과 의료인집단 등 미국 내 최대 이익단체 및 기득권층의 강력한 반발에 부딪쳐 좌초했다. 이 점은 미국 노동계층의 좌절과 정치적 무관심을 증폭시켰다. 클린턴 행정부가 추진해 성공한 대표적인 두 가지 안건인 범죄대책법안(Crime Bill)과 NAFTA는 사실상 전형적인 공화당의 안건에 가까운 것이었다. 클린턴 정권 출범 초기 군대 안의 동성연애자를 허용하는 문제를 두고 클린턴이 보인 리버럴한 태도, 즉 60년대 진보적 경향의 연장선에 있는 태도도 미국 중산보수적 유권자층의 반감을 더욱 촉발했다. 캘리포니아 주에서 불법체류자와 그 자녀들에게 교육은 물론, 응급처치 이외의 모든 의료혜택과 사회복지혜택을 거부하는 것을 의무화하는 '프로포지션 187'(Proposition 187)에 대한 미국 중산층의 광범한 지지 분위기에도 불구하고 클린턴 행정부는 이를 반대했다. 중남미 및 아시아로부터의 이민들에 대한 통제 불능상태로 인한 불만이 미국 중산층 및 근로계층 전반에 이미 광범하게 만연되고 있는 상태에서, 클린턴 행정부는 이를 해결할 능력은 없으면서 주 차원에서 백인중산층에 호소력 있는 강경해결책에는 반대하는 것으로 비쳐졌다. 북한 핵협상에서도 미국 보수세력은 여전히 클린턴과 국무부가 중간선거를 겨냥해 지나친 양보를 했다고 비판을 계속하고 있었다.[25]

　뿐만 아니라 클린턴 개인의 문제도 들 수 있다. 클린턴 정부의 진보적이고 리버럴한 경향은 클린턴 자신의 사생활과 부동산거래문제 등과 관련한 클린턴 개인의 결함과 결부되어 인기하락을 지속시켰다.

---

25) 한 예로, 『뉴욕 타임스』의 칼럼니스트, William Safire, "Clinton as Concession Monger : A Syrian Deal after North Korea's?," *The New York Times, International Herald Tribune*, October 25, 1994.

그 결과 공화당원들의 주요 선거전략의 하나가 상대편 민주당 후보를 클린턴과 연결시키는 것이었다. 클린턴이 자기 구역 민주당 후보를 위한 지원유세를 해줌으로써 민주후보측에 역효과를 내기를 기대하는 상황이 될 정도였던 것이다.

아울러 기존 제도정치권 전반에 대한 광범한 불만을 들 수 있다. 직장안정(job security)과 생활수준 실질향상에 대한 근로계층 전반의 기대감 좌절, 의료보건개혁을 어떤 형태로든 성공시키지 못하는 클린턴 행정부의 무능에 대한 불만 등으로 행정부와 의회를 장악한 현직 정치인들(이들 과반수는 물론 민주당 소속)에 대한 전반적인 반동을 표출한 것으로 볼 수 있다. 이 점은 2년 임기의 의원을 한두 번만 하고 말겠다는 공약을 한 의원들에게 표가 몰리는 현상, 그리고 제3당의 필요성에 대한 논의가 확산되는 데에서도 드러났다.

마지막이면서 가장 중요한 점으로 필자는 미국사회 권력엘리트 내부에서 강력한 보수적 정치연합이 회복되고 있다는 사실을 지적하고 싶다. 미국 기업가집단은 1992년 미국 경제사정 악화로 부시의 경제회복 능력을 회의하고 클린턴에게 기회를 주었으나, 클린턴 민주당 정권이 기업가층에 부담을 가중시키는 진보적 의료개혁법안을 추진하고 자본가층에 대한 세금감면을 거부하는 등 전형적인 자유주의적 경제사회정책을 펴는 데 반발하여 1992년 선거에서 무너졌던 권력엘리트 내부의 보수적인 정치연합을 회복한 것으로 볼 수 있다. 기업가집단은 공화당 후보들에 대한 정치적·재정적 지원 확대를 통해 클린턴과 민주당에 대한 공화당의 '네거티브 캠페인'(Negative Campaign ; 상대 당에 대한 비방에 치중하는 선거운동)에 크게 기여한 것으로 볼 수 있다. 이 점이 미국 일반 대중의 정치적 판단을 반민주당 방향으로 선회시키는 데 크게 작용했다. 이러한 미국 기업가층의 대민주당공세는 클린턴의 의료보험개혁안을 파탄시키는 과정에서도 드러났다. 클린턴의 의료개혁안에 대한 언론의 전반적인 부정적 캠페인도 중요한 요소로 작용했다고 볼 수 있다.

결국 1994년 중간선거에서 공화당 압승의 원인은 클린턴 민주당 정권의 대외정책에 대한 불신임이라기보다는 크게 다음 두 가지 의미에서 클린턴 정권의 국내정치·경제정책과 그 수행능력에 대한 불신임의 성격이 강했다. 첫째, 미국 근로계층은 1980년대 레이건과 부시의 공화당 정권하에서 풍미한 보수주의에 대해 환멸을 경험한 바 있으나, 그에 못지않게 새로이 들어선 민주당의 방만한 행정과 무능력 및 실질적인 변화의 부재에 대해서도 광범한 불만을 갖고 있었던 것이다. 그 결과가 민주당에 대한 반대로 나타났으며, 그런 의미에서 94년 선거결과는 공화당에 대한 적극적 지지라기보다는 현직 민주당 의원들에 대한 불신임의 성격이 강했다. 둘째, 클린턴 정권이 기업가와 부유층에 대한 경제적 부담을 늘려 '큰 정부'를 복원하고, 의료보건개혁 등으로 사회 기득권층에게 도전하는 것처럼 보이자, 미국 내 강력한 이익집단 등을 중심으로 한 광범한 반클린턴 정치연합이 형성되었던 것이다.

그러나 이 선거결과가 곧 공화당 대외정책에 대한 지지를 의미하는 것은 아니라 하더라도 공화당은 의회 장악을 통해 미국 대외정책 의사결정 구도에 상당한 변화를 초래할 수 있게 되었다. 의회 내 의사결정구조를 장악함으로써 행정부의 대외정책 방향을 견제하고 타협을 유도해낼 수 있게 되었다. 이러한 공화당의 영향력이 어떤 성격을 띠게 될 것인가 하는 것은 공화당의 선거공약, 그리고 상하원의 외교 관련 주요 위원회 위원장을 맡게 되는 인물들의 대체적인 성향을 파악함으로써 일별해볼 수 있다.

결국 공화당이 장악한 미국 의회는 어떤 성격을 보이고 있고 또 앞으로는 어떠할 것인가? 공화당이 장악한 하원에서 의장이 될 긴그리치(Newt Gingrich)는 '미국과의 계약'(Contract with America)을 주창했다. 이에 선거실시 전 공화당 후보 300명이 미 의사당에서 서약했다. 이 '계약'은 중산층 및 상류층에 대한 세금감면, 균형예산을 의무화하는 헌법개정, 국방비 증액, 의원연임 제한, 빈곤층과 이민집단에 대한 사회복지 축소 등을 공약으로 제시한 것이었다.[26]

이 계약은 특히 전역 미사일방어망에 대한 전폭적인 지원을 다짐하고 있었다. 이는 궁극적으로 SDI예산 및 다양한 미사일 개발 프로그램들을 비롯한 국방예산 증액을 뒷받침하려는 것으로 볼 수 있다. 중상류층에 대한 세금감면과 균형예산, 그러면서도 국방예산 증액은 결국 사회복지, 교육, 노동자 직업훈련, 의료보건 서비스(Medicare) 등에 대한 예산삭감 압력을 불가피하게 초래할 것이었다. 이는 민주당이 이 '계약'을 레이건주의로의 복귀로 비판하는 근거가 되었다.[27]

이러한 공화당이 다수파를 점한 상원과 하원 모두에서 위원회 및 소위원회 위원장들이 모두 공화당원으로 교체된다. 하원 의장이 된 긴그리치(Georgia)는 '미국과의 계약' 주창에서 보여지듯, 보수적인 대내외 정책대안 주창의 선봉에 있다. 국방비 감축추세를 증액으로 되돌릴 것을 주창했다.[28] 상원 공화당 원내총무(majority leader)인 밥

---

26) *Time*, October 24, 1994, p.33.

27) Robin Turner, "Democrats Aiming at Republicans' 'Contract'," New York Times Service, *International Herald Tribune*, October 20, 1994.

28) 미국보수연합회(ACU)가 긴그리치에 준 평점은 1986~1990년 기간, 각각 81, 96, 100, 88, 86점, 그리고 같은 기간 미국민주행동연합 (ADA)이 긴그리치에 준 평점은 0, 4, 5, 0, 17점을 기록하는 등 하원 내 주요 보수파에 속한다. Congressional Quarterly's *Politics in America 1992 : The 102nd Congress*, p.373. ACU (American Conservative Union)와 ADA(Americans for Democratic Action)는 미국 내 대표적인 공공이익단체(public interest group)로 통한다. ACU는 대표적인 보수파 단체이며 ADA는 대표적인 진보파 단체이다. 이들은 매년 자신들이 중요시하는 법안들 30~40여 개를 선정해 이에 대한 의원들의 투표행태를 점수로 환산해 발표한다. 자신들의 입장과 모두 똑같이 투표하면 100점, 한결같이 반대되

돌(Kansas) 역시 공화당 내 대표적이고 유력한 보수파에 속한다.[29] 1994년 7월 8일 김일성 북한주석 사망시 클린턴의 조의 표명을 맹공한 바 있다.

상원 외교위원장인 제시 헬름스(North Carolina)는 공산주의 등 이념문제, 사회복지·낙태·동성연애 등 사회문제, 국가안보 문제 등에 극우적 입장을 대변해왔다.[30] 또 중미 니카라과와 중동 등에서 미국의 군사력 사용을 적극 주창한 바 있다.[31] 국무부의 리버럴한 협상파 관료들에 대한 공격의 선봉에도 서 왔다. 스트로브 탈보트 등 리버럴들의 임명동의시 반대작업을 주도했던 것이다. 상원 군사위원장인 스트롬 써몬드(South Carolina)[32] 역시 공화당 내 대표적인 보수파 정치인이다. 자기 지역의 섬유산업 보호를 위해 앞장서 왔다. 그는 또 하나의 군비증강 파고를 불러일으킬 가능성이 높은 것으로 주목받았다.[33] 반면에 상원 예산위원장인 마크 핫피일드(Oregon)는 공화당에서는 보기 드문 리버럴이다.[34] 1991년 이라크에 대한 무력사용을 반대한 드문 공화당원이었다. 1989년 SDI 예산삭감도 지지했다. 반면에 상원 금융위원장인 알폰소 다마토(New York)는 보수파 공화당원이

는 투표를 했으면 0점이다. ACU가 100점을 준 의원은 골수 우파로 볼 수 있으며, ADA로부터 100점을 받은 의원은 골수 진보파라고 할 수 있다.

29) 밥 돌에 대한 ACU 평점은 1986~1990년 기간에 각각, 91, 77, 91, 86, 83점이었고, ADA 평점은 같은 기간, 각각 0, 5, 15, 5, 0점이었다. *Congressional Quarterly's Politics in America 1992*, p.553.

30) ACU 평점 : 1981~90년 해마다 100. ACU 평점 : 1984년 100, 1990년 83. Ibid., p.1088.

31) Ibid., pp.1084~88.

32) ACU 평점 : 1984년 100, 1990년 83. Ibid., p.1344.

33) Dan Goodgame, "Right Makes Might," *Time*, November 21, 1994, p.27.

34) 마크 핫피일드에 대한 ACU 평점은 1989년 21, 1990년 35, 그리고 ADA 평점은 1989년 80점, 1990년엔 78점을 얻었다. *Congressional Quarterly's Politics in America*, 1992, p.1232.

다.[35] 그는 클린턴의 화잇워터스캔들에 대한 청문회 개최 등을 주도할 예정이었으며, 이는 클린턴의 기존 정책과 방향을 견제하고 타격을 가함으로써 민주당 정부의 대외정책 방향에도 타격을 가할 수 있는 것이었다. 상원 정보위원장이 된 알렌 스펙터(Pennsylvania)는 미 정치권에선 중도파이다. 1989년 SDI 예산삭감을 지지했으나 1990년 B-2스텔스기 생산배치는 찬성했다.[36]

하원 외교위원장으로 내정된 벤자민 길만(New York)은 전형적인 온건파 동부 공화당원이라고 할 수 있다.[37] 미 노조연합체인 AFL-CIO로부터 높은 점수를 받았다.[38] 친노조 계열의 중도 온건파 의원이라 할 수 있겠다. 그러나 군수산업체 이익을 대변하는 데에는 상당히 적극적인 측면을 보였다. 1989년 B-2 스텔스 폭격기 생산 중단을 반대했고, 1990년엔 SDI 예산 삭감도 반대했다. 하원 군사위원장인 플로이드 스펜스(South Carolina)는 보수파에 속한다.[39] 1989년 B-2 스텔스 폭격기 생산 지속을 지지했고, 1990년엔 SDI 예산 삭감을 반대했다. 하원 세입(Ways and Means)위원장이 된 빌 아처(Texas)는 강한 보수파에 해당한다.[40] 1989년 B-2 스텔스 폭격기 생산중단에 반대했고, 1990년 SDI 예산 삭감도 반대했다. 한편 하원 금융위원장인 짐 리치(Iowa)는 공화당원으로는 소수인 중도 리버럴이라 할 수 있

---

35) 1986~90년 기간 다마토에 대한 ACU 평점은 각각 70, 56, 80, 48, 70점, 그리고 같은 기간 ADA 평점은 각각 35, 30, 15, 35, 28점이었다. Ibid., p.990.

36) 스펙터에 대한 ACU 평점은 57~48점 수준이다. Ibid., p.1257.

37) 1986~90년 기간 길만의 ACU 평점은 55, 26, 42, 43, 29점, 그리고 같은 기간 ADA 평점은 40, 68, 55, 55, 61점이었다. Ibid., p.1051.

38) 같은 기간 길만이 AFL-CIO로부터 받은 점수는 92, 88, 93, 92, 83점이었다.

39) 1987~90년 기간 스펜스는 ACU로부터 각각 73, 85, 93, 79점, 그리고 같은 기간 ADA로부터는 4, 10, 10, 17점을 받았다. Ibid., p.1353.

40) 아처는 1986~90년 기간 ACU 평점은 각각 95, 95, 100, 88, 86점, 그리고 ADA평점은 같은 5년간 전기간에 매해 0점을 받았다. Ibid., p.1437.

다.[41] 1989년 B-2 스텔스기 생산배치에 반대했으며, 1990년에는 SDI 예산 삭감을 지지했다.

이상과 같이 의회 의사결정 과정을 주도할 주요 공화당 의원들의 성향을 보면 다음과 같은 잠정적 전망을 할 수 있었다. 상원 원내총무와 외교 및 군사위원회, 그리고 하원의 경우는 하원의장과 군사위원장을 공화당 내 보수파들이 장악함으로써 클린턴 외교정책에 대한 공격의 선봉을 담당할 것이었다. 반면에 상원의 경우 예산위원장, 그리고 하원의 경우는 외교위원장이 온건파에 속해 있어서 보수파들의 국방비 증액 움직임을 다소 견제할 가능성이 있었다.

공화당이 장악한 의회가 행정부의 외교정책을 제약하는 능력과 방법은 어디에서 있는가? 먼저 상원은 행정부 주요 직책 임명승인 권한을 갖는다. 일차적 담당위원회인 외교위원회에 극우보수파인 제시 헬름스 의원이 위원장이 됨에 따라 국무부 협상파 관료들의 운신의 폭이 좁아지는 경향이 나타날 수 있다.

또 예산 승인에 있어서 의회의 제동이 가능하다. 미 의회는 행정부 정책에 소요되는 예산승인 권한을 가짐으로써 외교정책 수행과 관련해서도 광범한 영향력을 행사할 수 있다. 한반도 정책과 관련해서도 예산이 소요되는 정책사안, 예컨대 경수로 지원 및 대체에너지 지원 예산과 관련해 승인거부나 조건을 붙이는 입법을 통해 실행 여부를 좌우할 수 있다.

또한 의회 다수파를 장악한 정당은 청문회를 주도함으로써 자신에게 유리한 여론을 형성하고 자신들의 정치적 안건을 부각시킬 수 있다. 의회를 장악한 공화당이 향후 미국 대외정책에 영향을 미치는 중

---

41) 1980년대 후반에서 1990년까지 리치의 ACU 평점은 대체로 46~21점, ADA 평점은 61~75점이었다. Ibid., p.531.

요한 메커니즘의 하나는 의회 청문회 주도인 것이다. 북한 핵문제, 클린턴의 화잇워터 사건에 대한 비판적 청문회를 주도함으로써 클린턴 행정부의 정책에 대한 비판적 여론을 주도할 수 있다. 화잇워터 사건에 대한 청문회 강화는 정권 자체의 신뢰성을 공격함으로써 간접적인 방식으로 클린턴의 대외정책 경향을 견제할 수 있을 것이다.

　이렇게 양원을 공화당이 장악한 이후 미국의 대외정책은 어떤 면에서 변화할 것으로 전망할 것인가? 공화당의 양원 장악은 전반적인 외교 기조 면에서는 자유주의적 성격의 국제주의가 제약되고 현실주의적 성격의 국제주의 요소가 강화될 가능성을 상정해볼 수 있다.[42] 클린턴 정권의 대외정책은 그 성격상 미국 국가자원 배분의 우선순위에서 공화당에 비해 상대적으로 국방비 삭감폭을 늘리고 지역분쟁 해결에서 대화와 협상의 폭을 넓히는 자유주의적 성격의 국제주의노선이라고 할 수 있다. 이 점은 공화당 중심권의 외교노선이 국내 사회복지보다는 상대적으로 미국 국가의 역할을 미국 기업의 대외활동의 안정성을 보장하고 정치·군사적 패권을 확보하는 안보정책 분야에 치중시키며, 분쟁 해결에서 힘과 압력을 앞세우는 현실주의적 국제주의 노선에 가까운 점과 대조된다.

　그러나 클린턴 정권의 행정부진영은 특히 국방부와 CIA 등에서 공화당 성향의 현실주의적 인물들을 그대로 포용하고 있었다. 그것은 클린턴 정권이 자유주의적 노선을 추구하되, 기본적으로 성공적인 것으로 간주되어온 레이건-부시 두 공화당 전임 행정부의 현실주의적 국제주의 외교노선—'강력한 미국'이라는 힘의 외교론—과 타협하지 않을 수 없었기 때문이기도 하다.

---

42) 1990년대 민주당과 공화당의 대외정책노선 문제에 대해서는 『현대 미국외교와 국제정치』, 제1부의 2장 참조

190

북한 핵문제와 관련해 클린턴 정부는 궁극적으로 국무부가 주도하는 협상국면으로 방향을 정리하기에 이르렀다. 그러나 이에 이르기까지에는 클린턴 정부가 내적으로 안고 있던 위의 두 가지 요소들이 국무부와 국방부의 갈등이라는 형태로 심한 강온간 부침을 거쳐야 했다. 또한 결정적으로는 중국의 견제로 인해 미국 내 강경론이 무력화될 수 있었기 때문이었다. 이런 강온파간의 미묘한 갈등상황에서 공화당의 양원 장악은 클린턴 행정부 안팎에서 힘과 압력의 외교를 주창하는 현실주의적 개입주의 세력들의 영향력을 다시금 강화하는 효과를 가져올 수 있었다. 적어도 자유주의적 외교노선의 효과적인 수행을 상당히 견제하게 될 것이었다.

둘째로는, 위와 같은 맥락이지만, '단독주의'가 강화되리라는 점을 들 수 있다. 1995년 1월 이후 하원 의장 예정자인 긴그리치 의원이 주도한 '미국과의 계약'은 유엔이 주도하는 평화유지활동에 대한 미국의 참여를 크게 제한한다는 내용을 담고 있다. 이는 미국의 전략적, 경제적 이익과 관련 없는 지역에 대한 다소간에 인도주의적 성격을 띤 미군의 직접 개입이나, 이런 지역에서의 유엔활동을 지원하는 데 대한 예산배정을 반대하는 것이다. 이는 상원 외교위원장을 맡게 된 제시 헬름스 의원도 재확인해주었다.[43] 그는 특히 미군을 유엔 지휘권하에 두어서 해외에 파견하는 데 강력한 반발을 보였다.

이것은 고립주의를 말하는 것은 아니다. 안보 분야에서 고립주의는 기존의 동맹체제 및 군사력 전진배치의 약화를 추구하는 것을 말하는데, 이들 공화당원들이 뜻하는 것은 다른 것이다. 공화당은 오히려 한국, 일본, 필리핀 등과의 쌍무적 동맹관계 이완 방지, 그리고 미국 주

---

43) Christopher Ogden, "Loud And Clear : The voters' wake-up call is an earthquake that tilts America's political edifice to the right," *Time*, November 21, 1994, p.21.

도의 나토를 중심으로 한 유럽 안보질서 유지를 강하게 지지해왔다. 이들은 개입주의를 유지하되, 미국의 단독주의 또는 일방주의를 강화하고자 하는 것이다. 유엔과 같은 다자적 기구들에 대한 경제·외교적 지원을 감소시키는 한편, 미국 자신의 군사력은 증강시킴으로써 자신의 힘과 압력을 바탕으로 한 현실주의적 개입주의 경향의 강화를 의미하는 것이다.

  셋째, 보다 구체적으로는 국방비 삭감추세에 변동이 올 수 있다는 점이다. 긴그리치 하원 의장 체제의 미 의회는 클린턴 정부보다는 국방비 삭감추세를 더욱 중단하고 오히려 증액하는 쪽으로 방향선회할 가능성이 있다. 클린턴 행정부가 1994년 초 의회에 신청한 국방예산안은 약 2,630억 달러로서 전년도에 비해 명목상 30억 달러 오른 것이었다. 따라서 이미 국방비 삭감추세는 클린턴 정부하에서도 실질적으로 중단되었다고 볼 수 있다. 이런 추세는 공화당이 의회를 장악함에 따라 더 가속될 것으로 보인다.

  미 국방부는 실제로 1994년 중간선거가 공화당의 압승으로 끝나자마자, 클린턴 정부하에서의 군사예산 수준으로는 미국이 효과적인 군사대응태세를 유지할 수 없다고 공공연히 밝히기 시작했다.[44) 하원 군사위원장 예정자였던 플로이드 스펜스는 "미국 군대는 가까운 장래에 개선 가능성이 보이지 않는 하향곡선(downward readiness spiral)에 접어들었다"고 지적함으로써 국방부의 불평을 뒷받침해주었다.[45) 미국 국가자원 배분의 우선순위에서 강력한 군사능력 유지와 군사부문 자본가들에 대한 지원에 더 적극적인 공화당이 주도권을 쥐게 된 의회는 국방비 증가추세를 완만하게나마 시작할 가능성을 일찍부터 내

---

44) Richard Lacayo, "After the Revolution," *Time*, November 28, 1994, p.20.
45) Lacayo, "After the Revolution," p.20.

비쳤던 것이다.

이것은 1994년 말부터 이미 현실화되기 시작했다. 클린턴 대통령은 1994년 12월 초 미 군부의 인건비와 사기를 높이고 군사적 준비태세를 향상시킨다는 명목으로 향후 6년간에 250억 달러의 군사비를 연차적으로 증액하기로 원래 예산안을 수정하고 이를 의회에 승인요청했다.[46] 클린턴 민주당 정권은 공화당의 선거압승에 임해 신속하게 공화당의 안보관에 기꺼이 더 많은 타협을 제안한 것이었다.

미국 내 정치적 역학관계의 변동이 미국의 대한정책 기조와 한반도 핵문제에 대해서는 어떤 영향을 미칠 것인가? 공화당의 양원 장악 이후 미국은 주한미군 감축문제에 보다 보수적이고 신중한 태도가 나타날 가능성이 높아졌다. 실제 미 행정부가 1995년 봄에 들어 공개한 「동아시아전략 재검토」(EASR)는 동아시아에 미군 전진배치 수준을 10만 정도로 유지한다는 내용을 포함하고 있다. 여기에는 현재 3만 7천 명의 주한미군을 유지할 뜻을 포함한 것이다. 이는 클린턴 행정부 자신의 국제주의적 성격에서 연유한 측면도 있지만, 동아시아 전진배치 문제에 대한 미 국방부의 강력한 유지의사가 공화당의 양원장악이라는 정치적 배경 속에서 보다 강하게 뒷받침을 받은 결과로도 볼 수 있을 것이다. 선거 이전에도 미 국무부 관리들은 북미협상 타결이 곧 주한미군 감축실행을 의미하는 것이 아님을 강조했다. 미 국방부는 특히 한반도 핵문제 타결에도 불구하고 북한의 재래식 군사력이 갖는 위험성을 강조했다. 1994년 10월 북미타결 직후 미 합참의장 존 샬리카슈빌리(John M. Shalikashvili)는 북한의 재래식 군사력이 제기하는 위험성을 환기시키면서 평양지도부가 대남 무력적화 의도를 포기했

---

46) William E. Clayton, Jr.(Houston Chronicle), "Clinton seeks extra $25 bil. for military," *The Korea Herald*, December 3, 1994.

다는 증거가 없다고 주장했다.[47]

이런 경향은 주한미군의 군사적 활동, 즉 한미합동 군사훈련을 여러 가지 형태로 지속함으로써 북한에 논란의 빌미를 제공할 수 있고, 향후 남북간 군축논의를 제약할 수 있다. 또 대한 군사판매 및 방위비 분담압력이 더욱 가중될 가능성을 생각해볼 수 있다. 주한미군 감축 추세 지연과 함께 미국은 북한의 군사적 모험 가능성을 강조하면서 한국의 방위력 현대화 필요성을 주장하고 이를 위해 미국 무기구매 압력을 높일 수 있다. 이와 함께 주한미군 주둔비용을 높이려는 시도를 강화할 것이다. 1995년 가을이 되면서 그 같은 우려는 곧 현실화되게 된다. 이 역시 북한과의 군사적 긴장완화 논의에 장애요인이 될 수 있다.

아울러 우리는 의회를 장악한 공화당 보수파들이 북미합의 이행을 지연시키는 문제제기를 해나갈 가능성을 생각해보아야 한다. 1994년 8월 및 10월에 이루어진 북미합의의 커다란 기본틀을 공화당 주도의 의회가 본격적으로 도전할 가능성은 거의 없지만, 합의의 이행과정에서 북한 핵투명성 보장, 경수로 지원조건의 강화 등을 요구함으로써 북미간 상당한 긴장 재연의 가능성은 상정할 수 있었다.

공화당은 그간 클린턴 행정부가 중국과의 무역문제에서 인권개선과 최혜국 대우 연장을 연계시키려 한 데 대해 비판해왔다. 따라서 인권문제 거론을 자제하고 대중국 경제관계를 개선하는 데 대해선 공화당은 더 적극적일 것으로 볼 수 있다. 그러나 다른 한편으로 섬유산업(textile industry) 보호에 다같이 이해관계를 갖고 있는 상원 외교위원장 제시 헬름스와 군사위원장 스트롬 써몬드는 중국의 대미국 섬유류

---

47) Washington Post Service, "Shalikashvili wary of North Koreans," *International Herald Tribune*, October 24, 1994.

수출을 저지하기 위해 중국과 외교적 마찰을 초래할 가능성도 있었다.

1994년 10월 북미합의의 기초의 하나는 중국-북한-미국 간 의견 조정이었다고 할 수 있다. 따라서 향후 미중관계 전망은 북미관계 전망에 중요한 요소이다. 그러나 북미관계 개선문제는 반드시 중미관계 개선과 비례한다고 볼 수는 없다. 미국이 중국과는 관계를 개선하면서도 북미 핵문제 합의내용에 대해서는 이의를 제기하는 것이 불가능한 것만은 아니었다.

공화당이 주도하는 의회는 특히 북한의 핵투명성이 먼저 보장되어야 경수로 지원이라는 부담을 수용할 수 있다는 주장을 제기할 가능성이 있었다.[48] 따라서 예산지출을 내포하고 있어 의회의 동의를 필요로 하고 있는 북미합의 내용은 새로운 장애에 봉착할 수도 있었다. 북한은 1994년 미국 중간선거 직후 북미합의는 단순히 북미 양국간의 합의가 아니라 하나의 '국제공약'으로서 준수되어야 한다고 주장하고 나선 일이 있었다. 이것은 북한이 미국 내에서 공화당의 득세로 북미합의가 위협받을 수 있는 가능성을 인식하고 이에 대응하기 위한 것으로 볼 수 있었다.

『뉴욕 타임스』 1994년 11월 27일자는 공화당이 북미합의를 실제로 지연시키거나 사실상 무효화시킬 가능성을 나타내는 태도를 보이고 있음을 잘 지적한 바 있었다. 상원의 공화당 주요 지도자들은 북미합의가 북한 핵시설에 대한 실질적인 사찰을 5년간이나 미루고 경수로와 대체에너지 지원 등 북한에 지나친 양보를 한 잘못된 것으로 주장하면서 이를 재검토하라는 강한 압력을 제기하고 있었던 것이다.

---

48) 미 공화당 김창준 하원의원은 이 점을 밝힌 이의 하나다. 『동아일보』, 1994. 11.20.

상원의 동아시아소위원회 위원장 예정자였던 알래스카주 출신의 프랭크 머코스키 의원은 "나는 미정부가 북한에 한 양보를 지지하지 않는다. 우리는 북한에 모든 것을 다 주고도 북한에서 받아낸 것은 고작 약속뿐이다"고 주장하면서 "미국이 북한에 제공하기로 한 중유 구입 비용 지원을 저지하겠다"고 밝히기도 했다.[49] 『뉴욕 타임스』에 따르면, 북미협상을 담당한 로버트 갈루치 국무부차관보는 "미국이 북한에 중유를 제공하지 못하도록 하는 투표가 상원에서 있을 경우 북미협상은 원점으로 되돌아갈 것"이라고 밝혔다. 공화당에 의한 의회 장악의 여파는 1994년 11월에서부터 벌써 북미합의에 구체적으로 영향을 미칠 조짐을 보이기도 했던 것이다.

그러나 두 가지 기본적인 점을 고려할 때 공화당 주도의 의회가 북미 기본합의틀 자체를 폐기시킬 가능성은 없었다. 첫째, 북미합의는 미국 내 강온간 국내정치역학에 대한 외적 충격, 즉 중국, 러시아, 일본의 입장이라는 동북아 국제정치역학의 산물이었다. 미국 내 강경론에 대한 중국과 러시아의 견제, 그리고 대북 경제제재에 대한 일본의 동참의지의 소극성이 대북 강경제재론의 실효성을 의문케 한 결과였다. 따라서 공화당의 세력강화로 국내 정치역학에 변동이 온다 하더라도 민주당의 실용적 대북협상틀 자체를 폐기시키기는 어려웠다. 둘째, 이번 북미합의는 북한의 흑연감속로 중심 핵에너지 계획을 미국형의 경수로형으로 전환시킴으로서 북한의 플루토늄 추출 잠재력을 통제한다는 것을 핵심으로 하고 있었다. 경수로 기술과 물자는 미국 제품을, 그리고 그 비용의 태반은 한국이 부담하는 체제로 되어 있었다. 따라서 미국은 이 합의로부터 대북 핵시설 수출의 실질적 이득에 참여할 수 있게 되어 있었다. 이러한 기본틀 유지에 미국은 기득권을

---

49) 『동아일보』, 1994. 11. 28.

갖고 있었다.

이것은 미 국무부가 중간선거 이후 의회를 설득하는 기본논리가 북한의 핵계획을 미국이 통제할 수 있는 새로운 시스템으로 혁명적으로 전환하는 내용을 북미합의가 담고 있음을 강조하는 점이라는 데에서도 확인되고 있었다. 1994년 12월 초순 프랭크 머코우스키 의원 등이 북한을 방문하고 난 후 북한의 핵개발 계획이 군사적 목적보다는 에너지용임을 수긍하면서 북미합의의 틀을 폐기하지는 않겠다는 쪽으로 입장을 선회한 것은 그 같은 맥락에서였던 것이다.

따라서 공화당의 양원 장악이 미국의 대북한정책에 변화를 초래할 부분은 북미합의 자체의 이행보다는 연락사무소 이상의 북미관계 개선, 즉 완전한 북미관계 정상화, 그리고 보다 폭넓은 경제관계 정상화의 전제조건으로 미사일문제, 군사력의 휴전선 전진배치문제, 인권문제 등을 거론하는 차원일 가능성이 높았다. 또 미국에서 공화당 양원 장악이 구체적으로 한반도정세에 미칠 영향은 미국 행정부의 정책변화를 통해서보다는 미국 내 정치지형 변화에 고무받은 한국 내 보수 강경세력이 현정부의 대북유화정책으로의 기조전환을 비판하고 나섬으로써 북미합의 이행을 지연시킬 가능성에 있었다고 할 수 있다.

3. 남한 외교의 허구성과 반성

1994년 10월 북한과 미국이 제네바에서 합의한 요점은, 북한이 핵무기 확산금지 조약체제에 복귀해 핵시설들에 대한 임시 및 정기사찰들을 수용하고 재처리용으로 알려진 핵시설을 폐기하는 등 핵시설을 동결하며 나아가 북한의 핵체계를 서방이 더 안전한 것으로 주장해온 경수로형으로 전환하는 것을 조건으로, 미국은 북한에 경수로 건설을 지원하며, 연락사무소 교환 등 외교·경제관계 개선에 임한다는 것이었다. 이러한 1994년 10월의 북미합의 내용 중에서 북한은 핵시설 동결과 관련해 약속을 지키고 있었고 미 국무부는 연락사무소 개설을 준비하고 있었다.

1995년 봄에는 북한과 미국은 제네바합의에 따른 북한의 핵동결 대신 미국이 책임지고 제공하기로 한 경수로 지원의 구체적 내용에 대한 협상에 들어갔다. 여기에서 가장 문제가 된 것은 경수로형을 어떤 것으로 하느냐였다. 즉 한국정부가 주장하는 '한국형 경수로'를 북한이 받아들이는 문제를 둘러싸고 한참 줄다리기를 하게 된다.

이런 줄다리기가 한창이던 1995년 4월 필자는 한 정부부처의 요청으로 통일문제 관계자들과 함께 모여 남북간 원자력의 평화적 이용문제에 관해 필자가 주제발표를 하고 그에 관해 토론을 한 일이 있었다. 여기에서는 자연히 경수로형 선택을 둘러싼 북미합의 가능성 문제가 큰 논쟁거리로 등장했다. 이때 필자의 주장은 몇 가지 이유를 들어 북한과 미국은 결국 일정한 타협점을 찾아 합의에 이르게 되리라는 것이었다. 나의 요지는 다음과 같은 것이었다.

북미합의문 자체로서는 경수로 지원사업에서 미국이 주도적 역할을 하는 가운데 지원사업의 책임을 지도록 되어 있다. 한반도 에너지개발기구의 사무총장을 미국인이 맡도록 한 것은 그런 취지의 연장이었다. 어떻든 경수로 건설비용의 상당부분을 부담하게 되어 있는 한국정부의 주장인 한국형 경수로 채택문제는 북미합의문상에서는 존재하지 않았다. 한미 양국정부간에 이면에서 한국형 경수로 관철을 추진한다는 것을 전제로 두 나라 정부가 북미합의를 수용하기로 했을 가능성은 있었다. 그러나 그것은 북한과 합의한 사항은 아니며 따라서 북미합의의 취지라고는 할 수 없었다.

그럼에도 불구하고 김영삼 정부는 한국 안에서의 현실적인 정치적 입지를 고려할 때, 북한에 대한 경수로 지원사업에서 한국형 경수로를 채택하여 한국정부가 중심적 역할을 하지 않는 한 경수로 지원비용의 상당부분을 부담할 수 있는 상황은 못 된다는 판단을 하고 있었던 것으로 보인다. 미국도 그러한 점을 인식하고 북한에 대해 '정치적·경제적으로 한국형이 유일하게 현실적인 선택'임을 강조했던 것이다. 북한이 이를 받아들이지 않을 경우 미국은 이 문제를 유엔 안보리에 회부한다든지 또는 한반도에 대한 군사력 증강파견 등의 압력과 제재를 가하겠다는 위협을 제시하기도 했다.

그러나 북한이 한국형 경수로를 채택하지 않는다고 해서 미국과 한국이 북한에 대해 어떤 적극적인 제재를 가할 수단을 찾기는 어렵게 되어 있었다. 북미합의문 자체에 한국형 경수로를 명시한 바 없기 때문에 북한이 한국형 경수로 채택을 반대한다고 해서 이를 힘으로 해결하기에는 명분이 뚜렷이 설 수가 없었다. 적극적 제재의 어려움은 지난 2년여간 진행된 과정에서 분명히 드러난 바 있었다. 그러나 북한 역시 미국·일본과의 외교·경제관계 정상화를 원하고 있고 이를 통해 경제적 회복과 김정일 정치체제의 안정을 꾀하고 있는 이상, 북미간에는 타협의 여지가 많았던 것이 사실이다. 물론 미국의 입장에서는 북한이 컨버스천 엔지니어링 사의 1천 메가와트급 경수로를 택하든, 웨스팅하우스 사의 다른 형의 미국형을 택하든 중요한 차이가 없다. 중요한 부담을 안게 될 한국정부의 대내외적인 정치적 입지를 고려해 한국형 경수로 채택을 북한에 요구했을 따름이었다.

북미간에 한국형 경수로 문제에 대한 타협의 여지가 존재하는 이유의 하나는 무엇보다도 한국형의 실체가 정의하기 나름이라는 사실이었다. '한국형'이란 것의 내용은 무엇인가. 기본적으로는 한국형 경수로란 컨버스천 엔지니어링 사가 제공할 수 있는 여러 가지 규모의 원자로들 중 한국이 울진에 3, 4호기로 건설하고자 한 규격에 맞춘 것을 말한다. 이 경우 한국형이란 한국인이 설계한 것이라기보다는 CE

사가 줄 수 있는 여러 가지 설계 옵션들 중에 한국정부가 선택한 옵션을 말한다. 결국 CE사의 다른 상품들보다는 한국 기술자들이 비교적 접근하기 쉽고 다소간 복제능력을 배운 품종이라는 얘기이다. 물론 그러한 설계에 대한 참여와 그것을 복제할 수 있는 능력도 완전한 것은 아니라고 알려져 있다. 중요한 부분에서는 여전히 CE사의 기술지도를 받아야 되는 것이다. 제대로 만들었는지, 제대로 운영하고 있는지에 대해서도 지속적으로 미국 기술진의 지도를 받아야 되는 형편이었다.

어떻든 이른바 한국형으로 택할 경우 한국의 기술진과 건설진이 참여할 영역이 넓어진다. 그러나 그것이 기본적으로 미국의 것이기도 하기 때문에 한반도 에너지개발기구 협정에서 규정한 대로 1천 메가와트급 경수로 2기라는 조건만 충족된다면 한국형이 무엇이냐의 정의는 사실상 한국 기술진과 미국 기술진 간의 역할분담 비율로 결정되는 것이며, 한국이 어느 정도 참여하는 비율을 한국형으로 정의할 것인가에 대해서는 얼마든지 증감과 타협의 여지가 존재했던 것이다.

따라서 극단적으로는 1천 메가와트급 경수로 2기라는 조건만을 지키고 설계에서 대부분의 제작까지 미국 기술진이 담당하는 것까지도 한국형이라고 부를 수 있으며, 다른 한편으로는 같은 급의 경수로를 원래대로 미국형으로 부르면서 실제 설계와 제작에서 한국 기술진과 건설진의 참여를 실질적으로 확대하는 방안도 동원될 수 있다. 즉, 한국형이라는 명분은 지키되 실질적으로는 미국의 주도로 작업이 진행될 수도 있고, 명칭과 명분에서 다소 후퇴하되 실질적으로는 한국의 참여를 극대화하는 방안도 존재하는 것이다. 바로 여기에 북한, 미국, 한국 간에 경수로형 채택을 둘러싼 타협의 공간이 존재했던 것이다. 또 그렇게 될 수밖에 없을 것으로 전망되었던 것이다.

이러한 주장이 내가 그 세미나에서 강조한 내용이었다. 그러나 당시 정부 관계자들의 의견은 북미합의의 가능성에 대해 상당히 비관적인 것이었다. 북한은 한국형을 받아들이지 않을 것이고, 또 한국 정부는 응당 한국형을 고집해야 하는 것이었으며, 그래서 북한이 끝내 한국형을 받아들이지 않는 한 한미 양국은 북한에 대해 제재를 가할 방도를 강구해야 하는 것으로 생각하는 분위기였다. 마침 북한이 한국형 경수로 거부를 고집하고 있었고, 미국은 북한에 군사제재도 불사한다는 주장을 은연중 다시 끄집어내는 바람에 북한과 미국의 협상테이블엔 냉랭한 바람이 돌고 있을 때여서 정부 관계자들의 그 같은 경직된 태도는 이해가 될 수도 있었다. 그러나 이런 정부측 관계자들의 태도는 필자에게는 한국의 정책 담당자들이 국제정세와 미국 내 정치적 역학관계가 변함으로써 미국의 대외정책상에 일어나고 있는 변화와 새로운 흐름을 이해하지 못하고, 대체로 과거의 포로로 남아 있는 결과로 보였다. 따라서 새로운 전망과 창의적 대안을 모색하는 일을 우리 정부에게 기대한다는 것이 얼마나 어려운 일인가를 시사하는 것처럼 보이기도 했다. 그럴수록 북한 핵문제를 비롯한 한반도 정세는 그것이 협상이든 강경이든 미국정부가 주도하는 현상이 지속될 수밖에 없을 것이라는 한국외교의 현실에 대한 비관적 전망도 들게 했던 것이다.

이런 경험은 단순히 정부 관계자들과의 만남에서만 겪은 것은 아니었다. 냉전시대 인식에 아직도 익숙해 있는 상당수 학계의 중진학자들도 마찬가지였다. 1993년 말이나 1994년 초였을 것이다. 당시 민주당측에서 한반도 핵문제 접근방안에 대한 토론회를 개최해 나도 연사의 한 사람으로 나갔다. 당시 북한 핵문제는 교착 속에서 강경국면을 벗어나지 못하고 있었다. 그러나 나는 미국 내에는 현실주의자들의 대북 강경노선과 리버럴들이 중심이 된 협상노선이 엇갈리고 있으며, 한국외교의 과제는 북한 제안의 합리적 부분을 받아들여 북미간에 합의가 이루어질 수 있도록 미국 내 협상파를 지원하는 일이라고 주장했다. 한국외교가 그런 태도를 취한다면 미국 내 강온 대결의 역학관계에서 온건파에 긍정적인 영향을 미침으로써 핵문제의 조속한 평화적 해결이 가능할 수 있다고 했다. 그런데 국제정치학계의 원로 내지는 중견을 자처하는 한 교수는 미국은 북한과 정치적 협상을 할 이유도 의사도 갖고 있지 않다고 주장했다. 미국은 북한과 타협하지 않을 것이라는 내용이었다. 그러므로 한국정부도 섣불리 북한에 유화적 태도를 보여서는 안되며 일관되게 강경하게 밀어붙여야 된다는 것이었다. 이것은 한반도 평화문제에 대한 냉전적 대결의식에 바탕한 편견이 작용한 것일 뿐 아니라 미국에 대한 이해에 있어서도 변할 줄 모르는 경직된 시각을 내포한 것이었다. 미국은 변화하는 시대에 자기들 나름으로 내부의 정치적 역학이 변하면서 과거와의 연속성과 함께 변화하는 측면이 있었다. 그러나 냉전사고에 익숙한 한국의 관료나 학자들은 미국도 여전히 변하지 않은 것으로 생각하고 미국외교의 동적인 측면에 대한 인식을 게을리함으로써 핵문제 해결과정에서 한국외교나 통일정책이 창의적인 역할을 할 수 있는 여지를 스스로 미연에 차단해버리는 결과를 낳는 데 일조했던 것이다.

1995년 6월 쿠알라룸푸르에서 타결된 북미간 경수로협상은 합의문 2항에 '경수로형은 한반도 에너지개발기구(KEDO)가 선정한다'고 규정했다. 케도협정에는 '경수로는 1천 메가와트짜리 2기의 한국표준형을 제공한다'고 규정하고 있다. 그래서 북미간 합의문에는 한국표준형이란 것이 관철되지는 않았지만, 케도협정이 한국표준형을 경수로형으로 선정할 것을 규정했기 때문에, 사실상 북한에 제공할 경수로형은 한국형이 된 것으로 볼 수 있다. 그러나 이미 설명한 바와 같이 한국형이라는 것이 원래 미국형 경수로에 기초한 것이고 그 핵심부분에 대해서는 여전히 미국회사의 기술지도를 받아야 되는 것이기 때문에, 경수로 지원의 주도와 책임은 여전히 미국인들이 갖고 있는 것으로 볼 수 있다. 바로 그것이 가능하기 때문에 경수로형을 케도가 선정한다는 데에 북한이 동의한 것으로 볼 수 있다. 즉, 궁극적으로 책임을 지는 부분과 설계 및 시공 그리고 시공감리 등에서 미국회사나 미국정부가 책임을 지는 것으로 되어 있는 것이다. 이것은 1994년 10월 제네바합의에서 케도의 사무총장을 미국인으로 하기로 결정한 데 이어 1995년 6월 쿠알라룸푸르 경수로협상 합의문에서도 케도와 북한 간의 주접촉 포인트(principal point of contact)도 미국인으로 하고 프로그램 조정관(program coordinator) 역시 미국인으로 채우기로 합의한 데에서 확인될 수 있다.

또 1995년 3월 한국정부가 한국형 경수로라고 주장하는 것의 원래 기술제공회사인 미국의 ABB-CE(컨버스천 엔지니어링)사와 한국의 한국전력회사 간에 대북한 경수로사업의 전제가 되는 한국형 경수로 제공과 관련한 양해각서가 교환되었다. 이것은 「북한을 포함한 제3국 원전프로그램 공동진출을 위한 양해각서」라는 것인데, 이것은 한국이 북한 등에 울진 3, 4호기를 말하는 한국형 경수로를 제공하는 주사업자가 되더라도 그 한국형 경수로의 원래 기술제공자인 ABB-CE사에 경수로사업의 상당부분을 넘기도록 규정하고 있다. 즉, 컨버스천 엔지니어링 사에 사업의 일정 지분을 보장하고, 컨버스천 엔지니어링 사의 작업부분과 관련한 하청업체 선정권을 CE사가 갖는 것을 인정하는 내용을 담고 있었던 것이다.[50] 1995년 6월 쿠알라룸프르에서 북미 간 경수로협상 합의가 타결된 데에는 바로 이처럼 울진 3, 4호기라는 이른바 한국형을 대북 경수로 지원사업의 참조발전소로 선정했다 하더라도 그 설계 등 실질적으로 핵심적인 부분은 미국회사가 맡게끔

---

50) 『동아일보』, 1995. 7. 22.

할 수 있는 장치가 마련되어 있었기 때문에 쿠알라룸푸르에서 북미간 합의가 가능했던 것으로 볼 수 있겠다.

미국 컨버스천 엔지니어링 사에 연수를 가서 경수로의 계통설계기술을 배워온 한국원자력연구소의 연구요원들은 북한에 지원되는 경수로의 계통설계를 한국이 맡아야 그것이 실질적인 한국형 경수로 제공이 될 것이라고 주장했다. 그러나 바로 그 3월의 ABB-CE사와 한국전력회사 간의 양해각서로 인해 대북 경수로사업의 설계 등 핵심부분은 미국회사가 맡는 것으로 되었고, 그래서 한국원자력연구소측은 끼여들 곳이 없게 되었다. 이것은 쿠알라룸푸르에서 북미간 경수로협상이 타결된지 얼마 안된 1995년 7월 한국원자력연구소의 경수로 계통설계 관련 팀장인 이병령씨의 보직해임이라는 결과를 가져왔다.[51] 경수로 계통설계를 담당할 원자력연구소가 경수로사업에 참여할 수 없게 되면 대북 경수로사업에서 이른바 '한국의 중심적 역할'이 유명무실해지는 것이 아니냐는 기자들의 지적에 공노명 외무장관은 "원자력연구소가 담당하는 계통설계가 전체 프로젝트에서 차지하는 비율은 2.1퍼센트밖에 안 된다"는 답변으로 얼버무리고 말았다.[52]

여기에서 필자가 문제삼는 것은 한국정부가 실질적인 한국형 경수로를 관철하지 못했다는 데 있는 것이 아니다. 그보다 문제는 한국정부가 결국에 가서는 경수로사업에서 한국과 미국이 일정한 지분을 서로 나눠가지고 또한 그 주도적인 책임을 미국이 갖는 데 동의하기에 이르렀으면서도 말로는 한국형 경수로 관철이라는 명분에 사로잡히고 그것을 앞세움으로써, 북미간 핵문제의 평화적 합의를 지연시키는 경향이 강했다는 사실이다. 그 결과 한국의 외교는 계속해서 북한이

---

51) 『동아일보』, 1995. 7. 21.
52) 『동아일보』, 1995. 7. 25.

기피하지 않으면 안되는 대상이 되었고, 그래서 북한과 미국, 북한과 일본 간의 물밑대화와 관계개선의 조건은 진척되어가는데도 정작 남북한관계는 제자리걸음을 하거나 뒷걸음질치는 사태가 되풀이되곤 했던 것이다. 또한 그같은 남북관계 교착은 다시 북한의 외교·경제 관계 정상화의 발목을 붙드는 가운데 한반도 평화체제 성립의 대내외적 조건의 형성을 더욱 지연시키게 되는 것이다. 한국의 통일외교는 한마디로 아직까지 실속 없는 명분외교, 그리고 국내의 보수세력과 보수적 시각에 지나치게 민감하게 야합하는 얄팍한 눈치외교로 일관하는 경향을 보였다. 명분에 집착하지 않으면서 한국의 역할을 강화하는 실속과 남북관계 발전의 실리를 추구하는 비전과 외교적 리더십을 결여했던 탓이다. 그런 가운데 한국정부는 한반도의 핵문제의 근본적 해결도, 평화적 민족공동체 형성을위한 어떤 주체적 역할도, 스스로는 감당할 수 없는 '외교지진아'의 상태에 내팽개쳐져 있는 것이다.

제5장 탈냉전은 한미관계를 변화시키는가

1. 탈냉전시대에도 불변하는 '종속적 군사관계 중심'의 한미관계

오늘 우리가 미국을 어떻게 볼 것인가, 그리고 중장기적으로 미국과의 관계를 어떻게 정립할 것인가 하는 것은 현재 우리의 대외관계 전반과 함께 우리의 사회상과 관련해 어떤 미래를 추구할 것인가 하는 것과 긴밀하게 연관되어 있다. 미국을 어떻게 볼 것이냐, 한미관계를 어떻게 조정할 것인가에 대한 우리의 인식은 곧 우리의 자기확인이며 미래에 대한 우리의 방향감각이다.

나는 한미관계의 기본성격을 종속적 군사관계가 기축을 이루고 있는 비정상적인 관계라고 정의한 바 있다. 종속적 군사관계 중심의 한미관계라는 것은 미국이 한반도에서 갖고 있는 광범한 군사기지 사용권, 전시작전 통제권, 한미행정협정상의 미군범죄 재판권의 현저한 제약 등과 같은 것을 포함하지만, 보다 근본적인 것은 한반도 정세, 즉 남북한간의 군사력 균형을 포함한 한반도와 그 주변의 군사정치적 환경을 어떻게 인식하며 어떻게 대응할 것인가에 대한 전략적 판단 영역의 골간을 미국 국방부나 CIA에 거의 전적으로 의존해온 사실을 가리킨다. 말하자면 한반도에서 전쟁과 평화의 조건을 판단하고 또 그것을 만들고 결정하는 역할을 미국에 맡겨온 '전략적 판단과 대응의 대미 위임체제'가 한국의 미국에 대한 종속적 군사관계의 핵심을 이룬다고 볼 수 있다.

1995년 초에 평화시의 작전권은 한국이 미국으로부터 되찾아왔다고 하지만, 미국이 어떤 시점에서 한반도에 '유사시'가 발생했다고 단정하면, 그때부터 한국의 군사정세는 미국의 인식과 대응이 명실상부하게 주도하게 된다. 전쟁의 총알받이는 남북의 청년들이 도맡고 그 총탄과 포화, 또 경우에 따라서는 화학무기나 핵무기의 참화를 남북의 동포들이 몸으로 받아내야 하지만, 그 전쟁 여부 자체는 상당부분 미국이 결정하게 되는 측면이 기존의 종속적 군사관계 중심의 한미관계에서는 불가피한 것이다.

이것이 무엇을 의미하는가를 실감하는 데 도움이 될 만한 예는 바로 멀지 않은 과거, 즉 북한 핵문제를 이유로 내세우며 미 군부가 한반도에서 전쟁준비작업을 '구체적으로' 진행한 것으로 볼 수 있는 1994년 봄의 주한미군의 움직임에서 찾을 수 있다. 한미간의 돈독한 군사관계가 한반도에 얼마나 유익한 것인가를 언제나 강조해온 한국의 주요 언론들, 특히 그 중에서도 『조선일보』는 1995년 9월의 한 기사에서 한국군 관계자들의 증언에 근거해 그 점을 잘 보도해주고 있다. 그 중에 한 부분을 먼저 인용해보겠다. "미국은 지난해(1994년) 봄 북한 핵문제로 한반도에 위기가 고조되자 전쟁발발에 대비한 '전투력 증강' 초기 조치를 취한 것으로 알려졌다. 지난해 봄부터 여름 사이에 미국은 3백~4백 명의 미군 요원을 오산기지를 통해 은밀히 입국시켜 주한미군에 배치했는데, 이들 가운데엔 정보분석요원, 작전계획 수립요원, 패트리어트 및 '에이타킴스' 지대지미사일 운용요원 등이 포함돼 있었다. 이를 지켜봤던 한 한국군 장교는 '당시 미국은 이같은 조치를 우리측에 통보하지 않고 진행했으며 연합사에서도 한국군을 배제한 채 미군들끼리 북핵대책회의를 한 경우가 종종 있었다'며 '미국이 대북(對北)제재의 '준비를 위한 준비'를 상당히 구체적으로 진척시켰던 것 같다'고 말했다."[1]

『조선일보』의 이 기사는 이어서 한국군 관계자들이 "지난해(1994년) 북한 핵위기 때도 나타났듯이 전쟁준비 면에서 주한미군으로부터 많은 도움을 받는다고 강조한다"고 지적했다. 이어 이 신문은 "미국은 전세계 어느 곳에든 항상 전쟁을 치르고 있기 때문에 전쟁에 대비하기 위해선 어떤 조치를 취해야 할지를 잘 알고 있으며, 지난해 한국인들이 라면사재기 파동을 벌이며 당황하고 있을 때 미군들은 '실속 있는 준비'를 하고 있었다"고 말하면서 미국의 '실속 있는 태도'를 부각시켰다.

이 신문은 구체적으로, "한국군이 주한미군으로부터 가장 도움을 많이 받는 부분 중의 하나"가 '작전계획 수립'이라고 밝혔다. 한국군 관계자들은 "평시작전통제권이 한국군에 환수됨으로써 '한국방위의 한국화'를 위한 큰 진전을 이뤘지만 아직 한국군에는 독자적인 작전계획 수립능력이 없다고 실토" 했다고 한다. 이 기사의 다음 부분은 그 이유를 잘 설명해준다. "지난 1991년 한미야전사가 해체된 뒤 지상구성군 사령관을 한국군 대장(연합사 부사령관)이 맡게 돼 지상 작전계획을 한국군이 세우게 되어 있으나 미국제 무기운용법 등을 몰라 한동안 작전계획 수립에 어려움을 겪었다. 예컨대 아파치 헬기를 언제, 어떻게 활용해야 가장 효과적으로 사용하는 것인지 몰라 미군의

---

1) 『조선일보』, "주한미군 50년", 1995. 9. 24.

도움이 불가피했던 것이다. 합동참모본부의 한 장성은 '정보를 미국에 의존하고 있기 때문에 미군에 의존할 수밖에 없다'면서 '특히 전쟁이 발발한 이후엔 북한군의 이동 및 배치상황을 미군 정보수집수단을 통하지 않으면 알 수 없기 때문에 더욱 그렇다'고 말했다."

이 신문은 마지막으로 미국이 한국군에게 가르쳐주고 있는 전쟁게임 운용법 덕분에 "북한은 이 분야에서 비교가 안될 정도로 우리보다 열세에 있으며 이는 눈에 잘 띄지 않지만 주한미군 주둔으로 인한 매우 큰 전투력 증가효과"라는 한미연합사 부참모장의 말을 그 기사의 결론으로 삼았다.

이 신문의 이 기사는 '종속적 군사관계 중심의 한미관계'가 내포한 중요한 내용들을 잘 압축해 보여주고 있다. 첫째, 종속적 군사관계 중심 체제는 먼저 한반도에서 어떤 경우를 '군사적 위기'로 인식할 것인가를 결정함에서 미 군부가 주도한다는 것을 말한다. 이 기사는 특히 미군이 확보하고 있는 정보력에 한국군이 얼마나 기대고 있는가를 잘 보여주고 있다. 정보력은 정보 파악력이기도 하지만 정세판단 장악력이기도 하다. 남의 정보에 의존할수록 전체적인 '유사시' 여부의 인식을 남에게 의존하게 된다. 그 결과 한국정부와 국민, 그리고 북한 동포의 운명은 다같이 한반도 정세와 북한에 대한 미국의 선입견, 또는 무의식적이거나 때로는 의도적일 수도 있는 미 군부의 정보왜곡에 무방비상태로 놓여 있음을 의미한다.

둘째, 미국이 스스로 '유사시'로 규정한 한반도 사태에 대한 대응방식, 특히 전쟁계획 수립을 미 군부가 주도하는 것이다. 그리고 많은 경우 미 군부는 한국의 군부를 앞서서 전력증강을 촉구하며 또한 자신의 정보력과 인적 자원을 동원해 한반도에서 전쟁대비태세를 주도한다. 이 과정에서 미국은 한반도에서의 군사적 위기의 가능성을 높이거나 그 가능성을 현실로 전환할 수 있는 잠재력을 갖게 된다. 결국 미국이 한반도에서 전쟁과 평화, 그리고 그 전쟁과 평화의 형식을 결정하게 되는 것이다. 위의 신문기사는 그 점 역시 잘 드러내주었다.

마지막으로 이 종속적 군사관계의 뺄 수 없는 중대한 특징은 한국군 당국을 비롯한 정부와 언론이 바로 그 같은 종속적 관계를 무한히 다행스럽고 고마운 것으로 인식한다는 사실이다. 이 신문기사는 한국정부와 언론 자신이 미군에 종속적인 군사관계를 유지해서라도 북한군보다 '월등 우세한 위치'를 유지하고 그것을 확대하는 것을 얼마나 중요하게 생각하고 있는지를 매우 잘 보여주고 있다. 그것을 '혜택'으로 인식하고 있는 것이다.

물론 한국정부와 언론의 그 같은 인식의 틀 속에서는 한반도에 외세의 군사력에 의존하지 않는 평화체제를 민족공동의 노력을 통해 이루어보겠다는 의지는 한치도 찾아볼 수 없다. 민족공동의 평화의 비전은 경멸하지만 자신들의 땅인 한반도에서조차 미국이 주도권을 장악한 군사질서에는 무한히 감사해하는 마음이 있을 뿐이다. 이같은 종속적 사고방식은 한국전쟁과 냉전의 지속과 같은 한반도 내외의 역사적 환경 속에서 지배엘리트의 주도하에 부과된 것으로서 그 역사적 뿌리가 깊은 것이다. 그러나 탈냉전이라는 국제적 환경의 중대한 변화와 한반도 정세의 의미 있는 변화로 그러한 종속적 군사관계에 대한 반성이 있을 만도 하건만, 기본적으로 변함이 없는 미국의 대한반도 군사정책과 함께 한국 집권층의 대외인식과 외교행태로 말미암아 실질적인 변화가 없는 채 종속적 군사관계 중심의 한미관계는 오늘도 지속되고 있는 것이다.

2. 한미관계에서 변화될 수 없는 것과 변화 가능한 것

그러나 한미관계의 현상을 어떻게 비판하고 그것을 어떤 미래상으로 변화시켜가야 할 것인가를 논하기 전에 우리는 먼저 한반도에서 미국의 존재가 갖는 두 가지 측면에 대해 분리해서 생각해볼 필요가 있는 것으로 보인다. 한 가지는 그것에 관해 우리가 변화시킬 수 없는 것이 있다. 다른 하나는 수정하기가 쉽지 않지만 수정하고 보완할 수 있는 차원의 관계들이 있다. 이런 것들에는 다시 한미관계의 기본성격에 관한 것이어서 한국 내에 새로운 진보적 정치세력의 등장이 없이 기존의 집권엘리트의 대외인식과 외교행태에서는 그 변화를 기대할 수 없는 것들과 함께 집권엘리트의 교체가 아니더라도 여론의 환기를 통해서 수정 가능한 것들로 나누어볼 수 있다.

예를 들어 한미행정협정상의 미군범죄 재판권조항이 내포한 불평등문제는 종속적 군사관계 중심성이라는 한미관계의 기본성격의 결과였지만, 보수적 집권엘리트의 변화가 없는 상태에서도 언론과 정부의 노력 여하에 따라서는 수정이 가능한 것으로 볼 수도 있을 것이다. 그러나 종속적 군사관계가 중심축을 이룬다는 한미관계의 기본성격 자체는 진보적 정치세력의 실질적 성장 없이는 그 변화를 기대하기 어려운 문제라고 할 수 있을 것이다. 그러나 이것은 한국 국내의 여하한 변화로도 어찌할 수 없는 그런 불가항력의 문제는 아니며, 국내정치적 구조의 변동 여하에 따라서는 그 변화가 가능한 것으로 잠정적인 평가를 해볼 수 있다고 생각한다.

그럼 한반도와 미국의 관계에서 변화될 수 없는 것, 즉 한국 국내정치구조의 변화로는 극복할 수 없는, 그래서 국제정치질서 그 자체에 속하는 요소로서 한미관계를 규정하고 있는 요소는 무엇인가? 그것은 무엇보다도 우리가 미국과 경제, 정치, 군사, 문화 모든 차원에서 어떤 형태로든 관계를 맺고 살아가야 한다는 사실이다. 사람에 따라서는, 그리고 한반도의 미래상을 그리기에 따라서는 그것이 불행한 일일 수도 있고 다행한 일일 수도 있다. 그러나 누구도 그 사실에서 벗어날 수는 없다.

그것은 다른 말로 하면 미국은 태평양 국가이며 엄연한 아시아세력이며 또 그렇게 남아 있을 것이라는 사실이다. 미국은 제2차대전을 계기로 세계 패권국가로 발돋움했다고 말하지만, 미국은 그 이전인 1910년대에 이미 제1차 세계대전을 통해서 세계적인 전략적 균형자로 등장해 있었다. 미국의 개입을 통해서 유럽은 가까스로 독일의 팽창과 유럽지배를 제어할 수 있었다. 제2차대전은 그것을 다시 한번 확인함과 동시에 미국을 세계패권의 위치에 올려놓았지만, 오늘날 미국의 상대적 쇠퇴를 이야기함으로써 미국이 갖는 세계적인 전략적 균형자로서의 위치를 과소평가하는 경향이 생겼던 것도 사실이다. 그러나 앞에서 이미 살펴본 바와 같이 미국은 향후 예측 가능한 미래에 있어서 군사정치적 패권에의 강한 의지를 유지할 것이며, 그것을 뒷받침할 물적 토대가 근본적으로 손상되지는 않을 것으로 본다.

미국의 그러한 위치는 향후에도 유럽에서는 나토동맹의 지도자로서, 그리고 아시아에서는 일본과 한국과 필리핀의 쌍무적 동맹관계의 주도자로서 자신의 입지를 지키면서 유럽에서와 마찬가지로 스스로 자신의 번영과 안정에 불가결한 사활적 이해관계가 있다고 간주하는 아시아에서 '지역적 균형자' 역할을 자임하기를 계속할 것으로 보아야 할 것이다. 로널드 스틸은 스스로는 미국의 대외 리더십의 역할을 축소해야 한다는 이른바 '계몽된 미국 내셔널리즘'(enlightened American nationalism)을 주창하는 사람이지만, 그 역시 "세계와의 심오한 경제적, 정치적, 문화적 앙가주망(a profound …… engagement with the world)은 미국에게는 하나의 선택사항이 아니다. 그것은 순전한 현실이다"라고 지적한다.[2]

---

2) Ronald Steel, "After Internationalism," *World Policy Journal*, Summer 1995, p.51.

그렇다면 우리에게 있어서 미국과 '건설적인 관계,' 즉 가능한 한 경제적 번영과 군사안보적인 이익과 관련해 상호호혜적인 관계를 일정한 형태로 유지해야 한다는 것은 분명해 보인다. 문제는 과거와 현재에 있어서 한미관계가 갖고 있는 군사동맹관계의 성격과 기능의 문제이다. 바로 이 문제는 앞서 말한 두번째 차원에 해당하는 것이다. 즉 우리가 그것으로부터 벗어나기는 힘들지만, 그 성격과 기능을 우리에게 바람직한 방향으로 수정하고 보완할 수는 있는 그런 문제인 것이다.

한미 군사동맹관계가, 우리가 그 성격을 조정하는 것은 노력에 따라 가능하겠지만, 그것이 쉽사리 벗어날 수 없는 틀로서 존재하는 이유는 우리 한반도의 지난 역사, 과거와 현재의 집권엘리트의 보수성, 그리고 우리 국민들 속에 깊숙이 자리잡고 있는 대미인식, 또 미국의 아시아에 대한 안보 및 경제적 이해관계에 바탕한 영향권적 사고방식에 있다고 할 수 있다.

한국인들은 냉전의 시기에는 공산주의의 위협으로부터 자신을 지켜주는 궁극적인 보호자로 미국을 보았고, 소연방의 붕괴와 함께 냉전은 사라졌다고 할 수 있는 현재에 있어서도 중국과 일본이 부쩍 목소리를 높이고 있는 것처럼 보이기에 더욱 한국인들은 미국이 자처하는 '균형자역할'에 크게 의지하는 모습을 보이고 있다.

미국은 미국대로 일본과의 동맹관계와 함께 한미 군사동맹체제를 자신의 대아시아전략에서 핵심적인 기둥으로 인식하고 있다. 북한이 조성할 수 있는 불안정을 관리하고 남한과의 군사동맹을 축으로 아시아에서 군사정치적 리더십을 유지하는 가운데 동아시아에 대한 미국의 경제적 위상을 보호한다는 미국의 아시아전략의 기본틀은 냉전과 탈냉전을 넘어 변함이 없는 것이다.

현재 한국의 외교도 과거 정권들의 그것과 기본적으로 변함이 없이 미국과의 군사동맹체제를 '굳건히' 유지함으로써 새로운 시대와 미래의 불확실성을 극복할 수 있다는 명제에 크게 기대고 있다. 이 명제를 지키면서 일본, 중국, 러시아와 선린우호관계를 증진하여 경제적 실리를 챙기겠다는 인식이라고 하겠다.

이러한 상황으로부터 한 걸음 더 나아가 더 진취적이고 창의적이 된다는 것은 어떤 방향을 지향하는 것인가. 미국과의 군사동맹관계 기축이라는 한국외교의 본질은 불안정하고 불확실한 동북아 국제질서의 현실에서 불가피한 측면이 많은 것으로 평가되고 있다. 권력정치의 차원에서도 한국은 일본과 중국의 대내외적 변동과 그들의 힘의 부상이 가져올 수 있는 불안정의 요소에 대비하는 차원에서도 미국과 일정한 군사동맹체제의 유지는 필요하다고 말해진다. 또한 정치적 다원주의와 시장경제체제라는 일정한 정치사회적 가치관의 공유가 한미간 군사동맹 지속의 정당성을 제공하는 근거로 기능하고 있는 것도 현실이다.

그런데 이같이 여러 가지 차원에서 정당화될 수 있는 미국과의 군사동맹 기축이라는 현실 바로 거기에서 한국외교의 문제가 연유하기도 하는 것이다. 그것은 지나친 '의존'으로 흐를 수 있고, 그 의존의 구조 속에 '안주'하는 결과를 가져옴으로써 보다 발전된 한국외교의 비전을 모색하는 노력을 게을리할 수 있다. 한국의 외교가 냉전시대에는 냉전시대대로, 탈냉전시대에는 또 그 나름의 이유로 인해 미국과의 긴밀한 군사동맹체제 유지에 매달려온 현실적 이유들을 무시할 수는 없지만, 그러한 외교기축은 적어도 두 가지 점에서 새롭게 반성되어야 하다.

먼저 한미관계가 지나치게 군사동맹 중심의 관계, 그것도 종속적인 성격의 군사관계 중심으로 흐름으로써, 남북관계 및 한반도 주변정세에 대한 한국의 외교 및 안보의 독자적 인식에 장애로 작용한 점들을 되돌아보아야 한다. 바로 이 같은 타성이 지난 몇 년간에 걸쳐 전개된 북한 핵문제에 대한 한국의 외교적 대응이 파행과 퇴행성을 면치 못하고 결국 새로운 시대를 맞아 미국 내에서 등장한 유연한 외교팀의 활동에 뒷북이나 치게 만드는 결과를 가져온 사실을 가볍게 보아서는 안된다.

또한 한국외교는 미국과의 군사동맹체제를 기축으로 한 대외관계에 지나치게 얽매임으로써 미국의 군사 중심적, 권력정치적인 차원의 대아시아전략의 한 소도구로 머물러 왔고, 그래서 한국이 그리고 더 나아가서는 통일한국이 아시아의 공동안보와 평화의 대안적 비전을 개발하고 그것을 뒷받침하는 창의적인 국제정치적 힘으로 자라나는 데 장애가 되는 면은 없는지 되돌아보아야 한다. 아시아에서 '지역적 균형자'로서의 미국의 역할을 인정하되, 역시 권력정치적 성격을 본질로 내포할 미국의 대아시아 역할을 언제까지나 우리 외교의 거의 유일한 기둥으로 삼아야 할 것인지에 대한 창조적 회의를 통해 새로운 한국외교의 방향을 모색할 때가 아닌가 생각한다.

3. 탈냉전시대 미국 행정부의 한반도 군사정책

그럼 현재 종속적 군사관계 기축의 한미동맹체제의 성격을 창조적으로 회의하고 그 방향을 수정보완한다는 것은 무엇을 말하는가? 그 기본방향은 어떤 문제의식을 바탕으로 해야 하는가?

이것은 먼저 미국의 대한반도 인식을 우리 나름대로 파악하고 그에 대한 우리의 적절한 인식과 대응을 모색하는 방식으로 논의를 전개할 필요가 있을 것이다. 나는 여러 글에서 현단계 클린턴 행정부의 외교정책노선은 그것이 탄생하고 활동하고 있는 과도기적인 역사적 환경을 반영하여 자유주의적 국제주의와 현실주의적 국제주의가 혼합된 형태라고 지적해왔다. 클린턴 정부의 전반적인 전략적 사고는 많은 면에서 전임 공화당 행정부들의 현실주의적 틀과 상당한 공통성을 안고 있다.

특히 클린턴 행정부는 동아시아에서 미국의 영향력을 유지하기 위한 수단으로서 강력한 군사력 주둔을 지속시키려 하고 있다. 민주당 행정부도 기본적으로 국제주의(개입주의)를 기초로 하고 있는 데다가, 군사정책에 있어서는 특히 공화당의 현실주의적 국제주의 세력과 중요한 공통요소를 안고 있는 것이다. 이것은 미국의 정치 및 경제엘리트 전반이 동아시아와 한반도에 관한 전략적 사고에서 공유하고 있는 점이다. 이들이 공유한 탈냉전시대 미국의 국제주의적 합의는 아시아를 포함한 세계의 주요 지역에 대한 미국의 군사력 전진배치를 유지함으로써 일정한 군사정치적 패권의 유지를 꾀하고 그를 통해 미국의 광범한 국제적 리더십 유지를 도모하는 것을 중요한 내용으로 갖고 있는 것이다.

소연방은 해체되고 중국은 새로운 활력으로 넘치는 가운데 지역적 및 전지구적 차원의 자본주의적 시장경제체제 속에 통합되어가는 전적으로 달라진 국제환경 속에서 한국은 미국에게 과거에 지녔던 많은 의미들을 상실했을 수 있다. 그러나 한국은 가능한 한 자신의 헤게모니적 위상을 유지하려는 전세계적인 미국의 구도 속에서 새로이 정의된 중요성을 획득해왔다. 1990년대에 들어 미 의회조사국이 작성한 한 보고서는 새로운 시대에서 한국이 미국에 대해 갖는 중요성이 무엇인가에 대한 미국인들의 사고의 요점을 잘 지적하고 있다.[3] 이 문서는 첫째, 한반도 자체가 미국에 대해 전략적으로도 경제적으로도

---

3) Robert G. Sutter, "Korea-U.S. Relations : Issues for Congress," Updated November 22, 1991, A CRS Issue Brief, Congressional Research Service, The Library of Congress, p.2.

점증하는 중요성을 갖고 있음을 지적했다. 둘째, 이 보고서에 따르면, 미국이 한국에 대한 영향력을 유지하는 것은 일본에서의 미국의 이익을 보호하는 데 결정적으로 중요하다. 이 문서는 마지막으로 미국이 한국에 대해 영향력을 유지하는 것은 동아시아에서 지역적 균형자로서의 역할을 지키고자 하는 탈냉전기 미국의 세계전략적 비전을 뒷받침하는 데 지속적인 중요성을 갖고 있음을 강조했다. 탈냉전의 세계에서도 한국이 갖는 중요성에 대한 미국의 이 같은 인식은 미국의 대한반도정책이 불가피하게 변화와 함께 연속성을 띠게끔 만들고 있는 것이다.

미국정부가 최근 동아시아 지역에 현재와 같은 수준의 군사력 전진배치를 계속 유지할 계획임을 재확인한 것은 그러한 연속성을 잘 말해주고 있다. 1995년 초에 미 국방부가 작성해 미국정부가 발표한 「동아시아 태평양 지역에 대한 미국의 전략」이라는 문서가 미국의 동아시아 전략의 골자로 삼은 처음 두 가지 주요 사항은 '다자적 안보대화들이 제기하는 새로운 기회들을 추구하되 미국의 쌍무적인 동맹들을 강화한다는 것', 그리고 '미군의 전진배치와 미국과 동맹국들의 기지 이용권 등을 유지한다는 것'이었다.[4]

보다 구체적으로, 이 문서는 아시아에 미국이 전진배치를 계속 유지해야 할 몇 가지 이유들을 제시하고 있다. "아시아 태평양 지역에 대한 미군의 전진배치는 지역안보와 미국의 전지구적인 군사적 위치 유지에 필수적인 요소이다. 태평양 지역에 전진배치된 군사력은 전세계적인 차원에서 신속하고 유연한 위기 대응능력을 보장한다. 그것은 지역적 패권국가(regional hegemon)의 등장을 억지한다. 이 지역에서

---

4) The Department of Defence, Office of International Security Affairs, *United States Security Strategy for the East Asia-Pacific Region*, February 1995, p. ii.

광범한 영역에서의 중요한 문제들에 미국이 영향을 미칠 수 있는 능력을 향상시킨다. (동맹국들의 인적·물적 자원을 활용할 수 있기 때문에 ——역자) 국가안보 목적들을 충족시키기 위해 요구되는 미국 군사력의 숫자를 줄임으로써 제한된 군사력을 경제적으로 활용할 수 있게 한다. 방대한 태평양이 제기하는 시간과 거리상의 불리점을 극복하게 해준다. 미국의 친구들, 우방국가들과 잠재적 적대국들에게 다같이 이 지역 전체의 안보에 대해서 미국이 가진 관심을 가시적으로 보여준다."[5]

이 문서는 또 이러한 이유들을 염두에 두면서 주한미군과 관련해서 다음과 같이 지적하고 있다. "우리는 지속 가능성과 병참기반에 역점을 두면서 전투 및 지원구조를 유지할 의도를 갖고 있다."[6] 미 국방부는 이어서 "미 군사력이 다른 지역의 주요한 지역적 비상사태에 개입해 있는 경우에도 북한의 침략이 있을 경우 그것을 억지하거나 중단시키거나 격퇴할 수 있는 믿을 만한 방어능력을 한국에 구축하기 위해 충분한 군사력과 지원물자를 계속 제공할 것"이라고 말함으로써 두 개의 주요 전쟁에 대한 동시개입전략을 한반도에 관련해 재확인했다.[7]

탈냉전의 세계가 등장하면서 미국 정부관리들은 '포괄적 안보'를 운위해왔다. 그것은 일반적으로 미국 안보의 비군사적 측면들의 중요성을 강조한 것으로 해석되곤 했다. 그러나 포괄적 안보라는 개념은 사실상 그 역의 의미도 마찬가지로 내포한 것임이 드러나게 되었다. 즉, 이 지역에서 미국의 경제적 이익을 지키고 촉진시키기 위해서 미국이 이 지역에 이미 확보해온 안보질서와 군사적 존재를 적극 유지

---

5) Ibid., p.28.
6) Ibid., p.28.
7) Ibid., p.25.

하고 활용해야 한다는 인식을 내포했던 것이다. 이러한 사고양식은 미국의 엘리트 전반이 폭넓게 공유하고 있는 것으로 생각된다. 1991년 12월 내가 참석한 미 의회조사국 주최의 비공식 세미나에서 동남아시아에 진출한 미국기업가협회의 한 대표자는 이 지역에 주둔한 미군은 미국의 투자환경 유지에 기여하는 '염가의 보험(low cost insurance)' 이라고 지적했다.

그러나 우리가 앞서 말한 것처럼, 클린턴 행정부의 외교정책은 이 행정부가 위치해 있는 역사적 환경이 가진 몇 가지 독특한 성격들 때문에 자유주의적 요소들을 내포한다는 점도 나는 지적해왔다. 클린턴 행정부는 북한 핵문제를 다루는 방식에서 유연한 정치적·외교적 접근을 증명해 보였다. 미국은 북한과 포괄적인 정치적 흥정을 수용했다. 물론 1968년 북한이 미국의 푸에블로호를 나포했을 때처럼 미국이 북한과 협상을 한 예는 과거에도 있었다. 그러나 푸에블로호의 경우 미국은 북한의 정치적 요구들에 어떤 의미 있는 양보도 하지 않았다. 1994년 클린턴 정부는 다르게 행동했다. 전세계적 차원에서 핵의 비확산을 유지하려는 노력 속에서 미국은 지난 수십 년간 그것을 전혀 허용하지 않았던 나라와 군사·정치적 흥정을 해낸 것이었다. 필자의 견해로는, 클린턴 외교의 이러한 측면은 이 지역에서의 권력정치적 동학의 반영이기도 하지만 그에 못지않게 클린턴 외교의 자유주의적 유연성의 증거이기도 하다. 그런 맥락에서 그것은 새로운 국제환경 속에서 미국 외교정책이 가진 연속성과 함께 변화의 요소를 나타내는 것이다.

이러한 두 가지 요소들——한편으로는 현실주의적인 권력정치적 접근과 다른 한편으로는 유연한 자유주의적 변화——은 1990년대에 미국의 행정부들이 세계와 한반도에 대해서 이미 취해왔고 또 앞으로도 그렇게 할 국제주의의 성격을 정의해준다. 이것은 클린턴 행정부의 외교정책이 혼합된 성격의 국제주의, 즉 현실주의적 국제주의와 자유주의적 국제주의 사이의 타협에 기초한 것임을 의미한다. 이제 의회 양원을 공화당이 장악한 만큼, 클린턴의 외교정책은 행정부 안팎의 현실주의적 세력들과의 보다 많은 타협요구에 직면할 수도 있다. 미 국방부가 1995년 초에 발표한 「동아시아 태평양 지역에 대한 미국의 전략」은 동아시아 지역에 대해 미국이 보다 영구적이고 적극적인 군사적 역할을 담당하겠다는 결의를 담고 있다. 이 결정은 이 지역에서 여전히 군사적 헤게모니를 유지하고자 하는 미국인들의 끈질긴 집착을 반영한다. 미국의 독자적인 군사력 투사능력 유지 필요성을 강조하고 있는 이 「동아시아전략」의 내용과 그 발표시기는 이 지역에서 미국의 역할에 대한 현실주의적 비전으로 클린턴 행정부가 좀더 기울어 있음을 반영하는 것으로도 볼 수 있다.

4. 종속적 군사관계 중심의 한미관계는 왜 문제가 되는가

변화하는 시대에도 불구하고 그 본질을 굳건히 유지하고 있는 한미관계에 관해 우리는 어떤 문제의식을 바탕으로 한미관계에 대한 어떤 미래상을 추구해야 할 것인가?

한반도에 관해 미국이 갖는 의미는 20세기 중반 이후 미국이 한반도와 아시아에서 수행한 역할을 상징하는 세 가지 사건을 통해 구성해볼 수 있다. 하나는 태평양전쟁에서 일본을 물리침으로써 한반도를 일본의 식민지배로부터 '해방'시키는 데 담당한 역할이다. 둘째는 한국전쟁에서 북한의 침공을, 그리고 이어서는 중국 공산주의의 개입과 대치해 미국이 수행한 전쟁역할이다. 한반도에서 공산주의적 침략과 위협으로부터 한국의 자본주의적 삶을 지켜낸 존재로서 미국의 이미지는 이 사건에서 결정적으로 각인된다. 셋째는 인도차이나에 대한 미국의 개입이다.

이 세 가지 역사적인 사건들에서 미국이 수행한 역할과 그것이 향후 아시아에서 미국이 갖게 될 역할을 연계시키는 방식은 보는 사람의 시각과 가치관에 따라 상이할 것이다. 어떤 역사적 사건을 어떻게 해석하느냐, 그리고 같은 역사적 사건에서 미국의 의미를 어떻게 볼 것이냐에 따라 크게 달라질 수 있는 것이다. 향후 아시아와 한반도에서 미국이 갖게 될 의미에 대한 나의 전망도 그로부터 예외일 수는 없을 것이다. 그러나 가능한 한 각 사건 속에서 미국의 역할이 가졌던 양면성을 다같이 지적함으로써 그런 문제점을 다소라도 극복하려는 노력은 필요할 것이다.

태평양전쟁에서 일본을 군사적으로 패배시킨 미국의 역할은 먼저 미국이 20세기에 들어서 아시아에서도 수행하기 시작한 권력균형자로서의 의미를 갖는다. 이러한 역할은 탈냉전 이후 가시적으로 전망되고 있는 일본의 정치군사대국화와 관련해 미국이 어떤 형태로든 아시아에서 지속적으로 수행할 것이 기대되는 역할이기도 하다. 다른 한편으로 종전 직후의 미국의 한반도 점령과 그 이후의 행태는 '영향권'(sphere of influence) 개념에 바탕한 미국의 권력정치적 이해관계를 나타내기도 한다. 이것은 한국인들에게는 적어도 부분적으로 '점령자'로서의 성격으로 드러났고, 이어서는 단독정권 수립을 서두른 데에서 반쪽이라도 미국의 영향권으로 굳히겠다는 '분단고착화' 세력으로서의 일면도 내포했던 것이다.

태평양전쟁에서 미국의 역할은 또한 이데올로기적 성격을 지니고 있는데 그것은 군국주의 파시즘과 자유주의적 자본주의 간의 대결을 의미했다. 이것은 소련의 역할이기도 했다. 그래서 종전 후 전개된 공산주의와 자본주의 간의 대결에서 소련과 미국은 다같이 상대방을 2차대전 당시의 대결구도의 연장선에서 규정하려고 했다. 공산권에서는 소련이 대파시즘 투쟁의 지도자로서의 권위를 연장시켜 대자본주의 투쟁에서의 정신적 지도자의 역할을 자처했으며 파시즘적 자본주의와 자유주의적 자본주의 간의 차이점보다는 그 둘간의 동질성을 부각시키려 했다. 미국과 서방에서는 대공산주의 투쟁을 과거 대파시즘 투쟁의 연장선에서 공산주의적 '전체주의'를 파시즘의 쌍생아로 규정하고 미국을 그에 대한 투쟁전선의 정신적 지도세력으로 인식했다.

한국전쟁에서 미국이 수행한 역할은 직접적으로는 북한과 이웃 공산권 국가들의 무력행동에 대한 대응세력으로서, 그리고 유엔을 동원한 데에서 보이듯이 세계적 패권국으로서 공산주의를 저지하고 자본주의 진영을 유지하며 가능하면 '롤백'을 통해 자본주의 진영의 확장을 시도하는 세력으로서 나타난다. 여기에서 미국의 역할은 기본적으로 두 가지 면을 갖는다고 생각된다. 먼저 미국은 한반도에서 일방의 무력이 다른 일방의 체제를 파괴하는 것을 막는 역할을 했다고 할 수 있다. 다른 한편으로, 미국은 일단 무력으로 개입해서 상황이 유리해지면 '롤백'을 통해 일방의 체제를 다른 일방에 강요하려 한 세력으로 나타난다. 바로 그 과정에서 미국의 엄청난 물리력은 한반도에 전례 없는 파괴의 역할을 수행한 측면이 있는 것이다.

상당부분 내전의 성격을 내포하고 있던 한국전쟁에 대한 미국의 개입은 그 후 또 다른 아시아의 내전인 베트남전쟁에서 미국이 수행할 역할의 편린을 미리 보여준 것이라고도 말할 수 있다. 한국전쟁에서 그리고 이어 베트남전쟁에서 미국은 자신의 투쟁을 그 이전 일본의 파시즘 군대와 싸우던 인식의 연장선에서 바라보면서 흑백의 논리에 바탕해 상대방의 물적 자원과 인간에 대한 총력파괴의 전략을 정당화했던 것이다.

태평양전쟁에서 미국의 역할은 파시즘 세력과 싸워 아시아에서 새로운 세력균형의 질서를 확립하는 데 기여한 하나의 정의의 전쟁 편에 섰던 것이라고도 할 수 있었으나, 곧 내전적 성격도 한편으로 내포하고 있었던 한국전쟁에 개입하면서 '침략'에 대한 이데올로기적 성전의 대응이라는 측면과 함께, 영향권 회복 또는 그 확장의 야망, 그리고 더 나아가 그 전쟁의 가운데에서 무차별적 학살과 총력파괴라는, 타락한 전쟁세력으로서의 면모를 보이게 되는데, 베트남전쟁에서는 거의 완전한 형태로 그 같은 타락한 이데올로기적 전쟁의 파괴적 성격을 적나라하고 명확하게 보여주기에 이르는 것이다.

그러한 미국의 성격은 한국전쟁에서는 적어도 세계의 언론에는 덜 가시적인 형태로 존재하고 있었다. 그래서 1950년 7월 말 충북 영동에서 400여 명의 양민을 학살한 미군의 행동이 활자화되어 비판의 대상으로 떠오른 것은 그 일이 벌어진 지 거의 반세기가 지나서 한 재야언론지상[8]을 통해서였으며, 그나마 이렇다 할 언론과 학계의 주목을 받고 있지 못한 상태인 것이다. 그에 비해 한국전쟁에서 영동학살 발생 18년 후 베트남 마을 미 라이에서 벌어진 500여 명의 양민에 대한 미군의 학살은 한 언론인[9]의 집요한 노력으로 곧 세계의 주목을 받게 된다. 그것은 한국전쟁 시기는 냉전의 절정에 있었던 만큼 미국이 궁극적으로 하나의 전쟁세력으로서 갖는 파괴적 성격이 감추어진 측면도 있었다. 또 한국전쟁은 베트남전쟁에 비해서는 상대적으로 '내전이자 혁명전쟁이었다'는 인식이 불분명하게 자리잡혀 있기도 했다. 그에 비해서 베트남전쟁은 내전이고 혁명전쟁이었다는 인식은 물론이고, 오히려 그보다 한 걸음 더 나아가 베트남 공산주의자들보다는 미국이 그 전쟁을 가꾸고 키웠다는, 즉 그것은 하나의 제국주의

---

8) 오연호, "6·25 참전 미군의 충북 영동 양민 300여 명 학살사건", 『말』, 1994년 7월호, 36~49면.

9) Seymour M. Hersh, *My Lai 4 : Report on the Massacre and its Aftermath* (New York : Random House, 1970).

전쟁이었다는 인식이 많은 세계인들에게 자리잡았던 것은 주지한 바와 같다. 뿐만 아니라 베트남전쟁의 전개는 더 노출적이었다. 그리고 냉전이 한풀 꺾여 있던 시기였기에 베트남전쟁에서의 미국의 파괴적 성격은 세계의 주목을 더 많이 받을 수 있었던 것이다.

어떤 의미에서 미국은 20세기 후반 아시아 현대사에서 세 개의 전쟁에 개입하거나 또는 그것을 유발하면서 점점 더 타락한 전쟁세력으로서의 역할을 담당하는 길을 걸어온 것이다. 태평양전쟁에서 한국전쟁으로, 또 거기에서 베트남전쟁으로 옮아간 과정은 미국이 '균형자적 역할'의 전쟁에서 '다른 사회상을 지향하는 약소민족에 대한 파괴적 전쟁세력의 역할'을 더 드러내는 쪽으로 이동해간 측면이 있는 것이다. 이것을 지적하는 이유는 앞으로 한반도에 유사시의 상황이 벌어질 때 미국은 반드시 타락한 전쟁세력의 모습을 보일 것이라고 시사하려는 것이 아니다. 미국의 균형자적 역할은 여전히 요청되고 있고 또 지속될 것이기 때문이다. 그러나 한반도에서 전쟁 위기가 있다고 한다면, 그것은 북한과 남한의 한국인들이 21세기형 첨단 대량살상무기들을 몸으로 받아내야 하는 상황일 것이다. 그리고 베트남과, 더 가까이는 중동의 경우에서처럼 거기에 개입될 결정적인 무력은 그것이 보는 사람에 따라 정의의 파괴력이 될 수도 있고 불의의 파괴력이 될 수도 있겠지만, 미국의 것일 가능성이 높다는 것을 인식할 필요가 있다. 바로 그런 유사시가 어떤 요인으로든 유발될, 만에 하나의 가능성이 있다면, 한반도와 그 주변에 존재하는 미국의 군사적 파괴력의 '과잉'이 한민족이라면 결국에는 누구도 바라지 않을 역할을 한반도에서 수행할 가능성도 존재하는 것이다. 우리가 미국과의 군사관계에 대해——특히 그것이 종속적 성격을 띠고 있는 상황에서——경계해야 할 부분은 바로 그와 같은 만에 하나의 경우에 미국의 파괴력의 과잉이 한반도에 불러올 수 있는 재난의 가능성이며, 우리는 그로부터 한반도 생태계와 민족의 운명을 어떻게 미연에 절연해낼 수 있을 것인가를 생각하지 않으면 안되는 것이다.

미국은 그 전쟁의 성격이 불분명한 전쟁에 개입하여, 즉 지역국가들이 유발했는지, 미국이 유발했는지 불분명한 '유사시'에, 빗나간 이데올로기적인 자기중심의 흑백논리로 물리적으로 개입하여 그 '유사시'를 새로이 확대된 파괴적 전쟁으로 이끌어갈 가능성, 결국 '유사시'를 자기중심적으로 '관리'하고 그래서 결과적으로는 누구에게도 비극적인 결과를 가져다 줄 '전쟁'을 수행하고 말 역사적 가능성은 언제나 존재한다는 점을 환기할 필요가 있는 것이다.

그러면 우리가 이런 역사적 인식을 어느 정도 가진다고 할 때, 향후 한반도에서 미국의 역할을 어떻게 인식하고 미국과 우리의 관계를 어떻게 설정해나갈 수 있도록 해야 할 것인가? 그에 대한 답은 먼저 우리가 미국이 아시아와 한반도에서 갖고 있는 두 가지 성격을 인정하는 데에서 출발하는 것이라고 본다. 미국은 한편으로 실용주의적 세력균형자의 역할을 수행해왔으며, '실용주의적 협상자'의 모습도 보여왔다. 1970년대 초 키신저의 데탕트 외교, 레이건 말기 및 부시 행정부 당시의 탈냉전 외교, 클린턴 행정부의 대북한 핵타협이 그러했다. 그런가 하면 다른 한편으로, 앞에서 시사한 바와 같이 미국은 이데올로기적 성전의 투사(ideological crusader)로서의 성격도 가져왔다. 이것은 미국의 외교정책에 자주 등장하는 선과 악의 흑백논리와 미국의 엄청난 물리적 힘에 뒷받침되어 엄청난 비극을 중소국가에 부과하는 경향을 갖게 되는 요인으로 작용했다. 이것은 적어도 부분적으로 한국전쟁에서, 그리고 베트남전쟁에서는 극단적인 형태로 발휘되었으며, 결과적으로는 타협을 통해 평화적 결말을 보고 있지만 1990년대 초반 몇 년간에 걸쳐 한반도 핵문제에 대처하는 과정에서 자주 등장한 미국 내 강경파들의 전쟁불사론이 그 경향의 사라지지 않는 한 편린을 보여준 바 있다.

이러한 인식에서 우리의 대미관계 관리의 과제는 한편으로는 미국이 가진 자연적인 균형자로서의 역할을 활용하되, 다른 한편으로 미국의 이데올로기적 성전의식과 막대한 물리력이 결합될 경우 한반도 유사시에 미국이 한반도에 미칠 비극적 파괴력으로부터 한반도를 지키는 것이라고 생각한다. 미국은 우리에게 있어서 멀리 해서는 안되지만 지나치게 밀착되어도 우리 자신을 잃고 더 나아가 우리가 타버리고 말 위험성이 있는 그런 존재라고 말할 수도 있는 것이다. 그것이 미국이 한반도에 대해 갖는 의미의 핵심이라는 생각을 해보게 되는 것이다.

탈냉전시대 한미관계의 과제의 핵심은 양국간의 관계를 어떻게 더 공고히 할 것인가는 아니다. 냉전을 이유로 비대할 대로 비대해진 양국간의 의존관계, 특히 그 군사적 관계를 어떻게 축소조정함으로써 보다 정상적인 관계로 만들어나갈 것인가 하는 것이 문제되어야 할 것이다.

미국은 한편으로 오늘날의 세계에서 시장경제와 정치적 다원주의의 가치를 떠받드는 실체의 한 축을 담당하고도 있지만, 미국이 가진 다른 하나의 중대한 성격은 그것이 거대한 전쟁 머신(war machine)이라는 사실이다. 이 전쟁 머신은 때로는 인도주의적 얼굴을 하며 개입의 깃발을 올릴 수도 있지만, 자신의 이해능력의 한계로 용인할 수 없는 사회상이나 지역질서를 추구하는 세력에 대해서는 미국 자신의 자기중심적 정의관(self-righteousness)과 자신의 파워에 대한 도취로 인해 거대한 파괴의 수단으로 전환될 수 있다는 것을 지난 현대사는 보여주고 있다.

베트남전쟁에 관한 대표적인 다큐멘터리의 하나인 「가슴과 마음」(Hearts and Minds)의 제목은 미국이 베트남전쟁에서 승리하기 위해서는 베트남 인민의 가슴과 마음을 사로잡아야 한다는 린든 존슨 대통령 자신의 연설의 한 어구에서 따온 것이다. 린든 정권의 전쟁수행 방식은 실제로는 그 같은 사회적 상상력이 아닌 순전한 기술적·군사적 상상력에 의하여 주도되었고, 또 바로 그 이유로 패배한 것은 하나의 아이러니일 것이다. 우리가 주목할 것은 베트남전쟁 개입을 전후한 미국의 가슴과 정신의 상태가 어떠했는가를 돌이켜 이해해보는 일이다. 위의 다큐멘터리는 바로 그 점을 잘 꿰뚫고 있다. 이 다큐멘터리는 무엇보다도 미국인들이 이데올로기적인 자기중심적 세계관과 자기의 이미지를 다른 세계에 부과(impose)하려는 경향을 보인다는 것, 즉 다른 삶의 방식에 대한 철저한 경멸을 보이는 경우가 많으며, 이것은 곧 미국인들이 그 다른 사회 인간들을 '구하기 위해 파괴한다'(destroy to save them)는 역설을 정당화하게 됨을 잘 보여준다. 어떤 민족이나 국가도 이런 경향을 가질 수 있다. 미국의 경우에 그것이 더 위험한 이유는 미국은 현재 세계에서도 상당한 군사정치적 패권에의 의지를 갖고 있으며, 그것을 뒷받침할 만한 거대한 파괴력을 유지하고 있기 때문이다.

그러므로 향후 한미관계 조정의 기본방향은 미국이 아시아에서 수행할 수 있는 균형자적 역할, 시장경제를 매개로 한 경제적 상호의존, 그리고 정치적 다원주의의 가치관의 공유에 대하여 일정한 존중과 관계유지를 전제하되 한반도가 갖고 있는 여전한 분단과 대결의 구조 속에서 미국의 자기중심적 판단과 행동으로 한반도에서 미국의 존재가 파괴적인 전쟁 머신의 잠재력을 발휘하는, 만에 하나 있을 수 있는 비극적 사태를 방지하는 것에 두어져야 할 것이다. 우리에게 필요한 것은 미국이 안고 있는 자기중심적 전쟁 머신으로서의 성향이 아무 거리낄 것 없이 한반도의 운명을 좌우할 수 있는 현재의 한미관계를 조정해, 한반도에 대한 미국의 판단과 행동에 한반도 국민이 일정한 통제권을 행사할 몇 개의 체크 포인트를 확보해내는 일이다. 한국이 과거 한국전쟁이나 베트남전쟁에서처럼 미국이라는 전쟁 머신의 '무차별 폭격지대'(free-fire zone)로 전락하는 일이 없도록 하는 것, 그것이 탈냉전 한미관계의 조정 방향이어야 하는 것이다.

이 점과 연관해 여전히 염두에 둘 일은 미국의 핵무기주의도 계속 살아 있다는 사실이다. 한반도 '유사시' 미국은 지상군 개입과 보완적으로 또는 그 지상군 개입을 대신해 핵의 사용을 제안할 가능성이 있다. 그것은 인도차이나 디엔 비엔 푸에서 덜레스의 행태에서도 보였지만,[10] 그럴수록 미국의 군사주의와 개입주의가 한반도에 만에 하나 가져올 수 있는 자멸적 결과를 경계하고, 미국의 전략적 사고에 대한 부단한 비판적 분석과 우리 자신의 열린 독립적 사고에 바탕한 민족적 안보관을 모색할 필요가 엄존한다는 것을 기억해야 할 것이다.

이를 위해서는 사고의 전환이 필요하다. 그 사고의 전환은 냉전시대에 구축된 비대할 대로 비대해진 한미간 군사동맹관계에 의존해 한반도 평화를 확보하겠다는 생각에서 벗어나, 그보다는 남북한간의 평화과정을 통해서 평화의 틀을 잡고 미국은 정치외교적 균형자로서의 역할에 머물고 미국이 가진 전쟁 머신으로서의 잠재력으로부터 한반도가 일정한 거리를 유지할 수 있도록 하는 데 있다.

이러한 우리의 인식은 미국이 항상 한반도를 중동과 같은 선상에서 미국에 사활적인 동북아 안정을 위협할 제1차적 경계대상 지역으로

---

10) 앞서 언급한 다큐멘터리 「가슴과 마음」(Hearts and Minds)에는 1954년 당시 프랑스 외무장관 조르주 비도 자신이 출연해 증언하는 장면이 있다. 이 증언에 따르면, 비도는 디엔 비엔 푸에서 프랑스의 패배 직후 제네바회담에 가는 길에 케이 도르세이(Quay d'Orsay)에서 덜레스 미 국무장관과 회동했다. 그때 덜레스는 그에게 "우리가 당신들에게 원자탄 두 개를 주면 어떻겠느냐?"(and if we were to give you two atomic bombs?)라고 제안했다. 비도는 그 증언에서 "내가 유일한 증인이다. 그 자리엔 우리 둘밖에 없었다"라고 덧붙였다.

끊임없이 지적해왔고, 실제 군사전략에서도 한반도에 자신들의 개입의 권리를 하나의 '의무'로서 정당화해오고 있는 상황이 지속되고 있기 때문에 더욱 필요한 것이다. 그런 상황에서 한반도 내부 민족의 강한 독자적 인식에 견제받지 않을 때 한반도에 대한 미국의 인식과 행동은 한국의 민족적 관점으로 걸러지고 순화되지 않은 채 미국의 직접적인 이해관계에 따라 즉자적으로 이루어질 가능성이 높은 것이다. 그럴수록 현재 지속되고 있는 '종속적 군사관계'가 중심을 이루고 있는 한미관계에 대한 반성과 수정의 노력이 필요하다고 생각되는 것이다.

그러기에 한국외교는 미국의 아시아에서의 균형자적 역할을 인식하면서도, 미국과 한반도 사이에 하나의 완충적 역할을 담당하는 외교적 비전을 가져야 하며, 가능한 한 그것을 하나의 제도적 장치로 정립시켜나가야 할 것으로 본다. 사고의 전환에 바탕한 한미관계의 조정 방향은 종속적 군사관계가 중심이 된 현재까지의 모습을 수정하는 것으로 요약할 수 있으며, 그것은 다시 크게 두 가지로 볼 수 있다. 하나는 한미동맹관계에서 종속적 군사관계의 중심성을 뒷받침하는 최대의 물적 토대인 주한미군 문제에 대한 인식을 재조정하는 것이다. 이것은 물론 한미동맹조약의 법적 성격을 바꾸지 않고도 바꿀 수 있는 점이다. 둘째는 군사동맹조약의 내용을 수정하는 문제이다. 그것은 미국이 한국정부와 상의 없이도 핵무기를 포함한 자신의 군사력을 언제라도 반입할 수 있는 조항을 수정하는 것이 그 급선무의 하나이며, 미국의 한반도 영토 내 군사기지 사용권을 포함한 이른바 전시주둔국 지원협정에 적어도 제한적인 수정을 고려하는 문제이다.

이처럼 군사동맹조약의 내용을 수정할 필요가 있다는 것을 전제로 하면서, 여기에서는 전진배치된 주한 미 군사력의 의미에 대한 재검토를 통해 한미동맹관계의 종속적 군사관계 중심성을 극복하는 문제에 초점을 맞추어보려고 한다. 주한미군은 바로 그러한 종속적 군사관계의 중심성을 뒷받침하고 유지시키는 핵심요소이다. 주한미군의 존재는 기존의 한미관계 의사결정구조의 물적 토대를 이룸으로써, '종속적 군사관계 중심의 한미관계'의 기초를 이루고 있기 때문이다.

5. 주한미군, 무엇이 문제이며 어떻게 할 것인가

주한미군의 의미에 대한 인식을 재조정한다는 것은 한반도 통일과 관련한 '평화·협력' 체제 건설 단계와 밀접히 연관되어 있다. 한반도 당사자들이 주역으로서 한반도 평화협력의 체제를 건설한다는 것은 한반도의 새로운 군사안보질서에 관한 남북간의 공동의 비전을 이끌어내는 것을 전제한다. 그것은 또한 주한 미 군사력의 역할과 장래에 대한 새로운 남북공동의 인식을 모색하려는 노력을 말하며 그러한 노력에서 한국측의 능동적인 사고의 전환을 요구한다. 한국의 통일정책과 대외관계 전략의 기본방향을 바로 그처럼 종속적 군사관계 중심의 한미관계를 기축으로 한 군사동맹의 틀에서 벗어나 남북간의 평화과정을 중심으로 잡아나가는 것, 이것이 바로 탈냉전시대 한반도에서 주한미군의 의미를 변화시키는 핵심이라고 할 수 있다. 여기에 사고의 전환이 요구되는 것이다.

북한은 주한미군 철수문제를 최근에 이르기까지도 간헐적으로 제기해왔다. 특히 지난 북한 핵문제 전개과정에서 미국 군부 중심의 강경론이 거셀 때마다 북한은 주한미군 문제를 재차 거론해온 것이 사실이다. 또 다른 한편으로는 북한 스스로도 주한미군의 한반도에서의 '안정자'적 역할을 인정하고 있는 듯한 태도를 보이는 것으로 해석되기도 한다. 주한미군 문제에 대한 북한의 진의는 물론 남북간 대화와 군사정치 문제 토의들을 통해서 확인해나갈 수 있을 것이다. 그러나 북한이 어떤 경우에도 주한미군의 현재의 존재방식과 활동방식을 긍정할 것으로 기대하는 것은 무리일 것으로 본다. 북한이 다소간에 주한미군의 긍정적 기능을 묵인한다 하더라도 그 존재 및 활동방식에 대하여 여러 가지 형태의 이의를 제기할 수 있다. 또 보다 적극적으로는 북한의 공식입장이 그러한 것처럼 한반도 평화군축체제 구축과 연계하여 단계적 철군을 주장할 수도 있다.[11]

이 점에 비추어 우리는 주한미군 문제에 대한 막연한 긍정역할론에 머물기보다는 한반도 평화군축체제에 연계한 방식으로 주한미군의 존재 및 활동방식에 대한 실질적인 변화를 수용하고 장기적으로는 상당 수준의 외국 군사력의 존재에 의존하지 않는 한반도 남북간 평화안보체제에 대한 비전을 개발해야만 할 것으로 생각한다. 군사적 종속성이 더이상 지배적 위치를 점하지 않는 새로운 한미관계의 비전을 모색할 필요가 있는 것이다.

한미관계에서 주한미군의 역할과 위상을 비판적으로 조명하여 그것에 기초한 종속적 군사관계 중심의 기존 성격을 극복하는 것, 그래서 한미군사관계가 아니라 남북간의 평화과정을 중심에 놓고 한미군사관계를 그런 기준에서 조정할 필요가 있다고 할 때, 그러한 변화에 가장 장애가 되는 것은 먼저 앞서 논의한 바 있는 미국의 아시아 및

---

11) 가장 최근에 정리된 북한의 군축제안으로는 1990년 6월 4일 북한 유엔 대표부가 안보리 의장에 제출한 서한을 들 수 있다. "Disarmament Proposal for Peace on the Korean Peninsula adopted at the Joint Meeting of the Central People's Committee, the Standing Committee of the Supreme People's Assembly and the Administration Council of the DPRK on May 31, 1990," *Korea Update*, July-August 1990, pp.12~13. 이 제안에서 북한은 한반도 군축과정을 네 단계로 나누고 있다. 1) 남북간의 신뢰구축 2) 남북간의 군비감축 3) 외국군대의 철수 4) 군축과 그 후의 평화보장. 외국군 문제와 관련해서, 이 문서는 보다 구체적으로 미국군대와 장비를 남북간의 군비감축과 연계해 단계적 방식으로 완전철수할 것을 제안하고 있다. 위의 문서, 13면.

한반도 정책의 연속성을 들 수 있다. 그러나 그에 못지않거나 그보다 더 중요한 문제는 한국 집권층의 대미인식이다. 한미 양국의 엘리트층 전반에 광범하게 퍼져 있는 사고방식은 한국의 주한미군의 존재를 가능한 한 오래 필요로 한다는 가정이다. 이들이 그 근거로 제시하는 전형적인 이유는 두 가지이다. 첫째, 주한미군의 존재는 북한에 의한 잠재적인 군사적 모험주의에 대한 강력한 (그리고 심지어는 궁극적인) 억지력으로 기능한다는 것이다. 둘째, 그들은 주한미군이 동북아시아에서 세력균형을 유지하는 데 필수적인 것이라고 주장한다.

따라서 종속적 군사관계 중심성의 주요 토대인 주한미군 유지론을 재평가하고 수정한다는 것은 이 두 가지 기본논리들에 대한 비판적 고찰을 요구한다. 결론부터 말한다면, 나는 주한 미 군사력의 지속은 한반도를 위해서 필요한 것도 바람직한 것도 아니라고 본다. 주한미군을 북한의 군사적 공격 가능성에 대한 궁극적 억지력으로서까지 보는 여전히 지배적인 인식은 그릇된 것이다. 한반도에서 주한미군이 있든 없든 남북 어느 일방에 의한 침략적 행동은 상호공멸을 초래할 수밖에 없는 자살적 행동이다. 그것은 데이빗 헨드릭슨의 표현을 빌리자면 '니힐리즘적 침략행위'이다. 만일 북한이 그러한 행동을 할 준비가 되어 있다면, 미군의 존재는 억지력일 수도 있지만 그와 반대로 오히려 그런 행동을 더 유인하는 요인으로 작용할 수도 있을 것이다.

한반도에 진정 전쟁에 대한 궁극적인 억지력이 존재한다면 그것은 더 많은 군사력 배치에 있는 것이 아니라 남북한간의 새로운 관계 속에서 찾아져야 한다. 여기에서 평화의 궁극적 보장은 두 한국간의 평화적 통일이다. 평화적으로 통일된 한국은 또한 동북아에서 다자적인 안보체제와 함께 우리 자신이 세력균형을 위한 건설적인 정치적 역할을 담당할 수 있는 능력을 구축하는 유일한 기초이기도 한 것이다. 그렇다면 미군의 한국 주둔의 장단점을 판단하는 궁극적인 기준은 그것

232

이 한반도에서 그와 같은 평화과정을 촉진하는 데 기여하는가 저해하는가에 대한 평가이어야 할 것이다.

우리는 주한 미 군사력이 몇 가지 점에서 한반도의 안정을 유지하는 데 긍정적인 효용이 있다는 것을 인정할 수도 있다. 그럼에도 불구하고 그것이 갖는 기능은 그 총체적인 맥락에서 평화과정을 억제하고 고밀도의 군사적 대결과 군비경쟁을 지속시키는 성격의 것일 수 있다. 그런 경우에는 우리는 한반도에서 외국 군사력이 없는 평화와 안정에 관한 새로운 개념을 모색할 필요가 있는 것이다.

비군사적 측면들이 일차적인 중요성을 갖는 미래의 한미관계에 대한 새로운 개념은 한국에서 미 군사력의 의미에 대한 다음과 같은 비판적인 검토에서 출발할 수 있을 것이다.

첫째, 남북한 사이의 군사력 균형에서 북한이 우위에 있다는 (한미 양국 정부의) 공식적 입장에 대해서 갈수록 많은 회의가 제기되어왔다. 한국인들 내부에서도 주한미군을 제외하고도 한반도 군사력 균형은 남한이 유리한 상황에 있으며,[12] 북한은 남한에 대해 군사적 모험

---

12) 남한의 국방비 예산은 1990년에 106억 달러에서 1993년 120억 달러로 3년 동안 13.6퍼센트 상승했다. 대조적으로 북한의 국방비 예산은 1990년 52억 달러에서 1993년 21억 달러로 두 배 이상 감소했다. *The Military Balance 1990~ 1991* (London : International Institute for Strategic Studies) ; *The Military Balance 1991~1992* ; *The Military Balance 1992~1993* ; *The Military Balance 1993~ 1994*. Richard K. Betts, "Wealth, Power, and Stability : East Asia and the United States after the Cold War," *International Security*, Winter 1993/94, vol.18, no.3, p.42에서 재인용. 1970년대와 1980년대의 남북한 군사 균형에 대한 전반적인 비판적 분석으로는 Stephen D. Goose, "The Military Situation on the Korean Peninsula," in John Sullivan and Roberta Foss eds., Two Koreas-One Future? (Lanham, MD : University Press of America, 1987), pp.55~94. 리영희 교수의 1989년 논문은 한반도의 군사적 균형에 대한 획기적인 지성사적 의의를 갖는 것이다. 리영희, 「남북한 전쟁능력 비교연구」, 『사회와 사상』(서울 : 한길사, 1989), 1989. 9. 이 주제에 대한 필자의 논의는 이삼성, 『한반도 핵문제와 미국외교』(서울 : 한길사, 1994), pp.236~64.

을 감행할 의도도 능력도 없다는 인식이 점증해왔다.

둘째, 한국은 이 지역에서 한 나라의 군사력에 자신의 평화와 안보의 문제를 지나치게 의존하는 체제로부터 가능한 한 빨리 벗어나 주변의 여러 나라들과 다변화된 실질적인 협력체제를 모색하면서 그들과 함께 평화를 위해 일하는 방법을 배워나가야 한다.

셋째, 미국은 한국민의 평화의 이해관계에 바탕해서가 아니라 미국의 엘리트층 자신의 다소 상황적인 이해관계에 기초해 자신들의 군사력을 한반도에 계속 주둔시킬 것인지 철수할 것인지를 결정하게 될 것이다. 미 군부가 한국을 떠나기로 결정할 때는 미국인들은 군사력 공백을 메워야 한다는 명분을 내세우며 한국에 군사무기판매를 증대시킬 것이고, 그럼으로써 남한에서의 군사력 증강을 조장하는 행태를 보일 것이다. 그들이 주한미군을 유지시키기로 결정할 경우에는 그들은 계속해서 한국의 방위분담금 증액을 위해 압력을 넣을 것이다. 어느 쪽이든 이것이 바로 한국인들 자신이 평화에 대한 대안적인 비전을 발전시키는 데 실패할 경우 벌어질 불행한 상황들이다.

넷째, 미국은 한반도에 대한 군사력 주둔과 상관없이 아시아 태평양 세력으로 남을 것이다. 미국이 다른 동아시아 국가의 잠재적인 군국주의적 행태를 견제할 능력은 한국에 대한 미국의 물리적인 군사적 주둔에만 의존하는 것이 아니다. 한국에 미군이 없다고 해서 동아시아에 대한 미국의 군사력과 영향력이 전적으로 사라지는 것을 뜻하지는 않는다. 미국이 한국을 떠나는 경우에도 그들은 이 지역의 다른 장소들에 대한 군사력 주둔 지속을 포함해 동아시아에서 여러 가지 형태로 군사적 현존을 계속할 것이다. 동아시아에서 '지역적 균형자'의 역할이라는 미국 자신이 자처한 역할은 오늘날 세계에서 미국의 근본적인 이해관계의 한 부분이다. 그러므로 한반도에 대한 미군의 군사력 주둔 지속 여부가 어떻든간에 미국은 그것의 본성 자체로 인해서

이 지역에서 미국 이외의 다른 팽창주의적 세력이 등장하는 것을 제어하는 역할을 수행할 수밖에 없는 것이다.

미국과 아시아 사이에 놓여 있는 태평양이라는 지리적 거리가 운위된다. 그러나 태평양은 지리학적 관점에서는 미국의 아태국가로서의 위상에 한계를 부과할 수 있으나 지정학적 차원에서 그것은 미국의 강력한 해상전력에 바탕한 세계적 역할의 핵심무대로서의 의미를 더 강하게 띠어가고 있으며, 태평양이 미국의 세계전략에 갖는 이러한 의미가 강화될지언정 근본적으로 후퇴하는 일은 일어나기 어렵다고 보아야 한다. 21세기에 이르러서는 태평양이 부과하는 지리적 거리감은 더욱더 희박해져갈 것이다.

보다 근본적으로 말해서, 한국이 일본의 정치군사대국화에 유연히 대응할 외교역량을 갖추는 데에는 통일한국의 완성이 가장 근본적이고 유일한 조건이다. 일본은 미국의 견제 여부를 떠나 일정한 수준, 그들이 말하듯이 경제력에 걸맞은 정치군사적 능력과 역할을 갖춘 정상적 '보통국가'로 나아가게 되어 있다. 한국외교가 할 일은 미국, 중국, 러시아와 일정한 정치외교적 공조를 통해서 일본의 정치군사대국화의 속도, 성격, 방향을 조정하는 일이며, 일본의 그 같은 정치군사대국화가 곧 일본 내 군부권위주의 및 대외팽창주의의 등장이라는 군국주의화로 나아가지 않도록 하는 일이다. 말하자면, 일본이 어떻든 장기적으로 나아갈 정치군사 역할확대에 기초한 '보통국가'로의 변화를 현실적으로 수용하되, 일본의 그 같은 정치적 에네르기가 동북아의 불안정이 아닌 평화의 구축에 기여하는 건설적 방향으로 나아갈 수 있도록 동북아 및 국제정치 무대에서 우리의 외교역량을 증대시켜나가야 하는 것이다.

그러한 노력은 한국의 정치외교적 비전과 능력에 달려 있는 것이지, 한국에 주둔한 몇만의 미군이 대신해주는 것이 아니다. 외국 군사력의 주둔 지속은 우리가 자신의 외교를 거의 전적으로 미국에 의존해온 그간의 두뇌 없는 외교체제에 계속 안주하게 만드는 물적 토대이다. 그럼으로써 우리의 독립적이고 거시적인 외교능력의 성장을 저해한다. 우리가 필요한 것은 우리 땅의 외국의 하드웨어가 아니라 우리 자신의 정치외교적인 소프트웨어의 배양이다. 이러한 외교비전과 능력의 배양은 곧 남북한 정치군사협상에 바탕해 주한미군 없는 한반도 안보와 평화의 체제를 구상하고 실현해나가는 과정에서부터 출발해야 하는 것이다.

우리는 일본의 정치군사 역할확대와 군국주의화를 냉정하게 구별해야 한다. 우리는 일본의 과거청산이라는 일정한 조건을 전제로 일본의 정치군사대국화를 일정한 수준에서 현실로 받아들일 필요가 있다. 그것 자체를 일본의 군국주의화와 동일시하고, 이에 막연하고 감정적인 방식으로 대응하는 차원에서 군비증강과 주한미군의 반영구적 지속, 또는 심지어 한국의 핵무장 필요성까지도 정당화하는 경향이 일부 존재하는 것은 우려할 만한 것이다. 일본의 정치군사대국화 경향에 대한 근본적인 대책은 장기적인 수준에서 모색되어야 하고, 또 그 장기적인 대책은 남북간 정치군사공조의 가능성을 실현하는 한반도 평화정착과 정치공동체 형성에서 찾을 수밖에 없다. 한국군의 무절제한 현대화작업이나 주한미군의 주도에 의한 한반도에서의 군비증강 지속은 그런 장기적 대책의 모색을 방해할 것이다.

마지막으로, 한국에서 미국의 군사적 주둔은 군사적 긴장을 줄이기 위한 남북한간의 진지한 노력의 진전을 방해하는 기능을 갖기 쉽다는 점을 주목해야 한다. 미군이 한반도에서 안정을 유지하는 기능을 갖는다는 주장도 일리가 있는 반면에 우리는 한국에서 미국 군사력의 물리적 주둔(미국의 존재 자체와는 다른 의미에서의)은 한반도의 정치군사적 대결구조의 실질적인 변화를 상당부분 저해하는 방향으로 작용해왔다. 한국에 주둔한 미군사령부의 지도자들은 흔히 미국정부 내의 현실주의적인 군사 중심적 시각을 직접적으로 한반도에 투영시키는 켄베이어벨트로서의 역할을 적어도 두 가지 의미에서 담당해왔다.

첫째, 주한미군의 지도층은 미 행정부들 내부에서 진행되곤 했던 한반도정책 관련 논쟁들에서 미 국방부의 안보지상주의적 태도를 지원하는 경향이 강했다는 점에서 주한미군 사령부는 미국정부 안의 현실주의적 매파세력들의 중요한 물적 토대라고 할 수 있다. 나는 한미관계의 본질인 '종속적 군사관계 중심성'은 한국의 집권층과 미국 내부의 현실주의적 분파와의 동맹에 의하여 지속되고 있다고 보고 주한미군의 존재는 한국 집권층과 미국 내 보수적 현실주의 분파와의 그 같은 '매파동맹'의 중요한 물적·정책 채널상의 기초로 작용하고 있다는 것이 나의 생각이다.

둘째, 주한미군은 한미방위조약에 따라서 한국정부 안팎의 다양한 시각을 가진 세력들과의 실질적인 의견교환 없이 한국에서 군사력을 들였다 철수했다 할 수 있는 권리를 향유해왔다. 미래에도 역시 이런 점은 남북한이 한반도에서 군비경쟁을 통제하고 궁극적인 군비축소로 나가기 위해 벌일 수 있는 새로운 노력들을 저해하는 요인으로 작용할 수 있다.[13]

주한미군의 존재는 군축보다는 군사력 유지를 통한 '힘의 우위 확보' 논리에 바탕해 남북한 군사력 균형 인식과 한미 양국의 대북정책

---

13) 이러한 점에서 주한미군 사령관들의 '위협의 과장'(threat-mongering)에 대한 앤드류(W. Andrew)의 기록을 살펴볼 가치가 있다. W. Andrew, "Army Chief Sees Threat from N. Korea," *Washington Times*, Feb. 15, 1986, p.6. 다음 글은 General Wickham에 대해 다루고 있다. Peter Hayes, *Pacific Powder keg : American Nuclear Dilemmas in Korea* (Lexington Books, 1990), p.300. 북한 핵문제 논쟁 기간에 보여진 주한미군 사령관의 강경노선에 대해서는 졸저 『한반도 핵문제와 미국외교』, pp.74~75, 92, 107~8, 158, 261.

을 뒷받침하는 경향을 보여왔다. 주한미군이 그런 경향을 유지하는 첨병역할을 담당해왔고 또 앞으로도 그럴 것이다. 주한미군의 존재는 한반도 군사력 균형 인식 및 대응체제의 두뇌 역할을 미군이 담당하는 상황을 영속화시키며, 그런 가운데 한민족 내부의 독자적이고 창의적인 평화정착 노력을 원천봉쇄하는 경향을 띠게 될 것이다.

그런 의미에서 주한미군은 미국의 대한반도 정책에서 미국 내 군사주의적 세력의 영향력을 뒷받침하는 중요한 물적 토대로서 기능해왔고 앞으로도 그 점에 근본적 변화는 없을 것으로 보이는 것이다. 미국 군부 중심의 그 같은 군사주의적 관점과는 달리, 우리는 남북한의 평화적 통일을 위한 환경을 창조하기 위해서 북한 관련 문제들에 대한 덜 군사 지향적이고 보다 열린 정치외교적 시각을 폭넓게 추구하여야 한다. 앞서 논의한 것처럼 한국의 미국 군사력은 한반도에서 그러한 비군사적 접근을 촉진하기보다는 그 반대의 경향을 갖는다. 그것은 보다 많은 군사력 증강과 최악의 시나리오에 바탕한 군사계획을 조장하며 한반도와 그 주변에서 미국의 군사적 기득권을 손상할 가능성이 있는, 북한과의 어떤 정치적 대화에도 가능한 한 저항하는 경향을 띠고 있다.

안보를 위해서는 물론 최악의 시나리오를 가상한 계획들도 필요하다. 그러나 문제는 우리가 상대방의 능력과 의도에 대하여 명확한 정보를 갖고 있지 않을 때 무조건 최악의 시나리오를 가상한 군사계획들을 앞세우는 것이 과연 진정 안보에 이로운 것인가 하는 점이다. 이러한 다소 불투명한 상황에서는 최악의 시나리오에 바탕한 사고와 함께 정치적 접근 간의 균형된 관점을 취할 필요가 있다는 것은 저명한 전략전문가들에 의해서도 자주 지적되어온 점이다. 한반도에서 미 군사력은 미국 내 현실주의적 보수주의자들 사이에 지배적인 군사 중심적인 최악의 시나리오 사고를 강화하는 경향이 있다.[14]

238

존속이든 철수든 이 문제에 대해 미국이 주도하고 이에 한국이 이끌려 다니는 주한미군 논의는 한반도 평화정착과 연결된 방식으로 전개되는 것이 아니라 그와 역행하는 방향으로 전개되기 마련이다. 미국이 주한미군을 유지하겠다고 할 때 주한미군은 한국의 방위비 분담을 촉구하고 한반도에 각종 첨단무기를 이전하거나 한국군에 판매하는 주요 통로의 하나로 기능한다. 북한 핵문제에 긴장이 고조되고 있던 1994년 초 미국이 일단 주한미군에 패트리어트 미사일부대를 대거 파견했다. 이것은 그에 그치지 않고 장차 한국군에 패트리어트를 대량판매하는 전단계로 인식되었다. 이는 주한미군의 존속이 갖는 바로 그러한 경향의 최근의 한 예이다. 또 미국이 주한미군을 전면적이든 단계적이든 철수하겠다고 나서는 경우에도 미국은 이를 북한과의 군축협상에 임하는 한반도 평화정착 과정과 연계하는 것이 아니다. 미국은 주한미군이 철수하는 대신에 한반도에 남쪽에 불리한 군사력 균형이 형성될 가능성을 주장하면서 남한에 대규모 군사무기 판매를 추진하는 경향을 보일 가능성이 높다. 자신들이 주둔하는 경우에도 그랬으므로 자신들이 철수하겠다고 할 경우는 그 군사판매 압력이 더욱 심각해질 것이다.

주한미군이 한반도 군비증강의 주요한 채널로 기능하고 있는 비근한 사례로서 1995년 3월 15일자 주요 일간신문에 보도된 내용을 보자. 주한 미사령관 게리 럭이 '군현대화계획'의 일환으로 추진하고 있다는 주한 미군 증강계획을 밝혔다. "1) 지난 2개월간 약 20대의 다목적 고속이동차량 부산 하역, 2) 1995년 하반기에 공격용 아팟치 헬기 24대를 한국에 배치함, 3) 내년(1996년)까지 군장비 비축의 일환

---

14) 최악의 시나리오 구상의 자멸적 효과(self-destructive effects)에 대해서는 Richard K. Betts, "Surprise Despite Warning : Sudden Attack Succeed," *Political Science Quarterly*, vol.95, no.4, Winter 1980/81.

환으로 다목적 고속이동차량 5백 대 추가 한국 배치, 4) 1995년 5월 미 2사단 배치용으로 M1A 애브람스 탱크 150대 추가배치, 5) 또 그와 별도로 M1A 애브람스 탱크 140대를 유사시 대비 비축할 예정"이라고 했다.[15] 이런 사례들은 한반도 통일과정의 기본 중간단계인 남북연합 수준의 남북통합에 필수적인 한반도 평화군축체제 건설에 주한미군의 존재와 그 활동방식이 언제라도 구조적인 제약요인으로 작용할 수 있음을 말해주는 것이다.

그럼에도 불구하고 당분간은, 남한은 가능한 한 오래 미국의 군사적 현존에 계속 의존하려 할 가능성이 높다. 대안적인 외교적 비전을 갖춘 정치세력이 남한에서 정부권력을 장악하는 데 성공할 가능성은 크지 않기 때문이다. 이러한 상황에서 남북관계에 극적인 변화가 없는 한, 한반도 정세를 변화시킬 이니셔티브는 미국 내 자유주의자들과 현실주의자들 간의 권력관계가 변화할 때 미국정부로부터만 올 가능성이 높다.

그러나 우리는 이 문제에 대해 수동적으로 남아 있어야 할 이유는 없다. 남한에서 국내정치의 잠재적인 유동성과 동북아의 점증하는 지역통합의 기운은 한반도와 그 주변에서 보다 창조적이고 독립적인 평화와 안보의 비전이 번영하는 데 유리한 상황을 제공 줄 수 있기 때문이다.

---

15) 미국은 이 부분을 정당화하기 위해 언론플레이를 한 것으로 보인다. 미국측은 3월 14일 워싱턴에서 '한반도의 평화전망'이란 학술회의를 열었다. 여기에서 미 몬테레이 국제문제연구소(MIIS)의 핵확산 금지계획(PNS) 선임연구원 그레그 제라디와 제임스 플로트는 북한의 스커드 미사일부대 배치상황을 강조했다. 미 국방부가 주한미군 군사력 증강상황 발표를 이와 때를 맞춘 것은 우연한 일은 아닐 것이다. 국내신문 『동아일보』는 미 국방부의 주한미군 증강상황에 대한 3단짜리 기사 바로 위에 그보다 훨씬 크게 8단에 걸쳐 워싱턴 세미나의 북한 미사일 배치문제를 다루어주었다.

우리는 미국과의 새로운 비군사 중심적 관계를, 외국군대의 주둔을 전제하지 않는 안보와 평화의 비전을 예측 가능하고 평화 촉진적인 방식으로 모색할 준비를 해야 한다. 예측 불가능한 외적인 변화들에 의하여 다급하고 그래서 군사적 긴장을 조장하는 방식으로 미군 없는 안보틀을 고안하지 않으면 안되는 상황이 갑자기 도래하기 전에 그렇게 해야 한다. 이것은 주한미군의 즉각적인 철수를 제안하는 것은 아니다. 나는 외국 군사력의 주둔에 의존하지 않는 한반도의 안보의 틀을 사고하기 시작할 때가 되었다는 것이며, 한미간의 안보조약이 갖고 있는 일정한 정치적·상징적 요소들은 유지하는 반면에 평화조약과 군비축소(그리고 동북아의 다자간 안보제도를 위한 보다 포괄적인 노력들)를 위한 남북간의 진지한 협상이라는 평화과정을 통해 한국 내 외국 군사력의 물리적 주둔을 대체해나갈 것을 제안하고 있는 것이다.

이 같은 우리의 의지와는 상관없이 클린턴 정부가 1995년 초에 발표한 미국의 동아시아전략 보고서는 한국에 미 군사력 주둔 지속을 명확히함과 동시에 한국의 군사력 증강을 계속 부추길 계획임을 드러낸 바 있다. 이 문서는 말했다. "대한민국의 군사력 현대화계획(force improvement plans)은 꾸준한 페이스로 계속되고 있다. 한국은 더 강력하고 기동성 있는 탱크들, 중거리 자가추진대포(mid-range and self-propelled artillery), 대(對)대포 레이더(counter battery radars), 장갑수송차(armored personnel carriers), 첨단 전투기, 수송용 헬리콥터(lift helicopters) 그리고 해안 방위함들을 추가함으로써 군사력을 계속 현대화하고 있다. 한국 지상군의 전투력도 보다 기계화되고 더 무장된 부대들을 조직함으로써 계속 향상되고 있다. 한국군은 실전훈련과 실전 시나리오들(combat-driven training and exercise scenarios)의 숫자와 규모를 늘리고 있다."[16] 이것은 미국이 한반도에서 남한측의 군사력 현대화 프로그램이 지속되어야 할 필요성을 강조하고 앞으로도 그런 노력을 부추길 의향을 분명하게 드러낸 것이었다.

아울러 미국은 향후 한반도를 비롯한 세계 주요 지역에서 미국의 군사적 역할을 미국의 상대적인 이점을 적극 활용하는 방식으로 세계적 안보체제에 기여하고 있다고 주장하고 있는 점을 주목할 필요가 있다. 위의 1995년 미 국방부 전략문서는 한국 방위에 필요한 지상전력의 대부분은 한국이 담당하지만 미국은 한국 등 동맹국들에 해군, 공군 및 정보력에서 비교우위를 갖고 있음을 지적하고, 그것이 상호보완관계에 있음을 시사하고 있다. 이 문서는 한반도에서 "예측 가능한 미래까지는 가능한 최강의 억지력을 유지하기 위해 미국의 지상군이 필요하겠지만 미국은 점차로 주도적 역할에서 지원적 역할로 옮아갈 것"이라고 지적하고 있다.[17] 이것은 현재 2사단 중심의 지상군이 주축인 주한 미 군사력의 기능을 장기적으로는 해공군 중심의 것으로 변화시킬 수 있다는 것을 시사한 것이기도 하다. 이러한 미국의 전략은 장기적으로 주한미군 전력 중 지상군은 단계적으로 축소시키되 주한미군 자신의 해공군 전력 증강 내지 지원체제는 유지시키면서 한국 지상군 재래전력의 가일층의 현대화를 촉진시키겠다는 전략으로 볼 수 있다.

이러한 미국의 장기전략 방향은 상당히 오래 전부터 확립되었으며 그것이 앞으로도 지속될 것으로 보인다. 예를 들면, 1992년 초 리스카시 당시 주한미군 사령관은 한반도 전쟁게임(war game)을 실시했으며, 그 결과를 토대로 한국군에게 지상군 전력 증강을 촉구했던 것으로 한국군 관계자들이 밝힌 바 있다. 리스카시는 한국군이 지상군 전

---

16) The Department of Defense, *The United States Security Strategy for the East Asia-Pacific Region*, op.cit., pp.26~27.

17) Ibid., p.27.

242

력 증강에 얼마만큼 투자하느냐에 따라 북한의 남침에 대해 남한이 서울 북쪽에서 방어하느냐, 서울에서 방어하느냐, 또는 그 이남까지 후퇴해야 하느냐가 결정될 것이라고 주장했다. 그는 해공군력은 미국이 언제든지 그리고 얼마든지 지원해줄 수 있으니 한국군은 우선 지상군 위주로 전력 증강을 해야 한다고 강조했다.[18] 주한 미사령관이 미국 군부를 대표해서 한국군에게 지상군 전력 증강사업을 앞당기도록 단단히 겁을 주었던 것이다. 이것을 보도한 『조선일보』의 해당기사는 당시 한국군 관계자들 사이에 "미군측이 비싼 미국제 최신 무기를 판매하려고 일부러 비관적인 시나리오를 제시한 것이 아니냐고 의심하며 반발하는 사람들이 많아서" 한국은 미군측의 제안을 받아들이지 않았다고 주장했다. 그러나 실제로 한국군은 북한 핵문제 전개과정에서 미 군부가 주도한 전쟁불사론에 밀려 한국군 현대화 일정을 앞당겨 미제 무기들을 사들이기로 결정한 바 있었다.[19]

어떻든 미국의 그 같은 태도에서 우리는 미국의 대한반도 군사정책과 관련한 두 가지의 의도를 확인할 수 있다. 첫째, 미국은 한국군이 지상군 전력을 중심으로 군사력 현대화를 하도록 압력을 넣기를 계속하고 있는 것이다. 둘째, 미국은 한반도와 그 주변에서 해공군력과 정보력에 있어서의 패권적 위치를 계속 유지하고 그것을 통해 평시와

---

18) 『조선일보』, "주한미군 50년," 1995. 9. 24.

19) 1994년 봄 미 군부의 강경론을 이끌던 윌리엄 페리가 방한하기 얼마 전인 그해 4월 12일, 한국 국방부는 대포(對砲) 레이더 장비 등 8백억여 원어치의 미국제 무기를 당초 계획보다 1〜2년 앞당겨 도입하기로 확정했다. 이 사실은 1994년 4월 26일 밝혀졌다. 한국 국방부는 율곡사업에 대한 특별감사 결과 팬텀기 성능개량 사업이 백지화되는 등 율곡사업조정으로 예산에 여유가 생긴 탓이라고 설명하기도 했으나, 한국군 관계자 스스로 주한미군측이 1994년 들어 전쟁에 대비한 한국군의 장비보강을 강력히 요청함에 따라 한국정부가 미군측이 요구한 3종의 무기구입을 앞당기기로 한 때문이라고 밝힌 바 있다. 『조선일보』, 1994. 4. 27; 이삼성, 『한반도 핵문제와 미국외교』, 158면.

그들이 말하는 '유사시'에 다같이 이 지역에서 주도적인 군사역할을 담당하겠다는 의지를 보이고 있는 것이다.

미국이 한반도에서 자신의 역할을 주도적인 기능에서 보조적인 기능으로 바꾸겠다는 의미는 지상전력의 '상대적' 축소의향을 의미하는 것일 뿐이며, 한반도에서 전략적 판단과 대응의 주도 역할이라는, 한미간의 종속적 군사관계 그 자체의 본질에는 변화를 허용하지 않겠다는 의지를 천명한 것으로 볼 수 있을 것이다. 미국과 한국 정부는 그러한 변화를 미국 역할의 '보조 역할'로의 전환이라고 주장하지만, 현대전에서 해공군의 첨단무기의 전략적 활용과 정보력이 결정적 요인을 이루는 점을 감안할 때, 그것은 단순한 보조역할이 아니라 한국군이 제공하는 지상군이라는 몸통을 미국이 주도적으로 활용하면서 군사적 대응의 판단과 수행의 두뇌 역할을 미국이 계속 장악하겠다는 의도를 말하는 것에 다름아니라 할 것이다. 이 점에 오해가 없어야 한다. 미국은 이 점을 염두에 두면서 한국의 군사력 증강과 현대화의 방향을 계속 '지도'하려 할 것으로 보아야 할 것이다.

우리의 관점에서는 주한미군이 해공군력과 정보력을 바탕으로 장악하고 있는 한반도와 그 주변에 대한 군사전략적 지배력으로부터 단계적으로 독자성을 확보해나갈 필요가 있다. 물론 이것은 한반도 평화정착을 위한 남북간의 군축협상과 연계되어야 한다. 한국이 군사적 두뇌를 미국으로부터 회복하고 또한 남북간 군축협상에 유연하게 적응할 수 있는 방안은 무엇인가? 그것은 한국이 지상군을 축소하면서 해공군력을 보강하는 방향으로 나아가는 것이라고 생각한다. 지상군은 어떤 의미에서 유사시 '점령군'의 성격을 띠기 쉽다. 반면에 해공군력은 전략적 방어력의 의미를 지상군에 비해 더 강하게 띨 수 있다. 지상군의 축소와 해공군력의 상대적 보강은 바로 그런 의미에서도 한반도에서 남북간의 군사적 평화정착의 방향이 될 수 있는 동시에 동아시아에서 전략적 균형자로서의 한국의 능력을 키우면서 미국과 일본 주도의 전략역할 독점을 부분적이고 단계적으로 극복해나갈 수 있는 길이라고 생각되는 것이다.

남북한 군사력 구조를 이런 방향으로 재편해나가는 것은 물론 남북한간에 평화체제와 군축에 관한 협상이 본격화될 때 가능한 일이다. 거꾸로 바로 이러한 인식을 모색하고 공유하는 것은 남북간 군축협상의 진전에도 기여하게 될 것이다. 남북한이 해공군력의 상호균형과 유지 내지는 부분적 보완에 동의하면서 지상군의 대폭 감축을 추진하는 방향으로 나아가는 것은 그런 의미에서도 남북한이 다같이 검토할 만한 가치가 있다고 생각된다.

한국정부는 미국의 인식변화도 유도하면서 평화조약과 군비축소에 관한 북한의 제안들을 순전한 정치선전으로 취급해온 그간의 한미 양국의 냉소적 태도를 수정해야 한다. 그럼으로써 북한과 협상 테이블에 앉아 외국 군사력에 의존하지 않는 평화의 비전에 기초해 협상과 상호검증의 체제를 구축하기 위한 발걸음을 시작하지 않는 한, 한반도에서 평화과정은 결코 시작되지 않을 것이다.

우리는 북한과의 정치협상과 군축 등 군사협상에 적극적으로 임함으로써 한반도 정세변화의 주도권의 중요한 부분을 획득할 수 있도록 해야 한다. 이럴 때만이 한반도 평화과정의 추진력이 북미협상이 아닌 남북협상의 차원으로 옮겨질 가능성이 생긴다. 이러한 한반도에서의 평화과정(peace process)과 연계해 주한미군의 철수문제를 사고할 필요가 있다. 이것은 물론 주한미군의 즉각적 철수를 의미할 필요는 없다. 주한미군 철수는 한반도 통일과정의 첫단계로서의 '평화·협력' 단계에서 진행될 일정한 수준의 남북한 군축과 함께 시작되어 그러한 군축이 더욱 본격화되는 남북연합 단계에서 마무리되는 단계적 과정으로 설정해볼 수 있을 것이다. 중요한 것은 주한미군 철수의 시기보다는 남북한간의 정치·군사협상이라는 한반도 평화과정의 기본 축과 연계해 우리 자신의 시각으로 외국군대의 존재 및 활동방식을 제한하고 결정해나가는 비전과 노력 그것 자체이기 때문이다.

동아시아에서 대안적인 외교정책의 비전에 관해서는 우리는 두 개의 상이한 외교적 원칙들을 종합하는 방법을 배워야 할 것이다. 한편으로 우리는 제한된 것이나마 우리 자신의 국가자원들을 바탕으로 세력균형의 외교를 구사할 능력을 길러야 한다. 동시에 우리는 미국을 포함한 이 지역 국가들간에 진정한 다자적인 협력에 기초한 동북아의 평화체제를 건설할 가능성들을 창조적으로 모색해야 한다. 이 두가지 원칙은 개념적으로는 상호모순될 수도 있지만, 실제적으로는 서로간에 보완적인 의미를 가질 수 있다.

미국 안에서는 특히 탈냉전시대에 새로이 전개된 외교노선 논쟁에서 기본적으로 권력정치적 노선을 중시하는 세력과 함께 다자주의를 보다 폭넓게 수용하려는 세력이 공존하고 있다고 볼 수 있다. 우리 외교는 미국 내의 그 같은 경쟁의 구도 속에서 다자주의적 접근을 추구하는 세력을 지원해야 할 것이다. 그럼으로써 동북아에서 미국외교가 자신과 러시아, 중국, 일본 간에 군비증강 체제를 유지하는 쪽으로보다는 강대국들간의 군사무기 개발·대량생산과 그 이전의 제한, 핵무기와 핵물질의 보다 철저한 국제적 관리체제 건설, 환경의 공동관리 등에 초점을 맞추는 다자적 협력기구의 형성을 위해 기여할 수 있도록 하는 비전과 노력을 보여야 할 것이다.

한국에 대한 미군의 물리적 주둔은 그러한 방향으로 나아가는 우리 자신들의 노력을 촉진하기보다는 제약할 것이다. 왜냐면 주한 미 군사력은 한국인들 사이에 잘못된 영구적 안전의 환상을 유지할 것이며, 그래서 한국인들이 너무 늦기 전에 대안적인 평화의 비전을 개발할 필요성을 이해하는 것을 지연시킬 것이기 때문이다.

　마지막으로 나는 강조하고 싶은 것이 있다. 그것은 이 논문에서 주한미군에 의존하지 않는 한반도 안보와 평화의 비전을 주장한 것은 주한미군의 물리적인 군사력 그 자체에 의미를 집중시킨 것이 아니라는 점이다. 내가 문제삼고 있는 것은 주한미군의 의미에 대한 우리의 인식체계 그 자체이다. 주한미군의 철수라는 물리적 변화보다 더 중요한 것이 바로 외국 군사력에 의존하지 않고 남북의 평화과정을 중심으로 사고하고, 한미간의 군사관계는 보완적인 것으로 위상을 변화시켜 생각하는 사고의 전환 바로 그것이라는 것을 다시 한번 강조하고 싶다. 그러나 그 같은 사고의 전환은 주한미군의 철수라는 물리적 변화를 우리가 먼저 사고하고 또 받아들일 준비가 되어 있는 것과 불가분한 관계에 있다는 것 또한 부인할 수 없는 사실이다.

6. 맺는 말 : 비정상적 관계의 정상화

　남과 북이 다같이 미국과 맺고 있는 비정상적 관계는 동전의 양면과 같은 것으로 서로 얽혀 있다. 한쪽이 미국과 비정상적 관계를 유지하는 한 다른 쪽 역시 미국과의 관계에서 비정상성을 벗어나기 어렵다. 북한과 미국 간의 관계가 평화체제로 전환해 외교·경제관계가 정상화될 때 한미관계가 안고 있는 종속적 군사관계 중심의 비정상적 관계가 해소될 수 있다. 또한 역으로 한국이 미국과의 군사동맹을 그동안과 같이 군사 중심적 성격 유지를 고집하는 한 북미관계의 조속한 정상화는 기대하기 어렵다고 할 수 있다.

　남북한이 저마다의 형태로 미국과 맺어온 '비정상적인 관계'는 외부세력들에 의하여 부과되었지만, 그 비정상적 관계를 시정하기 위한 우리 민족 내적인 에너지가 의지력과 물적인 토대 모두에서 결핍되었기에 더욱 심화된 채로 유지되어왔다. 오랜 세월에 걸쳐 이 같은 '비정상적 관계'를 겪어온 이제, 우리는 역사적으로 중요한 교차점에 서 있다. 두 개의 한국들 각각은 저마다 미국과의 관계를 '정상화'할 필요가 있다. 북한은 미국과 정상적인 외교관계를 확립해야 할 시점이다. 남한 역시 미국과 남한의 군사주의적 현실주의자들의 시각과 이해관계가 과대대표된 기존의 관계양식을 시정할 필요가 있다. 남한은 거의 일방적인 군사 중심적 거래가 중심이 되어온 그간의 한미관계를, 양국 내부의 다양한 시각과 이해관계를 가진 세력들간의 양방통행적인 상호작용이 주류를 이루는 보다 정상적인 형태의 외교정치적 관계로 대체하기 위한 비전을 모색해야 하는 것이다.

기존의 한미관계 구조는 미국을 한반도 평화의 보장자 또는 한국의 보호자로 규정하는 인식에 기초해 있다. 이제는 미국을 한반도 평화과정의 한 지원자가 되도록 '만들어야' 한다. 한 가지 문제는 이러한 사고의 전환이 기존의 집권엘리트의 물리적 교체가 없는 상황에서도 가능할 것인가라는 점이다. 즉 기존의 집권엘리트들의 인식의 전환이 가능할 것인가? 아니면 한국사회 내 그 같은 인식의 전환은 집권엘리트 자체의 교체를 필요로 할 것인가? 쉬운 정답은 없다. 그러나 학계는 기존 집권엘리트의 지속 여부와 상관없이 인식의 전환을 위한 작업을 진행해야 하되 한국 정치의 진보적 교체를 위한 노력 역시 요청된다고 말해야 할 것이다.

제6장 일본의 군사대국화와 미국의 역할

1. 변동하는 아시아질서에서 일본과 미국

태평양전쟁에서 일본은 원자탄 두 개를 얻어맞으며 철저히 패배했다. 그럼에도 불구하고 미국은 일본인들이 군국주의 시대에 자신들의 민족적 정체성과 자존의 상징으로 삼았던 '천황제'를 헌법적으로 인정하고 유지하는 타협을 보였다. 그리고 일본 군국주의의 지도층이나 군국주의를 물질적으로 뒷받침했던 일본 재벌들이 기본적으로는 생존할 수 있도록 한 데에서 보여지듯이, 미국은 너무나 쉽게 일본의 전쟁범죄를 독단적으로 용서해주었다. 이것은 2차대전 승리의 공동주체였던 소련과의 협의를 배제하고 미국이 자신의 대아시아 정책 및 대소련 정책의 일환으로 독단적인 아량을 베푼 것을 뜻했다. 그것은 아시아 민족에게는 불행이요 분개할 만한 일이었으나, 미국이 일본과 한때 적이었으면서도 종전 이후에는 현재에 이르기까지 돈독한 관계를 유지할 수 있는 튼튼한 정서적·사회적 기반으로 작용했다.

미국은 한국전쟁을 계기로 서둘러 일본과 평화조약을 체결하고 일본을 적국에서 군사동맹자의 관계로 신속하게 전환했다. 그 후 긴 냉전기를 거치고 이제 탈냉전의 시기에 깊숙이 들어선 데다 일본의 경제력으로 인해 미국과 일본의 관계가 변하고 있지만, 아직도 두 나라 간의 관계는 서로의 번영과 안보문제를 떼어서 생각할 수 없는 불가분한 상호의존의 관계에 있다고 할 수 있다. 여전히 이같이 두 나라 관계에 지속성을 부여하고 있는 가장 중요한 요소는 물론 안보동맹체제다. 장차 동북아에 다자적 안보 포럼이 등장하는 경우에도 양국간의 쌍무적 동맹체제는 견지될 것이다. 마찬가지로 주일미군도 그 규모가 다소 축소되고 주둔비용에 대한 일본의 부담을 증대시키도록 노력할 것이라는 점을 제외하고는 크게 달라진 점이 없을 것으로 보인다. 그러나 미일동맹체제와 주일미군의 역할과 의미는 새로운 동북아 환경 속에서 상당한 변화를 겪고 있다.

첫째, 미일동맹은 변화하는 동북아 환경 속에서도 미국을 축으로 하는 안보체제의 근간으로 기능함으로써, 변화와 불확실성을 안고 있는 것으로 운위되는 동북아질서에서 미국의 위상과 영향력에 연속성을 부여하는 역할을 떠맡게 되었다.

둘째, 미일동맹과 일정 수준의 주일미군은 향후 일본의 군사적 역할에 대해 하나의 '균형추' 역할을 맡게 될 것으로 간주되고 있다. 미일동맹은 무엇보다도 일본에 지속적인 핵안보우산을 제공함으로써 일본의 핵무장을 억제할 것으로 기대되고 있다. 일본은 현재 미국에 이어 세계 2위의 방위예산을 쓰고 있으며, 경제력과 기술력에 비추어 핵무장을 비롯한 군사초대국의 잠재력을 갖고 있다. 미일동맹과 주일미군의 존재는 바로 그와 같은 상황이 현실화될 가능성을 지연시킬 것으로 평가되고 있다. 일본의 경제적 안정과 번영은 중동 등 주요 지역으로 통하는 해상교통로의 안전에 절대적으로 의존해온 것으로 인식되고 있다. 이런 상황에서 주일미군을 비롯 아시아 지역에 대한 미국 군사력 전진배치가 크게 축소될 경우, 일본은 해상로에 대한 전략적 보호능력 확대를 위해 재군비를 할 것이 분명한 것으로 평가하는 사람도 있다.[1] 이러한 맥락에서 아시아 각국들——심지어 북한도 포함하여——은 미일동맹과 동북아에 대한 미군 전진배치의 의의를 재평가하고 있는 것으로 주장되고 있는 것이다.

셋째, 앞으로 동북아 및 동남아시아에서 미국과 일본간의 경제적 경쟁은 더욱 치열해질 전망이다. 미국은 순수히 경제적인 조정과 경제적인 경쟁만으로는 아시아에 일본이 주도하는 경제적 공영권이 형성될 가능성을 견제하기 어렵다는 위기의식을 가지기에 이르렀다. 푸나바시는 이렇게 지적한다. "미국에서는 이 지역(동아시아)이 일본의 영향권하에 들어가고 있으며, 미국의 정치적 영향력은 사라져가고 있다는 우려가 커지고 있다. 이러한 인식은 최근 『뉴스위크』 국제판이 '사요나라, 아메리카'라는 커버스토리를 내보낸 데서도 드러난다."[2] 이러한 조건에서 미국은 아시아에서 일본의 경제·정치적 영향력 확대를 '협조적인 방식으로' 견제하고 조정할 필요성을 인식하게 되었다. 미일간의 안보동맹 유지는 바로 그런 방식으로 미국이 일본에 영향력을 행사할 수 있는 거의 유일한 지렛대라고 보는 미국인들이 많다.[3] 또한 아시아에 대한 정치·군사적 영향력을 유지하고 이를 통해 아시아에 대한 미국의 안정적인 경제적 진출을 보장하기 위해서도 필요한 것으로 인식되고 있는 미국 군사력의 아시아에 대한 전진배치

---

1) Col. Ralph A. Cossa, "Toward a New Pacific Strategy," *Strategic Review* (Spring 1992), p.72.

2) Yoichi Funabashi, "Japan and America : Global Partners," *Foreign Policy*, No.86 (Spring 1992), p.32.

3) Cossa, p.72.

유지를 위해서도 미일간의 안보동맹체제 유지는 매우 긴요하게 인식된다. 일본 또한 불필요하게 미국과의 관계가 소원해지고 양국관계의 긴밀성이 약화되는 것을 막기 위해서도 양국간 안보동맹 유지 필요성을 공감하고 있다.

넷째, 미일동맹은 대소봉쇄를 위한 양국의 대응이라는 의미를 넘어서서, 탈냉전시대인 오늘에는 양국이 공히 확보하고 있는 과학기술력을 바탕으로 첨단무기 공동개발과 같은 새로운 차원의 군사협력의 통로로 기능할 것이다. 세계의 군사적 패권에서 첨단군사기술이 차지하는 의미가 부각되고 있는 오늘날 '전략방위계획'과 같은 첨단군사산업에 있어서 양국의 동맹과 협조는 세계와 동북아에서 새로운 형태의 공동 군사패권의 가능성을 시사한다. 미일동맹체제는 새로운 시대로 미일 협조관계를 연결시키는 가교가 될 것이다. 물론 이와 같은 군사산업 분야에서의 미일간 협조는 안보 분야 이외의 경제·무역 분야에서 양국간의 관계가 지나치게 악화되지 않을 것을 전제로 가능한 것이다. 그러나 미일간 안보동맹의 유지는 바로 그와 같은 경제 분야에서의 양국관계를 조율하는 데도 일정한 역할을 할 것으로 기대되기도 하는 것이다.

한편, 미국과 일본간의 안보관계는 그와 같은 안보동맹체제의 지속성에도 불구하고 세계와 동북아 차원의 새로운 국제환경 속에서 상당한 조정국면에 들어서 있는 것도 사실이다.

첫째, 미국은 대소봉쇄를 위해 동북아시아 지역에 쏟아온 막대한 물적·인적 자원투자를 탈냉전과 미국의 경제력 약화라는 새로운 상황 속에서 축소조정하고 있다. 이에 따라 미국은 주일미군 주둔비용에 대한 일본의 분담 확대, 그리고 해상로 등에 대한 일본의 방위책임 증대 등과 같이 이 지역 차원에서 일본의 물적·군사적 역할분담 확대를 촉구해왔다.

둘째, 미국은 향후의 세계적인 차원에서 자신의 리더십을 견지하는 데 있어서 일본의 경제적·외교적 협조가 필수불가결하다고 인식해 왔다. 미국은 이런 맥락에서 1992년 1월 '도쿄 선언' 등을 통해 일본과 자신의 관계를 '동반자관계'로 설정하고, 일본의 정치·군사적 역할 확대를 제한적으로 지지하는 입장을 취하고 있다. 미국은 일본의 정치대국화를 지원하거나 묵인하는 대신, 일본이 미국의 대일무역적자 해소 등 문제에 보다 협조적인 자세를 취하도록 하는 동시에 미국의 세계적인 군사적 역할 유지를 정치·경제적인 측면에서 보다 적극적으로 지원하게끔 유도하고 있는 것이다.

미국은 국제경제 분야에서 자신의 경쟁력을 회복하는 데 일본의 협조를 받는 한편, 그 대가로 일본의 유엔 등 국제무대에서 외교·정치적 발언권 강화를 돕는다는 것이 미국이 제안하고 있는 미일 동반자관계의 주요 내용이라는 것은 마이클 아마코스트(Michael Armacost) 주일 미국대사가 1991년 6월에 행한 한 연설에 잘 나타나 있다. 이 연설에서 아마코스트는 우선 미일 양국의 공동노력의 목표를 '양국이 국제무대에서 공유하는 많은 목적들을 달성하기 위해 양국의 파워를 활용하는 세계적인 동반자관계(global partnership)를 건설하는 것'으로 요약했다. 보다 구체적으로 미국이 일본에 대해 기대하는 것은 '국제경쟁력을 개선하려는 미국의 노력을 지원하고, 그럼으로써 일본이 소련을 대신해 미국의 적이 되었다는 우려를 불식시키며, 양국의 거시경제적 정책들을 더 잘 협조 조정해나가는 것'이라고 아마코스트는 지적했다. 그는 그러한 대가로 "미국은 국제적 제도들에서 일본의 발언권에 더 많은 무게를 부여함으로써, 그리고 일본이 이웃나라들이나 동맹국들에 불안감을 불러일으키지 않으면서도 보다 야심적인 국제적인 노력을 확대할 수 있도록 하는 정치적·경제적 장치들을 강화함으로써 일본이 자신의 경제력에 어울리는 국제적 역할을 추구할 수

있도록 도울 수 있다"고 말했다.[4]

셋째, 미국은 경제력을 바탕으로 제고되어온 자신의 국제적 위상에 걸맞은 정치·군사적 역할의 확대를 모색하는 일본의 욕구를 선별적으로 수용하지 않을 수 없는 처지에 있다. 이러한 상황에서 진행되고 있는 미국의 대일본관계 조정정책은 다음과 같이 한반도문제에 대한 일본의 역할 강화를 촉진시킬 것이다.

먼저 한반도문제에 대해 미국이 일본과의 협의를 중시함으로써, 한반도 안보문제 전반에 대한 일본의 발언권이 강화될 것이다. 특히 미국이 한반도와 관련해 일본과의 협의를 강화한다고 천명해왔고, 또한 일본의 유엔 안보리 상임이사국 참여를 지지하는 것과 같은 정책들을 취함으로써 한반도에 대한 일본의 발언권 증대를 뒷받침해왔다.

또한 미국이 중재하는 가운데 한·미일 3각 안보관계(US-ROK-Japan security trilateralism)가 강화될 가능성이 있으며, 이 역시 한반도 문제에 대한 일본의 발언권을 강화하는 결과를 낳을 것이다. 이 지역에서 이루어지고 있는 일본의 군사역할 강화를 비롯한 미일 양국의 군사역할 조정에 한국이 큰 반감 없이 적응하여 동북아에서 미국 중심의 동맹체제가 안정을 유지하도록 하는 데 이러한 3각 협력체제 강화노력은 매우 중요한 것으로 미국인들은 판단하고 있다. 미일간 정치·군사역할 조정을 배경으로 1990년대에 진행되고 있는 이와 같은 한·미일 3국 안보협력체제 강화는 한반도문제에 대한 일본의 발언권 강화를 제도화하는 또 하나의 통로가 될 것이다. 미국은 특히 일본의 군사역할 강화로 주변국들이 민감한 반응을 보이는 데다 정신대문제와 같은 '과거사 규명' 문제가 민간차원에서 활성화되기 시작한 1990년대에 들어 3국간 협력체제를 확보하는 것을 중요한 외교적 과

---

4) Funabashi, "Japan and America," pp.30~31.

제로로 삼아왔다.

마지막으로 일본의 정치대국화 및 군사적 역할 확대에 대한 미국의 지지는 유사시 한반도에 대한 일본의 직접적인 군사적 역할까지도 정당화할 가능성이 있음을 지적할 필요가 있다. 미국은 우선 캄보디아 등 아시아 분쟁지역에 대한 일본의 평화유지군 파병을 지지하면서, 이에 역사적인 이유에서 민감히 반응해온 한국 등 주변국가들의 반발을 무마하는 외교적인 활동을 벌여온 바 있다. 미국은 과거 한일 국교 정상화를 중재했듯이, 한반도에서 유사시 있을 수 있는 일본의 군사적 역할 확대에 대한 지역 내의 반발을 최소화하려는 노력을 보일 전망이다. 이와 같은 맥락에서 미국은 일본의 군사대국화에 대해 남북한이 민족주의적인 입장에서 공동으로 대응하여 한·미일간의 3각 협조체제가 손상되는 사태도 경계하고 있는 점을 유의해야 할 것이다. 미국은 1990년대 들어 부각되기 시작한 일제에 의한 정신대문제를 한국이 지나치게 강조하여 이를 두고 북한과의 사이에 공동의 반일 민족주의적 정서가 확산되는 것을 경계한 일도 기억해둘 필요가 있다. 미국은 당분간은 한국 등 주변 관련 국가들의 반일정서를 감안하여 이들 주변국들에 영향을 미치는 일본의 군사 역할의 확대에 대해서는 상당히 신중한 접근을 보일 것이다. 그러나 미국은 한반도문제를 포함 이 지역 안보문제에 대한 일본과의 긴밀한 협의 등 일본의 정치·외교적 참여와 발언권을 강화하는 작업을 중심으로 미일간 역할 조정을 수용해갈 것이다. 이 부분에서 우리가 기억해두어야 할 점이 있다. 미국 정치인들이 한국 등 아시아 국가들과 일본간에 존재하는 역사적 반감을 인식하고 일본의 군사적 역할문제에 조심스럽게 접근할 필요성을 느끼고 있는 것은 사실이다. 그러나 미국 권력엘리트층이 아시아 민족들이 느끼는 수준으로 그러한 신중성을 공유하고 있다고는 볼 수 없다. 일본의 군사적 역할 확대문제에 미국의 일반 정치인들이 얼마나 무신경할 수 있는가는 1986년 당시 민주당 상원의원이던 게리 하트(Gary Hart)가 주한미군을 일본 자위대로 대체할 것을 주장한 예에서 잘 상징되고 있다. 이러한 상태에서 미일관계의 재조정은 남북한간의 평화정착과 이를 바탕으로 한 평화통일의 자주적 노력이 없이는 한반도 통일과정에서도 일본의 역할을 강화하는 결과가 될 가능성도 높은 것이다.

물론 미국이 아시아에서 균형자 역할을 추구하려는 의지를 갖고 있다고 해서 그것이 반드시 충족되는 것은 아니다. 미국의 대응노력보다 미국이 극복하려고 했던 그 도전의 요인들이 더 강하여 미국이 아시아에서 조정자 역할을 수행하지 못하는 상황이 올 수도 있다. 그러나 앞서 논의한 바와 같이, 미국이 객관적 능력 면에서 일정한 국제적 리더십을 뒷받침할 물질적 토대를 갖고 있고, 또 이 지역에서 균형자 역할을 추구하겠다는 미국의 정치적 의지를 뒤엎는 미국 내적인 요인들이 돌출하지 않는 한, 미국은 이 지역에서 상당한 리더십을 행사할 수 있을 것이며, 미국이 말하는 소위 균형자 내지는 조정자 역할을 담당할 수 있을 것으로 보인다.

이를 전제할 때 아시아의 질서는 어떤 형태를 띠게 될 것인가? 이것은 미국이 자신의 균형자적인 전략적 위치를 보장하기 위하여 아시아에서 어떠한 동맹정책을 구사할 것인가에 의하여 상당부분 좌우될 것이다. 미국의 대아시아 동맹정책은 특히 미국이 향후 일본과의 관계를 어떻게 설정할 것인가에 따라, 즉, 미일관계의 전망을 축으로 살펴볼 수 있다. 이에 바탕한 아시아 질서는 크게 두 가지 가능성을 중심으로 전망해볼 수 있다.

한 가지 형태는 미일간 협력 지속을 축으로 한 아시아 질서이다. 이러한 가능성은 다음 몇 가지 근거에서 타당성이 있다. 첫째, 20세기 전반, 특히 태평양전쟁으로 이르기까지 일본의 군국주의가 발호했던 시기의 아시아와 향후의 아시아는 몇 가지 중요한 차이점을 갖고 있다. 20세기 전반에는 중국이 허약했고 내전의 소용돌이에 처해 있었으나, 향후 아시아에서 중국의 경제적, 정치적 능력은 결코 무시할 수 없는 잠재력을 갖고 있다. 또 과거 일본과 미국은 동남아시아에서 원유 등 원자재를 놓고 갈등하는 등 상호간 경제적 상호의존이 비교적 미미했으나, 향후 미국과 일본의 경제는 긴밀한 상호의존 상태에 있는 현재의 추세에서 크게 벗어나지 않을 것이다. 이러한 점들은 미일 양국으로 하여금 기존의 미일 협력관계에 바탕해 중국을 견제하려는 경향을 낳을 것이다.

둘째, 일본은 다른 주요 국가들에 비해서 상대적으로 대단히 취약한 영토적 특성을 가진 해양세력이다. 일본은 역사적으로 아시아의 대륙국가들에 대해 끊임없는 심리적 위협을 느껴왔다. 일본이 러시아, 중국과 경제적인 관계를 발전시켜가는 것은 가능하나, 그것이 곧 전략적 협조체제의 발전을 의미하는 것은 아니다. 자신의 취약한 지정학적 환경을 극복하기 위해 일본은 미국과의 전략적 협조에 크게 의존할 가능성이 높다. 러시아는 앞으로도 상당 기간 경제적·정치적 불안정을 겪을 것이며, 중국은 기존의 체제를 근본적으로 탈피하지 않을 전망이다. 1990년대 중반에 들어서서 특히 중국이 프랑스와 함께 핵실험을 계속하고 대만의 독립성문제로 미국과 갈등을 벌이며, 일견 대국주의 외교를 강화하는 것처럼 보였다. 그럴수록 대륙의 불안정에 대한 미일간의 공동대응태세는 지속될 가능성이 높다. 더구나 미국 역시 해양세력이면서도 아시아에서 적극적인 역할을 도모하는 태평양세력으로 남기 위해서는 일본과의 전략적 협조를 긴요하게간주할 것이다.

셋째, 미국은 일본의 패전 후, 이 글의 서두에서 말한 것처럼 미국의 독단적인 결정에 의한 일본 천황제의 상징적 유지, 그리고 일본 전

258

범자들의 미온적 처리 등 일본의 아시아침략이 남긴 뿌리깊은 상처에 대한 청산절차 없이 일본을 대소봉쇄의 전선에 활용하기 위해 대일 평화조약과 함께 미일동맹체제를 재빨리 구축하였다. 그로 인해 미일 두 나라는 전후 승자와 패자간의 갈등이라는 심리적 질곡을 겪지 않았다. 그래서 미일 두 나라는 40년에 걸친 냉전 기간에 서로 호혜적인 것으로 인정하고 있는 긴밀한 협력관계를 제도화해왔다. 예를 들어 1970년대부터 미국·일본·유럽 간에 모색되어온 '3각 협력주의'(trilateralism)를 통해 개발된 양국간의 인적·제도적 연대는 향후 양국간 갈등의 소지를 조정하고 관리하는 데에도 의미 있는 기초로 작용할 수 있다.[5]

두번째 가능성은 미국과 일본이 경제적 갈등 심화 등을 계기로 미국은 유럽과의 연합을 강화하는 반면, 일본은 러시아, 중국, 한국 및 동남아시아에 대한 자신의 경제적 영향력을 바탕으로 독자적인 '동아시아 경제공영권'을 구축하려 시도하는 가운데 이 안에서 자신의 독자적인 정치·군사적 역할 확대를 꾀할 경우이다. 이 경우 미일관계는 혁명적 전환을 겪게 될 것이다.

그러나 전체적으로 볼 때, 미국이 동아시아에서 일본의 정치·군사적 역할 확대를 수용하는 가운데 양국이 '미일 공조'라는 커다란 틀을 유지할 가능성이 높은 것으로 보인다. 일본은 이러한 '미일 공조'의 틀 안에서 자신의 정치·군사적 역할 확대를 모색할 가능성이 높다. 미국은 유럽에서의 영향력을 유지하기 위하여 독일 등 주요 국가

---

5) '3각 협력주의'는 미국이 헤게모니 쇠퇴과정에 대응하는 방안으로서 다른 주요 자본주의 국가들과 대결보다는 협조적 동맹을 추구하는 것을 나타내는 것으로 이해되기도 한다(Bruce Cumings, "Trilateralism and the New World Order," *World Policy Journal*). 커밍스는 일본 또한 당분간 미국에 대해 2인자적인 협조관계를 유지하려는 성향을 가질 것으로 보았으며, 그래서 향후 미국, 유럽, 일본 간의 관계가 대결보다는 상호협력을 지향할 것으로 보았다.

와 대결보다는 협조를 추구하듯, 아시아에서도 일본과 공조체제를 구축함으로써 리더십을 행사하려는 경향을 띨 것이다. 일본 역시 향후에도 여전히 경제적 최대시장의 하나일 뿐 아니라 세계적인 정치적 리더십과 문화적 영향력을 갖춘 미국·영국 및 그 영향권들과의 관계를 폐기하는 상태로까지 나아갈 가능성은 매우 적다.

물론 일본은 러시아의 다자간 안보협의체 구상이 자신의 정치군사적 대국화에 도움이 된다고 판단했다. 일본외교의 독자성을 확립하고 자신의 정치적 위상을 제고하기 위해서는 미일동맹 일변도의 외교에서 벗어날 필요를 느껴온 것이다. 그러나 일본은 미일 안보동맹체제를 근본적으로 부정하지 않는다. 이처럼 탈냉전과 정치군사대국화 의지에도 불구하고 일본이 미일안보동맹을 향후 일본외교의 기축으로 유지하리라는 것은 냉전시대에 줄곧 비무장중립론을 주창해온 일본 사회당이 무라야마 도미이치(村山富市) 사회당 출신 총리 등장을 계기로 당강령을 수정해 미일 군사동맹체제를 현실적으로 수용하기 시작한 데에서 상징된다. 사회당은 '중립'이란 원칙을 버렸다. 이로써 미일안보동맹을 수용한 것이다.[6]

따라서 일본이 군국주의화로 가지 않는 한, 아시아와 한반도에서 일본의 역할 증대를 제한적으로 수용하는 동시에 일본과의 안보 및 경제관계 유지를 통한 미일 동반자관계 유지가 미국의 아시아전략의 기축으로 남을 것이다. 미국은 이를 바탕으로 러시아의 불안정을 관리하고 중국의 격변 가능성 및 한반도의 비상사태에 대비하는 데 대아시아 외교의 중심을 둘 것으로 보인다. 이런 맥락에서도 미국은 한반도의 정치·군사 및 경제에 대해서도 영향력을 유지하기 위해 계속 노력할 것이다.

---

6) 『한겨레신문』, 1994. 7. 28.

이것은 결국 향후에도 당분간 아시아 질서는 미일동맹체제를 중심으로 여기에 한국이 다분히 종속적으로 편입된 한·미·일 3각 협조체제가 기조를 이룰 것임을 말해준다. 적어도 미국의 동북아전략의 기본요소가 그러하며, 일본 역시 이 구조 자체를 근본적으로 반대하지 않는다. 이러한 구도 속에서 탈냉전 이후 진행되고 있는 일본의 정치군사대국화를 우리는 어떻게 인식할 것인가? 이 문제에 대한 한국정부의 대응의 근본적인 문제는 무엇이었는가? 장차 이에 대한 우리의 이성적이고 근원적인 대응의 기 본방향은 무엇인가?

2. '평화헌법'은 포기되고 있다

일본은 종전 직후 미국 맥아더 사령부의 지휘하에 이른바 평화헌법을 만들었다. 이 헌법은 1946년 10월 7일에 성립해, 11월 3일에 공포되고 다음해인 1947년 5월 3일부터 시행되었다. 이 헌법의 핵심은 일본의 천황제를 상징적인 차원에서 유지하되, 일본의 비무장·전쟁포기를 규정한 것이었다. 이 헌법의 제9조 제1항은 '무력에 의한 위협 또는 무력행사는 국제분쟁을 해결하는 수단으로서는 영구히 그것을 포기한다'고 명시했다. 즉, 전쟁권한을 포기하는 것을 의미했다. 이 제9조의 2항은 원래의 헌법초안에서는 '육해공군 및 그 이외의 전력(戰力)을 보유하지 않는다'고 규정함으로써 침략전쟁을 위한 전쟁능력뿐 아니라 군대 보유 자체를 금지했었다. 그러나 의회의 심의과정에서 보수파들의 요구로 '육해공군 및 그 이외의 전력을 보유하지 않는다'는 문구 앞에 '전항(제9조 1항)의 목적을 달성하기 위해'라는 문구를 삽입했다. 이 문구의 삽입으로 인해 일본 헌법이 군대의 보유 자체를 인정하고 있는 것인지에 대해서는 엇갈린 해석이 가능해졌다. 당시 지배적인 해석은 자국 방위를 위한 전쟁을 포함한 일체의 군비를 인정하지 않는다는 것이었으나, 후에 보수당은 그 수정을 근거로 침략전쟁을 위한 군대는 인정되지 않지만, '자국 방위를 위한 군대'는 인정할 수 있게 되었다고 해석하였다.[7] 냉전이 발전하면서 미국정부와 일본은 이 보수적 해석에 근거해 자위대를 창설했으며, 한국전쟁 중에는 자위대병력 일부를 한국전에 참전시키기까지에 이르렀던 것이다.

특히 한국전쟁 기간중에 미국은 일본의 재무장을 강력히 요구하였다. 이러한 재무장 요구는 일본군이 최소한 35만의 군대를 유지하는 것을 내용으로 한 것이었다.[8] 이러한 미국의 의도는 극동에서의 냉전체제를 자신이 주도하되 그것을 인력과 경비 면에서 동맹국과 분담하려는 의도를 가진 것이었다. 미국의 이러한 시도는 일본 국민의 전쟁혐오, 재무장의 경우 경제적 부담으로 경제재건이 불가능하리라는 우려, 그리고 주변국의 반대와 일본 내 군벌의 재등장에 대한 걱정을 내세운 일본 정치지도자들의 반대로 말미암아 관철되지는 못했다. 그러나 이 사건은 미국이 기회만 있으면 극동에서 냉전의 인적·물적 부담을 동맹국에게 씌우기 위해 일본, 한국의 무장 확대를 노렸으며, 그처럼 '군사력의 극대화에 기초한 대소봉쇄'라는 미국 자신의 '군사주의적 노선'에 적극 활용하려 했음을 말해준 것이었다.

바로 이런 냉전상황과 미국의 태도로 인해 일본은 전쟁을 참회하는 진정한 한마디의 말도 하기 전에 이미 보수세력들은 일본 재무장을 보다 분명히 정당화하는 방향으로 헌법 제9조를 고치려는 움직임을 보였다. 1957년 일본 수상은 기시(Kishi)였다. 그는 스스로 전범(戰犯)

---

7) 후지와라 아키라, 아라카와 쇼지, 하야시 히로후미 지음, 노길호 옮김, 『우리가 알아야 할 일본의 현대 역사』(명진출판, 1991), 44~46면.
8) 정광하, 『일본 방위정책의 이상과 현실』(경남대 극동문제연구소, 1989), pp.95, 142~43, 147~48.

의 하나였다. 그는 새로이 헌법심사위원회를 발족해서 그런 보수세력
들의 헌법개정 움직임을 본격화했다. 이 위원회의 상당수 위원들은
헌법 제9조는 자위대를 충분히 합법화하고 있지 않기 때문에 이를 개
정해서 자위대를 진정으로 합법화할 것을 주장했다.[9] 그러나 상당수
의 반대와 일본 여론의 반대로 실천에 옮겨지지는 못했다. 그러나 이
것은 전후 일본에서도 여전히 정치지도부를 형성하고 있던 일본의 전
쟁범죄자들이 냉전과 미국의 비호하에 자신의 과거사 청산 없는 정치
군사대국화를 일찍부터 기도해왔다는 것을 잘 말해준다.

미국이 전후 냉전정책을 위해 일본과의 군사정치적 동맹관계 강화
를 무엇보다 우선시하는 과정에서 일본의 전쟁범죄 책임문제 청산을
촉구하기는커녕 오히려 그 은폐를 방조한 것은 일제가 한국인들을 상
대로 '인체실험'을 자행한 자료들을 미국이 넘겨받고도 그것을 은폐
해온 사실에서 적나라하게 드러난다. 미국 『뉴욕 타임스』가 1995년 3
월 17일 보도한 바에 따르면, 일제때 만주에 주둔한 일본군 731부대
가 세균무기 개발을 위해 한국인과 중국인 등을 대상으로 온갖 잔혹
한 인체실험 등을 한 사실을 미국은 파악했으면서도 이 부대의 각종
실험자료들을 미국이 넘겨받는 대가로 이 731부대의 존재사실과 인
체실험의 증거를 은폐하도록 방조했다는 것이다.[10] 말하자면 미국은
일본의 과거청산 없는 경제 및 군사정치적 재건을 뒷받침한 1차적인
책임자였던 것이다.

1980년대에 들어서 미국의 레이건 보수정권이 일본을 더욱 부추겨
극동방위에서 일본의 군사적 역할을 확대시키고자 한 것은 그런 미국
의 역사적 행태의 연장선에 있는 것이었다. 1990년대 들어서는 미국

---

9) Malcolm McIntosh, *Japan Rearmed* (London : Frances Printer, 1986), pp.29~30.
10) 『동아일보』, 1995. 3. 18.

은 일본이 다른 동맹국들에게 군사원조도 제공할 것을 촉구한 바 있다. 미국은 1980년대에 들어 팀스피리트 훈련에 자위대를 참여시키는 등 보다 구체적으로 한반도에서 북한의 반발을 직접적으로 불러일으키고 있는 군사행동에 일본을 꾸준히 개입시키는 행동을 보인 바 있다. 미국은 또한 일본, 한국을 포함한 자신의 동맹국들을 '태평양 군사연습'이라는 매개를 통해 더욱 통합시키는 노력을 경주했다. 미국이 일본의 과거 전쟁범죄로 인한 아시아 국가들의 도덕적 비판과 우려를 무마하며 정당성을 부여해주는 가운데 일본은 과거에는 마지못한 듯 그리고 탈냉전 이후에는 스스로 나서서 적극적으로 자신의 정치군사적 행동반경을 착실히 넓혀왔던 것이다.

일본이 정치군사 대국화의 길에 들어서 있는 것은 단순한 잠재성이 아니라 현실로 다가서 있다. 일본은 현재 잠재력의 점진적 현실화 과정에 있다고 볼 수 있다. 탈냉전에 들어선 이후인 1990~93년 기간에 일본의 방위비는 1990년 287억 3천만 달러에서 1993년 397억 1천만 달러로 38.2퍼센트 증가했다.[11] 이것은 1993년 같은 해 미국의 국방예산 2588억 7천만 달러에 비하면 15퍼센트에 불과한 것이다. 그러나 같은 해 러시아 국방비 291억 2천만 달러보다 무려 100억 달러나 많은 액수이며, 중국의 73억 1천만 달러보다는 비교할 수 없이 큰 액수이다.[12] 미국 CIA는 중국의 1995년도 실제 국방예산은 중국정부의 공식발표액 67억 달러와 달리 200억 달러에 달한다고 평가했다.[13] 그렇다 하더라도 일본의 군사비는 중국의 두 배에 달하는 수준이다.

---

11) Richard Betts, "Wealth, Power, and Instability," *International Security*, Winter 93~94, p.42. 이 수치는 *The Military Balance 1990~1991, 1991~1992, 1992~1993, 1993~1994* (London : International Institute for Strategic Studies <IISS>, 1990, 1991, 1992, 1993)에 기초한 것.

12) Richard Betts, "Wealth, Power, and Instability," p.42.

13) Anthony Spaeth, "War Games," *Time*, August 28, 1995, p.15.

일본은 이제 명실상부한 세계 제2위의 군사비 지출국가로 자리를 굳힌 것이다.

일본은 과거 전쟁범죄에 대해 그나마 남아 있던 죄의식을 가능한 한 잊고 자존감을 확립한 가운데 정치군사대국으로 나아가겠다는 정신적 분위기를 조성해 왔다. 이것은 그간 자위대의 합헌성을 부인해온 사회당이 1990년대 들어, 특히 북한 핵문제로 한반도에 위기가 고조되어 있는 틈을 타 취한 일련의 수정작업에서 잘 상징된다. 사회당은 자위대가 합헌적임을 인정했으며, 일장기와 기미가요를 각각 일본의 국기와 국가로 인정하기에 이른 것이다. 일본 무라야마 내각은 또한 7월 26일 태평양전쟁 일본군 전몰자들의 위패가 안치된 야스쿠니 신사를 참배하는 것은 위헌이 아니라는 공식 견해를 발표하기까지에 이르렀던 것이다.[14]

일본은 이같이 경제력에 걸맞은 군사능력을 꾸준히 확보하고 내부의 보수적 여론수렴 과정을 거치는 가운데 국제사회에서 군사적, 정치적 활동을 본격화하는 작업을 진행해왔다. 그것은 크게 두 가지로 나누어진다. 하나는 미국의 촉구하에 유엔 평화유지활동(Peace-Keeping Operations : PKO)에 참여하고 그 안에서 군사적 역할의 성격을 변화시켜온 작업이었다. 일본은 이미 1992년 6월 평화협력법을 제정해 일본자위대가 해외에서 평화유지활동에 참여할 수 있도록 규정했었다. 그러나 이 법안에서는 일본 군대는 평화유지활동에만 참여할 뿐 평화유지군(Peace-Keeping Forces : PKF)에는 참여하지 않는 것으로 되어 있었다. 또 자위대가 무기를 사용하는 범위도 정당방위 및 긴급피난의 경우에 한해 최소한의 무기만 사용하도록 제한했었다. 그러나 1995년 7월에 들어 일본정부는 이 1992년의 법을 개정해 일본

---

14)『한겨레신문』, 1994. 7. 28.

군대도 다른 나라들처럼 유엔 평화유지군에 참여해 다른 나라들이 누리는 무기사용권한을 동등하게 누릴 수 있도록 할 계획임을 발표했다.[15] 그래서 일본 군대는 해외에서 평화유지의 명목 아래 '임무수행에 필요한 경우' 언제라도 무기를 사용할 수 있게 되려 하고 있는 것이다. 이처럼 법이 개정되면 해외에서의 무력행사를 금지하고 있는 일본의 평화헌법은 사실상 유명무실해지게 되는 것이다.

1995년 7월 14일 서울에서는 8·15 50주년 민족공동행사 남측 준비위원회가 개최한 '평화통일을 위한 국제토론회'가 있었다. 이 자리에는 일본의 대판지역을 중심으로 반전평화운동을 펴고 있는 관서공동행동센터 대표이자 변호사인 나카기다 류다로우씨가 참석했다. 그는 일본이 PKO 활동에 적극적으로 나서고 있는 이유에 대해 의미심장한 한마디를 던졌다. 그는 세계에서 해외투자 보유재산이 가장 많은 나라가 일본이라는 사실을 상기시켰다. 일본은 이러한 해외투자자본과 자국인들의 기업활동을 보호하고 확대시키는 데 필요한 정치군사적 영향력을 확보하는 데 유엔 평화유지활동을 앞세운 일본자위대의 해외파병을 중시하고 있다는 것이다. 류다로우씨의 이 지적은 일본이 향후 세계에서 정치군사대국화를 지향하는 주요 동력의 하나가 무엇인가를 잘 포착한 것이다.

일본의 정치군사대국화의 두번째 요소는 유엔에서 비토권을 부여받고 있는 안전보장이사회 상임이사국에 독일과 함께 진출하는 작업이 꾸준히 진행되고 있다는 점이다. 이 작업을 앞장서서 공개적으로 지원하고 있는 나라는 바로 미국이다. 이것은 미국이 탈냉전시대 동북아전략의 핵심의 하나로서 일본과의 관계 재조정을 통한 미일동맹체제의 유지를 기도하고 있는 것과 밀접한 관련이 있다. 1992년 1월

---

15) 『동아일보』, 1995. 7. 9.

8일 부시 미 대통령이 일본을 방문하여 미일 정상회담을 가졌을 때 발표된 '도쿄 선언'과 그 행동계획에서 미일 양국은 전지구적 차원에서 양국간 동반자관계를 확립하며, 아시아에서는 '아태 경제협력 각료회의'를 기반으로 시장개방 확대를 위해 공동노력한다는 원칙적인 합의를 표명했음은 이미 지적한 바 있다. '도쿄 선언'은 일본이 시장개방 확대와 미국상품 구매 확대를 통해 미일간 무역역조 시정노력을 강화하는 등 미국과 경제적인 측면에서 보다 협조적 자세를 취하는 대신, 미국은 일본이 자신의 경제력에 걸맞은 정치·군사적 역할을 확대할 수 있도록 측면지원한다는 합의를 바탕에 깔고 있는 것이었다. 이 점은 곧 유엔 등 국제기구에서 일본의 위상을 제고하고 일본이 유엔 평화유지활동에 참가하는 데 대해 미국이 지원하는 자세를 취함으로써 구체화되었다. 1992년 3월 25일 미 국무부 볼턴 차관보는 '적절한 시기에 일본이 유엔 안전보장이사회 상임이사국이 돼야 한다는 것이 미국의 일관된 입장'이라고 밝혔다. 이어 일본의 군사대국화에 대한 우려를 불러일으키면서 일본에서 최대의 정치적 쟁점으로 부각된 유엔 평화유지활동을 위한 자위대 해외파병문제에 대해서도 미국이 지지입장을 분명히해온 것은 그와 같은 맥락이라고 하겠다.

　미국의 이같은 지원과 일본의 치밀한 외교노력은 1995년에 들어서서 가시적인 성과를 거두기 시작했다. 1995년 7월 유엔 안전보장이사회의 확대문제를 논의하기 위한 유엔본부 비공개 실무회의에서 유럽 8개국이 현재 5개국인 상임이사국에 독일과 일본을 포함해서 10개국으로 늘릴 것을 공동제안한 것이다. 오스트리아, 벨기에, 포르투갈, 아일랜드 등 서유럽 4개국과 헝가리, 체코, 에스토니아, 슬로베니아 등 동유럽 4개국은 독일과 일본, 그리고 지역 대표로서 아시아, 아프리카, 라틴 아메리카를 각각 대표하는 나라 셋을 합해 모두 5개 나라를 새로 상임이사국에 포함시켜 유엔 안보리 개편논의를 마무리짓기로 한 것이다.[16] 이것은 1990년대 초부터 미국이 공공연히 천명하기 시작한 일본 상임이사국 지원용의가 일본의 국제적인 외교노력과 결부되어 구체적인 결실을 보이기 시작한 것을 말해준다.

문제는 과연 이렇게 일본이 과거사에 대한 명백한 청산 없이 정치군사대국화의 길을 걷고 이를 미국을 비롯한 국제사회의 강자들이 지원하는 상황을 어떻게 보고 어떻게 대응해야 할 것인가 하는 것이다. 그간 한국정부의 대응은 이렇다 할 것이 없었다. 오히려 미국의 냉전정책을 충실히 답습하면서 북한에 대한 군사적 공동대응을 내세우며 일본의 과거사 청산 없는 정치군사대국화를 현실화시키는 데 선봉의 역할을 담당한 것으로 볼 수 있다.

과거 이승만 정권은 1948년 남한단독정권을 수립하는 과정에서 친일세력과 야합하여야 했기 때문에, 그리고 그들을 빼고 나면 이렇다 할 기댈 정치세력이 별로 없었기 때문에 일본과의 협조를 추구했다. 이것은 한국전쟁 전에 이승만이 일본과 무역관계뿐 아니라 정치군사적 협조체제를 강화하려 한 데에서 잘 나타나 있다.[17] 한국전쟁의 배경과 관련해 남한 이승만 정권과 일본 제국주의자들 간의 연합형성 가능성이 북한지도부의 강한 경계심을 유발하면서 남북간에 군사적 긴장을 촉진시킨 점을 무시할 수 없다는 브루스 커밍스의 연구결과도 유의할 필요가 있다.[18] 그러나 이승만 정권은 한국전쟁 이후 자신이 정치적 목적으로 같이 연합했던 과거 한민당세력 등 친일세력과 관계를 단절하고 자기 중심의 자유당을 독자적으로 만들기 시작하면서 실

---

16) 『동아일보』, 1995. 7. 15.

17) The Department of State, *Foreign Relations of the United States, 1950, Korea*, (Washingtor. D. C ∶ U. S Government Printing Office, 1976), pp.19∼20.

18) Bruce Cumings, *The Origins of the Korean War*, volume 2(Princeton University Press, 1990), pp.463∼65.

속은 없으면서 감정적으로는 격앙된 반일주의를 내걸기 시작했다. 즉, 이승만 정권 후기의 반일주의는 그의 전력에 비추어 실질적 의미를 갖지 못했고 정치적 기회주의에 불과했다고 할 수 있다. 한편 이 같은 이승만의 기회주의적 반일주의는 한·미·일 3각 협조체제를 기반으로 동북아에서 대공산주의 봉쇄전선을 굳건히하려던 미국의 동북아 지역전략과 충돌하였고, 이것은 미국이 1960년 이승만의 하야를 침착하게 받아들이게 된 이유의 하나로 작용했다.

박정희 정권은 만주 일본군관학교와 일본육사를 졸업한 일본장교 출신으로서의 전력에 어울리게 그리고 미국의 지역전략에 충실하게 반공과 함께 대일본 유화를 실천에 옮겼다. 그런 그의 전력과 당시 미국의 대소봉쇄 중심적 시각에서는 일본의 과거사 청산을 전제로 한 한일 국교정상화는 거의 기대하기 힘든 것이었는지 모른다. 어떻든 한국의 군사독재 정권들은 한국의 경제개발을 이유로 들어 일본의 진정한 참회 없는 한일 유대를 받아들였고, 이러한 민족의 정기라고는 아무것도 없는 대일외교는 일본인들의 기생관광을 권장한 박정희 정권의 관광정책에서도 상징적으로 잘 드러났다. 한국 여성들을 정신대로, 일본 군대의 위안부대로 유인하고 또 강제동원했던 일본 군대를 위해 일했던 인물들이 장악하고 있던 한국의 정계·관계·군부의 권력층의 시각에서는 한국의 기생관광은 하등 이상할 것이 없었을 것이다. 박정희 정권에 이어 광주학살을 통해 등장한 전두환 정권은 1980년대 레이건이 주도하는 신냉전정책의 일환으로 미국·일본·한국 간의 사실상의 3각 군사동맹체제를 가시화하는 데 열을 올렸다. 전두환 정권에 이어 그와 마찬가지로 1980년 군사쿠데타 주도세력의 하나였던 노태우 정부도 그 전임자들과 색다른 외교적 비전을 가졌을 리 없었다.

김영삼 문민정권은 좀 나을 것으로 기대해볼 만도 했다. 그러나 김영삼 정권은 북한 핵문제와 관련해 이 문제의 평화적 해결을 위한 창의적인 외교노력을 기울이기는커녕 북한과 상호적인 대화보다는 주로 경제적 군사적 압력을 통해 미국의 정책을 관철하려는 미국 내 군부와 CIA 등 강경파들과 보조를 맞추며 일본과 중국을 그 같은 대북한 압박전선에 끌어들이기 위한 이른바 '국제 공조외교'를 벌이느라 일본의 과거청산 없는 정치군사대국화를 견제할 하등의 비전도 능력도 갖고 있지 못했다. 오히려 일본에 가서 북한에 대한 압력에 동참시키기 위해 '일본 천황폐하'를 연발했고, 그런 가운데 일본의 과거청산 없는 자위대 합헌논의를 정당화해주었던 것이다. 요컨대 김영삼 정부의 대일본 외교는 대북한 압력을 위한 '국제 공조외교'의 이름 아래 현실적으로는 일본의 참회 없는 '정치군사대국화'를 방조하고 지원한 효과만을 낳아왔던 것이다.

군사독재 정권이고 문민정부고를 막론하고 한국의 역대 정권의 이 같은 행태가 어떤 결과를 낳았는가를 가장 극적으로 말해주는 것은 일본 내 이른바 친한파 정치세력이라는 것이 바로 일본의 과거청산을 가장 앞장서 반대하는 세력이라는 사실이다. 이것은 1995년의 시점에서도 변함 없는 진실이었다. 1990년대 이후 일본인들 내부에서는 일본의 정치군사대국화 필요성을 공감하면서도 그 전제로서 진정한 참회가 있어야 한다는 다소 진보적인 세력과 이를 비난하는 것은 물론 오히려 일본의 과거 제국주의적 침략전쟁을 정당화하고 미화하는 우익 보수세력 간에 갈등이 있어왔다. 이 갈등은 1995년 사회당 인사들이 일본의 평화헌법의 정신을 상기시키는 '사죄(謝罪)와 부전(不戰)에 관한 결의'를 일본 국회에서 통과시키려 한 것을 둘러싼 진보와 보수 간의 싸움에서 상징적으로 표출되었다.

일본 정치인들 중에서 대표적인 이른바 '친한파' 인물들은 한일의원연맹에 가입해 있다. 전 총리이자 1995년 현재 일본측 회장인 다케

시다 노보루를 포함한 이들 친한파 정치인들이 바로 사회당이 추진하는 '사죄와 부전 결의'에 가장 강력히 반대하는 인물들로 밝혀졌다. 일본의 우익단체인 '종전 50주년 국민위원회'는 1995년 3월 16일 도쿄 헌정기념관에서 사죄부전 결의를 저지하기 위한 정치집회를 열었는데, 여기에서는 이 행동을 지지하는 일본 중의원 및 참의원 275명의 명단을 공개했다. 이 명단에는 일본정부 총리를 역임한 인물들인 나카소네 야스히로, 다케시다 노보루, 우노 소스케 등이 있었고, 또 전직 일본정부 외상(外相)을 역임한 인물들인 와타나베 미치오, 무토 가분, 나카야마 타로, 가키자와 고지, 미쓰즈카 히로시 등이 포함되어 있었다.[19] 또 오쿠노 세이스케 전 법상(法相)은 한국정부가 일본 국회의 부전 결의문제를 거론하는 것을 '내정간섭'이라고 비난하고, 태평양전쟁은 자위를 위한 전쟁이었기 때문에 사죄할 이유가 없다고 주장했다. 그는 아울러 1900년대 초 한반도를 일본에 강제합병시키는 데 주도적 역할을 했으며 초대 통감을 지낸 이토 히로부미를 저격해 죽인 한국의 안중근 의사는 '살인범'이라고 주장했던 것이다.

이 같은 일본 주요 정치인들과 각료들의 망언에 대해 한국정부가 보이는 반응은 언제나 그렇듯이 일회적인 것이었다.[20] 어쩌면 한국 국내용이라고 할 형식적인 논평을 하는 데 그치는 것이었다. 일본의 분명한 과거청산을 이끌어낼 수 있는, 또는 그것이 안될 때 일본의 정치 대국화를 견제할 수 있는 어떤 외교적 비전도 노력도 체계적으로 보이지 않고 있는 것이 그간의 한국정부의 행태였다.

한국이 정부와 민간차원에서 보다 적극적으로 일본의 명백한 과거

---

19) 박종문, "친한파 일의원 상당수 '부전결의' 반대", 『한겨레신문』, 1995. 3. 17.
20) 박범진 민자당 대변인은 1995년 3월 16일 '일본 지도층이 자신들의 과거 범죄 행위에 대해 반성하지 않고 있음을 보여주는 증거로 아시아 국민들의 지탄을 면키 어려울 것'이라는 추상적인 짤막한 논평을 하고는 말았다.

청산과 평화헌법 준수에 관심을 가진 주변 국가들 및 유럽 여러 나라의 정치세력 및 민간지도자들, 그리고 일본 자체 내의 양심적 정치인 및 민간지도자들과의 연대를 추구할 경우 길이 없는 것은 전혀 아니다. 한국이 모든 외교노력을 한국의 역사적 고통과 미래의 우려사항에 무감각한 미국 강경파들과의 연대를 통해 한반도 긴장을 오히려 고조시키는 반평화적 행태에 탐닉해온 탓으로 정작 중요한 외교문제에 노력을 등한히했을 뿐이다. 1995년 5월 26일 일본 동경의 유엔 대학에서는 세계 전직 수반모임이 열렸다. 이 자리에서 일본과 같이 2차대전의 전쟁범죄 국가인 독일의 사회민주당 수뇌로서 전 서독총리를 지낸 바 있는 헬무트 콜은 일본이 독일과 달리 전쟁범죄 책임을 아직도 청산하지 못하고 있는 것을 분명한 어조로 비판했다. 그는 "일본은 한국을 식민통치 하면서 많은 범죄를 저질렀고 중국과 아시아에서 전쟁범죄를 저질렀으나 독일과 달리 범죄의 책임문제를 청산하지 않고 있다"고 지적한 것이다. 이렇게 말한 후 그는 '일본은 국제적으로 대국의 역할을 해야 될 나라이지만 이런 상태에서는 그런 역할을 할 수가 없다'고 못박았다. 이 발언은 일본이 식민통치 및 침략전쟁에 대해 피해국들이 납득할 수 있는 과거사 청산을 선행해 세계의 신뢰를 얻기 전에는 유엔 안보리 상임이사국이 될 자격이 없다는 지적이라고 할 수 있었다.[21] 이것은 현직 독일정부 책임자의 말이 아니라서 독일의 공식입장으로 보기는 어렵다. 그러나 일본의 유엔 안보리 상임이사국 진출문제에 대해서 미국과 의견을 달리하면서 우리와 인식을 같이하고 그래서 일본의 정치군사대국화의 전제로서 명백한 과거청산과 평화헌법 준수를 요구하는 외교적 노력에 동참할 정치세력이 유럽 주요 국가들 정치권과 민간지도자 집단들 사이에 광범하게 존재

---

21) 『동아일보』, 1995. 5. 28.

한다는 것을 증거해준다.

과거청산 없는 일본의 정치군사대국화에 대해 한국정부가 취해온 실질적인 태도는 크게 두 가지로 나누어볼 수 있다. 하나는 일본의 정치대국화 이전의 과거청산을 위한 구체적인 외교는 전개하지 않고 오히려 과거청산 없는 정치군사대국화를 지원하는 미국의 정책에 순응하고, 더 나아가 대북한 압력 공조외교에 치중함으로써 그러한 추세를 촉진하였다. 둘째, 한국정부는 그처럼 참회 없는 일본의 정치군사대국화에 순응하고 또 그것을 현실적으로 촉진하는 외교행태를 보이면서도 일본의 군사대국화를 은연중 들먹임으로써 탈냉전과 북한 핵문제의 평화적 타결의 환경 속에서도 한국 국방비 연간 증가율을 10퍼센트 안팎으로 유지하는 구실로 삼고 있는 것이다.

바로 이 같은 한국정부의 미국 추종적이고 올바른 방향감각이 없는 외교행태는 한국 국민들에게 일본의 정치군사대국화에 대한 합리적 대응의 비전을 제시하는 것과는 거리가 멀었다. 따라서 국민들은 일본의 군사대국화에 대해 어떤 대응을 해야 할지를 모르고 다만 일본의 과거 군국주의의 망령을 떠올리며 일본의 군사대국화에 대한 막연한 불안감과 경계심으로 한국의 국방비 증가에 체념하거나 또는 일부 그릇된 핵무장 정당화론자들의 비이성적 논리에 빠져드는 심각한 부작용을 낳고 있는 상황이다.

따라서 나는 두 가지 차원에서 논의가 필요함을 느낀다. 하나는 일본의 정치군사대국화에 대한 한국과 주변국의 기본 대응방향에 관한 것이다. 두번째로는 '일본' 또는 '일본 및 북한'을 겨냥한 핵무장론이 내포한 비이성적인 종족주의적 민족주의의 위험성을 경고하면서 이 문제를 바라보는 올바른 민족주의적 관점에 관한 것이다. 그 중 두번째 문제는 1년 전에 출간된 『한반도 핵문제와 미국외교』에서 다루었기에 여기서는 첫번째 문제에 한정해 이야기하려고 한다. 그러나 이 두 가지 점 모두에서 나는 그 전제로서 다같이 강조해 두고 싶은 것이 있다. 그것은 우리가 일본의 과거청산 문제와 정치군사대국화 현상을 명철하게 인식하되, 일본의 '군사정치대국화'와 '군국주의화'를 냉철하게 구분해야 한다는 것이다. 일본의 정치군사대국화를 장기적으로는 궁극적 현실로 받아들이되, 그것이 과거청산 없는 정치군사대국화가 아닌 진정한 참회를 전제로 국제사회에서 일본이 자신의 역할을 다할 수 있도록 하기 위한 진정한 의미의 국제 공조외교를 펴야한다. 그러한 비전과 구체적 방안들을 마련하는 데 외무부의 존재의의가 있을 수 있다. 외무부는 이제 더이상 무기력하고 비전을 결여하며 연구하지 않는 관료들의 집합소나 국가안전기획부의 심부름 센터로 남아 있어서는 안된다. 바로 위와 같은 작업을 위한 비전과 논리와 방안을 연구하는 곳이 되어야 한다.

3. 일본의 군사대국화에 대한 한국과 동북아 국가들의 대응 방향

먼저 우리는 일본의 정치군사적 역할 확대와 군국주의화를 냉정하게 구별해야 한다. 일본의 과거청산과 핵정책의 납득할 만한 수정을 전제로 일본의 정치군사대국화를 일정한 수준 현실로 받아들일 필요가 있다. 그것 자체를 일본의 군국주의화와 동일시하고 이에 막연한 감정적 방식으로 대응하는 것은 오히려 동북아에서의 군비증강, 그리고 한국의 경우 주한미군의 반영구적 지속, 또는 한국 내 일부 핵무장의 필요성 주장까지도 정당화하는 경향을 촉진시킨다. 이것은 궁극적으로 한반도 평화체제의 건설을 지연시키고 더 나아가 일본의 안보와 함께 한국을 비롯한 주변 국가들간의 안보 딜레마를 심화시키는 결과를 가져올 뿐이다.

우리에게 필요한 것은 일본의 정치군사대국화가 군국주의로 나갈

수 있는 가능성을 미연에 억지하기 위한 거시적 차원의 다국적 정치
외교전략이다. 그에 맞서 그렇지 않아도 세계 최고밀도의 파괴력 집
중지역인 한반도의 군비유지와 증강을 꾀하거나 이를 위해 외국 군사
력의 영구주둔마저도 정당화하려는 것은 타당성이 없는 물리적 발상
이며 우리의 장기적 비전이 될 수 없다. 일본의 정치군사대국화 경향
에 대한 근본적인 대책은 장기적인 수준에서 모색되어야 한다.

그 장기적인 대책은 남북간 정치군사 공조의 가능성을 실현하는 한
반도 평화정착과 정치공동체 형성에서 찾을 수밖에 없다. 한국군의
무절제한 현대화작업이나 주한미군의 주도에 의한 한반도에서의 군
비증강 지속은 그런 장기적 대책의 모색을 방해할 것이다. 동북아의
세력균형에 대한 우리의 기여는 일본이 어떻든 장기적으로 나아갈 정
치군사 역할 확대에 기초한 이른바 '보통국가'로의 변화를 현실적으
로 수용하되, 일본의 그 같은 정치적 에네르기가 동북아의 불안정이
아닌 평화의 구축에 기여하는 건설적 방향으로 나아갈 수 있도록, 동
북아 및 국제정치 무대에서 우리의 외교역량을 증대시켜 나가는 데
우리와 주변 국가들의 지혜를 모으는 데에서 찾아야 한다.

외국 군사력의 주둔 지속은 전적으로 우리가 자신의 외교를 미국에
의존해온 그간의 두뇌 없는 외교체제에 계속 안주하게 만드는 물적
토대이다. 그렇게 되면 우리의 독립적이고 거시적인 외교능력의 성장
을 저해할 수밖에 없다.

다른 한편으로 일본의 정치군사대국화, 일본이 자신의 경제력에 비
례하는 정치군사적 역할을 하는 데 대하여 우리는 미국, 중국, 러시아
를 포함한 동북아 국가들과의 논의를 통해 그 조건과 속도를 조정하
는 외교력을 발휘해야 한다. 예를 들어 일본 자신이 국제적인 정치적
위상의 제고를 위해 추진하고 있는 유엔 안전보장이사회 상임이사국
진출문제를 보자.

일본이 독일과 함께 안보리 상임이사국에 진출할 수 있는 자격은 당연히 국제사회의 심사를 거쳐야 하는 것인 만큼 우리는 일본의 자격에 대해 중요한 조건을 제시할 권리가 있다. 그것은 일본이 자신의 과거 전쟁범죄에 대한 정신적·법적·물질적 보상에 관한 태도에서, 독일이 과거 자신의 전쟁범죄에 대하여 취한 수준에 상당하는 조치들을 취할 때만 국제사회가 이를 용인하도록 하는 조건을 부과할 수 있을 것이다. 비근한 예를 들어보자. 일본은 해마다 8월 6일과 9일, 히로시마와 나가사키에 떨어진 원자탄으로 희생된 자국민들과 그 생존자들에 대해서는 국가적 차원의 광범한 복지혜택을 제공하고 있지만, 그들의 군국주의 침략과 강압으로 끌려가 그 두 도시에서 참상을 당한 수만 명의 한국인 피해자와 그 유족들에 대해서는 거의 전혀 신경을 쓰지 않고 있다. 한국인 원폭피해자 위령비는 일본인 피해자들의 추모비가 있는 히로시마 평화공원의 바깥에 초라한 모습으로 방치되어 있다고 한다. 원폭을 이유로 자신들이 오히려 피해자라고 우기는 일본의 태도는 과거청산과는 진정 거리가 먼 것이 아닐 수 없다. 원폭피해자 문제뿐 아니라, 일본이 이른바 '정신대'라는 이름하에 한국의 여성들을 강제로 끌어가 일본군의 성적 노예로 만든 일, 교과서 왜곡 시정문제, 사할린 동포문제, 그리고 일본군과 경찰의 총칼과 고문과 혹독한 강제노동 속에서 학살당하고, 살해당하고, 굶어죽어갔을 수백만에 달하는 한국인들의 재산과 생명과 인권의 문제 등등, 그들이 자신들의 침략과 만행으로 한반도를 할퀴고 간 역사적 상처로서 드러난 부분들에 대해서조차도 일본은 반성과 보상은커녕 역사적 진실을 왜곡하고 은폐하는 데 오히려 더 많은 정력과 시간을 들이고 있는 것이다.

1995년 8월 초순 미국 ABC방송의 테드 카플이 진행하는 '나이트라인'은 원폭피해를 이유로 들어 적반하장으로 미국의 도덕성을 공격하는 일본인들에 대응하기 위해 2차대전 당시 일본의 전쟁범죄를 거론하는 프로그램을 방영했다. 이 프로그램에서 일본군이 무차별로 양민을 30만 명이나 갖은 잔인무도한 방법으로 죽인 '난징 대학살'을 거론했다. 이것을 보면서 필자는 미국인들이 자신들의 냉전전략의 일환으로 일본의 전쟁범죄를 서둘러 덮어두고 일본 군국주의를 받치고 있던 보수적 집단과 손을 잡고, 그나마 군국주의에 비판적이어서 고초를 겪었던 사회주의자나 공산주의자는 억압하면서 전후 일본의 외교와 경제를 일으켜온 미국이 그 '업보'로 이제 일본인들로부터 '도덕성' 공격을 받고 있구나라는 생각이 들었다. 히로시마와 나가사키의 원폭투하 문제도 다룬 이 방송 프로그램은 이곳에 일제에 의해 강제로 끌려와 일하다 죽은 수만 명의 한국인 노동자들과 그들의 파괴되고 할퀴어진 가족들에 대해서는 물론 한마디도 언급이 없었다.

우리는 결국 일본이 자신들이 말하는 '보통국가'의 비전을 추구하는 것을 하나의 국제정치적 현실로 인정할 수밖에 없을 것이다. 그러나 일본이 그러한 보통국가, 즉 '정상국가'가 되고자 한다면, 그 권리에 따르는 당연한 '정상국가적 의무'를 요구하지 않으면 안되고 또 그럴 권리가 우리에게는 있는 것이다. 문제는 그런 우리의 역사적으로 당연한 권리가 우리의 역대 독재정권이나 외교 방향을 잘못 잡은 어리석은 정권들에 의해서 방기되어왔다는 사실이다. 이제 우리의 논의는 일본이 보통국가가 되는 것 자체를 어떻게 견제하고 저지할 것인가에 대한 그저 막연하고 감정적인 수준에서가 아니라 우리를 포함한 국제사회가 일본을 보통국가, 정상국가로 받아들이는 데 있어서 의무와 조건을 설정하고 이를 일본이 실천하도록 어떻게 효과적으로 유도할 것인가 그리고 그 이후 일본의 정상국가적 행태를 보장하는 동북아 안보질서를 어떻게 건설할 것인가에 초점이 놓여져야 할 것이다.

아울러 유의할 하나의 원칙이 있다. 일본의 정치군사대국화에 대한 우리의 대응의 기본 출발점은 일본 권력엘리트가 군국주의적 외교로 나아갈 가능성을 견제하는 일이다. 그러나 정치군사대국을 이룩한 일본을 한국이 그와 같은 수준의 군비로 대응하겠다는 발상은 한국의 가용한 국가자원을 복지나 교육에 쏟지 않고 전부 군사비로 전용해도 채울 수 없는 망상에 불과하다. 또 이를 핵무기를 개발해 대응하겠다는 발상은 일본의 핵무장을 촉진할 것이며, 이것은 다시 중국을 비롯한 동북아 모든 나라의 핵무기 개발과 확대를 조장함으로써 한반도와 일본 모두의 안보를 파탄에 빠뜨리게 될 것이다.

우리는 정부차원과 민간차원의 공동안보의 개념과 방안을 개발하고 실천에 옮겨야 한다. 일본의 군국주의화는 오히려 미국의 대동북아 군사정책, 한국정부 내 군사주의적 요인들, 그리고 일본 내 보수적 권력엘리트의 의식적 무의식적 이해관계의 일치 속에서 진행될 가능성이 높다. 미국의 권력엘리트가 일반 대중에 비해서 해외에서의 자신들의 경제적 이해관계에 더욱 민감하고, 그래서 제3세계나 다른 해외 주요 지역에 '대한 개입주의적 경향을 현격하게 크게 보여주듯이 일본의 경우도 권력엘리트와 일본의 일반 대중은 일본의 군사대국화 그리고 미일군사동맹의 필요성에 대해서 매우 다른 시각차를 보인 바 있으며, 이는 앞으로도 그럴 가능성이 높다고 할 수 있다.

1980년대에 미국이 일본의 군비증강을 부추기고 있을 때, 일본의 일반 대중이 이를 보는 시각은 결코 곱지만은 않았다. 1980년대에 군사대국화를 지향하는 일본의 권력엘리트와 그것을 부추기는 미국의 냉전적 동북아정책과 함께 그것의 정당성을 의문시하는 일본 국민의 인식은 말콤 매킨토시의 다음과 같은 관찰에 잘 드러나 있다. "미국인들은 바로 자신들이 일본의 군국주의를 두려워하여 일본 헌법에 제9조를 삽입시킨 장본인임에도 불구하고 일본인들에게 군사장비 훈련을 시키고 있으며 군대를 일본인들의 일상생활에 통합시키는 역할을 담당하고 있다. 이제 자위대가 형성됨에 따라 미국인들의 대일본 군사역할은 거기에서 한 걸음 더 나아가 일본 군대가 더욱 강화되어 미국 군대와 함께 일하도록 하는 것이다. 태평양의 한 항공모함 전투부대 지휘를 맡고 있는 미국 해군장교인 도어(Doerr) 대위는 미국은 일본정부가 일본자위대의 군사역할을 (강화하는 방향으로) 변화시키는 것을 보다 설득력 있게 정당화할 수 있도록 도울 필요가 있다고 말했다. 그런 발언은 일본의 우익을 도와주게 된다. 그리고 일본의 군사비는 부단히 증가하며 일본의 군사력은 확대되게 되는 것이다. 그러나 일본의 국민은 자민당의 우익들과 생각이 같지 않다. 나카소네 수상이 호전적인 연설을 할 때마다 그의 인기율은 떨어진다. 그가 만일 정치적 지도력을 상실하게 된다면 그것은 아마 방위문제 때문이 될 것이다. 1983년 일본 국민들 중에서 미일안보조약이 평화를 확보하는 데 중요한 역할을 했다고 믿는 사람은 14퍼센트에 불과했다. 그리고 54퍼센트는 세계평화에 대한 최대의 위협은 미소간의 군비경쟁이라고 믿고 있었다."[22] 그렇다면, 일본 보수 정치세력의 군사대국화 야망을 그나마도 견제해온 것은 일본 국민들의 그 같은 상당부분 독립적인 인식이라고 할 수 있다. 일본의 양심적 언론을 대변한다고 자임하는 '아사히' 언론그룹의 TV채널은 종전 50주년을 맞은 1995년 8월 초 이토 히로부미를 죽인 조선의 안중근 의사를 '위대한 거인'으로 정의하고 그의 의연한 삶과 행동과 죽음을 조명한 다큐멘터리를 제작해 방영했다. 일본은 하나가 아니고 이 나라 역시 여러 측면들을 갖고 있다는 또 다른 증거이다.

이것은 무엇을 말하는가? 일본의 군사정치대국화에 대한 우리의 대

---

22) Malcolm McIntosh, op.cit., p.140.

응은 일본 국민과 권력엘리트를 한 덩어리로 몰아 '증오의 정치'를 부추기면서 종족 대 종족 간의 동물적 경쟁과 불가피한 대결을 염두에 둔 브레이크 없는 군비경쟁이나 핵무기 개발경쟁으로 나아가서는 안된다는 것을 말해준다. 필자가 여러 번 강조한 것처럼 일본의 '과거 청산 없는 정치군사대국화'를 조장한 것은 냉전시기 미국의 동북아정책과 정통성 없는 역대 한국 정권들의 굴욕적 대미·대일 외교자세였다. 아시아 약소민족들이 과거 일본 제국주의의 침략하에서 겪은 민족적 수난과 고통에 무감각한 미국의 대일본 동맹정책, 그리고 여전히 과거의 포로로 남아 있는 이른바 김영삼 문민정권의 방향을 잘못 잡은 엉터리 국제 공조외교와 전반적인 외교비전과 리더십의 결여는 그러한 상황을 지속시켜왔다. 따라서 참회 없는 일본의 군사대국화를 견제하고 일본의 에네르기를 동북아 평화에 이로운 방향으로 쓰일 수 있게 하는 것은 반드시 일본 국민만의 책임이 아니며, 우리 자신들의 책임이기도 한 것이다.

　이것은 결국 우리가 정부와 민간차원에서 다같이 한국과 일본 두 나라간에 공동안보의 전선을 형성할 수 있도록 노력하고, 다차원적인 대화와 평화운동을 통해 일본이 진정한 과거의 청산과 함께 동북아 평화의 건설을 위한 공동의 비전을 개척할 수 있도록 도와야 한다는 것을 말한다. 이것을 통해서 일부 우익 정치세력들이 주도할 가능성이 있는 일본의 군사주의를 한국과 일본의 국민이 다같이 견제할 수 있도록 해야 한다. 일본을 하나로 보고 그것을 궁극적 대결의 상대로 보며, 군비에는 동일한 군비로, 그리고 핵무기 개발을 음으로 양으로 정당화하는 태도야말로 일본의 보수적 권력엘리트가 일본의 일반 대중을 선동해 군국주의화로 나아가고 그래서 한반도 우리 민족과 나아가 동북아 전체의 평화와 번영을 파괴하는 결과를 낳는 데 크게 기여할 위험한 발상이며 크게 경계할 일이 아닐 수 없는 것이다.[23]

우리가 성숙한 자세로 일본의 양심을 일깨우고 일본 내 양심적 민간언론 및 정치세력과 연대하면서, 그리고 과거 일제의 침략과 식민지배로 고통을 함께 당한 아시아의 다른 국민들과 공동의 노력을 통해 일본의 과거청산과 동북아 평화체제의 건설을 이끌어내는 역할을 담당해야 한다. 그것이 아시아의 묵은 과거들을 청산해내고 나아가 21세기 동북아 평화를 건설하는 일에 있어서 우리가 담당해야 할 중대한 과제이다. 물론 한반도에서 남북한이 하나의 정치공동체를 이루어 외교공조가 가능한 상태가 될 때 우리가 그 일에서 담당할 몫은 더욱 커질 것이다.

아울러 우리는 왜 미국이 일본의 과거청산에 대해 무관심하게 자신의 냉전정책 위주로 그 문제를 대해왔는가를 생각해보고 역사의 교훈으로 삼아야 한다. 독일이 자신의 전쟁범죄에 대해서 각별히 겸허한 자세를 갖게 되고, 미국도 독일의 전범을 철저하게 다스린 데에는 독일의 침략과 유린으로 피해를 당한 국가들 자신의 역할도 컸던 것이다. 서유럽 피해국들만 보더라도 프랑스, 영국, 베네룩스 삼국 등은 다같이 민주국가들이며 세계문화의 중심에 있는 나라들이었다. 또한 이들 나라에서는 나치스에 협력한 자들에 대한 철저한 역사적 단죄를 행했다. 홍세화씨는 그의 자전적 에세이집 『나는 빠리의 택시운전사』에서 다음과 같이 말한다. "2차대전 직후 나찌 협력자에 대한 처벌은 철저했다. 그리고 리용 지역 게슈타포 책임자의 한 사람인 클라우스 바르비를 40년이 지난 뒤에 잡아들여 재판을 열고 종신징역을 선고, 감옥에서 죽게 하였다. 나찌 협력자 뽈 뚜비에는 50년이 지난 최근에 재판을 받아 역시 종신징역형을 선고받았다. 프랑스인들은 이 재판들

---

23) 일본의 정치군사대국화에 대응한다는 미명하에 한국의 핵무장을 정당화하는 왜곡된 '핵주권' 주장의 위험성에 대해서는 이삼성, 『한반도 핵문제와 미국외교』 (한길사, 1994), 제4부의 2장, 「핵주권 논의와 한국 민족주의의 인식」을 참조

에 대해 그들을 처벌한다는 목적보다 역사에 대한 책임을 물어 특히 자라나는 세대에게 교훈을 주기 위한 것이라고 말한다."(302면) 프랑스가 이들에게 사형을 언도하지 않은 것은 이들의 죄가 가볍다고 생각해서가 아니라 프랑스에는 사형제도가 없기 때문일 것이다.

이런 유럽 국가들의 자존의 능력과 자기 역사에 대한 책임추궁의 능력과 의지는 미국으로 하여금 독일에 대한 전범처리를 자의적으로 축소시킬 수 없게 했다. 이런 유럽에서와 달리 미국이 아시아에서는 일제의 침략과 식민지배로 고통을 당한 민족들의 목소리에 왜 귀를 기울이지 않았는가. 그 아시아 내적인 요인은 두 가지가 있다. 첫째, 피해를 당한 아시아 나라들의 상당부분이 공산화의 길을 걷고 있어서 미국이 적대시한 민족들이었다. 중국, 북한, 인도차이나의 나라들이 그러했다. 그런가 하면 남한사회는 미국 자신의 군정하에서 친일배들이 미국의 반공정책에 편승해 부와 권력을 장악하고 있었다. 대만은 부패와 무능으로 중국대륙에서 쫓겨와 미국의 보호에 매달려 있는 또 하나의 호락호락하기 짝이 없는 독재정권이었다. 바로 그렇기 때문에 미국은 일본의 아시아침략과 반인류적 범죄에 대해서는 눈을 감고 오로지 자신의 냉전정책을 우선시해 대일본 정책을 폈던 것이다.

일설에 대만에 쫓겨온 후 대만 총통이 된 장개석이 일본의 전쟁배상 문제에 대해 "배상 같은 것 신경쓰지 말라"고 말해 '대인다운 관용'을 베풀었다는 얘기가 있다. 사실이라면 그에 대해서는 두 가지 해둘 말이 있다. 첫째, 그가 베푼 '관용'이란 관용이 아니다. 그것은 미국과 일본을 의지해 중국대륙의 공산당과 대결해야 하는 상황에서 나온 약자의 언어의 유희이다. 둘째, 그는 중국 민족을 대표해 그런 말을 할 자격이 없는 인물이다. 중국 인민은 이미 공산당 지배를 선택하고 지지하고 있었다. 장개석은 미국 국무부도 인정한 부패한 권력에 지나지 않았다. 그는 항일투쟁보다는 공산당 억압과 그 싸움에 더 신경

282

을 쓴 인물로도 평가되고 있다. 그는 중국 민족을 대표해 일본의 과거 반성에 대해 말할 자격이 애당초 없었던 인물이다. 한국의 정치인이나 엘리트집단 중에 장개석의 그 같은 태도를 '대인의 풍모'로 추켜 세우는 자가 있다면 그것은 부일세력이 권력을 장악한 사회의 몰역사적인 지적 풍토의 한 반영이라 해도 지나친 말은 아닐 것이다.

한국의 독재정권들은 동족간의 싸움이었던 한국전쟁 기간에 행해진 미미한 대공협조행위(이른바 부역행위)에 대해서는 가공할 물리적·사회적 형벌을 가했다. 그리고 '연좌제'라는 제도를 만들어 그 가족과 후손들을 수십 년에 걸쳐 괴롭혔다. 봉건전제시대에 '삼족을 멸한다'는 야만적인 악형의 현대판에 해당하는 것이었다. 그러면서도 정작 일본 제국주의 밑에서 기생하면서 민족혼을 파는 데 그치지 않고 일본 천황의 하수인이 되어 같은 민족을 고문했던 자들은 오히려 해방 후에도 남한사회에서 부와 권력을 누렸다. 그리고 그 시대에 유지하고 획득한 부와 교육으로 그 후손들은 남한사회의 상류층을 형성하게 되었다. 한국전쟁 전야에 한국군의 주요 지휘관이 되어 북진을 하게 되면 "아침은 개성에서, 점심은 평양에서, 그리고 저녁은 신의주에서 먹겠다"고 허풍을 떨었던 김석원은 일제시대에 일본군 장교가되어 당시 만주에서 항일무장투쟁을 지휘하던 김일성 게릴라부대를 토벌하는 임무를 띤 '김일성 토벌대'의 대장이었다.[24] 한국 군대의 주요 '지도자'인 김석원이 그처럼 독립군을 잡으러 다니며 갖은 반민족적 만행을 저질렀던 인물이었던 것을 알고 있는 남한 사람들은 과연얼마나 되는가? 이것은 해방 후 한국정치, 미군정, 그리고 한국전쟁의 본질이 무엇이었는가에 대한 의문과 함께, 해방 후 아시아 현대사에

---

24) Bruce Cumings, *The Origins of the Korean War, volume 1*, (Princeton University Press, 1981) volume 1, p.38.

서 일제청산이라는 것이 일본의 문제임과 아울러 그 무엇보다도 결국 우리 자신의 문제라는 것을 일깨워주는 것이다.

일본의 막강한 군사력 증강에 바탕한 군사대국화보다 기실 더 중요하고 더 위험한 문제는 우리 자신들이 우리 자신의 역사에 대해 책임을 묻지 않았다는 것이며, 그 일제가 남긴 찌꺼기들의 쓰레기통에서 아직도 허우적거리고 있다는 사실일 것이다.

한국의 초중등학교에 남아 있는 이른바 '반장제도'를 보라. 한두 해 전에 나는 민주화를 위한 변호사모임(민변)이 주최한 '한국에서의 자유민주주의'에 관한 토론회에서 다음과 같은 내용을 강조한 일이 있다. 나는 우리 사회 구석구석에 찌들어 있는 봉건적이며 일제시대적 유산들이 우리의 민주주의를 근본으로부터 위협하고 있는 요소들이라는 것을 지적하고자 했다. 먼저 군 안팎에서의 시민의 인간성 파괴가 심각한 것이었다. 1994년에 일어난 장교탈영 사건으로 드러난 군부대 안의 하극상문제는 근본적으로 한국 군부대 안의 인간성 상실에 기초한 민주적 인간관계의 부재를 극명하게 보여준 것이었다. 군대조직 안에서 상하 계급간 무조건적 복종이 강요되고 체벌이 아직도 여전히 존재해온 것이다. 그럼에도 불구하고 정부는 이 문제를 군부대 내 군기를 재확립함으로써 시정할 문제로 보고 있었으니 한심한 일로 생각하지 않을 수 없었다. 장교와 사병이 서로 존대말을 사용하고 사단장이 사병과 더불어 식사하고 같이 보초를 서기도 한다는 북한은 친일배 청산에서뿐만 아니라 최소한 군대 내에서만큼은 일제잔재 청산에서 남한보다 앞선 것이 아닌가? 북한군 내부의 상하관계와 남한군 내부의 계급관계의 차이는 어쩌면 그 태생에서부터 유래한 것인지 모른다. 북한군의 모태는 아무래도 항일 게릴라부대들이다. 사상적 유대와 민족적 전우애에 기초한 무장항일독립운동의 전통이 북한군 내부의 인간관계의 뿌리였다면, 군국주의 일본의 장교나 하사관을 지낸

자들이 해방 후 한국군의 중추를 이루면서 일본군 내부에 특히 심했던 극도로 권위주의적이고 억압적인 군국주의 군대의 전통이 남한 군대에서 사병을 통솔하는 유일한 도구요 근본원칙으로 그 독한 뿌리를 내렸던 것이다. 남한사회에서의 군대식 사고와 체제는 민간 군사조직(예비군 및 민방위체제)에도 완화된 형태로지만 그 연장으로 내포되어 있다는 사실 또한 부인할 수 없을 것이다.

이에 못지않게 심각한 문제로 나는 우리의 초중등 학교교육에 배어 있는 일제시대 통제위주의 교육질서를 지적하고 싶었다. 이는 자유민주주의의 요체인 개인의 존엄성에 대한 일상적 유린을 드러내는 것으로 나는 생각했다. 교육상의 체벌의 기준이 모호한 가운데 학생들에 대한 체벌이 정당화되고 있다. 체벌에 대한 항의를 제기하는 일부 학부모들이 이를 시정하기 위해서는 그 학부모 개인으로서는 영웅적인 투쟁이 필요했다. 체육교육 등에서 제식훈련 등의 군사문화가 여전하다. 우리들의 학교는 학생들 상호간의 관계에도 음으로 양으로 권위주의 질서를 부과해왔다. 고학년생이 저학년생에게 체벌을 부과하는 것이 정당화되는 경우도 많다. 고학년 당번들이 지각한 저학년생들에게 기합 등 체벌을 가하는 현장을 목격할 수 있었다. 최근에도 어떤 학부모로부터 보이스카우트 행사에서 상급생이 하급생에게 기합 등 체벌을 가하는 것을 목격했다고 들었다. 저학년생의 학부모들이 자신의 자녀를 지켜보는 가운데에서 이런 행동들이 자행됨에도 학부모들이 소극적으로 방관했다고 한다. 이것은 어느 구석진 시골의 얘기가 아니다. 서울과 그 가까운 주변의 학교들에서 벌어지고 있는 일들이다. 교사는 장교, 상급생은 하사관, 저학년생은 사병, 같은 학년 학생들 중에서도 학급간부는 하사관, '보통아이들'은 사병 등 위계질서화된 경우가 많은 것이다. 이렇게 해서 학교교육 현장이 일련의 억압의 사슬에 묶여 있는 것이다.

나는 5년이라는 그렇게 길지 않은 시간을 미국사회에서 살다 돌아왔는데, 그 짧은 공백기간에도 불구하고 한국에 귀국해서 맨처음 가장 충격적으로 다가왔던 것이 바로 초등학교에서 상급생들이 하급생들을 기합주는 광경, 그리고 전철역에서 바로 바라다보이는 여중학교 학생들이 체육시간에 단체기합과 제식훈련을 받고 있는 장면이었다. 이것은 서구 자유주의 사회들과 한국사회의 차이 중에서도 가장 기본적이고 가장 충격적으로 느껴진 현상이었다. 나 자신도 그런 위계질서화된 초중학교 교육체제의 피해자인 동시에 가해자였던 기억이 아직도 생생하다. 미국생활에서는 전혀 목격하지 못했기 때문에 까맣게 잊고 있었던 그런 장면들을 나는 귀국하자마자 곧 내가 사는 동네 주변, 그리고 서울과 그 부근의 전철역 너머로 다시 목격하지 않으면 안되었다. 그런 일들은 옛 기억들을 소름끼치게 상기시켜주면서 "아, 이것이 우리 사회의 최대의 문제이며 일제 식민지배의 잔재라는 것이 이토록 뿌리깊은 것이구나" 하는 탄식을 낳게 만들었던 것이다. 나는 그 무렵 청바지와 잠바차림의 백골단이라는 경찰부대가 당시 참교육을 외치며 교육현장 개혁운동을 펼치고 있던 전교조 소속 교사들을 굴비두름처럼 한 줄로 엮고 머리를 들지 못하게 곤봉과 발로 차고 때리면서 연행해가는 사진을 『한겨레신문』에서 보게 되었는데 한국의 민주화라는 것이 안고 있는 한계를 다시금 절감하지 않으면 안되었다. 그것은 학교교육 현장의 일제잔재와 한국 권력과 사회구조 속의 일제잔재의 문제를 하나로 묶어서 적나라하게 보여주는 장면이기도 했다.

노동현장에서의 인권유린 문제와 아울러 학교에서 개인의 존엄성을 일상적으로 유린하는 우리의 학교교육은 결국 우리의 학교와 사회 전체가 억압적 권위주의와 외세의 갖가지 형태의 식민주의에 대한 체념적 순응의 적응훈련장으로 기능하고 있으며, 이것이 한국에서 자유민주주의의 건실한 성장을 억지하고 유린하고 있는 주목할 현실이라고 생각되었던 것이다.

이것들은 봉건전제시대의 유물일 뿐 아니라 일제 식민지배로 수십년간 강요되어 교육현장의 독소로 자리잡은 체질화된 신민문화(臣民文化)의 표징이다. 이런 잔재들이야말로 장차 일본의 정치군사대국화에 우리 사회를 가장 취약하게 만드는 요소들인 것이다. 친일배들이 권력을 잡은 '역사청산의 부재', 그리고 일제시대 때 만들어진 초중학교의 반장제도에서 나타나는 동료인간들간의 계급화를 통한 통제체제에서 지속되는 '일제잔재 청산의 부재', 이것들이야말로 소름끼치는 우리의 약점이다.

우리가 진정 경계할 것은 일본의 군사기술이나 무기들이 아니요 정작 우리 역사의 무책임성과 우리 사회구조와 교육체제와 의식 속에 찌들어 있는 일제의 잔재들인 것이다.

제7장 동북아 평화체제의 형성은 가능한가

1. 동북아 평화 : 권력균형과 다자적 제도

동북아에서 평화체제를 형성한다는 것은 이 지역에 정치적, 군사적, 경제적으로 실존해 있는 여섯 개 나라들, 일·중·러·미·남북한이 이 지역의 평화와 안보에 관련된 문제들을 무력에 의존하지 않고 정치외교적인 대화와 협상을 통해 해결하는 것을 가능하게 하는 제도적인 틀을 구축하는 것을 말한다. 국제정치에서 국가간의 갈등을 전쟁 이전의 단계에서 멈추게 하는 '보이지 않는 손'은 존재하지 않는다는 것은 동서고금의 역사가 증명해온 바이다. 20세기 동북아 국제정치도 물론 예외는 아니었다. 20세기 전반에는 두 번에 걸친 세계대전의 소용돌이를, 그리고 이 동북아에서는 냉전시대에도 두 번에 걸쳐 열전을 치러야 했다. 이것은 분쟁의 평화적 해결을 위한 제도적 장치라는 것이 필요한 것이라는 점을 말해주는 동시에 과연 그것이 현실 역사에서 가능한 것인가라는 회의를 제기하는 것이기도 하다.

288

평화체제를 건설한다고 할 때, 현실주의의 입장에서는 무엇보다도 먼저 세력균형을 떠올리게 된다. 국제정치에서 평화와 전쟁은 불가피하게 힘을 가진 중요한 나라들간의 힘의 우열과 합종연횡의 양상에 의하여, 그리고 평화와 전쟁이 그들에게 가져다 줄 이익과 손해에 대한 계산에 의하여 결정된다고 보는 현실주의적 시각에서는 그러한 합종연횡에서 절대적으로 또는 최소한 상대적으로 유리한 세력구도를 형성하기 위하여 군비증강과 동맹정책을 구사하게 된다.

한국과 같이 상대적으로 약소한 나라는 그러한 동맹의 구도에서 어느 편에 서서 어느 나라들의 국력에 의존하는 것이 좋은가를 논하는 것이 자연스러워진다. 이런 경우 정치사회세력 내의 여러 파벌들의 이해관계에 따라 그 판단은 엇갈리고 갈등하기 마련이다. 한말의 국제적 풍운 속에서 조정이 친러파, 친일파, 친중파 등으로 나뉘어 누가 주적(主敵)이며, 누구를 동맹국으로 삼아야 할 것인지를 둘러싼 판단이 정부 안팎의 여러 집단들의 상이한 정치적 이해관계와 맞물려 엇갈리면서 대한제국의 안보외교를 파탄에 빠뜨렸던 것은 그러한 경향의 한 예이다. 한말 친일파인 김홍집이 주일본 청국대사관의 참사관, 즉 친일파 중국관리인 황준헌(黃遵憲)에게서 얻은 『조선책략(朝鮮策略)』은 한국이 러시아를 적으로 삼고, 이를 견제하기 위해 "중국과 친밀히 지내고, 일본과 외교를 긴밀히 하고, 미국과 우의를 돈독히해야 한다"(親中國, 結日本, 聯美國)고 주장했다.[1] 이러한 충고는 한결같이 러시아를 주적으로 보고 동아시아에서도 러시아의 팽창을 막는 것을 제1의 과제로 삼았던 당시 중국, 일본, 미국 등, 한국의 주변 열강들의 시각을 반영한 것이었다. 그러나 결과적으로 본다면 동아시아에서 제

---

1) 황준헌, 『조선책략』; 이이화, 『조선후기의 정치사상과 사회변동』(한길사, 1994), 485~86면.

1의 문제는 일본 군국주의의 등장이었다. 러시아의 견제에 주안점을 두었던 일본, 중국 등의 이해관계와 특히 미국 등의 양해하에[2] 한반도가 일본의 식민지배 속으로 전락했던 것은 주변 열강들의 순전한 권력정치적 논리에 바탕한 외교행태들이 낳은 폐해이기도 했던 것이다.

제2차 대전이 종결된 후 연합국이었던 강대국들 사이에 대화와 협상의 장이 사라지고 냉전이 본격화했다. 그리고 남북한 각 정치 주도세력은 그 속에 휩쓸려 각각 서로 다른 강대국과의 동맹에 매달리게 되었다. 결국 분단은 고착화되었고, 마침내 동족상잔의 전란에 휩쓸리게 되었다. 북방의 삼국과 남방의 한·미·일 삼국간의 경직된 냉전적 동맹체제는 결국 한반도에서도 열전을 가져왔다. 그 후엔 한반도와 그 주변에서 전쟁은 없었다. 그러나 대륙과 한반도에서 억압적 권위주의 질서와 엄청난 군비증강과 사회병영화의 폐해를 겪어야 했고, 인도차이나의 전란에도 휩쓸리는 결과를 가져왔다.

결국 경직된 두 그룹의 대결적 동맹체제들로 구성된 질서는 대화 없는 군비증강과 전란의 가능성을 항상 안고 있는 것이었다. 이 점은 제1차대전의 배경이 된 20세기 초 유럽의 삼국동맹(독일, 오스트리아

---

2) 20세기 초 미국의 동아시아 정책은 러시아의 견제에 초점이 맞추어져 있었다. 러시아가 동아시아에서 영향력을 확대하면 그것은 동아시아에 경제적으로 진출하고자 하는 미국의 문호개방정책에 최대의 위협이 될 것으로 보았기 때문이었다. 일본이 미국의 문호개방정책에 보다 우호적이고 유리하다는 세력균형의 논리에 따라 미국은 일본의 세력팽창을 방조하는 태도를 보였다. 이 문제에 대한 미국의 시각과 중국인들의 시각을 비교한 것으로, A. Doak Barnett, *China and the Major Powers in East Asia* (Washington, D.C : The Brookings Institution, 1977), pp.154~62. 이 시기 미국의 아시아정책이 특히 러시아의 견제에 치우쳐 일본의 팽창을 방조한 점을 강조한 견해로는, Bruce Cumings, "Japan's Position in the World System," in Andrew Gordon, ed., *Postwar Japan as History* (Berkeley : University Press of California, 1993), p.54.

헝가리, 이탈리아 사이의 Triple Alliance)과 삼자협상체제(영국·프랑스·러시아 간의 Triple Entente) 사이의 대결구도에서도 발견될 수 있다. 그것은 순전한 세력균형의 논리에 따른 힘의 동맹전략이 내재적으로 안고 있는 문제점이라고 할 수 있다.

한편, 19세기 초 나폴레옹전쟁 이후의 유럽을 수십 년간 관장한 비엔나 회의체제는 전쟁을 방지하는 데에는 일정한 역할을 한 것으로 지적된다. 물론 이것은 나폴레옹전쟁을 계기로 더욱 확산되고 있던 프랑스혁명의 정치적 충격과 유럽 약소민족들의 민족주의를 억압하기 위한 보수적 체제였다. 보수적 질서를 지키기 위한 이념적 동질성을 가진 국가들간의 회의체였으므로 그만큼 효능을 발휘할 수 있었다.[3] 그렇다면, 비엔나회의와 같은 다자적인 제도적 장치는 상당한 정도의 정치적, 문화적 전통과 이념이 이질적인 국가들간의 평화체제로서는 적실성을 갖기 힘든 것이 될 것이다.

유럽과 달리 동북아는 국가들간의 이질성이 높다. 이 지역에서 평화체제를 건설한다는 것은 순전한 세력균형의 논리만으로도, 순전한 제도적 장치만으로도 가능하지 않다. 동북아에서 과거 세력균형 논리에 바탕한 동맹외교도 전쟁과 분단과 냉전적 열전, 그리고 체제 내적 억압의 구조를 피하지 못했고 어떤 의미에서 그것을 촉진한 측면도 있었다. 또한 여전히 이질적인 질서와 문화를 안고 있는 상이한 강대국들로 구성된 동북아 질서에서 순전한 제도적 장치 그것만으로 평화체제 건설이 가능한 것 역시 아닐 것이다.

하나의 해결 방향은 동북아 국가들이 각자의 자기판단과 자기이해에 바탕해 추구하는 세력균형의 전략들을 부정하지 않되, 그럼에도 불구하고 그것들을 하나의 제도적 틀 안으로 수렴할 수 있는 다자주

---

3) Henry Kissinger, *Diplomacy* (New York : Simon & Schuster, 1994), p.397.

의적 제도를 개발하고 이를 발전시키는 것이다. 즉, 순전한 다자적 제도주의와 권력정치적 접근을 적절히 결합해 조화시키는 것이 필요하다. 여기에는 두 가지 차원의 문제가 개재해 있다.

첫째, 동북아시아의 관련된 모든 국가가 다같이 등권적으로 참여하는 원칙과 참여국가들간의 힘의 차이에 따라 역할을 달리 규정할 수밖에 없는 국제정치적 현실의 논리 간의 타협이다. 제라르 러기가 루스벨트의 유엔구상의 성격과 관련해 말하고 있는 것은 바로 이런 맥락에서 주목할 가치가 있어 보인다. 이 문제는 20세기에 들어 미국이 주도해 모색한 바 있는 국제적인 다자적 평화제도의 두 가지 형태를 비교함으로써 명백해진다. 1919년 우드로 윌슨이 제창한 국제연맹은 힘의 국제정치를 지양하고 국제적 제도를 통해서 평화를 추구하겠다는 미국의 국제주의자들의 시각을 반영한 것이었다. 그러나 국제연맹은 순전한 보편주의를 기반으로 하고 있었다. 즉 약한 나라나 강한 나라나 다같은 위상이 주어짐으로써 권력정치적 접근이 결여되어 있었다는 지적이 가능하다. 이에 비해 1945년 프랭클린 루스벨트가 주도한 국제연합은 유엔총회를 일국 일표라는 보편적 통합주의에 근거해 구성하되, 5개 안전보장이사회 상임이사국을 별도로 구성해서 이들에게 거부권을 부여하는 권력정치적 원칙을 가미했다. 이것은 루스벨트의 균형된 접근의 핵심이며, 이 점을 탈냉전 이후 세계평화질서를 모색하는 데 참고로 해야 한다는 것이 러기의 주장이다.[4]

물론 1차대전 이후의 국제연맹(League of Nations)과 2차대전 이후의 국제연합(United Nations)은 주도국인 미국이 참여했느냐 여부에 따라 그 효능과 운명이 크게 결정된 것으로 볼 수 있다. 1차대전 직후

---

4) John Gerard Ruggie, "Peacekeeping and U.S. Interests," *The Washington Quarterly*, Autumn 1994, pp.176~77.

에는 미국 내 정치에서 아직 고립주의자들의 세력도 강해서 미국 상원이 이를 거부했다. 미국이 불참한 국제연맹은 당연히 기능할 수 없었다. 반면에 미국 내 정치세력에서 국제주의 세력이 압도하기에 이른 2차대전 이후의 미국은 유엔의 창설뿐 아니라 그 이후의 운영을 주도함으로써 유엔의 위상은 국제연맹의 그것과 크게 달랐다고 할 수 있다.

루스벨트의 '유엔'이 윌슨의 '국제연맹'에 비해 이러한 차별성을 가졌음에도 불구하고, 유엔도 5개 상임이사국들에 대한 거부권 부여라는 권력정치적 요소를 국제평화를 위해 활용하는 데에는 내재적인 문제점을 가질 수밖에 없었다. 그것은 키신저의 지적대로 5개 국가들이 추구하는 국가이익과 가치관이 부합할 때만 기능할 수 있다는 것을 말했기 때문이다.[5] 한 국가라도 거부권을 행사하면 유엔이 공동으로 행동에 나설 수 없는 결함이 있었다. 이것은 특히 두 초강대국들이 대결한 냉전상황에서는 유엔이 제 역할을 할 수 없으리라는 것을 말해준 것이었다. 기껏해야 한국전쟁에서처럼 반대하는 국가가 우연히 거부권을 행사하지 않을 때 다른 일방의 연합국들의 공동행동만을 가능케 할 뿐이었다.

그러나 미소간의 냉전이 사라진 현재의 시점에서는 5개 상임이사국 사이의 의견일치가 더 쉽고, 국가이익간의 조정과 협상이 용이해졌다고 할 수 있다. 최근 들어 유엔과 같은 국제적 제도들을 활용해 국제분쟁을 해결하고 국제평화를 모색하는 데 관한 논의가 부쩍 활발해진 것은 그런 맥락에서이다.

특히 동북아라는 지역적 차원에서 본다면, 한국을 제외한 미·러·중·일 등은 세계적 강대국들로서 미·러·중은 이미 유엔 안보리 상

---

5) Kissinger, pp.397~98.

임이사국들이다. 일본도 멀지 않은 장래에 안보리 상임이사국에 진출할 수 있는 능력을 갖추고 있으며, 다만 도덕적 차원의 자격문제, 즉 과거청산 여부에 대한 논란만을 남겨두고 있는 실정이다. 그렇다면 문제는 동북아 다자간 협의체의 경우 동북아 4대 강국과 한반도 국가들의 관계를 어떻게 정립할 것이냐 하는 문제가 대두된다. 이와 관련해 한반도에 통일한국이 성립되는 경우와 그렇지 않고 분단체제를 유지하는 경우 동북아 다자적 제도에서 한국의 역할은 근본적인 차이가 있을 것이다. 한국정부가 동북아 다자적 제도의 형성을 위해 노력하는 한편으로 남북한간의 외교적 공조를 가능케 하는 수준의 남북간 정치공동체의 형성에 적극적이어야 할 필연성이 여기에도 있는 것이다. 한국은 동북아 다자적 제도에서 주변 4강과의 힘의 차별성을 인정해야 하겠지만, 한국의 역할을 거의 동등하게 정립할 수 있는 현실적 여건, 즉 한반도의 정치공동체의 형성과 그 공동체의 외교역량을 향상시키려는 부단한 노력이 수반되어야 한다는 인식이 필요한 것이다.

동북아 평화체제를 건설하는 데에서 다자적 제도주의와 권력정치적 접근을 결합하는 것과 관련한 두번째 차원의 문제는 순전한 등거리외교의 원칙과 권력정치적인 합종연횡의 동맹이나 연합의 요소를 조화시키는 문제이다. 이것은 현재 중국과 북한, 러시아와 북한, 그리고 한국과 미국, 일본과 한국 간에 맺어져 있는 권력정치적 성격을 띤 동맹이나 연합의 관계들을 동북아 다자주의적 틀과 조화시키는 문제이기도 하다. 아울러 한국을 비롯한 각국들이 다자주의적 틀 내에서 특정한 사안들을 둘러싸고 긍정적인 방향의 조치들에 가장 비협조적인 국가를 협력으로 이끌어내기 위해, 그 다자적 틀 안에서 연합의 정치(politics of coalition)를 구사하는 문제이기도 하다.

나는 다자적 틀과 쌍무적 동맹체제들을 조화시키는 문제는 쌍무적

294

동맹관계의 정치적 틀은 유지시키되, 그것들이 내포한 군사 중심적 성격들을 최소화해나가는 데에서 해결의 실마리를 찾아야 할 것이라고 생각한다. 첫째, 유사시 일방을 지원하는 자동개입의 형태를 띠는 요소를 제거할 필요가 있을 것이다. 자동개입의 요소들은 유사시 또는 그에 대비해서 다자적 틀의 구성원들 전부의 공동의 평화적 해결을 위한 정치외교적 노력의 필요성과 공간을 배제할 가능성이 높기 때문이다. 둘째, 쌍무적 동맹체제들 안에서 후견국이 피후견국에게 부과하고 있는 군사기지 사용권 및 군사력 전진배치의 수준을 최소화해 나가도록 해야 한다. 쌍무적 동맹체제, 특히 한미군사동맹 조약이 내포한 군사 중심적 요소들은 다자적 차원의 군비통제와 군축을 통한 평화체제의 실질적 정립에 기여하기보다는 무기 이전의 채널로서 또는 무기 공동개발의 채널로서, 대결적 공동군비증강의 통로 역할을 하는 경향이 강하다. 이러한 군사 중심적 요소들을 최소화해나가고 쌍무적 동맹체제들을 군사적 공동대응체제로서보다는 정치외교적 공조체제로서의 성격이 중심이 된 것으로 변화시켜야 한다. 그럴 때, 다자적 틀과 쌍무적 동맹체제가 공존할 수 있고, 보다 실질적인 다자간 대화와 협상, 그리고 그 안에서 동시에 각국이 보다 융통성 있는 정치외교적 연합의 전략을 추구하는 것이 가능해질 것이다.[6]

2. 신세계질서의 성격과 현단계 동북아 각국의 행태와 그 문제점

탈냉전 이후의 동북아질서를 규정하고 있는 세계질서는 강대국들의 관계가 갈등에서 협력으로 갈 수 있는 구조적 변동의 요인을 안고

---

6) 국제정치연구에서, 권력정치의 차원을 중시하는 현실주의의 문제의식과 다자주의적 제도에 대한 열린 추구를 중시하는 자유주의의 문제의식을 비판적으로 결합시켜야 할 이론적 문제에 대해서는 이 책의 제1장을 참조

있다. 그러나 그러한 협력이 강대국들 상호간의 이해관계의 일치라는 차원을 넘어서 지역분쟁의 공동해결, 군축, 국제적인 부의 재분배라는 초국가적-국제적인 공동선으로 나아가는 충분조건이 되는 것은 아니다. 특히 보스니아 사태에 대한 미국 등 주요 국가들의 효율적 대응이 오랫동안 거의 전적으로 존재하지 않았던 사실에서 단적으로 드러나고 있는, 유엔이라는 다자주의적인 국제제도를 통한 평화유지 활동의 한계는 새로운 국제질서에서 다자적 틀을 통한 분쟁의 평화적 해결의 가능성들에 대해 깊은 회의를 던져준 것도 사실이다.

미소간 냉전의 종식은 군사적 대결의 종식을 가져오고, 상당 부분 군축의 효과를 가져왔으나, 그것이 경제적인 차원에서도 상호의존과 상호호혜에 기초한 비(非)제로섬적 협력이 지속될 것을 의미할 것인지는 또한 불투명하다. 오히려 주요 국가들간의 갈등의 축이 군사적 대결에서 경제적 대결로 이전되었으며, 더 나아가 그러한 경제적 대결의 장에서 서로 유리한 고지를 점하기 위한 경쟁이 잠재적 군사능력 유지의욕을 부추기는 경향을 가져오고 이것이 세계 전반적 차원에서 구조적인 군축노력을 저해할 가능성을 배제할 수 없는 실정이다. 동북아에서 탈냉전 이후에 들어 오히려 더 심각한 군비증강에 대한 우려가 제기되고 있는 것은 그 좋은 예이다.[7]

---

7) Michael T. Klare, "The Next Great Arms Race," *Foreign Affairs*, Summer 1993 ; Tai Ming Cheung, "Air arms race builds tensions," *Far Eastern Economic Review*, February 15, 1990, pp.54~55 ; Andrew Mack and Pauline Kerr, "The Evolving Security Discourse in the Asia-Pacific," *The Washington Quarterly*, 18:1, Winter 1995 ; David Mussington, "Understanding Contemporary International Arms Transfers," *Adelphi Paper*, September 1994, pp.7~63 ; Igor Khripunov, "Russia's Arms Trade in the Post-Cold War Period," *The Washington Quarterly*, Autumn 1994, pp.79~98 ; Alexander Sergounin & Sergey Subbotin, "In Search of a New Russian Arms Export Policy," *The International Spectator*, January/March 1994, pp.33~52.

탈냉전 이후 미국 등 주요 국가들에 의하여 주도되어 창설된 세계무역기구(WTO)는 무역 분야의 국제적 협력기구이기도 하지만, 그것은 물론 주요 국가 대기업들의 이해관계를 반영한 것이다. 그런 만큼 강대국들은 이 기구에 국가들간의 무역분쟁을 조정하는 역할을 부여했으면서도, 최근 미국과 일본간의 무역마찰에서 보듯이 자국 경제이익의 추구에 보조적 기구로 활용하는 경향도 강하다. 그런 의미에서 주요 국가들간의 경제전쟁은 국가와 민족의 경계를 넘어선 통합의 방향으로 가는 것 못지않게 여전히 국가와 민족의 경계에 의존한 경쟁과 적자생존의 논리에 기초하고 있고, 이는 언제든지 자본들간의 초국적 통합이 각자의 국가권력을 동원한 제국주의적 갈등으로 전환할 가능성도 내포하고 있는 셈이다.

동북아에서도 탈냉전은 물론 평화체제의 형성에 긍정적인 변화를 가져왔다. 한반도 주변 강국들에 의한 남북한 교차승인의 환경이 마련되어가고 있다. 그래서 동북아에서 한국이 다른 동북아 국가들과 보다 독자적인 외교를 전개할 수 있는 토대로서의 한반도 정치공동체 형성의 조건이 마련되고 있다. 미국과 러시아 간의 전략핵, 중거리핵, 전술핵무기의 감축 내지 폐기로 한반도에서 미국 핵무기 철수로 인해 한반도 정세에 획기적 전기가 마련되었던 것은 주지한 바와 같다.

그럼에도 불구하고 동북아 질서는 몇 가지 특징적인 성격으로 인해 불확실성과 불안정의 요인들을 안고 있다. 이 점은 유럽에서와 같이 동북아에서도 다자적 틀을 통한 '공동안보'(common security)의 비전을 개발할 수 있는가에 대한 회의의 근거가 되는 동시에 그를 모색해야 할 필요성을 더욱 절실하게 하는 것이기도 하다.

먼저 동북아는 그 지정학적 성격상 세계 4강이 직접 각축하는 곳이다. 정치적, 문화적, 역사적 전통이 각기 다른 4강이 각축하고 있으며, 두 개의 대륙세력과 두 개의 해양세력이 상호갈등과 동맹을 교차하면서 공존·대립하고 있다고 할 수 있다. 이러한 상황은 곧 20세기 세계에서 이 지역이 국가간 갈등과 전쟁의 한가운데에 있도록 만들었다.[8]

동북아는 또한 정치체제와 정치문화에 있어서 이질적인 세력들이 공존하면서 갈등하고 있는 질서이다. 소연방과 동구권 사회주의가 무너져 유럽질서에서는 대체로 동질적인 자유민주주의 및 개인주의적인 시장경제의 이데올로기가 지배하고 있다. 그러나 아시아에서는 북한과 중국의 사회주의가 약화된 형태지만 여전히 건재하고 있다. 또 정치적 권위주의의 전통으로 인해 주요국들간에 인권문제가 외교적 갈등요인으로 등장해왔고 또 앞으로도 그럴 가능성이 존재하고 있다.[9] 전지구적 공동체 형성이 운위되는 시점에서 특히 동아시아적 정

---

8) 20세기에 들어 이 지역의 4강간 각축이 빚은 전쟁의 역사는 항상 되새길 필요가 있다. 첫째, 1890년대의 청일전쟁, 1904년의 러일전쟁, 1930년대의 중일전쟁 등 해양세력과 대륙세력의 폭력적 각축을 들 수 있다. 한편, 1950년 한국전쟁은 두 개의 대륙세력과 두 개의 해양세력이 서로 연합해 상호 팽팽히 긴장된 가운데 한반도에서 그 주도권을 놓고 대결한 사건으로 볼 수 있다. 1960년대 베트남전쟁은 동남아에 대한 아시아 대륙세력의 사회주의적 영향력 확산을 저지하고 아시아 대륙에 대한 교두보를 확보하려는 미국의 전쟁노력을 의미했다고 볼 수 있다. 이 역시 동남아에 대한 중국·소련의 지배권을 제한하고 아시아에 자신의 영향권을 확보하려는 미국이라는 해양세력이 대륙세력을 상대로 한 투쟁이었다. 둘째, 해양세력끼리 대륙에 대한 영향력을 놓고 다툼이 전개된 경우이다. 1940년대의 태평양전쟁은 해양세력 상호간의 다툼이었다. 동아시아에 대한 지배권을 확보하려는 일본 제국주의, 그리고 중국이라는 대륙에 대한 교두보와 동남아 등 지역에 대한 진출과 영향력을 포기할 수 없었던 미국과의 대결이었다고 할 수 있다. 셋째, 대륙세력끼리의 다툼으로 1960년대 이후 중소분쟁을 예로 들 수 있다. 이는 본격적인 폭력적 대결로 화한 것은 아니었지만, 이 두 나라가 이념적 동반자의 관계였음에도 보여준 갈등의 역사는 두 대륙세력간의 숙명적 경쟁과 대결의 잠재성을 암시해준다.

9) 향후 중국의 인권문제가 아시아 국제관계에서 주요 갈등요인이 될 수 있는 것은 중국과 '동아시아의 서방 강대국'인 미국 간의 문제로 남을 가능성이 높다. 일본이나 한국은 이 문제에 대해 미국의 정책을 부분적으로 따라가지만, 인권

치질서와 인류보편적 가치들 사이에 갈등이 유발될 수 있는 것이다. 미국과 중국뿐만 아니라 북한, 그리고 심지어는 향후 그 시장경제와 민주주의적 개혁의 방향과 성공 여부가 다소간에 불투명한 러시아와 서방 사이에 갈등요인이 유발될 수도 있을 것이다.

동북아는 또 주요 국가들이 정치, 사회, 경제질서상 심오한 변화의 소용돌이에 있는 격동의 질서이다. 경우에 따라서는 폭발적 격동의 잠재력을 내포한 것으로 지적된다.[10]

공산당 지배의 정치적 안정 속에서 시장경제의 확산을 통해 정치적 안정과 경제성장이라는 두 가지의 목표를 동시에 이룩하려는 것이 현 중국 지도층의 문제의식이라고 할 수 있다. 등소평 이후 공산당 지배에 위기가 도래하고 이와 함께 경제적 위기, 심지어 중국의 통일성이 붕괴할 가능성은 가장 불행한 시나리오이다. 경제성장과 함께 등소평 이후의 중국에서 정치적 개혁파들이 등장해 경제성장과 함께 정치적 민주화로 나아가는 행복한 시나리오가 과연 가능할 것인지 세계가 예

그 자체가 이들 일본과 한국의 대중국 정책의 주요 문제로 떠오르지는 않을 가능성이 높다. 1989년 천안문 사태 이후 미국이 주도한 대중국 제재에 일본은 따라가다가 가장 먼저 대중국 제재를 해제한 나라였다(Robert A. Manning, "Burdens of the Past, Dilemmas of the Future : Sino-Japanese Relations in the Emerging International System," *The Washington Quarterly*, vol.17, no.1, Winter 1994, p.51). 반면에 북한은 그 국력이 협소함과 동시에 북한을 견제하고자 하는 강력한 한국의 존재로 인해 북한의 인권문제는 중국의 경우에 비해 더 자주 한국, 일본, 미국의 주도하에 정치적 외교문제로 등장할 가능성이 높다고 하겠다.

인권문제 거론 등 미국의 중국 국내정치 개입에 대한 중국 군부의 강력한 반발을 상징하는 사건들, 특히 클린턴 정권이 출범한 1993년 초 중국 군부의 강력한 대미 비판적 태도에 대해서는 Samuel S. Kim, "Chinese and Russian Perspectives and Policies toward the Korean Reunification Issue," *Korea and World Affairs*, Winter 1994, p.703.

10) Robert Scalapino, "The Prospects for U.S.-PRC Relations," *The Journal of East Asian Affairs*, Winter/Spring 1990, p.139.

의 주시하고 있는 실정이다. 특히 향후 동북아 질서의 열쇠 역할을 할 것으로 예상되는 중국이 동북아 평화체제 형성에 얼마나 건설적인 역할을 할 수 있을지는 중국이 '인권문제에서의 일정한 진전'과 '정치적 안정'을 동시에 이룩하는 어려운 작업을 어떻게 이루어낼 것인가에 달려 있을 것으로 볼 수 있다.[11]

한편, 러시아의 개혁의 성공 여부가 불투명하다는 점 역시 문제이며, 북한 내부상황의 장래의 불확실성도 동북아 평화체제 형성의 문제를 말함에 있어 불확실성을 높이는 중요한 변수가 되고 있다.

유럽은 1970년대에 이미 2차대전 직후 동서갈등으로 비롯된 국경선 문제 등을 해결했고, 1990년대 들어 동구의 체제변동과 동서독의 통일로 전쟁의 유산을 해소해왔다. 이와 달리 동북아는 아직 중국-대만간 문제, 러일간의 쿠릴열도 문제, 한반도의 분단문제 등 종전 후 동서갈등으로 인한 유제들이 미해결로 남아 있는 질서라는 것도 유의할 필요가 있다.

그러나 역시 문제는 이러한 불확실성과 분쟁의 요소들이 초래할 문제점들을 유럽과 같이 다자적 틀 안에서 공동으로 논의하고 협상을 통해 해결책을 모색할 수 있는 장이 동북아에는 없다는 점이다. 또한 그것을 마련하는 작업에 동북아 주요 국가들이 적극적이지 않다는 것이 문제이다. 그것은 무엇보다도 동북아 주요 국가들의 대외정책 행태가 여전히 쌍무적 안보질서의 틀에 안주하거나 권력정치적 논리에 의해 지배되고 있는 현상과 무관하지 않다.

먼저 정치사회적 불안정과 경제적 난관 속에서 국내적인 무질서 자체의 극복이라는 과제에 직면하고 있는 러시아는 동북아 평화체제 형

---

11) 중국 인권문제의 여러 가지 측면들에 대한 논의는 백영서, 「중국 인권문제를 보는 시각 : 동아시아적 상황과 관련하여」, 『창작과비평』, 1994년 겨울, 32~55면 참조

성과 관련해 당분간 의미 있는 역할을 하지 못할 것으로 예상되고 있다. 현재 러시아의 대외정책 목표는 국내정치의 중심성(the primacy of domestic politics)에 의하여 크게 제약받고 있다.[12] 이것은 러시아의 대외적 역할의 공간을 좁히는 요인이다. 그러나 다른 한편으로 러시아는 동북아 다자적 평화제도의 정착에 긍정적 이해관계를 갖고 있다. 그것은 러시아의 국내정치의 질서회복과 경제적 안정의 추구에 도움이 되기 때문이다. "옐친의 러시아는 고르바초프의 소련에 못지 않게 자신의 외교정책의 핵심적 과제를 국내적인 경제개혁과 구조개편에 안전하고 우호적인 외적 환경을 만든다는 관점에서 정의해왔다."[13]

따라서 러시아는 동북아 다자적 제도의 성립에 긍정적인 태도를 보일 것이고 실제로 그런 태도를 보여온 점은 다행이라 할 수 있다. 그러나 러시아는 자신의 국경 주변의 불안정을 관리하는 것과 관련해 유엔 등 다자적 제도의 개입을 반대하고 독자적 행동을 고집하고 있는 측면도 지적되고 있다.[14] 이런 현상을 러시아 대국주의 외교행태의 부활로 해석하고 우려하는 시각도 만만치 않게 등장해왔다.[15]

중국의 대외전략도 기본적으로는 세력균형의 논리에 의하여 지배되고 있는 것으로 분석되고 있다. 중국이 공식적으로는 미국 등 다른 나라들의 '권력정치'를 비판하기를 계속하고 있지만, 그 자신 역시 여

---

12) Samuel S. Kim, pp.705~6.
13) Kim, p.705. 러시아의 초대 주한대사를 역임하고 러시아 외무차관이 된 바 있는 알렉산더 파노프(Alexander N. Panov)는 아태지역에서 러시아의 주요 국가이익을 첫째, 이 지역에서의 안정적인 세력균형, 둘째, 러시아 국경주변 지역들에서의 안정확보, 셋째, 이 지역 모든 나라들과의 우호적 관계유지로 정의했다.
14) Ruggie, pp.178~79.
15) Steven Rosefielde, "What is Wrong with Plans to aid the CIS," *Orbis*, Summer 1993, p.362.

전히 국제정세의 분석과 그 대응을 현실정치적 세력균형의 논리에서 규정하고 있다는 것이다.[16] 1990년대 들어 작성된 중국의 내부문건은 탈냉전시대 중국의 대외정책의 중심적 과제를 세 가지로 정의하고 있다. '서방 국가들간의 갈등을 이용하고, 우리 자신의 힘을 강화시키며, 아시아 태평양 지역에서의 우리의 작전들에 우선순위를 둠으로써 이웃 지역에서 중국의 기반을 확고히 다지는 것(consolidate the neighboring region)' 등이 그것이다.[17] 일본의 한 저명한 동아시아전문가 역시 탈냉전시대의 중국은 '세계관, 정치사상으로서의 맑스주의는 포기'한 대신, '이제 중국을 움직이는 것은 대중화(大中華) 내셔널리즘'이라고 분석하고 있다.[18]

일본은 미래의 정치군사대국으로서의 잠재성 때문에 그것이 과거 동아시아에 끼친 죄과에 대한 청산문제가 더욱 중요시되고 있다. 이 문제는 그것 자체가 동아시아에서 긴장의 요인으로 작용할 가능성이 높은 동시에, 바로 그러한 이유로 인해서 동아시아에 다자적인 평화제도를 건설하는 일에 중요한 장애로 기능한다. 마음으로부터 우러나는 사죄와 화해라는 정신적 교류가 없는 상황에서, 또 일본이 진정 그러한 의사가 없는 상황에서 유럽에서와 같은 평화과정(peace process)은 존재하기 어렵다. 유럽의 평화과정은 독일의 철저한 과거청산의 자세를 바탕으로 가능한 것이었다. 예를 들어서 독일에서는 2차대전시 독일의 전쟁범죄를 부인하는 발언을 하면 법에 저촉되어 처벌을 받는다. 그러나 일본의 경우 정부가 대외적으로는 때에 따라 일본이 타국에 끼친 '역사적 불행'을 운운하지만, 일본정부 안팎의 최고위급

---

16) Samuel S. Kim, pp.704~5.

17) Kim, p.705.

18) 와다 하루끼, "'동북아시아 공동의 집'과 조선반도," 『창작과비평』, 1995년 봄호, 38면.

인사들이 심심치 않게 자신들의 역사적 죄과를 부인하고 이를 오히려
미화하는 발언을 하는 것이 용기 있는 것으로 통하고 있는 실정이다.
이는 개번 맥코맥이 잘 지적한 것처럼, 일본의 '이데올로기적 쇄국'이
동북아 국제적 연대의 모색에 중요한 장애물로 지속될 가능성을 상징
적으로 보여주는 것이다.[19] 이러한 일본적 심리상태는 20세기 전반에
일본의 군국주의적 침략을 주도했던 세대와 집단들이 전후 냉전이 발
전하면서 미국의 주도하에 일본의 재건을 주도하는 세력으로 온존되
었기 때문에, 즉 전쟁주도 세력이 미국의 질서하에서 면죄부를 받아
일본의 부흥을 주도함으로써 구조적으로 가능해진 것이다. 냉전체제
는 일본의 과거청산을 억제했고, 그래서 전쟁책임집단이 전후 냉전하
일본의 부흥의 역할을 담당했으며, 그 결과 일본 군국주의의 정신적
지반의 하나인 천황제에 대한 무비판적 태도를 포함한 구태의연한 일
본적 신화가 부활되고 있는 근거라는 맥코맥의 진단은 음미할 가치가
있다.[20] 일본적 신화에 대한 일본인들의 정신적 집착과 비판 부재는
일본적인 것에 대한 선민적 우월주의, 즉 다른 인종, 문화에 대한 수
평적 이해와 포용이 아닌, 수직적·권위주의적 포용 내지는 배타적
태도를 낳았다.[21] 이런 것들이 여전히 일본적 문화의 강력한 부분으로
남으면서 자신의 과거에 대한 진정한 반성과 사죄를 통한 과거청산의
의지를 갖지 못하는 원천적 이유의 하나로 작용하고 있는 것이다.

바로 이 점이 주변 국가들이 일본의 정치군사대국화를 용인할 수
있는 자격요건으로서의 일본의 과거청산과 그에 바탕한 동북아의 지

---

19) 개번 맥코맥, 「일본사회의 심층구조와 '국제화'」, 『창작과비평』, 1994년 여름,
    122~49면. 이와 함께, 박원순, 「일본 전쟁범죄 처벌, 지금도 가능한가」, 『역사
    비평』, 1993년 봄, p.207~44면 참조.
20) 맥코맥, 135~36면.
21) 맥코맥, 특히 148~49면.

속적 평화체제 구축에서의 건설적 역할에 지대한 장애요인이 되고 있는 것이다. 일본의 정치는 '1955년 체제'가 무너지면서 정치질서 자체가 혼란기에 처해 있으며, 과거청산에 대한 태도 역시 혼미스런 가운데 물리적인 차원에서의 정치군사적 대국화를 향한 움직임을 지속하고 있다. 이러한 일본을 두고 "분명한 것은 일본으로부터는 정치적 지도력도, 새로운 철학도, 비전도 발진되고 있지 않다"고 하고, 그래서 일본은 '경제력을 빼면 하나의 커다란 공백'이며, 바로 이것이 '동북아시아로서는 치명적인 문제'라고 한 일본 지식인의 지적은 많은 것을 시사한다.[22]

마지막으로 미국의 외교행태도 긍정적 변화들 못지않게 여전히 권력정치적 요소들에 의해 주도되고 있다는 점을 지적해두지 않을 수 없다. 상대적 쇠퇴에 관한 논의에도 불구하고 이 지역에서 여전히 군사정치적 주도국으로서의 위치를 갖고 있는 미국은 '봉쇄'라는 냉전시대 세계적 개입주의의 기본논리에선 벗어났지만 그것을 고전적인 세력균형 개념인 지역적 균형자(regional balancer)의 논리로 대체해왔다. 미국은 이 논리에 따라 유럽 및 동북아에서 기존의 미국 주도의 안보질서——유럽에선 NATO, 동북아에선 일본, 한국, 필리핀과의 쌍무적 군사동맹관계——를 유지함과 동시에 과거와 크게 변함 없는 수준의 군사력 전진배치를 유지하는 근거로 삼고 있다.[23] 클린턴 정부의 외교정책은 1980년대 공화당 정권들에 비해 상대적으로 자유주의의 성격을 내포하고 있어 다자주의 제도들의 중요성을 보다 크게 인식하고, 주요 지역분쟁에서 군사력보다 정치적 협상을 수용하는 태세를 보이는 것도 사실이다. 따라서 동북아 평화체제 문제와 관련해서

---

22) 와다 하루끼, 앞의 글, 44면.
23) The Department of Defense, Office of International Security Affairs, *United States Security Strategy for the East Asia-Pacific Region*, February 1995.

도 다자간 안보협의체 형성에 비교적 유연성을 발휘할 가능성이 있다. 그러나 클린턴 정부의 자유주의적 성격에도 불구하고 클린턴 외교에 있어서도 유럽, 동북아, 중동 등 미국에 사활적 중요성이 있는 주요 지역들에서의 안보문제에 관한 한 다자주의적 접근은 부차적이고 보조적인 수단으로 그치고, 자신의 독자적인 군사정치적 권력투사 능력(power projection capabilities) 유지와 효율성 제고에 힘을 쏟고 있는 것 또한 사실이다. 이것은 대체로 미국 정치경제 엘리트 전반의 공통된 합의라고 할 수 있다. 클린턴 외교팀도 이러한 시각을 거부하지 못하며 상당부분 그런 시각을 공유하고 있다고 보아야 할 것이다.

미국의 이러한 현실주의적 안보태세는 1994년 11월 중간선거에서 공화당이 압승하여 의회 양원을 장악함에 따라 더욱 유지될 것으로 보인다. 이러한 흐름 속에서 미국은 신무기 개발을 지속하고 있고, 1980년대 레이건의 주도하에 추진되었던 SDI의 골간을 현재 공화당의 주도하에 복원을 기도하고 있다. 역시 공화당의 주도하에 유엔의 평화유지활동에 대한 미국의 지원을 삭감하는 대신 미국 독자의 군사력 유지 및 효율성 제고사업에 대한 투자를 강조하고 있다. 미국의 이 같은 태세는 한국에 대한 군사판매 강화, 일본과의 전역미사일 방어망(Theatre Missile Defense : TMD) 체제 공동개발 등의 군사정책으로 나타나왔다. 이는 동북아에서 실질적인 다자적 안보질서의 모색을 통해 군비 증강과 무기 이전 등을 억제하고 군축을 모색하기보다는 새로운 형태의 군비 증강을 부추기는 요인으로 남을 것이다. 이는 탈냉전 이후 동북아가 무기구매와 군비 증강에서 중심적인 지역으로 지속되고 있는 데 중요한 배경이 되고 있다. 중국이 최근에 핵실험을 강행한 데에는 이러한 요인들도 무시할 수 없다고 하겠다. 미국정부는 일련의 핵무기 감축협상들에도 불구하고 수천 기의 전략핵과 상당량의 공중전술핵 유지를 통해 '핵에 의한 억지'(nuclear deterrence)의 전략을 견지하고 있으며, 미국 내 현실주의자들은 러시아의 정치사회적 불안정을 이유로 1990년대 초에 소련·러시아와 타결된 제1차 및 2차 전략무기 감축협상의 실제 실현 가능성을 회의하기도 한다. 그런 가운데 미국 클린턴 정부는 핵의 비확산(nonproliferation)과 더불어 핵개발을 새로이 완료했거나 진행중인 국가들의 핵능력 무력화를 꾀하는 역확산(counterproliferation)을 미국외교의 최우선 순위에 놓고 있다.[24] 물론 미국의 핵 비확산과 역확산의 추진은 과거와 같이 불균형하고 불공정한 방식으로, 즉 정치적 파당성과 편파성으로 왜곡될 가능성도 내포하고 있어, 이 문제에 관한 미국의 정책적 일관성 역시 그 귀추를 주목해야 할 것이다.

결국 이처럼 아태지역이 내포하고 있는 불확실성과 동아시아 내의 전통적·역사적인 잠재된 갈등과 의사소통의 부재라는 현상의 연장선에서 동북아의 주요 국가들은 자신들의 안보를 확보하는 방법으로 주로 권력정치적 접근에 과도하게 의존하고 있는 것으로 보인다. 다자간 안보협의의 질서 모색의 필요성은 인식하지만 대체로 그것의 현실성을 의문시하는 가운데 매우 소극적인 경향이 있는 것이다.

그러나 동북아에서도 유럽에서와 같은 정도는 아니지만 그러한 제도적 틀을 만들어나가기에 유리한 조건들이 형성되어온 것도 사실이다. 그간 동북아 지역 내에서도 가장 중요하고 광범한 긴장의 요인이었던 미국과 소련 간의 긴장이 탈냉전과 소연방의 붕괴로 인해 사라졌다. 따라서 긴장과 갈등의 시대보다는 새로운 협력과 다자간 상호의존의 체제가 발전할 수 있는 계기도 맞고 있는 것이다.

또 보다 가깝게는 한반도의 분단이 해소될 수 있는 국제환경이 마

---

24) Joseph F. Pilat and Walter L. Kirchner, "The Technological Promise of Counterproliferation," *The Washington Quarterly*, Winter 1995, esp. p.156.

련되어가고 있는 것도 사실이다. 따라서 유럽에서보다는 늦지만 한반도 주변의 동북아 정세에도 탈냉전의 시대가 가능해지고 있다고 말할 수 있다. 중국과 러시아 등이 격동의 시대를 거치고 있거나 맞이하고 있지만, 그 변화의 방향이 상당부분 하나의 질서, 하나의 가치관으로 통합·수렴되는 측면도 무시할 수 없다. 시장경제, 서구적인 민주주의 이념 등에 대한 합의가 적어도 비정부적 차원에서는 세계 자본주의의 거대한 힘과 정보확산체제의 가속으로 강화되어가고 있는 것은 그러한 추세를 촉진하는 요인으로 작용하기도 할 것이다.

세계정치의 본질을 국가들과 세력들간의 '영원한 권력투쟁'으로 파악하는 현실주의자들은 어떤 국제관계든 내포하기 마련인 갈등의 요인들, 그리고 특히 동북아 질서가 내포한 불안정성과 불확실성을 강조하면서 이 지역의 미래에 대하여 단기적으로는 낙관하되 장기적으로는 불안한 인식을 가질 수 있다. 반면에 자유주의적인 낙관주의자들은 앞서 지적한 탈냉전의 새로운 국제환경과 세계 자본주의의 통합력, 그리고 탈국가적인 전지구적 공동체화 현상을 지적하면서 동북아에서도 과거에는 생각할 수 없었던 수준의 상호의존과 협력의 가능성이 열리고 있다고 믿는 경향이 있다. 그래서 유럽과 같은 수준은 아니라 하더라도 동아시아 국가들이 경제번영을 공유하고 더 나아가 공동의 평화체제를 지향할 수 있는 조건이 형성되고 있으며, 정부지도자들간의 공동노력과 국제적인 시민적 연대 등을 통해 평화와 공영의 지역질서 및 전지구적 공동체의 모색에 기여할 수 있다는 움직임들이 성장하고 있다.[25]

이러한 변화된 국제상황을 잘 활용해 보다 지속성 있는 평화체제를

---

25) 비판적 시민운동 차원에서의 동북아 공동체의 가능성에 대한 토론의 일례로서는 와다 하루끼·카또오 슈우이찌(加藤周一)·백낙청, 「대담 : 한·일의 근대경험과 연대모색」, 『창작과 비평』, 1994년 겨울호, 76~119면.

이 지역에 형성해가기 위해서는 동북아 주요 국가들이 관성적으로 의존하는 권력균형의 접근도 배제할 수는 없지만, 그것이 각자의 독자적인 군비 증강 속에서 이루어짐으로써 무제한적인 국력경쟁으로 빠지는 것을 막아야 하고, 또 그러기 위해서 '공동안보'의 비전과 제도를 건설하기 위한 노력이 정부간 및 민간평화운동간 채널들을 통해서 본격화되어야 할 것이다.

3. 동북아에서 '공동안보'의 논의와 그 문제점

고르바초프의 신사고가 내포한 '방어적 충분성'(defensive sufficiency)에 바탕한 안보개념은 냉전을 허문 철학적 기초의 하나였다. 그것은 이어 탈냉전시대 지구촌의 새로운 대안적 안보개념으로 떠오르고 있는 '공동안보'(common security)론의 기초를 이루었다. 또 이러한 방어적 충분성이란 개념은 1970~80년대 유럽의 반핵평화운동이 동서 양진영의 권력층에게 부단히 새로운 안보개념을 실험할 것을 주문한 데에서 비롯된 것으로 지적된다. 세계시민 평화운동계는 미국과 소련이 이미 핵무기 분야에서도 과도파괴력(overkill capability)을 보유한 상태에서 일방이 다른 쪽보다 얼마나 더 많은 숫자의 핵무기를 갖고 있는가는 아무런 군사적, 정치적 의미도 없다고 주장했다. 1987년의 중거리핵 폐기협정은 이 평화운동계의 논리를 고르바초프가 수용하고 서방이 포기하려는 것보다 더 많은 핵무기를 포기하는 데 그가 기꺼이 동의했기 때문에 가능한 것이었다. 탈냉전은 고르바초프의 그 같은 사고의 전환을 바탕으로 한 것이었다.[26]

---

26) Mary Kaldor, "Introduction," in Mary Kaldor, Gerard Holden and Richard Falk (eds.), *The New Detente: Rethinking East-West Relations* (Verso, 1989), p.11.

유럽 안보협력회의(Conference on Security and Cooperation in Europe : CSCE)는 고르바초프가 수용한 그 같은 방어적 충분성의 논리와 신뢰구축(confidence-building)의 논리에 따라 유럽에서의 안보에 관한 담론이 혁명적 변화를 겪으면서 그 토대가 마련된 것이었다. 이것은 당시만 해도 '공격적 억지'(offensive deterrence)라는 냉전적 안보논리에 의존하고 있던 미국의 시각과 갈등을 빚었으나[27] 냉전과 그 논리의 종식에 중요한 이정표가 되었음은 부인할 수 없다.

동북아에서 다자적인 평화의 제도적 틀을 만든다는 것은 현실적으로 유럽에서 실험된 공동안보의 개념을 이 지역에도 적용하여 본다는 것을 의미한다. 고르바초프의 공동안보의 개념에 기초하여 동북아에 새로운 안보개념을 주창한 인물은 오스트레일리아의 외무장관 빌 헤이든(Bill Hayden)이었다. 그는 1980년대 말 당시 미국 해군이 미국의 해군전략이 내포한 상대적으로 더욱 도발적인 요소들을 여전히 옹호하고 있는 것을 비판했다. 그는 초강대국들이 북태평양 지역에서도 군사문제에 대한 '투명성'(transparency)을 높이고, 유럽 안보협력회의에서와 같은 다양한 신뢰구축조치들(CBMs)을 시작할 것을 촉구했다. 이 주장은 캐나다 외무장관 조우 클라크(Joe Clark)의 지지를 받았으나 곧 미국정부의 비판에 직면했다.[28]

---

27) Andrew Mack and Pauline Kerr, "The Evolving Security Discourse in the Asia-Pacific," *The Washington Quarterly*, 18:1, p.124. 1980년대 후반 고르바초프의 '방어적 충분성'의 안보관과 미국 공화당 행정부들의 '공격적 억지'의 논리 간에 존재했던 갈등은 1990년대 초 동구가 무너진 이후 유럽의 안보와 관련해 유럽 안보협력회의 중심의 새로운 안보질서를 주장한 소련측과 냉전시대 미국 주도의 북대서양조약기구(NATO) 중심의 안보체제의 근간을 유지하고자 한 미국 간의 갈등으로 연결되었다.(이삼성, 『현대 미국외교와 국제정치』(한길사, 1993), 385면). 이러한 갈등은 아직도 지속되고 있는 측면이 있다고 하겠다.

28) Mack and Kerr, p.124.

부시 행정부의 국무장관 제임스 베이커(James A. Baker III)는 동북아에서 냉전시대 미국이 구축한 안보질서는 충분하고도 남음이 있다면서 일부 태평양 국가들이 제기한 공동안보의 논리를 정면 반박했던 것이다. 제임스 베이커가 '아시아에서의 헬싱키'(Asian Helsinki)를 반대한 것은, 유럽 안보협력회의 같은 다자간 안보협의체를 동북아에 적용할 경우 유럽 안보협력회의에서처럼 아시아포럼에서도 소련이 정식 멤버로 참여해 소련이 '오래 전부터 추구해온 아태지역에서의 해군력 군비통제'를 도모할 것이 분명하였고, 미국은 아태지역에서 월등한 자신의 해군력을 그 같은 군비통제 과정에 종속시키고 싶어하지 않았기 때문이었다.[29] 이는 미국이 그 후에도 정도의 차이는 있으나 지속적으로 보여온 동북아 다자간 안보협의체에 대한 부정적이거나 소극적인 태도의 배경이 되어왔다. 미국은 동북아에서 미국이 이미 구축하여 주도하고 있는 쌍무적 동맹체제 중심의 안보질서를 희석시킬 수 있고 동아시아에 확립되어 있는 자신의 우월한 해군력 균형의 변화를 초래할 가능성이 있는 새로운 안보질서의 등장을 경계해왔던 것이다.

이 같은 미국의 반대로 오스트레일리아와 캐나다의 공동안보 주장은 후퇴했다. 그러나 이와 때를 같이해서 아세안(ASEAN) 국가들과 일본이 동북아에서 새로운 안보질서의 필요성을 제기함에 따라 아시아에서 미국의 안보정책은 새로운 도전에 직면하게 되었다.[30] 아세안 국가들의 '포괄적 안보'(comprehensive security)론은 경제와 안보를

---

29) Mack and Kerr, p.125.

30) 아세안 국가들은 1991년 7월 처음으로 아세안 전각료회의(ASEAN Post-Ministerial Conference : ASEAN PMC)를 열어 이것이 "지역안보 문제들을 논의하기 위한 적절한 기초"라고 언명했다. 일본은 바로 이 자리에서 처음으로 동북아에서의 다자간 안보논의를 공식으로 지지했다. Mack and Kerr, p.127.

포괄한 지역협력체를 결성함으로써 강대국 위주의 안보질서에 대안적인 것이면서 자신들간의 협력질서를 보다 체계화하고자 하는 데서 출발한 것으로 보인다. 일본은 미일안보동맹 일변도의 체제로서는 자신의 독자적인 정치군사대국화의 장기적 비전에 불충분한 것으로 보았다. 또 일본은 아세안 국가들의 제안에 보다 적극적으로 부응함으로써 아세안 국가들에 대한 경제적, 정치외교적 영향력을 확보하려는 의도에서 이 지역 국가들의 새로운 안보질서 논의를 지지하고 나선 것으로 볼 수 있다.

아세안 국가들과 일본이 주창하는 이 같은 '포괄적 안보' 논의가 부상하자, 미국은 처음에 오스트레일리아와 캐나다 정부가 주창한 '공동안보'론에 회의적·비판적 태도를 보이던 것과 달리 긍정적인 방향으로 태도를 수정하기 시작했다. 특히 다자주의에 덜 반대하는 경향을 지닌 자유주의적 국제주의 성격을 띤 클린턴 민주당 행정부 밑에서 미국의 태도는 특히 우호적이었다. 클린턴 정권이 출범한 1993년 5월 미 국무부 동아시아 담당 차관보인 윈스턴 로드(Winston Lord)는 '미국은 아세안의 전각료회의(PMC) 안에서의 안보논의를 지지하며 미국도 이에 적극 참여할 것'이라고 선언했던 것이다.[31]

미국이 이 지역에서 아세안과 일본의 주도하에 전개된 포괄적 안보론을 수용하게 된 방식과 배경에는 두 가지 차원이 있다고 볼 수 있다.

첫째, 아세안이 주창한 포괄적 안보론에 바탕한 다자간 안보대화는 앤드루 맥 등이 적절히 지적한 것처럼 군사 분야에 직접 관련된 안보문제를 다루기보다는 비군사 분야, 즉 무역 등 경제문제들에 집중된

---

31) United States Information Service, "Lord Lays Out 10 Goals for U.S. Policy in Asia," Canberra, April 5, 1993, p.10 ; Mack and Kerr, p.127.

대화를 통해 지역 국가들 상호간의 '신의구축'(信義構築 : trustbuil-
ding)에 치중한 것이라는 데 있다.[32] 이는 미국이 처음에 우려했던 것
과 달리 동북아에서 미국이 기존에 확립해온 미국 중심의 쌍무적 안
보동맹체제나 미국이 월등한 우위를 가진 해군력 균형 등에 직접 영
향을 미칠 가능성이 훨씬 적었다. 아세안 국가들도 지역 국가들간에
무역문제에 대해서는 협력을 위한 다자간 대화를 지지하면서도 군비
증강은 각자 자유로이 추구할 수 있다는 입장을 견지하고 이런 문제
에는 서로 간섭당하기를 원하지 않았다. 그들은 군사 분야의 '신뢰구
축'(confidence-building)을 필수적 요소로 강조하는 '공동안보'론보
다 비군사 분야의 신의구축을 중시하는 '포괄적 안보'론을 제기했
다.[33] 미국은 이에 부응해 아세안 국가들과 같이 포괄적 안보론에 초
점을 맞추었다. 미국은 한편으로 동북아에서 실질적인 군사 분야 신
뢰구축과 군비통제를 논의할 공동안보에 바탕한 다자간 안보협의체
에 적극적 의사가 없는 동시에, 다른 한편으로는 아세안이 제기하는
포괄적 안보론의 논리에는 우호적 태도를 보임으로써, 동아시아에서
비군사 분야 신의구축과 군사 분야 군비통제논의 배제라는 상반된 두
가지 원칙을 양립시키려는 태도를 보이고 있는 것이다.

　둘째, 동북아에서 아직 정치외교 및 안보논의를 주도할 위치에 있
는 미국이 아세안과 일본식의 포괄적 안보론을 수용하는 이유는, 그
처럼 실질적으로는 공동안보론에 바탕해 무기판매 등을 통한 파괴수

---

32) 앤드루 맥과 폴라인 케어는 유럽의 공동안보론이 중시하는 군사 분야 신뢰구축
　　으로서의 confidence-building과 아세안 국가들이 주장하는 포괄적 안보론이 중
　　시하는 비군사 분야 신의구축으로서의 trust-building을 구분하고 있다. 이는 매
　　우 중요한 구분이다. Mack and Kerr, p.129.

33) Mack and Kerr, p.135. 실제 아세안 국가들은 자신들의 군사력 현대화 프로그램
　　들이 상호신뢰를 구축하여 이 지역에 안정을 가져다 줄 것이라고 주장하고 있
　　는 형편이다. Ibid., p.129.

단들의 확산을 제한하고 군비를 통제하기 위한 다자간 안보협의체를 받아들이지 않으면서도 아세안과의 경제협력에서 일정한 위치를 확보하고 이를 아태경제협력회의(APEC)와 연결시키거나 그 안에 수렴해 동아시아에서는 안보문제 다자간 협의체보다는 APEC이라는 경제협의체를 통해 자신이 주도하는 경제문제 중심의 다자간 대화를 부각시키려는 의도를 갖고 있기 때문이다.

이상에서 살펴본 바와 같이 동북아에서 다자간 안보협의체의 결성을 통한 보다 지속적이고 제도적인 평화과정의 건설은 중요한 장애물들을 안고 있다. 첫째, 동북아 군사정치의 주도국인 미국이 군사 분야를 포괄한 공동안보론을 비켜가면서 아세안과 같이 주로 포괄적 안보론에만 동조하는 가운데 아시아에서의 다자주의를 주로 무역 등 비군사 분야에만 초점을 맞추려는 경향이 있다. 둘째, 일본은 미일군사동맹 일변도의 안보외교를 벗어나 실질적인 정치군사대국으로서의 자신의 입지를 강화하기 위한 장기적 포석으로 다자간 안보논의를 지지하고 있다. 그러나 그 주요 의도는 아세안 국가들과의 경제관계를 공고히하고 그들과의 공조를 통한 외교공간 확대에 초점을 맞추는 것이다. 뿐만 아니라 일본은 미국보다 한 발 앞선 동아시아 평화의 비전을 가지고 이 문제에 임하고 있지 않은 것이다. 일본은 또한 앞 절에서 이미 논의한 바와 같이 자신의 과거청산의 의지가 불투명하고 미숙함에 따라 동아시아에서 새로운 공동안보의 철학과 관련한 리더십을 기대하기가 어려운 상황으로 보인다. 셋째, 동북아 다자간 대화의 장이 열리게 될 경우 중국은 그것이 동북아 차원에서 중국의 인권문제 등 중국의 국내정치에 대한 거론의 장이 될 것을 우려하고 있는 것으로 지적되기도 한다. 또 다자간 협의체는 중국이 내정문제로 생각하고 있는 홍콩과 대만 등의 문제에 대한 주변 국가들의 간섭통로가 되지 않을까 중국은 우려할 가능성이 있다고 보인다. 특히 1995년 여름에 대만의 독립성 인정을 촉구하는 미국 공화당 인사들의 주도하에 이등휘 대만 총통이 미국을 방문한 일을 계기로 미국이 미중 관계개선 이후 취해온 전통적인 '하나의 중국' 정책(대만을 제외하고 중국만을 유일한 합법정부로 인정하는 정책)을 버린 것이 아닌가 하여 중국이 강력히 반발했다. 이후 미중 두 나라간에 발생한 외교적 긴장과 중국의 군사력 시위는 동북아에서 다자적 협력체 조성을 어렵게 하는 역사적 긴장구조의 깊이를 웅변해준다. 대만의 독립성 존중문제를 원칙과 현실 사이에서 어떻게 조화시킬 것인가에 대해 주요 국가들과 어떻게 일정한 타협을 이루어낼 것인가, 그리고 중국과 주변 여러 나라들이 동시에 영유권을 주장하고 있는 난사군도 문제에 대해 동북아 및 아세안 국가들과 중국이 대화를 통해 이를 평화적으로 해결하고자 하는 의지를 얼마나 갖고 있느냐에 따라 실제로 중국이 동북아 다자간 안보협의체의 문제에 얼마나 적극성을 보일 수 있는지가 결정될 수도 있을 것이다. 그런데 이 문제에 대한 중국의 태도는 아직 불투명한 것으로 보인다. 마지막으로, 이 지역에서도 러시아는 동북아의 주요 국가로서는 맨처음으로 공동안보 논의를 시작했다. 그러나 이미 지적한 바와 같이 러시아의 옐친 정부는 국내정치에 치중한 가운데, 그리고 국내 민족주의자들의 정치적 압력 속에서 주변 국가들과의 다자간 안보협의체 문제에 대해 이렇다 할 리더십을 기대하기가 어려운 상황이다.

결국 동북아에서 보다 항구적인 평화체제의 건설은 바로 이와 같이 유럽과는 다른 어려운 구조적 환경에 대한 이해를 바탕으로 할 수밖에 없다. 이런 조건 속에서나마 우리는 동북아의 실정에 맞는 공동안보의 개념을 창출해야 한다. 그리고 이 개념에서는 아세안 국가들의 포괄적 안보론에서 강조되는 비군사적 영역의 협력문제(trustbuilding) 못지않게 유럽의 CBMs에서 강조했던 군사 분야의 신뢰구축

및 군비통제 문제에 대해 본격적인 관심을 기울이는 공동안보의 비전과 제도를 개척해야 한다.

동북아 다자간 안보협의체 문제에 대해서는 한국정부도 과거의 부정적 태도에서 벗어나고 있다. 한국정부도 어떤 형태든 그 필요성을 공감하고 있는 것이다.[34] 그러나 김영삼 정부의 다자간 안보협의체 논의는 기존의 한미간 쌍무적 안보동맹조약을 근간으로 하면서 그것을 보완하는 차원에서 다자간 안보협의체 논의를 한정하고 있는 미국적 시각에 기초하고 있다. 이러한 소극적인 인식으로는 북한과의 외교적 공조의 가능성을 모색하고, 이를 바탕으로 중국과 러시아를 실질적인 다자간 안보협의의 장으로 이끌어낼 수는 없을 것이다. 앞서 지적한 대로 한국정부는 한미간 쌍무적 동맹체제의 정치적 틀은 유지시키되, 그것이 갖고 있는 군사 중심적 성격을 최소화함으로써, 한반도와 동북아에서 권력균형의 논리와 다자주의적 질서를 결합시킬 수 있는 공간을 창조하여야 한다. 한국이 미국과의 쌍무적 군사동맹관계를 강화하는 것을 기본으로 하는 한, 우리가 진정한 의미의 동북아 다자간 평화체제를 형성하고 유지하려는 공동의 안보개념을 창출하는 데 기여하는 것은 불가능할 것이다.

4. 동북아 핵문제와 평화체제

동북아에서 군사적 신뢰구축, 무기이전의 통제를 비롯한 군비통제 문제가 중요하다는 것은 앞서도 지적했다. 이와 아울러 해결되어 나

---

34) 김영삼 정부하에서 이 문제에 대한 한국측의 일반적인 입장을 시사하는 한 논문으로는, Kim Kook Chin, "An Approach to Multilateral Security Regime in Northeast Asia : With a Focus on the South Korean Perspective," *East Asian Review* 참조.

가야 할 시급한 문제가 핵 비확산과 이미 과도하고 위험한 핵물질의 대량생산을 준비하고 있는 일부 국가들에서의 핵 역확산의 문제이다. 그리고 이와 동시에 핵무기에 의존한 안보질서의 개편을 위한 진지한 논의를 시작해야 한다. 핵무기에 의존한 안보의 개념이 강대국 안보 시각의 핵심으로 남아 있는 한 핵물질의 군사적 전용과 그 확산의 위험은 항존할 수밖에 없기 때문이다.

어느새 강대국의 안보관에, 그리고 약소국들의 행태에도 점증해 가는——예로 한국의 경우 미국의 핵우산에 의존하는 사고양식—— '핵무기주의'(nuclearism)' 즉 핵 없는 안보는 비현실적이라는 생각이 비핵 안보체제 형성에 가장 큰 장애요인으로 존재한다. 그러나 그것은 이제까지 핵 없이 안보를 유지해온 나라들에 대해 원천적으로 불평등한 사고이며, 핵이 갖고 있는 전지구적인 파괴력의 성격에 비추어 핵 없는 안보의 새로운 철학이 정립되어야 할 필요가 있다. 그럴 때만이 핵무기체계의 증강과 확산이라는 전지구적, 전아시아적 문제의 점진적 해결을 위한 다자적, 제도적 노력들이 시작될 수 있을 것이다. 그런 철학 없이는 근본적인 해결은 불가능하며, 핵무기 증강과 확산의 통제를 위한 개량주의적 노력조차 가능하지 않을 것이다.[35]

한반도에서도 핵확산의 위험성은 있어왔다. 그러나 한반도에서 남북한의 핵물질 생산의 금지와 통제를 규정한 '한반도 비핵화 공동선언'은 동북아 국가들의 핵물질 통제에 관한 공동노력의 좋은 출발점이며 또 그렇게 되어야 한다. 아울러 미국과 러시아의 핵무기 감축협상의 순조로운 이행과 군사용 플루토늄을 포함해 이들이 다량 비축하고 있는 핵물질에 대한 국제적 공동관리체제의 형성, 그리고 미국이

---

35) '핵무기주의'의 구체적인 내용과 그에 대한 전반적인 비판은 이삼성, 『현대 미국외교와 국제정치』(한길사, 1993), 제4부의 5장, "핵무기주의와 반핵평화의 논리" 참조

괌도 등에 아직 유지를 고집하고 있는 것으로 알려져 있는 공중전술핵의 올바른 처리문제 등이 동북아에서 해결되어야 할 핵 비확산과 역확산의 과제들에 속한다. 미국은 1994년 현재 한국에 35,000의 군대와 함께, 핵탑제가 가능한 72대의 F-16기(72 nuclear-capable F-16s)를 배치하고 있다. 미국은 또 1993년 '팀스피리트' 훈련시 핵탑제가 가능한 B-1B 폭격기를 동원했다. 또 미국이 수시로 한반도 근해에 배치한 미 제7함대는 일본 요코스카 항에 기지를 두고 있는 USS 인디펜던스(Independence) 항공모함을 포함하고 있는데, 이 항공모함은 해상발사 순항핵미사일을 탑재한 다수의 공격용 잠수함(nuclear-SLBM-capable attack submarines)을 거느리고 있다.[36]

중국은 핵 초강대국들과 마찬가지의 전략핵 능력을 갖춤으로써 아시아 전역과 그를 넘어선 세계적 핵 강대국으로서의 위치를 확보하기 위해 미국과 러시아의 반대를 무릅쓰고 1995년 봄 처음으로 고체연료를 활용한 대륙간 핵탄도 미사일 발사실험을 강행했다. 5월 31일 일본정부 대변인인 이가라시 고조 관방장관은 중국의 핵실험을 강력히 비난하고 이에 대한 반대표시로 중국에 대한 경제 지원을 감축하겠다고 발표한 바 있다. 일본 『산케이 신문』에 따르면, 중국이 5월 29일 발사실험한 ICBM은 중국 ICBM으로서는 처음으로 고체연료를 사용한 이동식 신형 미사일이며, 중국은 또 이와 비슷한 성능을 가진 잠수함발사 핵탄도미사일(SLBM)의 개발도 추진하고 있다고 했다. 이들 미사일이 배치될 경우 중국의 핵전력은 전면 핵전쟁 대응이 가능할 만큼 비약적으로 발전할 것이라고 이 신문은 분석했다.[37]

이것은 중국이 전략핵 강대국이 되는 것을 견제하고자 하는 미국

---

36) Dunbar Lockwood, "The Status of U.S., Russia and Chinese Nuclear Force in Northeast Asia," *Arms Control Today*, November 1994, p.22.
37) 『중앙일보』, 1995. 6. 1.

등 기존 핵 초강대국들과 갈등의 원인이 되기도 한다. 이런 문제는 물론 동북아와 세계적 차원에서 중국·프랑스 등 핵 중진국들과 핵 초강대국들간의 핵의 역확산 차원에서 해결해 가야 할 문제이다.[38] 점진적인 방식이라 할지라도, 우리는 궁극적으로 동북아 비핵지대화를 지향해야 한다. 그 출발점으로서는 라틴 아메리카 등지에서 비핵지대화협상이 진행되어온 사례들이 중요한 시사점이 될 수 있다.[39]

미국 등 핵 강대국들이 주도한 핵무기확산 금지조약(NPT)에 앞서서 1967년 체결된 라틴 아메리카 핵무기 금지조약(1967 Treaty for the Prohibition of Nuclear Weapons in Latin America, the Treaty of Tlatelolco)은 1994년 2월 현재 27개 라틴 및 카리브해 국가들이 서명한 것이다. 서명국들은 핵무기의 실험·사용·제조·생산·획득을 하지 않기로 약속했다. 이 조약은 이 지역 국가들이 모두 서명하고 비준하며 국제원자력기구와 포괄적인 핵안전협정을 체결할 때 효력을 발생한다고 규정하고 있다. 그러나 많은 국가들이 그러한 절차가 끝나기도 전부터 이 조건, 즉 모든 나라가 가입해야 효력이 있다는 '보편적 준수'(universal adherence)가 실현될 때만 각국이 조약을 준수한다는 조건에 관계없이 각자의 영토에서 이 핵무기 금지조약을 준수하기로 하고 이를 실천에 옮겨왔다.

한편, 남태평양 포럼(South Pacific Forum)에 속한 15개 국가들 중 8개 국가가 합의하여 1985년 라로통가 조약(Treaty of Rarotonga)을 체결했다. 이 조약도 남태평양 비핵지대(South Pacific Nuclear Free Zone)를 규정하고 이 지역에서 모든 핵폭발물의 제조·획득·소유·배치 및 실험을 금지하고 있다. 1994년 2월 현재 이 조약 가맹국은 11개

---

38) 동북아에 미, 중, 러의 핵무기 배치문제에 대해서는, Lockwood, pp.21~24 참조
39) Stockholm International Peace Research Institute, *The SIPRI Yearbook 1994*, pp.670~71.

국가로 늘어났다.

아프리카 단결기구(Organization of African Unity : OAU)의 전문가 그룹(Experts Group)도 1993년 4월 짐바브웨의 하라레에 모여 아프리카에 비핵지대를 설정하는 과정을 발의했다. 1994년 2월의 시점에서 이 기구는 1994년 6월까지 이를 위한 실무준비를 완료하여 다음 OAU 정상회담에서 아프리카 지역 내 핵무기 금지조약에 서명이 이루어질 수 있도록 준비하고 있는 것으로 알려졌다.

일부 학자들은 동북아에서도 비핵지대화의 기반이 이미 조성된 것으로 보고 미국이 이를 긍정적으로 고려할 것을 권고한 바도 있다. 멜 거토브는 동북아 '비핵지대화'를 위한 미·일·중·러 등 4대국과 남북한이 참여하는 다자적 구조를 건설하는 것이 불가능한 것은 아니라고 보았다. ① 남북한은 1991년 12월 한반도 '비핵화' 원칙에 합의했다. ② 일본은 비핵 3원칙(three nonnuclear principles)을 유지하고 있다. ③ 중국은 1992년 3월 '핵무기확산 금지조약'에 서명할 때, '비핵지대화'에 대한 지지입장을 되풀이 천명했다. ④ 러시아는 (적어도 고르바초프 시절 그의 1986년 블라디보스토크 연설에서) 동북아 비핵지대화 원칙을 지지한 바 있다. 아울러 거토브는 이러한 동북아 비핵지대화 포럼 형성은 일본과 남북한의 핵무장 가능성을 차단하는 효과도 있게 된다는 점을 강조했었다.[40]

핵은 성격상 상업적 이용과 군사적 이용 사이의 경계가 모호하고 언제든지 전용이 가능한 것이기 때문에, 그리고 상업용 핵물질 역시 엄청난 재난의 가능성을 항상 안고 있는 것이기 때문에 핵에 의존한

---

40) Mel Gurtov, "The New World Order and US Policy Toward Korea," A Paper Prepared for the Conference on Trilateral Relations Among North Korea, South Korea and the United States of the Korean Association of International Studies, Seoul, May 31～June 2, 1992, p. 22.

에너지 정책들 역시 동북아 평화체제의 형성에서 중요한 공동안건이 되어야 할 것이다. 이와 관련해 1990년대 들어 특히 주목을 받아온 일본의 핵에너지 중심 정책에 관해 로버트 매닝은 매우 중요한 분석과 제안을 내놓고 있다.

일본의 경우 에너지 개발예산의 93퍼센트가 핵에 투입되고 있다.[41] 일본의 핵정책 문제는 단순히 이러한 에너지정책의 심각한 핵 의존도만이 아니다. 그것이 날로 정치군사대국화의 길을 걷고 있는 것으로 보이는 일본의 핵정책 전반과 관련해 주변 국가들뿐 아니라 세계의 의혹을 받고 있는 것이다. 이러한 의혹을 일본이 얼마나 진지하게 해소시키는 사고와 정책의 변환을 보이느냐 하는 것이 동북아의 장기적인 평화체제 확립에서 중요한 의미를 갖는다. 매닝은 일본 핵정책의 방향수정 여부가 세계 핵 비확산과 동북아의 평화체제 확립에 결정적 시험대가 될 것으로 전망했다. 이 문제에 대해 중국과 한국은 보다 깊은 관심을 기울임과 동시에 장차 핵에 의존하지 않는 안보 및 에너지 정책의 수립이라는 궁극적 목표의식을 확립하고 이에 기초해서 자신들 나라와 일본의 핵정책을 예의주시하면서 공동논의와 공동관리 제도를 마련해나가야 한다.

만일 일본이 현재의 위험한 플루토늄 대량비축 정책을 수정하면, 그것이 동북아 안보에 미치는 긍정적 기능은 다대할 것으로 평가되고 있다. 일본이 핵물질(fissile material)을 국제원자력기구의 통제하에 두는데 동의하면, 일본이 결국은 핵무장할 것이라는 주변국들의 우려는 근거가 회박해진다. 그러한 우려를 기초로 주변 국가들이 정당화하는 자신들의 핵정책이나 군비 증강의 구실도 상당부분 사라진다. 예를

---

41) Robert A Manning, "Rethinking Japan's Plutonium Policy : Key to Global Non-Proliferation and Northeast Asian Security," *The Journal of East Asian Affairs*, 9 : 1, Winter/Spring 1995, p.120.

들어 미국과 러시아 두 나라가 핵무기 규모를 축소하고 있는 마당에
[42] 자신은 핵무기 증강을 계속하고 있는 중국의 핵 군비증강의 실질
적 필요성이나 근거가 사라진다. 한국 또한 자국 내에 핵 처리시설을
가져야 한다는 주장의 근거도 약화될 것이다.[43] 그러한 일본의 긍정
적 결단은 동북아의 다자간 안보협의체 발족의 실질적 토대가 될 수
있다.[44]

그러한 동북아 안보 포럼은 동북아 국가들이 다같이 농축 우라늄
(enriched uranium)과 플루토늄 생산을 금지하는 문제를 다루어야 할
것이다.[45] 이러한 조치는 동북아 국가들이 핵에 관한 실질적인 협력
의 장을 여는 출발점이 될 것이다. 매닝의 지적처럼 만일 핵재처리나
농축 우라늄 서비스가 필요하다면 국제원자력기구의 감시하에 동북
아 국가들 공동의 사업으로 할 수도 있다. 정도의 차이는 있으나 누구
나 다같이 잠재적 위험성이 높은 것으로 간주하는 이러한 핵영역에서
의 신뢰구축조치(nuclear confidence-building measure)는 전반적인 군
사적 투명성(military transparency)을 높이기 위한 공동의 노력으로
확산될 수 있다. 즉, 국방비 규모와 군사정책 일반에 대한 서로의 조
정을 위한 군사 및 정치적 대화와 이의 제도화를 통해서 동북아의 다
자간 안보협의체의 실현을 가능케 할 중요한 계기가 될 것이다.[46] 이
는 매우 중요한 지적이라 할 수 있다. 이러한 작업들은 다같이 고르바
초프가 처음 언급한 바 있는 '방어적 충분성'의 개념을 보다 구체화

---

42) 제2차 전략무기 감축협정이 실행에 옮겨지면 그간의 중거리 및 전술핵 폐기협
　　정의 실행효과와 합해 계산할 때, 냉전시대의 최고수준에서 미소의 핵무기 보유
　　규모는 90퍼센트가 감축되는 셈이 된다.
43) Manning, "Rethinking Japan's Plutonium Policy," p.128.
44) Manning, p.128.
45) Manning, p.130.
46) Manning, p.130.

하는 중요한 계기가 될 수 있는 것이다.

5. 한반도 평화체제 전환에서 동북아의 평화로

동북아에서 다자간 평화체제를 건설하는 첫번째 과제는 무엇보다도 군사적 신뢰구축, 무기이전의 통제를 비롯한 군비통제 문제라고 할 수 있다. 여기에는 무엇보다도 탈냉전 시대 최대의 무기수출 국가이며 유일한 군사초강국인 미국의 역할과 태도가 중요하다. 아직까지 미국의 행태는 심각한 문제를 드러내고 있다. 미국 뉴욕에 있는 세계정책연구소의 윌리엄 하르퉁 군비통제전문가는 최근의 한 연구보고서에서 미국의 무분별한 무기수출 정책으로 미국에서 수출된 무기가 전세계의 거의 모든 민족, 지역분쟁에서 사용되고 있다고 밝혔다. 근래에 일어난 50개 주요 분쟁 중 45개 분쟁에서 미국의 무기 또는 군사기술이 분쟁 당사자 어느 한쪽에 의해 입수되어 사용되었으며 그 중 18개 분쟁에서는 미국이 정부측에 대한 무기공급자 역할을 해왔다고 지적했다. 이 조사보고는 미국 정부기관의 정보를 토대로 작성되었으며, 이 보고는 미국산 무기이전을 통제하고자 하는 법안이 의회에 제출된 것과 때를 맞추어 이를 뒷받침하여 엄격한 무기수출 통제를 촉구하기 위해 작성된 것이었다. 그러나 지난 1995년 5월 말 미 하원은 이 무기수출 통제법안을 부결시켰다.[47]

스톡홀름 국제평화연구소(SIPRI)가 1995년 펴낸 자료는 미국과 러시아가 무기판매 정책을 적극화하고 특히 동아시아와 중동을 주요 무기판매시장으로 경쟁적으로 공략하고 있으며, 이에 자극받은 유럽 각국도 무기판매경쟁에 더욱 열을 올리고 있는 사실을 밝혔다. 이 경

---

47) 『동아일보』, 1995. 5. 26.

쟁에서는 물론 미국이 단연 앞서고 있는데 미국은 연간 100억 달러에 이르는 무기수출액을 앞으로 1백60억 달러 수준으로 늘려가기 위해 노력하고 있다는 것이다. 미국과 러시아가 무기수출을 향후 수출산업의 주력 분야의 하나로 중시하면서 동아시아와 중동에 집중되어 있는 무기시장에서 주도권을 유지하고 또는 거기에 도전하는 시장쟁탈전을 가열시키고 있는 것이다.[48] 미국 등의 이 같은 행태가 동아시아에서 무기이전의 제한과 통제를 기본 출발점으로 삼는 동북아와 한반도의 평화체제 형성에 가져다 주고 있고 또 앞으로도 계속 그러한 역기능은 실로 막대한 것이 아닐 수 없다.

한반도의 평화체제 건설은 남북한에 대해 주변 강대국들이 무분별하게 계속하고 있는 이 같은 무기이전을 제한하고 통제하는 체제를 포함한다. 이러한 문제에 일정한 진전이 이루어지면서 한반도 군사분야 신뢰구축과 공동안보의 개념이 구현될 때, 그 연장으로서의 동북아 평화체제 건설은 보다 실질적인 가능성을 갖게 될 것이다. 미국, 중국, 러시아 등이 분단체제하의 한반도에 대한 무기이전을 제한하는 체제가 성립될 때, 그것은 동북아 전반에서의 무기이전의 통제를 출발점으로 해서 이 지역 전반의 군사적인 활동들과 파괴적 자원낭비를 제한하는 군비통제양식이 발전될 수 있을 것이다. 이것은 물론 동북아 전반에서 공동안보이념에 기초한 다자간 안보협의체의 형성의 가장 기본적인 토대가 되어줄 것이다.

그러기 위해서는 한반도에서 남북간에 화해·협력과 동시에 평화체제 건설을 위한 보다 본격적인 노력, 즉 '평화·협력단계'가 본격화되어야 한다.[48] 이 평화와 협력의 단계는 한편으로 남북이 서로 정치

---

48) 『한겨레신문』, 1995. 4. 2.
49) 필자는 다른 글에서, 남북이 국가연합이라는 정치공동체를 이루기 위한 조건으로서 한국정부가 내세우고 있는 화해·협력 단계는 북한이 제기해온 군사적·

적 조건을 달지 않는 인적 교류와 물적 협력을 추진하는 동시에 정전체제의 평화협정체제로의 전환에 적극적인 자세를 요구하는 것이다.

북한이 평화체제 건설의 내용으로서 요구하는 구체적인 내용들에 대해서는 남북이 서로 의견을 조정하고 타협해야 한다. 그러나 어떤 형태로든 정전체제에서 평화협정체제로의 한반도의 전환문제가 마무리될 때에만 북한과 남한 사이에 실질적인 인적·물적 교류협력을 본격적으로 제도화하는 것이 가능해질 것이다. 북한은 평화협정체제를 통해서 북한의 대외적인 외교·경제관계 정상화의 완전한 확보를 추구하고 있다. 이는 북한 정치체제의 안정에 대한 국제적 인정의 확보이며, 또한 그 전제로서 북한이 바라는 군사적 안보에 대한 국제적 보장의 제도적 장치를 확보하는 것이기 때문이다.

따라서 이 문제에 대해서 남한이 북한과 합의를 형성할 수 있는 방안을 찾아서 적극적으로 마무리짓는 것이 남북간 평화체제 건설과 기타 인적·물적 교류 본격화의 환경을 마련하고 이를 제도화하는 조건이 되어줄 것이다.

이처럼 한국전쟁으로 인한 정전체제를 평화협정체제로 전환하는 데에는 먼저 '2+2 협정'을 활용하는 것이 타당하다. 이것은 추후 러시아와 일본을 추가시켜 동북아 다자간 포괄적인 안보협의체로 발전시켜나가는 토대가 되어줄 것이다. 그런 의미에서 동북아 평화체제를 위한 우리의 비전은 한반도 현대사의 질곡을 벗어나 그것을 극복하는 평화통일의 과정 속에서 태어날 수밖에 없는 것으로 보인다. 앞서 지

___

정치외교적 분야의 남북간 실질적 대화와 협상을 경시하는 개념이라고 비판하였다. 필자는 남북간 정치공동체 형성의 조건으로서 비정치적, 비군사적 분야 협력에 초점을 둔 남한정부의 '화해·협력개념' 과 북한의 '정치군사적인 한반도 긴장완화 접근개념' 을 종합해——즉, 남북 통일접근방식의 차이를 적극적으로 극복하는 취지에서——'평화·협력단계' 를 진지하게 고려할 것을 제안한 점을 유의하기 바란다.

적한 바와 같이 동북아의 주요 국가들은 동북아에서 대체로 세력균형의 논리에만 집착해 있으며, 다자적 평화제도의 형성 가능성 자체에 근본적 회의를 갖고 있는 것으로 보인다. 그런 가운데 각자 부국강병의 논리에 지배되고 있는 것이다. 이러한 질서에서 보다 항구적 평화의 가능성을 모색하기 위한 비전을 개발하고 그 현실적 가능성을 가시적으로 구현해 보일 1차적 임무는 지난 한 세기 동안 민족 내외의 권력정치적 행태들의 희생자였던 한반도의 분단민족에게 주어진 것으로 보인다. 결국 한반도에서 우리가 외세의 군사력이나 그 이니셔티브에 의존하지 않고 우리 자신의 평화과정을 만들어나가는 것이야말로 동북아에 공동안보의 비전과 그 모태를 세우는 일이며, 그것이 우리가 탈냉전의 시대에 동북아의 평화와 인류의 공영에 기여하는 가장 핵심적인 작업이라고 할 수 있을 것이다.

제8장 통일에 대한 관성적 사고의 극복을 위하여

1. 통일한국의 궁극적 '사회상' : 새로운 인식의 방향

한국의 김영삼 정부는 출범 후 과거 한국정부가 제시해온 통일방안, 그 중에서도 특히 노태우 정부하에서 다듬어진 한민족공동체 통일방안에 기초한 '민족공동체 통일방안'을 제시해왔다. 이 민족공동체 통일방안에 명시된 한반도 통일방안의 가장 큰 특징은 무엇보다도 통일한국의 정치사회경제체제에 관해 '민주적 자본주의'라는 궁극적 미래상을 제시한 데에 있다. 민족공동체 통일방안은 "민족성원 모두가 주인이 되는 하나의 공동체로서 각자의 자유와 인권과 행복이 보장되는 민주국가"를 통일국가의 구체적인 미래상으로 제시했다. 이 표현 자체는 민주주의를 부각시킨 것이지 자본주의를 명시한 것은 아니다.[1] 그

---

1) 한국정부의 민족공동체 통일방안에 대한 해설은 다음 논문을 참조. 박영호, 「세계화시대와 민족공동체 통일방안의 추진전략」, 세종연구소 주최 학술포럼, 1995. 4. 26, 서울 힐튼호텔.

것은 북한의 「전민족대단결 10대강령」이 "북과 남은 서로 다른 사상과 리념, 제도의 존재를 인정하고 존중하며 서로 침해하지 말고 함께 진보와 번영을 누려가야 한다"고 하고, 또 "지역적, 계급적 리익에 앞서 전민족의 리익을 도모하여야" 할 것이라고 말함으로써 민족적 단결을 강조할 뿐, 통일한국의 미래상으로서 사회주의를 명시적으로 내세우지 않고 있는 것과 마찬가지라고 할 수 있다. 우리는 다만 남한사회 집권층과 사회주도층이 사실상의 자본주의에 의한 흡수통일을 유일한 대안으로 상정하고 있고, 북한은 북한권력 주도층의 이해관계에 맞게 한국의 통일을 상정하고 있다는 것을 전제한 것이다.

특히 남한 쪽의 민족공동체 통일방안이 통일의 과정 못지않게 궁극적인 통일국가의 모습을 애써 강조한 것은 현재 남한사회의 연장으로서의 미래의 통일국가상을 전제로 하지 않는 한 통일 그 자체만으로서는 무의미한 것이라는 인식을 바탕에 깔고 있는 것이다. 그런 의미에서 남한정부의 통일방안은 '민주적 자본주의'라는 이념적 틀을 통일논의의 출발점이요 그 종착점으로서 설정하고 있는 것으로 볼 수 있다. 이것은 북한의 공식적 통일방안인 '고려민주연방제' 방안이 통일된 한국의 국가형태를 연방제라는 개념에 초점을 맞춤으로써 그 궁극적 사회상의 모습보다는 통일국가 형태에 주안을 둔 듯한 인상을 주고 있는 것과 대조되는 것이다.

바로 이 점에서 남한의 통일방안은 어떻게 통일하느냐보다 어떤 사회를 만들기 위해, 왜 통일하느냐 하는 것이 더 중요한 문제라는 것을 부각시키고, 또 이 질문에 대해 남한사회에서 광범한 합의를 동원할 수 있는 답변을 제공한 것으로 볼 수 있다. 이 점에서 남한의 통일방안은 북한의 통일방안보다 더 설득력을 가진 것으로 인식되고 있다. 이것은 한반도 통일방안에 대해 남한사회 안팎에서 제시되어온 크게 보아 두 가지 흐름의 대안적 통일론에 대해 강력한 반론으로 작용하고 있다. 우선 북한의 통일방안은 '우리식 사회주의'라는 보편성을 결여한 사회상을 통일국가의 미래상으로 주장하고 있는 데에서 아직 크게 벗어나지 않은 것으로 인식되고 있다.[2] 이는 통일한국이 지향해야 될 궁극적 사회, 즉 개인의 자유와 대다수 사회성원들의 경제적 번영을 보장하는 미래상으로서 남한정부가 제시한 민주적 자본주의가 상대적으로 우월한 역사적 검증을 거친 것으로 이해되며, 이에 반해 북한의 통일국가 개념은 현실적·도덕적 정당성을 획득하지 못한 것으로 인식되고 있기 때문이다.

한편, 남한사회 내 진보적 지식인층이 제시해온 통일문제 관련 제안들은 통일의 방법론에 있어서는 북한의 접근방식과 남한정부 제안과의 창조적 절충 필요성을 제기해온 편이었다. 또 통일한국의 궁극적 미래상에 대해서는 남한사회의 궁극적 지배이념으로서의 민주적 자본주의와 사회주의적 이상 간의 불투명한 혼합을 제시했다는 인식이 널리 퍼져 있다. 그것은 한국의 진보운동이 1960년대의 민족주의, 1970년대의 반독재투쟁, 1980년대의 반제반자본주의의 성격을 다 끌어안고 전개되어온 데에서 비롯된 측면이 있다.

특히 1980년의 광주의 비극은 남한사회가 내포하고 있던 모든 부정적인 것에 대한 총체적 거부와 부정의 정서를 진보적 지식인층에 확산시켰다. 개인의 자유를 압살하는 군사독재의 전체주의적 성격에 대한 부정, 강대국의 군사패권주의와 야합하여 화해와 군축을 통한 민족공동체 형성으로 나아가기를 거부하는 반민족주의적 성격에 대

---

2) 북한의 통일문제 인식은 1993년 4월 7일 북한의 최고인민회의 제9기 제5차회의에서 김일성 전주석이 직접 작성한 것으로 알려지고 있는 「조국통일을 위한 전민족대단결 10대강령」에 잘 요약되어 있는 것으로 볼 수 있다. 이 10대강령의 의미에 대한 분석으로는 전상인, 「김정일체제의 지배이념 : '우리식 사회주의'의 민족주의적 성격을 중심으로」, 『통일연구논총』, 제3권 제2호, 1994, 특히 20~27면.

한 비판, 군사독재와 통일운동 억압에 활용된 국가보안법, 바로 그 도구를 통해 노동계급의 착취에 바탕해 존립하고 있는 것으로 보인 한국의 천민자본주의와 그것을 뒷받침하는 거대한 세계 자본주의체제에 대한 총체적인 지적 거부, 이런 지적 요소들이 하나로 결합되었다. 이런 인식에서는 남한사회는 서구의 민주적 자본주의로 나아갈 능력도 없는 것으로 보였을 뿐 아니라 서구의 민주적 자본주의 역시 한국과 같은 제3세계의 천민자본주의와의 야합과 그 노동자들에 대한 이중의 착취를 통해 존립하는, 그 바탕에 있어서 부패하고 부도덕한 체제로 보였다.

한국의 진보적 지식인사회에 있어서 통일문제는 결국은 가까운 미래에 실현될 가망성이 있는 현실적인 문제로서보다는 남한사회가 안고 있는 부정적 요소들, 그리고 그와 연관되고 그를 뒷받침하고 있는 것으로 보이는 부도덕한 세계체제와의 궁극적인 역사적 투쟁의 문제였다. 이러한 인식은 냉전이라는 두 개의 초강대국들간의 긴장과 대립이 반영속성을 가진, 쉽게 해소될 수 없는 구조라는 역사적 인식과 결부됨으로써, 진보적 운동에 있어서 통일은 현실의 문제로서보다는 긴 역사적 투쟁의 결과로서 나타날 이상적 대동사회의 이미지를 더욱 강하게 내포할 수밖에 없었다.

이러한 진보적 인식에 있어서 북한 사회주의가 안고 있는 현실적 문제들, 즉 북한에서 인민의 정치적 주권이 현실로 존재하는가, 그리고 북한 사회체제가 사회성원의 물질적 번영과 평등의 요건들을 해결할 수 있는 '경쟁력 있는' 체제인가 하는 문제, 그리고 이것이 한반도 통일운동에 대한 진보적 인식에 있어서 어떤 의미를 갖는가에 대한 현실적 고민은 뒤로 미뤄지는 경향을 갖게 되었다. 북한의 그 같은 문제들은 남한의 자본주의가 안고 있는 체제적 문제들과 그 도덕성에 있어서 우열을 가리기 힘든 것으로 인식되기도 했고, 그 문제가 심각하다 하더라도, 남한사회 자체가 자유와 평등을 확보할 수 있는 새로운 질서로 변혁되는 과정이 있어야 하고, 바로 그러한 남한사회 변혁에 의해 북한의 변화 역시 추동될 수 있고 그래서 긍정적이고 통일된 새로운 한반도 질서를 기약할 수 있는 것으로 인식되었다.

이러한 환경 속에서 통일은 남한사회가 표상하는 모든 부정적인 것들——권위주의적이고 반민족주의적인 한국의 자본주의적 경제체제와 정치질서——과 함께 북한사회가 안고 있을 것으로 추정되는 전체주의적 성격이 내포한 부정적인 것들을 변증법적으로 넘어선 새로운 질서, 변증법적 '지양'을 거친 추상적 미래를 의미했다. 통일은 남북한 양 사회의 현실에 기초한 현실적 비교나 통합에 기초한 것으로서보다는 상당히 먼 미래, 양쪽 사회의 질적인 변화에 바탕한 '역사적 도약'을 내포한 차원에서 사고된 것이었다.

독일의 통일과 소연방의 붕괴로 인한 탈냉전은 통일의 문제를 추상적 역사의 차원에서 현실의 문제로 이끌어내렸다. 탈냉전의 한 원인이 된 현실사회주의의 몰락, 1990년대 들어 분명해진 남북한 경제력의 격차, 1987년 6월의 항쟁과 독재의 몰락으로 인한 남한사회의 민주화 경향과 함께 이와 대비된 북한 사회주의의 폐쇄성과 권위주의 질서의 지속은 보다 현실적 문제로 떠오른 한반도의 통일을 주도하는 현실적 힘과 이데올로기 경쟁에서 남한정부가 우위를 점하는 상황을 급진전시키는 계기로 작용했다.

남한의 진보적 통일운동이 통일된 한반도 질서의 미래상의 개념을 권위주의적 자본주의와 권위주의적 사회주의라는 남북한의 현실사회의 구체적 문제들을 극복한 새로운 질서라는 다분히 추상적이고 철학적인 차원으로 유보해도 무방했던 상황은 더이상 지속될 수 없었다. 통일은 이제 먼 미래의 일도, 그래서 미래에나 가능할 추상적인 새로운 질서의 문제가 아니라 지금 당장 부족하나마 남한사회와 북한 사회의 비교의 문제로 되었다. 그리고 그 현실적 비교는 현실사회주의의 붕괴라는 세계체제적 변동과 함께 남한사회의 경제적 성공과 정치적 민주화의 진전이라는 현실들에 의하여 결론지어지고 있었다.

이러한 새로운 환경 속에서 남한사회 내 진보적 통일운동의 과제는 통일한국의 사회체제로서 지금 당장 현실에 기초하되, 남한사회를 아직도 지배하고 있는 냉전적 국제질서와 권위주의적 자본주의 질서에서 기득권을 누려온 세력들이 주도하고 있는 것으로 보이는 남한정부의 통일접근의 방식과 그 미래상에 대한 설득력 있는 현실적 대안들을 제시하는 일이었다. 이 작업은 크게 보아 다음 두 가지 전제에서 출발하는 것이었다.

첫째, 남한정부의 통일방안이 강점으로 내세우는 통일한국의 미래상으로서의 '자유와 복지'를 보장하는 민주적 자본주의에 대한 일정한 철학적 평가를 요구하는 것이었다. 그 철학적 평가는 더이상 자본주의와 사회주의의 궁극적인 변증법적 지양으로서의 추상적인 사회모델을 기준으로 한 것일 수 없었다. 그것은 민주적 자본주의의 성공과 현실사회주의의 실패라는 역사적 현실에 바탕한 현실적 평가를 요구하는 것이었다.

1970년대 이후 한반도에서 냉전논리의 극복에 선구적 역할을 담당해온 리영희 교수는 1990년대 초 현실사회주의의 붕괴를 계기로 인간의 이성과 그 고도한 발현(사회주의적 인간상)의 가능성에 대한 신뢰에 바탕하고 있는 사회주의에 대한 현실적 재평가의 필요성을 제기했다. 이것은 한반도 내외의 변화가 한국 내 진보적 지식인계의 통일운동의 궁극적인 철학적 기초로서의 미래사회상에 대한 인식이 갖는 추상성을 지적하고 이로부터 현실로 내려올 필요성을 지적한 중요한 사건이었다고 볼 수 있다. 그의 발언은 실제 당시 상당한 지적 충격을 던진 것으로 볼 수 있으며, 그것은 그만큼 한국의 진보적 통일논의가 그 당시까지 내포하고 있던 통일한국의 미래상에 관한 인식의 추상성을 반증하는 것이었다고 하겠다.

둘째, 진보적 통일운동은 한반도 통일의 문제에 대한 남한 권력층의 접근방안에 있어서 아직도 한국사회 내외에 존속하는 냉전주의와 권위주의적 자본주의의 요소들을 반영하거나 그것들을 지탱하기 위한 노력들을 나타내는 측면들을 비판해야 했다. 이와 동시에 남한사회의 더한층의 민주화 지속과 평화적 방식에 의한 남북한간 대결과 이질성 극복에 바탕한 통일문제 접근의 논리를 개발해야 했다.

먼저 진보적 운동에 있어서 통일한국의 미래상에 대한 현실적 인식전환은 무엇보다도 추상성과 혁명성 대신에 점진주의와 다원주의를 보다 적극적으로 수용하는 것을 의미하는 것으로 나는 이해한다. 이것은 '노동의 대상, 노동과정, 그리고 노동의 결과물로부터의 소외'로 맑스가 정의했던 인간소외의 극복이라는 사회주의의 궁극적인 이상의 차원에서 내려와, 현실사회주의 실패원인의 하나로 지적된 '집단주의하에서 억압되기 쉬운 개인'의 인식과 '자유로운 개인의 원초적 중요성'을 재발견하고 이를 한반도의 미래상에 관한 진보적 비전에 그 위상을 재정립시키는 일이었다.

동독의 저명한 역사가 위르겐 쿠진스키(Jurgen Kuczynski)는 동독이 무너지기 전인 1989년 10월 25일에서 27일 사이에 경남대 극동문제연구소 주최로 서울에서 열린 학술회의에 참석했다. 쿠진스키는 필자도 참여한 한 인터뷰에서 현실사회주의의 실패를 인정했다. 필자에게 인상적이었던 점은 그가 그 실패의 원인을 노동자들의 자유를 억압하는 정치질서의 권위주의적 성격에서 찾았다는 사실이었다. 바로 이러한 자유의 억압이 노동자들의 창의성을 박탈했으며, 이 점이야말로 사회주의가 자본주의와의 경제적 생산성 경쟁에서 뒤떨어지게 만든 가장 근본적 요인이었고, 그 결과 현실사회주의의 패배를 초래했다고 쿠진스키는 진단했던 것이다. 그는 이 인터뷰를 하는 자리에서도 그의 이 같은 발언이 동독당국에 알려지지 않도록 주의해줄 것을 당부했었는데, 이 점 역시 그의 현실사회주의의 실패원인 분석과 결부되어 의미 있는 여운을 남겼었다.

한국전쟁 이후 한국의 진보운동은 약소민족의 자주성이라는 문제와 함께 독재, 즉 우익 전체주의에 대항하여 개인의 존엄과 자유를 추구하는 전통에 뿌리를 두고 있었다. 그럼에도 불구하고 한국의 진보운동은 1980년 광주에서 극에 달한 남한 군사독재의 충격 속에서 남한의 사회체제와 그와 연결된 국제체제의 현실에 대한 총체적 부정과 혁명적 진보를 꿈꾸었다. '절대 악'의 '절대 지배'라는 현실은 처절한 지적 절망으로 이끌었고 이것은 기존의 현실을 '총체적으로 어처구니없는 질서'(total absurdity)로 인식하게 했다. 이처럼 총체적으로 어처구니없는 현실에서 개인의 일상적 자유와 사사로운 행복추구는 무의미하고 심지어 도덕적이지 못한 것으로까지 여겨지는 경향을 낳았다. 개인의 일상적 자유와 행복의 추구를 무의미하게 만드는 것으로 보이는 이 어처구니없는 현실의 구조를 극복하는 데 있어서 개인의 혁명적 희생과 집체적인 노력의 중요성이 부각되었다. 구조의 변혁이 없이는 개인의 존엄성은 불가능한 것으로 보였다. 이러한 시대인식에서는 개개인의 창의성과 동시에 그들의 이기적이며 사사로운 행복추구의 존중에 기초하고 있는 다원주의와 그 다원주의가 필연적으로 수반하는 점진주의는 설득력을 얻기 어려웠던 것이다.

1970년대에 산업화와 함께 노골화된 한국의 파시즘적 자본주의의 억압성, 그리고 1980년 광주에서 드러난 한국의 대외관계와 이를 뒷받침하는 세계정치질서에 대한 절망으로 인한 한국 진보운동의 이 같은 급진화는 그 부작용이 없지 않았다. 그것은 생산수단을 누가 소유하든 상관없이, 현실 속에서 집단과 개인, 인간과 권력간에 불가피하게 존재할 수밖에 없는 긴장과 갈등을 민주적으로 해소하는 제도적 장치, 즉 민주적 절차를 중심으로 한, 현실세계에서 가능한 현실태로서의 민주주의의 이념에 관한 논쟁에서 진보적 운동세력이 불필요하게 소극적 태도를 갖게 만들었다. 진보운동 진영에 있어서 민주주의는 사회주의와 거의 동일한 것이 되어 있었고, 그 과정에서 절차적 민주주의의 문제, 결국 다원주의의 차원은 사상되는 결과를 낳았다. 권력기관과 개인 사이를 완충하고 그 긴장을 해소하는 다원적 질서에 대한 개념이 배제된 현실사회주의 국가들의 정치질서와 그리고 역시 민주적 절차를 억압하는 제3세계의 권위주의적 자본주의 질서를 다같이 뛰어넘는 제3의 질서에 대한 논의의 공간이 협소했다. 이것은 한국을 비롯한 제3세계의 권위주의적 자본주의 국가들이 서방과 연결되어 있었던 관계로, 그리고 제3세계 자본주의 국가들이 억압적이면서도 형식적이나마 다당제를 취하고 약간의 다양한 언론의 제도를 갖추었던 관계로, 민주주의에 대한 논의의 헤게모니를 우익정권들이 장악했던 것이다. 심지어 군사독재 정권들조차 자유민주주의의 수호를 위해 공산주의 사상과 운동에 대한 잔혹한 탄압을 정당화하기 위한 논리로 민주주의 논의를 왜곡할 수 있는 공간이 마련되기도 했던 것이다.

북한을 비롯한 현실사회주의의 실패와 남한사회에서 진행된 정치적 민주화는 물론 이 같은 상황에 변화를 가져왔다. 한국의 진보운동에서 개인과 다원주의의 중요성이 회복되기 시작한 것이었다. '시민사회'와 '진보적 시민운동'의 개념들이 한국의 진보운동의 지평에서 중요하게 등장했다. 이런 개념들은 이 문제들에 대한 상이한 연구자들의 연구결과와는 상관없이 1970년대 이래 특히 1980년대의 환경 속에서 익숙해져 있었던 '민족'과 '계급'이라는 구조적인 집체적 인식단위들과 개인의 차원을 다시 연결하는 의미를 갖는 것들이다. 이들은 우리의 사유에서 사회주의적 공동체주의와 개인주의적 다원주의 사고, 그 양자간의 균형을 모색하는 시도라는 시대적 성격도 갖고 있었던 것이다.

이러한 인식의 변화는 한국이 경제적으로 중진국의 수준으로 올라선 결과 현재의 세계적인 경제질서하에서도 한국인 개개인이 상당한 물질적 풍요와 자유를 향유할 수 있다는 현실인식에 기초한 것이기도 하다. 서구의 정치적 민주주의는 반드시 제3세계 노동계급의 정치적 억압과 경제적 착취에 기초한 것은 아니며, 서구 노동계급이 누리는 자유와 번영이 상당부분 노동계급들 자신의 투쟁과 노력의 소산이기도 하다는 인식을 내포하고 있다. 서구 민주주의를 제국주의적 착취와 자본주의가 가져다 준 선물로서만 간주하지 아니하고 그것을 서구 노동계급 성원들의 개인적 자유와 평등을 위한 정치적 투쟁의 산물로서도 이해하는 것을 말한다. 프레데릭 왓킨스는 일찍이 그의 대표적인 저작 『서구의 정치전통』에서 서구 민주주의의 성장을 부르주아만의 업적으로 보는 것에 반론을 제기한 바 있다. 그는 노동자들의 계급적 정치투쟁이 서구 민주주의에서 부르주아의 독주를 견제함으로써 다원주의적인 민주질서를 성립시키고 유지하는 데 결정적 요소였음을 부각시킨 바 있었다.[3] 사회주의라는 현실적인 혁명적 대안이 사라진 이후 서구 사회민주주의에 대한 새로운 관심이 한국 지식인사회에 확산되어온 것은 이러한 재인식과도 무관하지 않을 것이다.

요컨대, 1990년대의 변화된 국내외 상황은 한국의 진보적 통일운동의 지적 체계에서 개인과 다원주의의 의미, 그리고 이를 현실에서 체현하고 있는 서구 민주주의에 대한 재평가를 가져왔다. 이러한 인

---

3) 프레데릭 왓킨스(Frederick Watkins) 저, 조순승 역, 『서구의 정치전통』(*The Political Tradition of the West*)(을유문화사, 1963).

식이 아직도 사회성원 대다수가 정치사회적 억압과 경제적 불평등으로 고통받고 있는 제3세계 사람들에게도 의미 있을 수 있는 것인지, 즉 그들이 자신들의 사회적 현실을 '총체적으로 어처구니없는 질서'로서가 아니라 점진주의와 다원주의의 틀을 통해 새로운 질서로 변화를 모색한다는 비전이 그들에게도 의미있게 다가설 수 있는지에 대해서는 많은 논란이 있을 수 있다. 한국의 진보적 운동이 현재 겪고 있는 인식의 변화가 세계체제에서 한국이 차지하고 있는 '유망한 중진국'이라는 몇 안되는 예외적 상황이 초래한 사치(奢侈)는 아닌가에 대해서는 아직 논란의 여지가 있는 것이다.

그럼에도 불구하고 한국의 진보적 운동의 현실적인 지적 기초는 다원주의와 서구민주주의에 대한 재평가로부터 출발할 수밖에 없는 것이 사실이다. 그것은 배링턴 무어가 일찍이 현대의 진보적 비전은 서구의 부르주아민주주의의 업적, 즉 정치적 자유주의가 이룩한 업적을 소화함으로부터 나아가야 한다고 주장한 것을 재삼 음미하게 만드는 점이기도 하다. 무어는 "미래의 급진적 운동들이 혁명적 급진주의의 업적들을 자유주의의 업적들과 어떤 형태로든 종합하지 않으면 인류에 미치는 그 결과들은 비극적인 것이 될 것"이라고 일찍이 예감했던 것이다.[4]

이러한 맥락에서 한국의 진보적 통일운동은 통일한국의 미래상으로서 현재 강력한 현실적 모델인 민주적 자본주의를 어떻게 인식하고 받아들일 것인가를 논하지 않으면 안된다.

민주적 자본주의에 대한 재평가에 있어서 첫번째 문제는 그것이 내포한 경제적 내용을 평가하는 것이다. 민주적 자본주의는 그 경제적

---

4) Barrington Moore, Jr., *Reflections on the Causes of Human Misery and upon Certain Proposals to Eliminate Them* (Boston : Beacon Press, 1970, 1972), p.192.

내용에서는 개인의 사적 소유와 시장경제 메커니즘을 그 핵심으로 한다. 현실사회주의를 국가사회주의라고 한다면, 그것의 경제적 내용의 핵심은 생산수단의 국가소유였다고 할 수 있다. 그것이 노동의 해방이 아닌 국가의 전제를 낳았다고 한다면, 생산수단과 부의 국가소유를 떠나 개인의 사적 소유와 국가 또는 다른 형태의 공동체적 소유를 적절히 접합한 형태를 인정할 수밖에 없을 것이다.[5] 국가사회주의가 국가의 계획경제를 의미하는 것이고, 그것이 또한 국가의 전제의 근거였다면, 국가의 경제개입과 시장메커니즘 양자간의 일정한 결합과 균형을 모색하지 않을 수 없을 것이다. 자본주의 역시 시장의 전제(專制)로 귀결됨으로써 궁극적으로 인간의 자유와 정의로운 사회관계의 형성을 가로막는 경향이 있기 때문이다.

그래서 우리는 생산수단의 소유체제와 관련해서, 기업가적 소유와 노동자의 자주관리적 생산수단 공유를 포함한 다양한 생산수단의 소유 및 관리양식이 공존할 수 있는 사회경제체제를 모색하는 것이 필요하다고 생각한다. 남한은 이를 위해 사회민주주의를 향한 정치경제적 개편의 과정을 밟아야 한다. 북한은 사회주의적 생산수단 소유체제에 다원주의적 정치제도와 기업가적 소유를 도입하는 과정을 걸어야 할 것이다. 이러한 과정은 곧 통일접근방안과 관련해 논의할 평화·협력단계와 국가연합의 단계에서 형성되는 남북한 정치공동체 형성을 촉진할 것이며, 또 역으로 연합이든 연방이든 정치공동체의 형성은 그러한 남북간 정치사회체제적인 선의의 경쟁과 실험을 제도

---

5) 사민주의 국가들은 사적 소유도 국가적 소유도 아닌 제3의 소유형태로서 '사회적 소유'라는 개념을 발전시켜온 것으로 볼 수 있다. 스웨덴의 '임노동자기금'은 그다지 성공한 것으로 평가되지는 않지만 그러한 시도의 한 예를 보여준다. 이 점에 대해서는 신광영, 「스웨덴 사회민주주의 60년 : 가능성과 한계」, 『계간 사상』, 1994년 봄호, 66~67면.

화하게 될 것이다. 양쪽이 평화통일의 길을 걷는다고 할 때, 우리 민족의 통일은 많은 인내를 필요로 하는 상당히 긴 상호적응과 선의의 체제경쟁의 기간을 갖는 것이 불가피할 것이다. 어느 체제가 더 인민의 정치적 주권과 경제적 삶의 질을 보장할 수 있는가에 대한 선의의 경쟁을 통해서 양쪽이 다같이 일정한 수준에 이르고, 그래서 상호존중이 가능한 상황일 때, 혼란이나 대결 또는 어느 한쪽의 갑작스런 붕괴가 아닌 평화적 통합의 과정을 걸을 수 있게 될 것이다. 그것이 흡수통일이든 무엇이든 얼마나 빨리 통일하느냐가 아니라 서로가 다같이 더 진전된 정치·사회적 성숙의 과정을 통해서 어떻게 평화적으로 통일하느냐가 중요한 것이다. 그리고 그러한 과정은 불가피하게 긴 인내의 과정을 필요로 하는 것이다.

미래의 통일한국의 사회상에서 '개인주의'에 대한 경제적 재평가는 또 하나의 차원을 내포한다. 경제운영체제에서 공동체주의와 개인적 이기주의를 어떻게 조화시킬 수 있을 것인가를 고민하지 않을 수 없게 된 것이다. 북한은 해방 후 남한에 비해 강력한 일제청산과 함께 토지개혁을 통한 근본적인 사회개혁을 시도했다. 남한의 미군정과 이승만 정권은 한계가 많았던 토지개혁을 지지부진하게 시행하게 된다. 북한은 남한에 비해 농촌사회구조의 혁신적 변화를 단행하는 데 앞섰던 것이다. 그럼에도 불구하고 오늘날 북한은 농업생산성에서도 남한에 크게 뒤질 뿐 아니라 위기상황에 직면해 있다. 거기에는 물론 다른 이유들도 있었겠지만 경제시스템에서 '개인적 이기주의'의 차원을 적절히 끌어들이지 못한 점도 중요한 요인일 것이다. 중국 역시 경제활동에서 이념적 인센티브를 강조하던 시대에는 절대빈곤을 벗어날 수 없었다. 등소평 집권 후 개별 농민들에게 생산과 수익의 책임을 맡기는 체제를 도입하면서부터 중국은 경제적 생산성에서 비약적인 발전을 이룰 수 있었다. '개인적 이기주의'의 차원을 배제한 '공산주의적

338

인간상'에 대한 순수한 기대에 기초한 경제체제는 개인적 이기주의를 극대활용하는 자본주의적 경제체제와의 경쟁에서 살아남을 수 없었던 것이다. 결국 향후 예측 가능한 미래의 통일한국의 경제체제는 공동체주의와 개인적 이기주의 어느 하나에만 의존하는 개념을 넘어서서 그 양자간의 조화와 균형을 전제로 할 수밖에 없다는 것을 뜻한다. 강한 정신적 존재이면서도 또 다른 한편으로는 자기생존의 본능에 일차적 충실성을 보일 수밖에 없는 인간의 본질적 약함에 대한 현실적 인식을 바탕으로 미래의 공동체사회를 구상하지 않으면 안된다는 말이기도 할 것이다.

서구적 사회민주주의에 대한 현실적인 정치적 평가는 현실의 서구 자본주의가 현실사회주의하에서보다 개인의 창의성과 자유를 보장하는 데 훨씬 더 성공적이었다는 인식에서 출발할 수밖에 없다. 그것을 보장하는 다당제를 포함한 다원적 정치제도들의 의미를 수용하지 않으면 안된다. 그것은 곧 절차적 민주주의의 요소들을 민주주의의 핵심요소의 하나로 정의하는 다원주의적 정치이념의 타당성을 인정하는 것을 말한다. 단, 민주주의를 절차적 민주주의 그것만으로 환원하는 옹호론적 다원주의론에 대한 비판을 전제하여야 할 것이다.[6]

그러나 사회민주주의를 전제로 한 서구 민주주의에 대한 이러한 재평가는 적어도 다음 두 가지 차원에서 현재 한국의 집권층이 논의하는 민주주의 논의와 차별성을 갖고 있다는 것을 강조하지 않으면 안된다. 첫째, 특히 유럽에 보편화된 민주주의의 정치는 노동계급의 정치적 단결권에 대한 완전한 보장을 쟁취하려는 정치적 투쟁에 의하여, 또 그것을 보장하는 제도에 의하여 형성되고 유지되고 있다는 사

---

6) 이삼성, 『현대 미국외교와 국제정치』(한길사, 1993), 제3부의 제1장이 다루고 있는 미국사회에 관한 다원주의론과 그 문제점 부분을 참조

실에 대한 명확한 인식이다. 다원주의의 외양은 갖췄으나 실질적으로 기업가들의 단결권만이 인정되는 현재 남한의 정치질서는 민주적 자본주의의 그것에 크게 미치지 못하고 있으며, 국가보안법의 존재는 한국 민주주의의 초보성을 잘 상징하고 있는 것이다.

둘째, 사회민주주의적 자본주의 질서에 대한 긍정적 재평가는 앞에서 지적한 노동계층의 정치적 권리가 충분히 보장되는 상황하에서 가능해질 복지사회로의 강한 지향성을 바탕으로 한다. 개인의 사적 소유와 시장경제 메커니즘이 초래하는 불평등과 생산수단의 소유와 비소유를 매개로 한 억압적 메커니즘을 의미 있게 개선해나가야 한다는 강한 문제의식을 바탕으로 하는 것이다. 이를 위해서는 노동자의 단결권에 바탕한 노동자들의 정치사회적 정책결정 참여의 확대가 요청된다는 인식을 명확히해야 한다.

기본적으로 사회민주주의적 성격을 띠는 서구의 정치경제질서에 대한 이러한 조건부적인 긍정적 재평가는 바로 위와 같은 두 가지 차원의 운동을 전제로 하는 것이다. 이것은 물론 통일한국을 현실적인 구체적 현재의 문제로서 사고하지 않으면 안되는 현단계의 현실적 미래상이다. 진보적 역사관은 그 이후의 변증법적 역사적 진보의 가능성에 대한 열린 사고를 나타내는 것이며, 진보적 학문이라는 것은 사민주의적인 민주적 자본주의의 틀을 넘어서 인간의 자유와 평등을 더욱 실현시킬 수 있는 사회의 가능성을 부단히 추구하는 것을 말한다. 단, 그것은 우리가 일단 사민주의가 인류에게 제공할 수 있는 가능성들을 실현한 이후 그 업적을 바탕으로 더 나아갈 비교적 먼 미래의 사회상을 말하는 것이다. 그러나 우리가 여기에서 받아들이는 현실적 미래상은 바로 그 같은 먼 미래의 가능성에 대한 새로운 모색의 필요성을 전제한 것임을 지적해둘 필요가 있을 것이다.

사회민주주의적 질서에 대한 우리의 재평가는 또한 그러한 개혁적 변화들이 한국의 정치군사적인 측면의 국제적 위상이나 한국 자본주의의 어떤 구조적 한계에 의하여 근본적으로 제약당하지 않는 조건 속에서 타당성을 가질 수 있을 것이다. 만일에 그러한 민주적 자본주의가 서구라는 특정한 사회들 속에서만 장기 지속이 가능한 것이고, 세계체제에서 그 정치군사적 지위나 경제적 위상의 한계로 인해 한국이라는 사회와는 양립하기 어렵다는 회의가 확산될 때는 통일한국의 미래상에 대한 진보적 논의에서 총체적 변혁의 문제가 또다시 사상적 논의의 강력한 축으로 등장하게 될 것이다.

한국의 진보적 통일운동이 통일한국의 미래상과 관련해 위와 같은 현실적 재평가로 향해왔다면, 북한은 사회주의적 집산주의에 대한 회의와 자본주의적 요소들에 대한 부분적 수용의 필요성을 추상적인 수준에서 받아들이기 시작하는 변화를 보여왔다고 말할 수 있다. 북한이 남북기본합의서 서명 이후인 1993년 발표한 「전민족대단결 10대 강령」은 다원주의와 자본주의의 요소들에 대해 과거와 다른 포용성까지도 비치고 있다. 10대 강령 중 "민주주의를 귀중히 여기며 주의주장이 다르다고 하여 배척하지 말고 조국통일의 길에 함께 손잡고 나가야" 한다고 한 제6항이 다원주의적 인식의 필요성을 지적하고 있는 것이라면, "개인과 단체가 소유한 물질적, 정신적 재부를 보호"하여 "그것을 민족대단결을 도모하는 데 리롭게 리용하는 것을 장려"해야 한다고 한 제7항은[7] 민족대단결을 대원칙으로 앞세우는 가운데 자본주의적 요소들과의 융화 필요성을 인식하고 있음을 시사하는 것이라 하겠다. 다원주의와 자본주의적 요소에 대해 북한의 10대 강령이 보여주고 있는 이 같은 포용성은 물론 선언적이고 추상적인 수준의 것이며, 개인의 사유권에 대한 대폭적인 인정과 다당제라는 구체적인

---

7) 전상인, 앞의 글, 22면.

정치적 다원주의의 문제들에 북한이 현실적으로 보이고 있는 강한 거부감과 모순되는 것이다. 그럼에도 불구하고 통일한국의 미래상에 대한 북한의 인식은·한반도 내외의 현실의 변화를 추상적인 수준에서나마 인식하고 그것을 반영하고 있다는 점에서 유의할 필요가 있다.

사회민주주의적 자본주의 질서에 대한 이 같은 재평가의 필요성들과 관련해 마지막으로 덧붙여 유의할 점이 있다. 통일한국의 미래상과 관련한 진보적 인식의 변화의 핵심의 하나로 필자는 앞에서 반독재투쟁의 심화과정에서 부차화되었던 '개인의 자유'라는 문제의 철학적 복원의 필요성을 지적했다. 그러나 학계 일부에서는 오히려 한국 통일운동의 지적 급진화를 강요했던 남한사회의 역대 독재정권들에 대해 보수언론의 주도 하에 전개되고 있는 전면적인 정당화 공세의 여파 속에서 이들 독재정권들에 대해 상당부분 역사적 불가피성의 논지 아래 정당성을 부여하는 경향이 나타나고 있다. 나는 통일한국의 미래상에 관한 진보적 논의에서 필요한 재인식은 1950~80년대에 독재의 심화과정에서 한국의 진보운동이 상당부분 소홀히해왔던 개인과 다원주의의 차원에 대한 재평가와 복권이어야 한다고 본다. 오히려 그와 반대로 그러한 가치들을 억압했던 남한의 독재정권들에 대한 역사적 정당화로 연결되어서는 안된다고 생각한다. 현실사회주의의 역사적 실패에 따른 진보적 통일운동의 지적 성찰의 방향은 권력과 인간, 집단과 개인의 긴장과 갈등의 관계에서 개인의 차원의 중요성, 결국 자유주의와 다원주의에 대한 재평가를 의미해야 한다. 그것들을 억압했던 우익 권위주의에 대한 전면적 또는 부분적인 정치적 복권을 뒷받침하는 것일 수는 없다고 생각한다.

어떻든 미래의 통일한국 사회를 지향하는 진보적 정치이념으로서 민주주의를 노동계급의 해방이라는 차원에서만 보는 것은 충분하지 않은 것으로 되었다. 자본가계급과 시장의 전제를 철폐하기 위한 노력은 지극히 장기적인 역사적 발전과정의 결과로서 기대될 수 있는 것으로 보인다. 그것은 문명사적 발전의 결과로 될 것이다. 지금 현실에서 우리가 선택할 수 있는, 인민의 정치적 주권, 즉 자본가계급으로부터뿐만 아니라 국가와 집단을 포함해 생산과 억압의 수단들을 독점할 수 있는 모든 존재들로부터 견제와 균형의 장치를 확보하는 체제들에 대한 모색, 결국 경제적 평등과 함께 개인과 권력 간의 긴장을 민주적으로 처리하는 장치를 갖춘 민주주의의 현실태에 대한 모색을 추구할 수밖에 없는 것이다.

그러한 민주적 장치가 어떤 경제질서와 양립할 수 있는가에 대한 논의는 무성하다. 민주주의는 근본적으로 자본주의와 양립할 수 없다는 주장이 있는가 하면, 사적 소유를 바탕으로 한 개인들의 경제적 자립의 근거가 없는 조건에서 다원주의적 권력중심은 존재하기 어렵다는, 즉 현실사회주의를 포함한 집산주의체제와 다원적 민주주의의 양립 불가능성을 지적하는 견해도 만만치 않은 것이 사실이다. 이 논쟁에서 현실적으로 현실사회주의는 열세에 놓여 있다. 원래 맑스가 추구했던 대로 노동자를 포함한 약자들에 대한 억압과 착취를 근절하고 모든 개인들이 노동의 소외로부터 해방된 가운데 자유롭게 자기실현을 추구할 수 있는 사회질서에 대한 희망을 현실사회주의는 20세기의 역사적 실험을 통해서 설득력 있게 보여주지 못했다. 결국 우리는 생산수단의 다원적 소유체제——그것이 개인이 되었건, 일정한 공동체적 소유가 되었건——의 하나로서 서구의 사회민주주의적 자본주의 질서에 대한 긍정적 재평가를 바탕으로, 우리의 현실의 억압적 자본주의 질서로부터 그 단계를 향한 진보적 노동정치를 구현하는 방향으로 나아가야 할 것이다. 그 상태를 이루는 과정에서 우리는 서구의 모델을 넘어선 새로운 가능성으로, 즉 노동계급의 노동으로부터의 소외를 극복하는 데 더 본질적으로 유리한 생산수단의 다원적 소유체제의 새로운 형태를 모색해나가게 될 것이다.

2. 한반도 '통일과정' 접근의 기존 논의들과 그 문제점

(1) 기존의 통일방안 논의들의 성격과 차이

한반도 통일문제와 관련한 진보적 인식에서 중요한 두번째 지적 과제는 앞서 지적한 대로, 한국의 집권세력과 사회주도층 중 냉전시대와 권위주의적 자본주의체제에서 기득권을 가진 세력들이 한국정부의 통일논의를 주도함으로써 파생되는 문제들에 대한 문제제기와 대안제시의 작업이다. 한반도 통일과정과 관련한 한국정부 및 한국사회의 지배적인 논의가 그들의 이해관계와 그들의 관성적인 냉전시대적 사고의 틀에 의해 왜곡되고 있는 점들을 적절히 지적하고 대안적인 접근의 틀을 제시하는 일이다.

통일과정에 대한 접근과 관련한 논의는 크게 두 가지 차원에서 전개되어온 것으로 볼 수 있다. 하나는 정치공동체 형성의 단계에 관한 논의이고, 다른 하나는 그러한 정치공동체 형성으로 나아가는 전제조건들에 관한 논의로 볼 수 있다. 이 두 차원의 문제에 대하여 우리가 논의하여야 할 것은 이 두 가지 부분들에 대한 남한당국과 북한당국의 시각 차이의 본질을 분석하여내고 그 긍정적인 해결의 기본방향을 제시하는 문제이다.

이 문제에 대한 남한정부 안팎에서의 논의는 크게 두 가지로 정리되고 있다. 하나는 정부측이 제시해온 민족공동체 통일방안이며 다른 하나는 야권의 입장에서 제기한 대표적 통일방안 논의로서의 김대중 아태평화재단 이사장의 3단계 통일방안론이다.[8] 한국정부의 민족공동

---

8) 다음 논문은 통일반안에 관한 이들 논의들을 잘 요약해 분석하고 있다. 이종석,

체 통일방안은 화해·협력→남북연합→통일국가라는 개념을 제시하고 있고, 김대중의 3단계 통일방안은 남북연합→연방제→통일국가라는 단계를 설정하였다. 이를 절충한 방안으로 화해·협력→남북연합→연방제→통일국가라는 4단계적 과정이 제시될 수도 있고 또 실제로 그런 제안이 있었던 것이 사실이다.[9] 김대중의 3단계 통일방안도 그 실제적인 내용에서는 4단계적 관점에서 통일과정을 사고하고 있는 것으로 볼 수 있다.[10]

김대중의 통일방안이 남북기본합의서의 이행을 통일방안에 하나의 명시적 단계로 설정하지는 않았지만 그의 실질적인 통일방안 자체는 남북기본합의서 각 항의 화해협력, 불가침조치, 교류·협력 등의 즉각적인 실천을 전제로 하고 있는 것으로 이해되기 때문이다.

필자의 견해로는, 이들 통일방안들은 단순히 통일의 '경로'를 설정한 것일 뿐 아니라 통일과정에 관한 전반적인 시각을 총체적으로 드러내고 있는 것이다. 즉, 앞서 지적한 통일과정에 관한 논의들의 두 가지 차원——정치공동체 형성의 단계에 관한 시각과 함께 그 정치공동체 형성의 전제조건들에 관한 시각——을 동시에 내포하고 있는 것

「통일환경의 변화와 새로운 통일전략의 모색」, 세종연구소 주최 학술포럼, '한국의 국가전략 대토론회', 1995. 4. 26. 서울 힐튼호텔.

9) 이종석, 위의 논문. 필자 역시 1994년에 출간한 저서에서는 "화해·협력 단계로부터 국가연합→연방국가→1민족 1국가 형태로 정치공동체를 심화시키는 방안을 얼마든지 긍정적으로 고려할 수 있는 문제"라고 지적함으로써 동일한 의견을 제시한 바 있다. 이삼성, 『한반도 핵문제와 미국외교』(서울 : 한길사, 1994), 200면.

10) 김대중 이사장의 3단계 통일방안 논의는 남북합의서의 채택과 북미 일괄타결이 화해협력 그 자체의 실천으로 보고 현재 단계에서 남북연합을 할 수 있다고 보는 것이라고 해석되기도 한다(최성, 「남북연합의 통일전략」, 세종연구소 주최 학술포럼, 1995. 4. 26. 서울 힐튼호텔). 그러나 그것은 설득력이 약해 보인다. 남북기본합의서의 이행을 전제로 3단계 통일방안을 말한 것이라고 할 때 그 방안은 보다 설득력을 가질 것으로 생각된다.

으로 볼 수 있다. 앞서 지적했듯이, 정부의 민족공동체 통일방안이나 김대중의 3단계 통일방안은 다같이 실질적으로는 남북기본합의서 이행을 전제로 정치공동체 형성 단계로 진입하는 것을 상정하고 있지만, 이 두 방안은 북한과의 정치협상의 필요성에 관해 의미 있는 차이를 내포하고 있었던 것이 사실임을 유의할 필요도 있다. 정부의 방안은 상대적으로 북한과의 정치공동체 형성 이전에 그 전제로서 화해·협력 단계를 부각시키는 경향을 띠고 있다. 반면에 김대중의 3단계 통일방안은 남북한 당국의 정치적 결단에 의한 정치공동체 형성으로의 보다 적극적인 의지를 담고 있는 것이 사실이다.[11] 김대중의 통일방안은 남북기본합의서의 내용들을 실천하는 것을 정치공동체 형성의 전제로서뿐만 아니라, 바로 그러한 정치공동체 형성을 위한 남북간의 정치협상의 전개 자체를 남북간 이질성을 좁히고 화해·협력을 본격화하는 단계로서 사고하는 성격을 담고 있는 것이다. 그렇다면, 정부의 방안은 남북간의 정치협상 이전에 상당한 기간의 비정치적, 비군사적 성격의 관계개선을 전제로 남북통일과정을 사고하는 것으로서 그만큼 남북간의 정치협상에 소극적이라는 의미를 담고 있다. 반면에 김대중의 방안은 남북간 정치협상에 적극적인 태도를 안고 있고, 그러한 정치협상과 그것이 내포하는 정치적 결단이 남북간의 비정치적, 비군사적 분야에서의 관계개선의 본격화의 조건이기도 함을 강조하는 것으로 볼 수 있겠다.

또한 정부의 방안은 화해·협력 단계를 거쳐 형성할 남북정치공동체로서는 연합의 형태를 제시했고, 이 단계 이후는 바로 통일국가를 설정했다. 통일국가의 형태로서 북한이 제시하고 있는 연방제를 고려할 수도 있는 것인지 여부는 정부의 민족공동체 통일방안에 명시적으

---

11) 최성, 앞의 논문, 3면.

로 드러나 있지 않다. 그러나 정부의 방안은 북한의 연방제 형태의 통일국가 형태에 대한 암묵적인 배제를 내포하고 있는 것으로 이해할 수 있다. 반면에, 김대중의 통일방안은 남북연합과 통일국가 중간에 연방제를 삽입하고 있다. 이는 곧 뒤에서 상술하는 바와 같이 연방제를 통일국가의 한 형태로서 보지 않고 통일국가의 전(前)단계로 보는 개념적인 혼동을 내포하고 있는 부정확한 단계 설정이다. 그러나, 그것은 북한의 연방제안을 남한의 통일방안 논의에 정당한 일부로 수용하려는 태도를 담고 있음을 유의해야 한다.

통일방안 논의에서 나타나는 정부의 방안과 김대중의 방안의 차이에는 겉으로 드러나지는 않지만 이와 같이 북한과의 정치협상의 필요성에 대한 적극성 여부, 그리고 북한을 정치적 실체로서 인정하고 궁극적인 통일국가 형성의 일정한 단계로서 북한과의 연방의 단계를 설정할 수 있을 것인가의 문제에 대한 태도의 차이를 암묵적으로 바탕에 깔고 있는 것이다.

통일경로에 관한 상이한 논의들은 일견 무의미한 차이들 같지만 이와 같이 통일과정에 관한 접근의 근본적 차이들을 내포하고 있다. 그런 의미에서 정부 등이 제시한 통일방안들을 단순히 통일경로의 설정으로 보는 데 그쳐서는 안된다고 본다. 그것들이 통일문제에 대한 전반적 접근시각을 내포하고 있다는 점에 유의해야 한다고 생각한다. 통일방안 논의는 통일과정에 관한 논의에서 반드시 짚어야 할 점이기도 한 것이다. 통일방안에 관한 논의가 그런 의미에서 단순히 경로설정의 문제가 아닌 중요성을 내포하는 것이라면, 우리는 남한정부나 정치권에서 논의해온 통일방안 논의를 심각하게 받아들일 필요가 있다. 그리고 더 나아가 그것들이 내포한 개념적 혼란과 이데올로기적 함의를 지적함으로써 그 논의들이 통일과정에 관한 남과 북 간의 합의를 수렴하는 데 보다 효과적이고 합리적인 개념들로 수정될 수 있도록 비판적으로 분석하고 대안적 틀을 제시할 필요가 있는 것이다.

그런 의미에서 필자는 정부의 민족통일방안, 김대중의 3단계 통일방안을 북한의 통일과정에 관한 시각과 비교하면서 이들이 안고 있는 논리적 모순, 그리고 이데올로기적 편견을 내포한 개념들을 추출해 지적하고 한반도의 평화정착을 통한 평화적 통일과정을 보다 구체적이고 명시적으로 담은 개념들로 통일과정 접근방안을 제시해보고자 한다.

(2) 정치공동체 형성 단계의 문제 : 연합과 연방의 문제

통일경로에 남북연합 단계를 설정하는 것은 남한정부의 민족공동체 통일방안, 북한정부의 최근 태도, 김대중 이사장의 3단계 통일방안 등에 다같이 명시적 또는 암묵적으로 내포되어 있다. 필자도, 통일경로로서 남북연합이라는 개념을 사용하는 것은 두 가지 의미에서 필요하다고 본다. 화해·협력을 심화함으로써 남북간 공동체 형성을 제도적으로 구체화하는 청사진을 제시할 필요가 있고 또 현실적으로도 점진적, 평화적 남북통합의 제도적 표현으로서 국가연합이라는 중간단계를 설정하는 것은 타당하다고 보기 때문이다.

그러나 필자는 연방제를 통일경로의 하나로 넣을 것인가 말 것인가에 대한 논의에 대해서는 상당한 재검토가 필요하다고 본다. 필자가 이해하기로는 연방제란 것은 통일국가의 전(前)단계로 존재하는 것이 아니라, 통일국가의 한 형태이다. 미 합중국은 주지하다시피 연방제 국가이다. 그러나 미합중국을 통일국가를 아직 이루지 못한 나라라고 말하는 사람은 없다.

즉, 연방제란 통일경로의 중간단계의 하나가 아니라 남북의 공동의사나 역사적 조건들에 의하여 선택되거나 거부될 수 있는 통일국가의 한 모형인 것이다. 만일 북한의 민주연방제가 통일국가의 모형으로서

348

연방제국가를 설정한 것이라면 북한은 장차 통일한국의 국가형태로 서 일원적 국가(一元的 國家 : unitary state)를 거부하고 있는 것이다. 만일 한국정부의 민족공동체 통일방안이라는 것이 국가연합의 단계에서 바로 일원적 국가로 나아가는 것을 상정한 것이라면 한국정부는 통일국가의 모형으로서 연방제를 거부하고 있는 것이다. 그것은 궁극적인 통일국가 상에 대한 남북정부의 견해차이를 드러내는 것이며, 반드시 통일경로의 단계들에 대한 견해차이만은 아니라고 할 수 있다.

그러나 이런 견해차이는 남북 정부지도자들의 의지에 의해서가 아니라 남북 국민들의 결정에 의하여 해소될 것이다. 왜냐면 국가연합 단계 정도로 남북간의 외교적 군사적 공조체제가 일정하게 가능해지고 정치적 이념에 관한 상호이해가 확산되며, 경제생활공동체가 형성되어 경제교류·협력뿐 아니라 남북간에 상당 수준의 인적 교류가 이루어질 경우, 그 상황에 가서 통일국가의 모형으로서 연방제를 택할 것인지 또는 일원적 국가로 나아갈 것인지에 대한 결정은 남북 국민이 결정하게 될 것이다. 연방제를 넣느냐 아니냐는 그 연합 단계에서 한국 국민 전체가 통일국가 모형으로서 선택할 문제이지 우리가 통일경로에서 중간단계의 하나로 넣을 문제가 아닌 것이다.

(3) 남한의 화해·협력 개념과 북한 시각의 차이의 본질

화해·협력을 연합단계의 전제조건으로 설정하는 것은 일견 매우 타당해 보인다. 그러나 여기에도 논리적 함정이 있다는 것이 필자의 생각이다. 화해·협력이라는 개념의 문제점은 적어도 두 가지가 있다고 본다.

첫째, 그것은 매우 포괄적인 개념이며 그만큼 막연한 개념이다. 화해·협력이라는 것은 그 내용을 정의하기에 따라서 남북간 공동체의

초기단계가 될 수도 있고 연방제까지도 가능할 정도의 정서적·제도적 동질성이 확보된 단계의 공동체 형성 단계일 수도 있다. 즉 화해·협력이라는 것은 그 자체로는 구체적인 내용이 명시되지 않은 추상적인 내용이다. 북한의 경우 이 화해·협력에 군축, 외국군사력문제 해결 등의 정치군사적 내용들을 담아 주장할 수도 있고 남한측의 경우 불특정 수준의 인적 교류, 경제교류 등을 주내용으로 제한할 수도 있다. 즉 남북한이 서로 합의한 수준과 방식에 관한 구체적 내용을 담지 않은 화해·협력 단계 설정은 그것 자체가 통일방안 또는 통일경로 단계 설정에 모호성을 안겨주는 것이다.

이러한 막연한 개념을 통일방안의 한 단계로 설정하는 것은 설득력이 약하다고 본다. 실질적 화해·협력을 본격화하는 데 필요한 조치들을 명확히 제시하는 개념들이 화해·협력이라는 용어를 대신해 남북연합의 앞단계, 즉 그것의 전제인 동시에 그 연합의 형성을 가능케 할 조건들을 나타내는 내용들로 대체되는 것이 좋다고 생각되는 것이다.

연합이든, 연방이든, 이들 개념은 구체적인 제도적 내용을 담고 있다. 이들 개념들은 남북간 화해·협력이 진전되고 정치적·경제적 공동체 형성이 진전되는 단계들을 제도적으로 표현한 것이다. 이것들은 남북간에 일정한 수준의 정치적, 경제적, 외교적, 군사적 대립 해소와 협력 또는 공조체제가 가능해진 상황에서 자연스럽게 등장할 제도적 형태들이다.

느슨한 통합상태를 나타내는 국가연합이든 통합성이 높은 연방이든 그런 것들이 실질적 의미를 지니려면, 한반도에서 남북간의 정치적 동질의식, 경제적 수준과 제도의 일정한 동질화, 외교적 대결에서 공조체제로의 전환, 선언적 의미의 불가침조치를 넘어선 상당한 수준의 군사긴장 완화를 바탕으로 한 군사적 공조 가능성의 차원으로까지

진전된 것을 의미한다. 그렇게 해서 일단 국가연합의 단계에 도달하면 그로부터 연방제든 일원적 국가든, 총체적인 정치적 통합은 가속화되게 되어 있다.

그럴수록 우리의 통일방안 논의의 초점이 되어야 할 부분은 국가연합에 이르기까지의 정치, 외교, 군사, 경제에 있어서의 화해·협력의 체제를 어떻게 건설할 수 있을 것인가에 대한 논의가 되어야 하고, 그 문제에 대한 명확한 지향성을 표상하는 개념을 제시할 필요가 있는 것이다.

둘째, 화해·협력이라는 개념은 그처럼 지나치게 포괄적이고 막연한 개념이기 때문에 문제가 될 뿐 아니라, 좀더 근본적이고 심각한 의미에서 비판적으로 성찰될 필요가 있다. 화해·협력이라는 개념이 지닌 보다 근본적인 문제라는 것은 그것이 가진 정치적 성격에 있다. 그리고 기존의 남북한 통일방안 논의에서 이 점이 흔히 간과되어온 것은 남북한의 통일방안에 대한 불균등한 인식에서 비롯되었다고 생각한다.

북한의 고려민주연방제안은 남북한의 통일국가의 형태적 모형에 관한 견해를 말한 것이지 통일경로 또는 통일방안 자체는 아니다. 북한의 통일방안은 사실은 그들의 군축제안, 평화협정체제 구상 등과 연결해서 생각해야 한다. 북한정부는 통일국가의 전단계로 남북연합 형식의 느슨한 국가통합을 암묵적으로 받아들이고 통일국가의 모습 그 자체로는 연방제를 제시하고 있는 것으로 보이며, 북한은 그 전제들로서 북한의 대외 경제·외교관계 정상화, 즉 교차승인을 전제한 한반도 평화체제 건설문제와 군축을 제시하고 있는 것이다. 반면에 남한정부는 통일국가의 한 전단계로서 국가연합을, 그리고 통일국가 그 자체의 궁극적 형태로는 일원적 국가를 설정하고 있는 것으로 볼 수 있다. 또 그것을 가능케 할 전제조건들에 대해서는 인적·물적 교류(와 함께 북한측의 거의 일방적인 군사적 신뢰구축조치)를 설정하고 있는 것이다.

북한의 '고려민주연방공화국'론이 "본래 장기적인 교류, 평화공존의 단계를 건너뛰는 민족성원간의 '정치적 결단'에 의한 통일을 지향하고 있는" 방안이며, 최근에야 북한은 이를 보완해 "연방제로 가기 위한 평화정착 단계에도 관심을 보여왔다"는 지적도 제기되고 있다.[12] 그러나 북한의 통일방안의 성격에 대한 그 같은 인식은 북한의 통일문제 접근이 내포하고 있는 위와 같은 이중구조적 차원을 간과한 데서 나온 것으로 보인다. 북한이 말하는 연방제를 우리가 통일국가의 모형으로 수용할 것이냐를 떠나서 북한의 연방제론은 궁극적 통일국가 상에 대한 그들의 논의였으며, 그 전단계로서의 통일과정에 대한 그들의 논의는 군축, 핵무기 철수론, 주한미군론, 남북민족간 정치협상 등의 군사정치적 제안들에서 찾아진다. 즉, 북한의 통일방안론은 그들이 꾸준히 제기해온 정치협상안과 군축안 등 정치군사적 제안들을 한편으로 하고 통일국가 상으로서의 연방제안을 다른 한편으로 하는 '이중구조'의 성격을 띠어왔던 것이다. 반면에 한국정부의 통일방안은 인적·물적 교류를 주내용으로 하는 의미의 주로 비군사적·비정치적 내용의 화해·협력이라는 개념을 맨 앞머리에 놓으면서 통일경로를 제시하고 또 거기에 궁극적으로 총선거를 통한 일원적 국가를 염두에 둔 통일국가 상을 한 패키지로 묶어서 제시해왔던 것이다.

남북간의 통일방안 차이에 관한 논의가 만일 이러한 점을 떠나서 추상적으로 화해·협력, 연합, 연방, 통일국가 등의 개념으로 대표되고 압축되는 것으로 해석된다면, 남북간 통일방안 대결의 핵심을 놓칠뿐만 아니라, 왜곡하는 결과를 낳을 여지가 있는 것이다. 남한정부가 연

---

12) 이종석, 앞의 논문, 10면.

합의 전단계로 설정한 화해·협력은 북한이 연합과 같은 통일과정진전의 전제조건으로 언제나 제기해온 군축과 같은 군사적 내용은 뺀 개념이라는 점은 이런 의미에서도 주목할 필요가 있다. 남북기본합의서는 크게 세 부분으로 나누어져 있는데, 1장은 화해, 2장은 불가침 등 군사문제 해결, 3장은 경제교류·협력을 규정한 것이다. 한국정부가 말하는 '화해·협력'이란 바로 그 2장의 군사문제는 빼고 1장의 '화해'와 3장의 '협력' 부분만을 조합한 개념인 것이다.

한국정부를 포함해 많은 분석가들이 북한의 통일방안 논의와 남한의 통일방안 논의에 대한 평면적 비교를 해왔다. 우리들 역시 그러한 논리적 함정에 빠짐으로써 종종 본의 아니게 북한 통일방안의 '비현실성'을 부각시키거나, 남북간 통일방안의 진정한 본질적 차이를 은폐하고 마는 결과를 낳았다고 생각된다. 이 점이 남북간 통일방안에 대한 형식논리적 비평이 초래해온 중요한 문제점이며, 앞으로의 통일방안 논의에서는 바로 이러한 평면성을 극복하고 남북간의 실질적 '통일접근방안'의 차이점을 주목하면서 이를 창의적이고 적극적으로 극복하는 내용을 담아 남북 서로의 구체적 공명을 이끌어낼 '통일접근방안'을 제시해야 할 것으로 본다. 우리는 바로 남북통일 접근방안의 차이의 본질을 직접적으로 대면해야 하며 통일경로 또는 통일방안 단계에 대한 논의에서 이 점에 관한 남북간 차이의 조정·타협을 모색해 그것을 구체적으로 표상해 통일방안 단계에 삽입해야 한다고 본다.

3. 대안적 통일접근 방안 : '평화·협력'의 개념과 통일에의 3단계

이러한 취지를 근거로 필자는 3단계 정도의 통일접근방안을 생각해보았다. 첫째 단계는 남북간 '평화·협력'의 체제를 가능케 할 조치들을 설정하는 것이다. 앞서 논의한 대로 한국정부의 통일방안은 비군사적 부문의 대화만을 전면에 내세우는 가운데, 사실상 북한의 주안점인 평화체제·군축체제 건설을 뒷면으로 철수시키기 위해 '화해협력'이라는 개념을 사용해온 것은 아닌가 하는 비판을 받을 수 있고 또 그간의 통일정책은 그러한 인상을 뒷받침해주고 있다. 그처럼 한국정부의 '화해·협력'이라는 개념이 남북간 통일 접근방안의 차이점을 뛰어넘기에는 개념적·현실적 한계를 갖고 있다고 한다면, 이를 시정하고 북한의 강조점을 통합하는 의미에서 '평화·협력 단계'라는 개념의 단계를 설정하는 것이 적절하다고 생각되는 것이다.

이 첫번째의 평화·협력 단계는 북한의 대외관계 정상화와 이에 바탕한 한반도 평화체제 건설, 인적·물적 교류의 초기 단계, 그리고 군사적 신뢰구축의 초기 단계가 우선 이루어지는 것을 상정한다. 이 단계는 또한 더 나아가 실질적 군축의 시작, 인적·물적 교류의 심화, 남북간 경제협력체제의 본격화까지도 포괄적으로 그리고 동시적으로 전개되는 것을 상정한 것이다.

이 평화·협력의 단계는 또한 남북한이 갖고 있는 다른 사상과 체제에 대한 부정과 억압의 제도들을 벗어나야 하는 단계이기도 하다. 한국의 경우는 국가보안법 체제를 철폐하고 장기수들을 석방하는 문제가 완결되어야 한다. 북한의 경우 역시 북한사회의 인권상황에 대해서 한국정부 및 세계의 여러 인권기구들이 제기하고 있는 인권문제를 해명하는 진지한 노력이 있어야 한다. 국제사회 앞에 자신의 인권문제에 대해서 북한이 투명성을 높여나가는 가시적인 모습이 있어야 한다.

북한이 다원주의적 질서가 아닌 것은 누가 보아도 분명하다. 노동당 이외의 정당이 없으며, 당이 장악한 언론기관 이외에 다른 다양한 언론이 보장되어 있지도 않다. 다양한 민간 사회집단이 존재하는가에 대해서도 대부분의 관찰자들은 의문을 제기하고 있다. 이같이 다양성이 제도적으로 보장되어 있지 않는 상황에서도 집단과 개인, 권력과 인간 간의 긴장을 민주적으로, 즉 약자의 권리와 사상의 자유가 보장되는 방식으로 처리하는 것이 가능한 것인지 많은 사람들은 의문을 갖고 있다.

남한에서의 국가보안법 및 안전기획부의 억압적 기능들이 개혁되는 것과 함께, 인권문제에 대해서 북한이 보다 솔직하고 또 그것을 개선하려는 진지한 모습을 보일 때, 남북은 서로를 인정하고 화해하는 가운데 평화·협력의 단계를 완성할 수 있을 것이다. 각자의 사회 자체 안에서 변화의 노력이 없는 상황에서는 남북한이 연방은 물론이고 국가연합 정도의 정치공동체를 형성하는 것도 현실적으로 가능하지 않을 것이다. 국가연합은 앞서 지적한 것처럼 남북이 궁극적으로 통일국가를 형성하기 위한 준비단계이다. 이 준비단계는 군사외교적 공조, 경제협력의 제도화, 즉 경제생활공동체의 구축을 실현하는 단계이며 이것을 기초로 연방제든 일원적 국가든 통일국가를 형성하기 위한 정치행정적 협력체제를 가동, 실험하는 단계이기도 하다. 따라서 국가연합의 단계가 형식적이 아닌 실질적인 것으로서 통일의 전단계적 기능을 가지려면 서로의 사회질서에 대한 상당한 이해가 진행되는 단계일 수밖에 없다.

이 단계에서 무엇보다도 서로에게 관심의 대상이 될 부분은 상대방 사회에서 인간 개개인의 인권의 실태가 어떠하며 경제생활 수준은 어떠한 것인가, 즉 삶의 질의 총체적 수준에 대한 비교가 될 것이다. 한 사회가 다른 사회에 비해서 인권문제와 경제적 삶의 수준에서 현격한 격차로 열악할 경우 그 사회는 국민적 동요를 피할 길이 없으며, 그 결과 동서독의 경우와 같이 한쪽 사회의 갑작스런 붕괴와 다른 쪽으로의 흡수통합 현상이 벌어지게 될 것이다. 이것은 좋든 싫든 피할 수 없는 운명이다. 그리고 그것은 불행한 결과를 가져올 것이다. 최소한 양 사회 다같이 엄청난 사회경제적 혼란을 겪을 것이며, 최악의 경우에는 무력충돌과 같은 불상사가 발생할 수도 있는 것이다.

이러한 상황을 피하기 위해서도 남과 북은 평화·협력의 단계에서 상대방 사회의 내적인 긍정적 변화를 추동하기 위한 사회경제·정치적 개혁이 있어야 한다. 양 사회가 서로를 존중하고, 서로가 어떤 인류보편적인 기준에서 인권의 보장방식과 경제생활의 수준과 방식에서 일정한 단점과 함께 장점이 있다는 것을 인식하게 될 수 있을 때, 평화·협력 단계는 완성되고, 다음 단계인 국가연합의 단계로 나아갈 수 있게 될 것이다.

특히 이 평화·협력 단계의 완성과 국가연합 단계로의 성공적 이행은 남한정부의 국가보안법 완전철폐와 더불어 북한이 다원주의적 질서로 나아가는 진지한 노력을 필요로 한다. 북한은 1995년 7월 초 『노동신문』에 「참다운 인권을 위하여」라는 논문을 통해서 '우리식 인권'을 주장한 것으로 보도되고 있다. 이 논문은 북한의 인권개념이 아직도 계급적 배타성의 관점에서, 그리고 당 지도부의 자의적 관점에서 정의되고 있음을 보여준다. 이 논문에서 북한은 "우리는 인권에 있어서 계급성을 숨기지 않으며 사회주의 인권은 사회주의를 반대하는 적대분자들과 인민의 이익을 침해하는 불순분자들에게까지 권리를 주는 초계급적인 인권이 아니다"고 주장했다. 북한이 말하는 '우리식 인권'은 "자기 당과 영도자를 충성으로 받들고 모든 것을 다 바쳐 투쟁하는 데 최상의 삶의 권리와 인권이 있다"고 주장했다. 그리고 "소수의 계급적 원쑤들에게 제재를 가하는 것이 우리식 인권"이라고 주장하고 있는 것이다.[13] 이 같은 북한의 인권개념은 북한이 12개의 정

---

13) 『동아일보』, 1995. 7. 9.

치범 수용소에 약 15만 명의 정치범과 그 가족들을 억류하고 있다는 1995년 2월 미 국무부의 지적을 누군가 자신 있게 나서서 비판하기 어렵게 만들고 있는 것이다. 북한이 이처럼 '북한식 사회주의'에 비판적인 인사들을 계급의 원수로 몰아 억압하는 것을 정당화한다면 북한은 한국의 국가보안법을 어떻게 비난할 수 있겠는가. 결국 평화·협력의 단계를 정착시키고 그를 통해 국가연합이라는 정치공동체의 형성을 가능케 하는 원동력은 남한과 북한의 권력담당자들로부터 나오기를 기대하기는 아직은 어려운 단계에 있다는 것을 말해준다. 그럴수록 남한에서 국가보안법의 철폐와 장기수의 석방을 앞당기고 아울러 이를 바탕으로 북한에 다원주의적 인권개념이 정립될 수 있도록 하는 남한사회 내의 제3의 세력의 노력과 그들에 의한 제3의 사회의 비전이 중요하다는 것을 재확인해주고 있는 것이다.

둘째 단계인 국가연합의 단계는 단순한 군사적 긴장의 완화차원을 넘어서 일정한 수준의 군축을 포함한 남북간의 폭넓고 직접적인 정치군사적 대화와 협상이 진행된 것을 전제로 한다. 연합이라는 것이 남북간 협상기구와 제도의 형식적 설치가 아닌 정치, 외교, 군사, 경제 등 모든 면에서의 상당한 실질적 공조와 협력체제의 가동을 의미한다면, 이러한 연합의 성립은 위에서 지적한 평화·협력 단계의 진전 위에서 성립될 수 있을 것으로 보아야 한다. 물론 군축의 최종적 내용들은 평화·협력 단계가 아닌 이 국가연합의 단계에서 추진될 부분이 많을 것이다. 한반도 평화협정체제로의 전환이 국가연합 단계로의 진입의 조건으로서 평화·협력 단계에서 추진되어야 할 성질의 것이라면, 이 한반도 평화협정체제를 바탕으로 한 동북아 다자간 안보협의체 또는 다자간 안보질서의 형성은 바로 이 남북간 국가연합체제하에서 남북간의 본격적인 외교공조를 바탕으로 추진될 수 있는 작업으로 볼 수 있을 것이다.

국가연합의 단계를 설정하는 것은 통일을 멀게 할 뿐이며, 곧바로 연방제로 나아가야 한다고 주장하는 의견도 없지 않은 것 같다. 그러나 서로 다른 제도와 사상에 기초해, 그리고 서로 다른 대외관계와 극심한 군사적 긴장 속에서 수십 년을 살아온 두 사회가 갑자기 하나로 합해지는 것을 생각하기는 어렵다. 국가연합의 단계는 서로 외교, 경제, 군사, 정치행정에서 일정한 상호연결과 협력체제를 실험하고 연습하는 단계라고 할 수 있다. 이러한 실험과 상호적응의 기간과 그를 통한 훈련이 없이 일시에 한 사회로 통합된다는 것은 아무래도 무리이며 현실적으로 가능하지도 않다.

이 국가연합의 단계는 또한 남북한 두 사회가 앞서 지적한 바와 같이, 각 사회 내부 국민들의 인권문제에 대해서 투명성을 확인하면서 그러한 인권보장과 사회복지와 노동자의 권리를 비롯한 전반적 차원에서 서로가 선의의 경쟁을 벌이며 서로의 경쟁력을 확인하고 키우는 과정이기도 하다. 이것은 긴 과정이기도 하겠지만, 그만큼 필요한 과정이기도 하다. 이러한 과정이 없는 통일은 기껏해야 군사적 긴장과 대결의 지속에 기초한 억압적 질서들이 유지되거나 한쪽 사회의 붕괴로 인한 갑작스런 흡수통일의 대안만이 있을 뿐이다. 평화적 통일이라는 것은 상호이해와 상호적응의 오랜 과정을 불가피하게 요청하는 과정이다. 그것은 양쪽이 다같이 인내를 가지고 기다려야 하는 대안이기도 한 것이다.

이 국가연합 단계에서 남북 양 사회는 통일한국의 미래상으로 서로가 어떤 모습을 제시할 것인가를 두고 선의의 경쟁을 벌이게 될 것이고 또 그래야 한다. 남한은 노동자의 권리와 사회복지체제의 확대를 통한 사민주주의적 정치경제질서의 건설을 통해서, 북한은 사회주의적 사회복지질서에 다원주의를 어떻게 성공적으로 접목시킬 것인가에 대한 부단한 실험과 노력을 통해서, 국가연합 단계의 남북한은 서로를 향해 가면서도 또한 보다 바람직한 통일 한국사회의 미래상에 대한 경쟁적 모색의 단계에 서게 되는 것이다.

바로 이러한 두 가지 단계를 거쳐서 우리는 셋째 단계인 통일국가에 이르는 것으로 상정할 수 있다. 이미 지적한 바와 같이 이 통일국가가 연방제가 되느냐 일원적 국가가 되느냐는 국가연합 단계에서 남북이 같이 구상할 문제이며 결국에는 이미 지적한 대로 남북 주민들의 총의라는 역사적 과정에 의하여 결정될 것이다. 만일 연합 단계에서 남북간 경제력, 사회체제 등에서 남한이 월등한 비교우위에 있다고 하면, 북한주민들의 선택에 의하여 일원적 국가로 될 가능성이 높으며, 남한의 사회경제문화 체제에 대한 양가적 정서와 경계심이 강하다면 북한주민들은 연방제를 선택할 가능성이 높게 될 것이다.[14] 지금부터 통일국가 상으로 연방제를 수용해야 하느냐 아니냐를 두고 논쟁하는 것은 궁극적 통일국가 상에 대한 추상적 논의수준으로 나름의 의의는 없지 않겠으나 통일경로상 지금 결정해 단계로 삽입할 문제가 아닐 뿐 아니라, 궁극적 통일국가 형태에 대한 남북간, 또는 남한 내

---

14) 동서독관계와 남북한관계가 동일한 맥락은 아니지만, 독일통일 이후 옛 동독주민들이 통일에 대해 느낀 문제점은 남한 주도의 통일 이후 북한주민들이 나타낼 가능성이 많은 태도에 대해 시사하는 바가 클 수 있다. 통독 당시와 그 이후의 동독주민들에 관한 한 의식조사에 따르면, "사회주의는 좋은 이념이며 단지 시행상의 잘못이 있었다"는 설문에 대해 매년 반복적으로 조사한 결과 옛 동독지역주민의 약 60퍼센트 정도가 변함없이 "그렇다"고 대답하고 있다. 또 통일 당시에는 동독주민들의 46퍼센트가 자유를, 43퍼센트는 평등을 더 중요한 가치로 본다고 응답했으나, 1992년의 설문조사에서는 옛 동독주민 중 자유를 더 중요한 것으로 본 비율은 35퍼센트로 떨어지고, 평등을 더 중시한 사람들의 비율은 53퍼센트로 증가했다. Karsten Pohl, "Integrating the German Mind," Paper presented at the Tenth German-Korean Conference on Integration and Disintegration in Europe and Northeast Asia (Seoul, October 1993), chart 15 ; 김학성, 「독일사례를 통해 본 문화적 이질성 극복 방향」, 『통일문화와 민족공동체 건설』, 민족통일연구원, 국내학술회의 발표논문집(1994. 12), 112면에서 재인용.

부에 불필요한 소모적 논쟁으로 그치고 말 가능성도 높다고 하겠다.

그 대신 우리는 남북연합 단계에서 통일국가의 형태를 연방제로 할 것인지의 여부를 남북간의 대화를 통한 합의로 결정할 것이라는 점을 분명히해두는 것이 필요할 것이다. 김대중의 3단계 방안과 달리 연합 단계와 통일국가의 중간에 연방제 단계를 삽입하지 않은 점에서는 정부의 통일방안과 필자의 의견이 동일하다. 그러나 정부의 방안은 통일국가의 모습으로 북한과의 합의를 통해 연방제를 수용할 수 있다는 명시적 언급이 없다. 반면에 필자가 바람직하게 여기는 통일방안은 연방제가 통일국가의 전단계가 아니라 통일국가의 한 형태라는 성격을 띠고 있다는 개념적 분석에 기초해 연방제를 통일과정의 한 중간 단계로 설정하는 것을 반대하지만, 남북간 합의를 통해 연방제를 통일한국의 국가형태로 수용할 수 있다는 점을 분명히해야 한다고 주장하는 점에서 정부의 인식과 내용을 달리하는 것이다. 물론 일단 연방제로 통일국가를 이루고 난 이후 남북한 국민의 의사결집 여하에 따라 일원적 국가를 모색하는 것은 미래에 얼마든지 열려진 가능성이다.

이상의 논의를 요약해서 '통일접근 방안'을 도식화한다면, 1) 평화·협력 단계 2) 남북연합 단계 3) 통일국가라는 3단계의 개념이 성립된다. 이것을 3단계 방안이라 해도 좋고 민족공동체 통일방안이라 해도 좋으며, '평화·협력을 통한 민족통일방안'이라 해도 무방할 것이다. 중요한 것은 그 개념들과 그들이 포괄하는 구체적 내용들이기 때문이다.

여기에서 핵심은 역시 '평화·협력'의 단계이고, 또 이 단계를 본격화하는 것이 우리의 당면과제이기도 하다. 이 단계는 남한이 연합형성의 전단계적인 전제조건으로서 강조하고 있는 비정치적, 비군사적 남북교류·협력의 차원과 북한이 남북한 관계개선의 전제조건으로 강조해온 북한의 대외외교 정상화, 군축, 평화협정체제 등, 평화체제 성립과 관련한 정치군사적 차원의 개념들을 의도적으로 결합한 것이다. 이 개념은 연합이라는 상당한 수준의 남북간 인적 교류와 경제사회적 통합상태의 성립은 평화협정과 일정 수준의 군축에 대한 합의를 포함한 실질적인 한반도 평화과정(peace process)의 진전을 전제로 가능한 것이라는 인식을 바탕에 깔고 있다. 이제 이 평화·협력의 단계에서 부각되는 몇 가지 주요 문제들에 대한 인식과 접근의 기본방향에 대해서 언급하기로 한다.

4. 어떻게 평화체제를 구축할 것인가

왜 평화·협력 단계이며, 왜 또 그 내용으로 평화체제 건설과 군축을 강조해야 하는가? 그것은 그 두 가지가 그들 자체로서 남북연합 건설단계 진입에 요청되는 경제생활공동체 및 정치공동체 형성의 조건인 동시에, 북한과 남한 간의 통일접근 방안을 조화하고 포용할 수 있는 방향이기 때문이다.

1953년 7월 27일에 체결된 북한, 중국, 미국 간의 정전협정은 한반도에 서로 무기를 들여오지 않기로 한 협정내용에도 불구하고 미국 등이 앞장서 미사일부대와 전술핵무기를 들여오고 외국 군사력 철수를 거부하는 바람에 사문화(死文化)된 지 오래이다. 즉 정전협정은 한반도에서 군비경쟁을 막기 위한 어떤 역할도 부여받지 못한 채 무시되면서 냉전의 오랜 기간을 지내왔다. 냉전시대에는 냉전 때문에 그렇다 치더라도 탈냉전의 새로운 시대와 새로운 환경에 임해서도 한반도 군사긴장 문제를 평화적으로 해결하기 위한 적절한 틀을 만들고자 하는 데 거부할 이유가 없는 것이다. 다만 그 평화협정 당사자를 누구로 할 것인가 그리고 그 내용을 무엇으로 할 것인가에 대하여 남북한과 미국 등이 대화와 타협을 이루어내면 되는 것이다.

그러나 그간 미국은 북한이 주장하는 북미간 평화협정(朝美平和協定)안을 거부하고 그것은 남북한 당사자간에 알아서 할 일이라고 거부해왔다. 한국정부는 그간은 미국보다 더 강경하게 한반도 평화체제 문제가 북한과 미국 간의 협상으로 흐르는 것을 막는다는 명분으로 북한의 주장을 배격해왔다. 미국은 크게 보면 두 가지 이유에서 북한의 조미평화협정 방안을 반대해왔다. 첫째는 한반도에 평화협정체제가 이룩될 경우 한국과 그 주변에 전진배치되어 있는 미국 군사력 및 군사기지들, 그리고 이것들을 물적 기반으로 삼고 있는 미국 주도의 한국, 일본과의 쌍무적 동맹체제가 이완되지 않을까 하는 우려이다. 둘째로는 미국이 당사자로 참여하는 북한과의 평화협정 체결은 곧 북한과의 거의 완전한 관계정상화를 촉진하는 결과를 낳는다. 서로 적대관계를 해소하고 관계를 정상화하기 위한 틀을 짜는 것이 평화협정이기 때문이다. 그러나 미국은 북한과의 완전한 관계정상화를 그렇게 서두르려 하지 않았다. 그러한 완전한 관계정상화는 핵문제 이외에도 다른 여러 가지 조건들을 연계해 그 페이스를 조절하면서 서서히 해 나가려는 것이 미국의 자세였다고 할 수 있다.

바로 이런 이유들 때문에 미국과 한국은 북한이 주장하는 평화협정 체결 주장에 소극적이었고, 그보다는 인적 및 물적 교류협력문제를 남북관계 개선의 우선적인 분야로 삼아왔던 것이다. 그러나 평화체제 건설의 내용으로서 요구하는 구체적인 내용들에 대해서는 남북이 서로 의견을 조정하고 타협해야 하지만, 어떤 형태로든 정전체제에서 평화체제로의 한반도의 전환문제가 마무리되기 전에 남한과의 실질적인 인적·물적 교류협력을 제도화하는 데 동의하기를 기대하기는 어렵다. 북한은 평화협정체제를 통해서 북한의 대외적인 외교·경제 관계 정상화의 완전확보를 추구하고 있다. 이는 북한 정치체제의 안정에 대한 국제적 인정의 확보이며, 또한 그 전제로서 북한이 바라는 군사적 안보에 대한 국제적 보장의 제도적 장치를 확보하는 것이기 때문이다.

북한은 평화협정 체결에서 남한을 배제하려 함으로써 북한의 협정 체결 주장의 주요한 목적이 '북한의 남한 배제전략'에 있는 것으로 이해되기도 한다. 그러나 이 문제는 1950~60년대에 동독과 소련이 꾸준히 서독과 서방에 대해 동서독 관련 평화협정을 맺을 것을 요구했던 배경에 비추어 이해할 필요가 있다. 1958년 시작되어 1963년 막을 내린 베를린봉쇄로 인한 베를린 위기는 동독이 서독과 서방에 대해 평화협정 체결을 주장하면서 시작되었다. 이때 동독과 소련의 목표는 경제적, 외교적으로 열세인 동독에 대한 외교적 승인을 거부해온 서방의 동독정책을 수정시킴으로써 국제적·외교적 위상을 확보하여 동독의 경제적·외교적 활로를 모색하려 한 데 있었다.[15] 북한이 평화협정 체결에 매달리는 이유도 근본적으로는 동독의 경우와 마찬가지라고 볼 필요가 있다. 경제적·외교적·군사적 열세에 몰려 있는 북한이 자신의 정치체제적, 군사적 안보에 대한 국제적인 제도적 보장과 대외경제·외교관계 정상화의 제도적 환경 보장이라는 국가적 목표라는 맥락에서 북한의 평화협정체제 제의를 이해해야 하는 것이다.

따라서 이 문제에 대해서 한국측이 북한과 합의를 형성할 수 있는 방안을 찾아서 적극적으로 마무리짓는 것이 남북간 평화체제 건설과 기타 인적·물적 교류 본격화의 환경을 마련하고 이를 제도화하는 조건이 되어줄 것이다.

평화협정문제에 대한 남북간 의견조정의 방안으로는 역시 1953년

---

15) Henry Kissinger, *Diplomacy* (Simon & Schuster, 1994), p.571 참조

당시 정전협정 당사자들인 중국, 북한, 미국과 함께 한국전쟁의 실질적 당사자였으며 현재도 한반도 군사문제의 실질적 당사자인 남한이 같이 참여하는 '2+2'의 형태를 띨 수밖에 없다고 본다. 한국정부의 남북 당사자 원칙과 북한의 법리적 주장을 서로 조정·타협시켜야 한다는 것을 말한다. 일본의 와다 하루끼 교수도 사실상 '2+2'와 같은 의미에서 "조선전쟁의 모든 경과를 보면 중국과 북조선, 미국, 그리고 휴전협정에 조인하지 않은 한국의 사자(四者) 사이에 평화조약을 맺는 것이 가장 타당한, 현실적인 선택"이라고 지적한 바 있다.[16]

물론 한반도 평화협정체제로 무엇이 바람직하고 또 가능한 것인가에 대해서는 여러 가지 제안이 있을 수 있다. 남북한과 미국 세 나라가 참가하는 3자협상이 제시되기도 하고, 처음부터 주변 4강과 남북한이 다같이 참여하는 6자회담을 제시할 수도 있다. 나는 남한과 미국의 남북한 당사자원칙과 북한의 조미 양자회담 주장이 서로 타협되어 남북한과 미국이 참가하기로 한다면, 그것이 3자협상이든, 4자협상이든 6자회담이든 다같이 훌륭한 방안이 될 것으로 본다. 다만 미국이 교전당사자였기 때문에 자신이 포함되어야 한다는 북한의 주장에 대해서 미국은 중국 등 다른 교전당사자들을 들먹일 가능성이 있다. 그런 의미에서 주변 4강 중에서 우리가 미국을 포함시키려면 중국 역시 포함시키는 것이 법리적으로도, 현실적으로도 타당하지 않겠는가 생각된다. 특히 중국의 경우 평화협정문제에 대해서는 정전위에서 중국대표부를 철수시키는 등 북한과 보조를 맞추어온 점을 감안하면 중국이 참여하는 외교적 노력을 통해 미국을 참여시키는 데 더 유리할 가능성도 있다. 어떻든 관건은 남북한과 미국이 다같이 참여할 수밖

---

16) 와다 하루끼, "'동북아시아 공동의 집'과 조선반도", 『창작과비평』, 1995년 봄호, 47면.

에 없고, 이것을 실현하는 데 도움이 되고 또 가능한 것이라면 중국을 포함하는 4자협상, 또는 2+2의 방식이 도움이 될 것이란 점이다. 이것이 실현되면 바로 이것을 기초로 해서 러시아와 일본을 포함시킨 6자회담이라는 동북아 다자간 공동안보질서의 모색이 가능해질 수 있을 것이다.

학계 일부에서는 한반도와 같은 지역분쟁 해결의 방편으로서 평화협정체결의 당사자로 미국을 포함시켜야 한다는 북한의 주장을 비켜가는 논리로서, 미국이 당사자가 아닌 단순한 중재자로 참여하는 모형을 제시하기도 한다. 그 역사적인 예로 이스라엘과 이집트 간의 평화협상에 미국이 중재자로 나선 캠프 데이비드 협상을 예시하기도 한다.[17] 그러나 이스라엘-이집트 간의 평화협상과 한반도 평화체제 전환문제는 맥락이 크게 다르다는 점을 유의할 필요가 있다. 1973년 중동전 당시 이스라엘-이집트 간의 분쟁에서 미국은 교전당사자가 아니었다. 따라서 이스라엘-이집트 간의 평화협상에 미국은 중재자일 뿐이요 협정의 당사자로서 행동하지 않는 것은 당연한 것이었다. 반면에 한반도에서 미국은 평화협정의 당사자로 당연히 포함되어야 한다. 미국은 한국전쟁의 주요 교전당사자이고 한반도에 현재도 직접적으로 군사적 현존을 유지하고 있는 나라이다. 남북한 불가침협정 문제는 남북기본합의서에서 그 가닥이 잡힌 만큼, 이제 한반도 평화체제 전환은 남북한은 물론이고 미국을 포함하는 소규모의 지역적 협상의 형태를 띨 수밖에 없다. 이 과정에서 미국이 중재자로서만 기능한다는 것은 이치에 닿지 않는 일이며, 그런 방향으로 북한을 설득하는 것도 가능하지 않다. 따라서 한반도 평화체제 전환문제는 북한을 설득해

---

17) 문정인, 「국제질서의 개편과 한반도 통일 : 갈등관리론의 시각에서」, 한국정치경제학회 주최 학술발표회 '세계화시대의 통일한국구상', 1994. 12. 12.

남한도 평화협정 체결 당사자로 받아들이도록 하되, 중국과 미국을 포함시켜 소규모의 포괄적인 다자간 협상의 형태로 진행할 수밖에 없다. 이것은 이미 지적한 대로 한 걸음 더 발전될 경우 동북아 평화체제 구축을 위한 다자간 협상의 기틀이 될 수 있다. 따라서 우리는 남북당사자 해결원칙과 동북아 다자간 평화체제 구축의 필요성이라는 두 가지 원칙을 한반도 평화체제 전환문제에서부터 적절히 조화시켜 나가는 것이 바람직한 것으로 보인다.

한국정부는 북한의 조미평화협정 주장이 남북기본합의서 제5조의 내용, 즉 "남과 북은 현 휴전상태를 남북 사이의 공고한 평화상태로 전환시키기 위하여 공동으로 노력하며 이러한 평화상태가 이룩될 때까지 현 군사협정을 준수할 의무가 있다"는 내용을 위반한 비도덕적인 행동이라고 지적해왔다. 그러나 휴전상태를 평화상태로 전환하는 데 남북이 서로 협력할 의무를 공동으로 규정한 이 내용을 북한에게만 적용하는 결과가 되는 비판은 남북간의 건설적인 타협을 이끌어내는 데 기여하기 어려울 것이다. 북한이 조미평화협정을 주장함으로써 남한을 배제하려는 잘못을 범하고 있다면, 남한 역시 미국의 협정참여를 주장하는 북한의 주장을 배척함으로써 평화협정체제로의 전환을 지연시키고 있다는 비판을 면할 수 없기 때문이다. 1953년의 정전협정은 "정전협정 서명 후 90일 안에 정전협정 조인당사자들이 평화협정을 체결한다"는 조항을 내포하고 있다. 그렇다면 미국은 이 정전협정의 조인당사자로서 마땅히 평화협정체결의 당사자로 참여해야 한다. 뿐만 아니라 미국은 한국전쟁 이후 줄곧 지금에 이르기까지 실제 한반도 군사정세의 관건을 쥐어왔다. 바로 이러한 현실 속에서 정전협정이라는 법리적 근거에 따른 북한의 주장을 비도덕적인 것으로 비판하는 것이 평화협정체제 전환을 앞당길 논리로 작용할지는 의문인 것이다. 북한이 남한과 공동으로 평화협정 체결에 노력할 의무가

있다면 남한정부 역시 미국이 협정의 당사자로 참여하도록 협력해야
할 의무가 있다. 한국정부는 이러한 인식을 바탕으로 보다 합리적이
고 대국적인 논리로 북한을 설득해야 한다. 한국정부는 북한당국에
대해 남한 역시 한반도 평화체제 건설의 주역이 되지 않을 수 없음과
민족당사자 해결의 원칙에 대한 북한의 민족적 관점에서의 이해를 촉
구하는 태도가 보다 바람직한 것이라 생각된다.

북한이 한반도 평화협정 체결에서 남한을 배제하고 있는 현재의 태
도는 한반도 군사정세의 전개에서 미국이 갖고 있는 거의 전적인 결
정력을 의식한 것이기도 하고, 전시 및 평시작전권 모두를 얼마 전까
지도 미국에 양도해온 한국정부의 미국에 대한 군사적 종속성, 어쩌
면 이 같은 종속성을 내포한 한미관계 전반에 대한 이데올로기적 비
판의 의도도 내포하고 있는 것으로 보인다.

이 문제의 해결책은 북한을 합리적으로 설득하는 방안이어야지 불
합리한 논리로 북한을 불필요하게 자극하는 것이어서는 안될 것이다.
북한을 남한을 포함하는 평화협상에 끌어들이기 위해서는 공세적인
대응논리를 개발해야 한다는 지적이 있다. 북한 쪽의 남한 배제논리
에 대응하기 위하여 북한의 조선인민군 역시 1950년 12월 중공군에
작전지휘권을 넘겨준 적이 있다는 사실을 공세적으로 활용해야 한다
는 제안이 그런 한 예이다.[18] 결국 민족적으로 불행한 역사적 상황에
서 군사적 주권을 외세에 넘긴 경험을 갖기는 남북한이 마찬가지였으
며, 그런 만큼 남북한이 서로 양보해야 하지 않겠는가 하는 논리라고
이해된다. 그러나 이러한 비판이 남북한 각자의 군사적 주권의 행사
문제에 대한 객관적인 역사적 평가와 어긋난, 상당부분 과장된 주장
에 기초한 것이라면, 이 역시 남북한간의 상호이해에 바탕한 평화체

---

18) 이종석, 앞의 논문, 15면.

제 전환 촉진에 기여하기 어려울 것이다. 북한은 일시 군사주권을 중국에 넘겼다 하더라도 이를 곧 회복함으로써 정전협정의 당사자로 나섰을 뿐 아니라, 남한의 경우처럼 외국군이 지속 주둔하는 가운데 최근까지 평시작전권마저도 외국군에 양도하고 있던 상황에 있지도 않았다. 그러한 과장된 논리의 개발은 앞서와 마찬가지로 북한의 이해와 양보를 유도하기보다는 불필요한 감정대결과 한국 통일정책의 고질적 병폐로서의 '언쟁적 대응논리의 과잉'에 일조하는 데 그칠 우려가 있는 것이다. 합리적 설득방안은 한국정부가 미국의 협정체결 참여에 관한 북한의 주장을 과감히 수용함과 동시에 북한이 남한정부도 협정당사자로서 참여하는 것을 수용케 하는 것이다. 즉 남한측이 북한의 법리적 주장을 수용함으로써 북한의 태도변화를 유도하는 방식을 포함해야 할 것이다.

김영삼 정부는 1995년 8·15를 앞두고 그간의 경직된 남북 당사자간 평화협정 주장에서 한 걸음 나아가서 남북한이 당사자로 평화협정을 체결하고 그것을 미국과 중국이 보장하는 형태의 '2+2'에 의한 평화협정체결을 북한에 제의하기로 결정했다고 알려진 일이 있었다. 그러나, 정작 8·15에 이르러서는 남북 당사자 원칙을 다시 강조하는 데 머물렀다. 일단은 김영삼 정부가 일보 나아갈 의향을 갖고 있었지만, 어떤 요인으로든 제동이 걸렸던 것으로 보인다.

북한은 1960년대에는 남북한간 평화협정을 제의했으나, 한국은 북한의 평화협정 체결이 주한미군과 핵무기 철수를 전제로 한 것이라는 점을 들어 전혀 응하지 않았다. 이에 북한은 한국은 한반도에서 군사정치협상의 의지와 능력이 없는 것이라 비판하면서 미국과 북한의 직접평화협상인 조미(朝美)평화협정안을 제기했다. 그러나 미국 역시 한국정부와 같은 이유에서 북한의 평화협정 제안을 정전협정 파기와 위장평화 공세라고 일축해왔다. 북한은 1984년부터는 북한과 미국이 평화협정을 체결하고 거기에 남한이 옵서버로 참여하는 형태의 3자 협상을 제안하기 시작했다.

평화협정문제에 대한 북한의 제안이 이처럼 변화를 보여온 점을 고려한다면, 평화협정의 당사자와 그 내용에 대해서는 한국정부가 유연성과 창의성을 가지고 적극적으로 임할 경우, 남북한간에 협상과 조정의 여지가 있다고 할 수 있다. 북한이 1984년 이후 제안하고 있는 '3자회담'은 북한과 미국 간의 평화협정, 그리고 남북한간의 불가침협정과 군축협상을 축으로 하고 있다. 1991년 남북기본합의서의 제2장은 남북한간의 불가침협정에 해당하는 내용을 담고 있다. 그래서 북한은 미국과의 평화협정이 남았다고 주장하고 있는 것이다. 그러나 북한도 염두에 두어야 할 것은 북한과 미국 간에 평화협정은 남한이 당사자로 참여하지 않는 상태에서 이루어지기가 불가능할 뿐만 아니라 그런 상태에서 북한이 원하는 남북한간의 군축협상도 그 실현을 기대할 수 없다는 사실이다. 따라서 남북한은 다같이 한 걸음씩 더 나아가 북한은 남한이 정식 당사자 자격으로 협정에 참여하도록 받아들이고, 남한정부는 미국 또는 미국과 중국이 동시에 남북한과 더불어 협정 체결의 정식 당사자로 나서도록 노력하는 것이 필요할 것이라 생각된다.

한반도 평화협정 체결은 남북한의 국제적 교차승인을 완성함으로써 북한이 국제사회로의 개방적 상호작용에 적극적일 수 있는 조건이 되며, 이는 또한 남북간 외교적 공조가 가능할 수 있는 조건이 된다. 평화체제 건설은 남북이 서로간에 적정한 타협을 통해 군사적 신뢰구축조치의 초기단계들을 실천에 옮기는 문제, 그리고 남북간 인적·물적 교류를 일정한 수준 확보하는 문제와 연계하여 실현할 수 있을 것이다.

이를 바탕으로 우리는 실질적 군축이라는 평화·협력체제의 심화로 나아감으로써 남북연합의 구축이 가능한 2단계로 나아갈 수 있을 것이다. 남북간 연합 정도의 통일과정에 이르기 위해서는 남북간 군사적 대결체제를 군축체제로 전환하는 문제를 불가피하게 내포한다는 인식을 우리는 받아들여야 하며 이 점을 우리의 통일접근 방안에 명시적으로 포함시킴으로써 북한과의 일정한 군사적 공조체제의 가능성을 열지 않으면 안된다. 이러한 진전이 있을 때 남북연합은 실제 가능해질 것이기 때문이며, 또한 바로 그 점으로 인해 남북간의 평화적 점진적 통일의지에 대한 상호실천과 검증을 바탕으로 연합이라는 일정한 정치공동체의 건설로 나아갈 수 있기 때문이다.

5. 평화체제와 남북한 인권문제

한국정부 인사들을 포함해 많은 사람들은 한반도 인권문제에 관해 토론하는 자리에서 기회가 있으면, 언제나 거론하는 점이 있다. 한국의 이른바 진보적 학자들이나 운동가들은 북한의 인권문제는 전혀 거론하지 않는다는 것이다. 과연 그러한가. 그리고 한국정부와 보수언론과 학계는 이 문제를 제대로 다루어왔다고 말할 수 있는가. 지난 몇년간 한반도 정세를 좌우했던 핵문제를 둘러싸고 한국정부가 미국 강경파들을 지원해 전쟁불사론을 펴고 김일성 전주석 사망 직후에는 조문거부의 이데올로기적 기초로 작용했던 북한 인권문제를 한반도 전체의 차원에서 잠시 짚어둘 필요를 느낀다.

먼저 우리는 이미 무너진 동구권 사회주의 국가들과 아직도 현존해 있는 중국과 북한을 포함한 현실사회주의 국가들이 그 사회 내부에서 집단과 개인, 권력과 인간의 갈등을 인간 개개인의 자유와 정의를 보장하는 방식으로 해소하는 민주적 메커니즘을 발전시키지 못함으로써 근본적인 인권문제를 안고 있었고 현재도 그러하다는 사실은 분명히 지적해둘 필요가 있다.

일정한 사상을 매개로 지도자층과 일반 인민이 조화로운 관계를 맺을 수 있는 가능성을 원천적으로 부인하는 것은 아니다. 그러나 그것이 설사 특정한 한 시기에 가능했다 하더라도 그것이 영속되기를 기대할 수는 없다. 또한 인간의 기본권 문제는 그 사회지도자층의 자애로움이나 영웅적 지도력에 맡겨질 성질의 것은 아니며, 그것은 근본적으로 인간의 천부적 권리에 대한 공동체 성원 전체의 철저한 인식과 그것을 뒷받침할 수 있는 강력한 제도적 장치의 차원에서 접근되어야 하는 것이기 때문이다.

인권의 문제는 물론 현실사회주의 국가들뿐만이 아니고 인류가 세계 곳곳에서 여러 가지 형태로 당면해 있는 해결해야 될 일차적 과제이다. 동남아시아에 번창해온 섹스산업과 인도 등 남아시아 전반에 광범하게 존재하는 노예노동, 그리고 중남미에서 미국 정보기관들과 기업집단들의 지지와 그 나라 우익 군부조직들의 개입하에 공공연히 최근까지도 자행되어오고 있는 민주노동운동에 대한 억압 등, 제3세계 자본주의 국가들에 존재하는 극단적인 인권부재의 현상들은 그 몇 가지 예에 불과하다. 한국에서도 과거 진보운동 그룹이 북한의 인권문제에 대해서 충분히 발언해오지 못했다면, 그것은 북한의 인권문제에 앞서 남한사회 자체 안에서의 인권문제가 발등의 불이었기 때문이기도 했다.

이것을 전제로 내가 지적하고자 하는 것이 있다. 진보적 인사들이건 보수적 인사들이건 한국정부건, 남한 사람들이 북한의 인권문제를 거론할 자격을 가졌다고 스스로 생각하게 된 것은 사실상 매우 최근의 일이라는 사실이다. 북한의 인권문제와 남한의 인권문제가 먼 과거부터 커다란 차이를 갖고 있었고, 그래서 한국의 보수정치세력은 북한의 인권문제를 거론했는데 진보적 인사들은 그 문제에 눈을 감아온 것이 아니다. 남한정부와 언론과 지식인들이 북한의 인권문제를 제법 본격적으로 거론하기 시작한 것은 광주학살을 딛고 피로 얼룩진 정권을 세운 뒤 지속적으로 국민의 저항을 힘과 고문으로 억누르면서 그 진실을 은폐해오던 끝에 국민의 광범한 저항으로 제2의 광주가 두려워 가까스로 6·29선언을 통해 국민에 의한 직접선거가 이루어지기 시작한 1987년부터의 일에 지나지 않는다. 그 전에는 한국의 역대 정권 중 그 어느 누구도 북한의 인권문제를 거론할 자격이 없었던 것이다. 따라서 북한과 남한 당국자들은 다같이 상대방 사회의 인권문제에 대하여 극단적인 정치적 비방선전에는 열을 올렸지만, 남한정부도 언론도 북한과 상호적으로 인권문제를 같이 거론해 그 개선을 위해 공동노력하자는 실제적인 제안을 해본 일이 없었다. 정작 자기자신부터 철권통치와 고문정치로 국민을 다스리고 있는 판에 인권문제를 거론해 긁어부스럼을 만들 용기가 없었던 것이다. 남한이 한반도 인권문제를 국제사회에 정식으로 거론해보았자 남한사회 자체 안의 인권문제가 먼저 비판과 조사의 대상이 될 마당에 어떤 정권도 그럴 준비가 되어 있지 않았던 것이다.

1987년 대통령 직접선거 이후 노태우 정권하에서 제한적인 민주화 과정이 이루어졌으나 노동운동, 교육민주화운동, 그리고 통일운동과 관련해 노태우 정부는 여전히 상당부분 국민의 기본권을 유린하는 경향을 보였고, 이 역시 남한의 진보적 지식인들이 북한의 인권문제를 우선적으로 거론하기 앞서 남한사회 자체의 민주주의 심화를 시급한 과제로 삼을 수밖에 없는 배경이 되었던 것이다. 이른바 김영삼 문민 정권에 들어서서는 정권 출범 초기부터 북한 핵문제로 미국 강경파들에 끌려 다니면서, 한국사회 안에서도 완화된 형태지만 여전히 공안 정국이 수시로 되풀이되었고, 그 와중에서 많은 시국사범들이 생산되었다. 문민정권이라 하지만 그것이 들어선 지 수년이 지나도록 김근

태씨를 고문한 저 유명한 고문기술자 이근안(李根安) 하나를 잡아들이지 못한 것을 보라. 한국에서 스스로 사상의 자유를 제약하고 이를 어기면 감옥살이 또는 심지어 고문을 당하기도 했던 상황에서, 한국사회의 민주화를 통해 북한을 포함한 한반도 민주화를 선도하고 이를 통해 민중이 주인이 되는 통일한국을 건설한다는 한국의 진보적 운동의 인식에서 북한의 인권문제를 차분하고 본격적으로 거론할 준비가 제대로 갖추어져 있었다고 보기는 어려웠다.

그러나 이미 지적한 대로 진보운동진영 일각에서는 1980년대 말부터 우리의 인권문제를 북한을 포함한 한반도 전체 차원에서 문제를 제기할 필요성을 인식해왔다. 그리고 한국의 국가보안법과 함께 북한의 인권문제를 동시에 거론하면서 이를 시정해나갈 필요성을 강하게 제기한 것은 오히려 진보적 지식인들 쪽이었다고 하겠다. 서독 사민당 당수로서 1960년대 중반 이후에 서독 총리가 되어 독일과의 화해를 추구하며 동방정책을 전개해 냉전시대 속에서도 독일통일의 기본 환경을 개척한 빌리 브란트는 자신의 총리 재임중에 그러한 동방정책과 더불어 동독에서 공산당에 의한 인권유린문제를 꼼꼼히 기록하는 작업을 진행했다고 한다. 사실 한국도 그랬어야 한다. 그러나 한국은 그럴 수가 없었다. 한국은 이승만 독재, 그 다음엔 박정희 유신독재, 그 다음엔 전두환의 신군부의 군사쿠데타와 광주학살, 삼청교육대, 그리고 끝없는 시국사범의 생산 속에서 북한의 인권유린 기록을 챙길래야 챙길 수가 없었고, 그런 것을 시도해봐야 북한 역시 남한의 인권유린 일지를 만들었을 터이다.

결국 남한에서 북한의 정치체제에 대한 정치적 비방선전의 차원에서가 아니라 남북한이 다같이 인민의 정치적 주권을 보장하기 위한 선의의 경쟁을 진정으로 전개하자는 취지의 참된 한반도 인권문제 거론은 남한사회 자체의 정치적 후진성과 억압성의 지속으로 겨우 최근에 들어서야 가능하게 되었던 것이다. 그것은 보수냐 진보냐를 떠나서 사실상 마찬가지였던 것이다.

문제는 지금부터이다. 보수와 진보를 떠나 한반도에서 인민의 정치적 주권과 개개인의 자유와 기본적 권리를 보장하기 위해 노력해야 한다. 여기에서 명심할 것은, 필자가 여러 글에서 강조해온 것처럼, 한반도 인권문제는 한반도 평화정착문제와 불가분의 관계에 있다는 사실이다. 한반도에 평화체제를 성립시키기 위해 노력하는 것은 곧 한반도에서 인권을 제약하는 구조적 요소들을 제거하고 나아가 남북 어느 체제가 진정 인권을 존중하는 사회인가를 두고 선의의 경쟁을 전개하는 기본조건이 되는 것이다.

김영삼 정권은 임기 중반이 다 되도록 미국 강경파에 끌려 다니며 북한 핵문제의 평화적 해결을 지연시키다 미국 내 협상파의 북미간 포괄적 타결에 가까스로 동의하기에 이른 바 있다. 이 과정에서 김영삼 정권은 북한의 인권문제에 대해 정치적 비방선전은 많이 했으나, 북한 인권문제를 실질적으로 개선할 수 있는 기본환경을 만들어내는 일은 전혀 하지 못하고 오히려 그것을 저해해왔었다고 말할 수 있다. 미국보다 한 걸음 앞서서 북한과의 의견차이를 수렴하여 한반도 평화체제 건설을 앞당길 때 한반도의 정치군사적 대결과 긴장의 구조를 누그러뜨리는 가운데 서로가 상대방 사회의 인권문제의 투명성을 확보하고 이를 기초로 인권문제 개선을 위한 서로간의 압력과 대화와 경쟁을 하는 것이 가능해지는 것이다. 한반도에서 긴장의 지속을 원하는 세력은 곧 남한에서는 국가보안법을 유지하려는 세력이며, 북한에서는 '계급의 적'에게는 인권이 필요 없다고 생각하는 세력이다. 한반도에 긴장이 지속될수록, 평화체제 건설이 늦어질수록 그런 세력들이 남북한 각자 안에서 우위를 점할 것이다. 이런 상황을 타개하는 것이야말로, 즉 한반도 평화체제를 앞당기기 위하여 북한과 남한 사이에 정치군사적 평화정착문제에 대한 의견차를 해소하기 위한 창의적인 비전과 방안을 추구하는 노력이야말로 한반도 인권문제 개선을 위한 가장 구체적이고 당면한 작업인 것이다.

그렇게 일단 한반도에 평화체제가 정착이 되면, 인적·경제적 교류와 협력을 본격화하고 제도화하는 과정이 가능해지고, 또 그 과정은 불가피하게 두 사회 중에서 과연 어떤 사회가 진정 사람답게 사는 사회인가를 비교하고 경쟁하는 단계로 접어들게 된다. 이 단계가 바로 북한 인권문제를 본격 거론하고 그 시정노력을 통한 남북한 상호존중의 기풍을 바탕으로 일정한 정치공동체의 형성으로 나아갈 때가 되는 것이다.

이 길은 또한 북한의 권력층에서 국제적 개방과 함께 국내적 체제개혁으로 점진적으로 나아가고자 하는 개혁파들이 북한사회의 주도세력으로 성장하고 그것을 유지할 수 있게 하는 조건이 될 것이다. 김일성의 권력기반은 역사적 카리스마였으나, 김정일의 정치적 기반은 현실적으로 국민에게 경제적 안정과 정치사회적 참여의 요구를 충족시켜주는 데에서 창조되지 않으면 안되게 되어 있다. 한반도에서 평화체제 정착이 늦어질수록 김정일의 정치기반은 강권적이고 동원체제적인 질서에 의존하게 될 것이다. 그럴수록 북한 인권문제에 대한 실질적인 거론과 그 해결을 도울 기초는 사라지는 것이다. 김정일체제는 김일성의 역사적 카리스마가 없는 관계로 이미 지적한 것처럼 현실적인 경제사회적 업적에 기초해야 하는데, 그것은 서방과의 경제관계 정상화에서 찾아질 수밖에 없고, 그것은 다시 그 모든 것의 열쇠를 쥐고 있는 미국과의 관계개선에 달려 있다. 북한이 조기에 미국을 당사자로 포함한 평화협정체제 구축에 매달리는 것은 그같이 북한의 정치군사적 안전보장과 경제적 안정과 번영의 관건이 되는 서방과의 관계정상화의 관건을 쥔 미국과의 새로운 관계정립을 필요로 하고 있

기 때문이다. 김정일체제는 바로 이런 서방과의 관계정상화와 평화정
착을 전제로 국내적 경제사회적 혁신을 통해 새로 정치적 기반을 형
성해나가지 않으면 안되는 정치적 실험기에 처해 있는 것이다. 이 실
험기에 김정일체제 내에서 개혁파의 실용주의적 경제사회 실험이 올
바른 방향임을 재확인할 수 있도록 지원하면서, 그것이 경제사회적
개혁과 함께 인권문제도 개선해나가도록 고무하고 측면지원하는 장
기적 정책을 한국정부는 진중하게 추진해나가야 한다. 이것이 남북한
사회를 다같이 그 내부로부터 미래 지향적인 개혁세력이 힘을 확대하
면서 각 사회를 변화시키고 그런 가운데 인권의 조건을 새롭게 하면
서 그를 기초로 남북한 사회가 경제적으로도 정치사회적 인권의 면에
서도 보다 바람직한 제3의 상태에서 수렴되어 궁극적으로 하나의 민
족공동체를 '평화적으로' 이루어나갈 수 있는 유일한 길이 되는 것이
다.

고원(高原)에서 평야로, 철학에서 역사로

　유년이나 소년시절을 제외하고는 부평초처럼 객지를 떠돌며 살아온 사람들이 으레 그렇듯이 나 역시 언제나 고향에 대한 애틋한 그리움을 간직해왔다. 전라북도와 충청남도를 휘돌아 서해로 흘러드는 금강이 시작되는 곳, 장수(長水)가 내가 태어난 곳인데, 이는 시인 변영로가 '강낭콩 꽃보다 더 푸른' 넋으로 노래했던 의기(義妓) 논개(論介)의 고향이기도 하다. 나는 지난해 경남대 민주교수협의회측에서 요청해오신 강연 때문에 마산을 가던 길에 작은아버지께서 사시는 진주에 들렀다. 그 길에 논개가 열 개의 가락지를 채운 고운 손으로 왜장을 깍지껴 붙들어 안고 몸을 던졌다는 남강의 푸른 물과 그가 디디고 섰었다는 의암(義岩)을 보았다. 세월은 그 강물처럼 하염없이 수백 년을 흘렀어도 그 바위와 남강물에 저민 한 여인의 자취가 내 마음에 끼쳐오는 것 같았다.

　나의 유학생활은 남들처럼 방학을 이용해 잠깐씩이나마 귀국할 형편이 못되는 것이었는데, 그만큼 고국에 대한 향수도 나름대로 깊었다고 할 수 있다. 그때 제일 가고 싶었던 곳은 내 고향, 내가 태어나 유년과 소년시절을 보낸 마을의 뒷동산이었다. 마을 숲을 지나 금강의 상류가 되는 맑은 냇물을 건너면 닿게 되는 그 뒷동산의 봄과 가을을 다시 찾고 싶은 마음은 가슴 시리도록 절실할 때가 많았다.

내가 살던 마을의 그 냇물은 여름이 되면 갑자기 물이 불어 어린 눈에는 커다란 강이나 바다 같은 느낌으로 다가오곤 했다. 그 내를 건너면 노하리 뒷산이라는 꽤 넉넉하게 생긴 산이 있었다. 그 산을 넘으면 우리 어머니를 포함해 동네 아주머니들이 나무를 하러 갔던 청산리고개가 있었다. 나는 어린 시절에 이 고개 근처에 다가갈 때마다 나로 하여금 일찍이 이 세상이라는 것에 대해서 흥미와 두려움을 같이 느끼게 만들었던 『알리바바와 40명의 도적』이라는 소설을 떠올렸고, 옛날 도적들이 이런 곳을 말타고 출몰했겠거니 상상하곤 했다. '알리바바와 40명의 도적'이 숨바꼭질했던 그 먼 나라 으슥한 곳에서의 삶과 죽음의 분위기를 황혼녘 어스름에 덮여가는 마을 뒷산 청산리고개, 그 나무들의 밑이나 황톳빛 산길 길목마다에서 느끼곤 했던 것이다.

나는 어스름 무렵이면 혼자서, 또는 내 동생과 같이 냇물을 건너 산으로 통하는 마을 어귀에서 서성이곤 했다. 그것은 나무를 해서 머리에 이고 마을로 돌아오는 어머니를 기다리기 위해서였다. 어머니는 아주 늦어 하늘에 별이 총총하도록 돌아오시지 않는 경우가 많았다. 그때마다 어둠에 싸인 청산리고개 쪽을 초조하게 바라보기도 했고 냇물을 건너 산 어귀까지 마중을 나간 일도 자주 있었다. 어머니는 봄에는 싸리나무 나뭇짐 꼭대기에 우리가 창꽃이라고 불렀던 진달래꽃무더기를 달고 오셨다. 우리는 그것을 먹기도 했고 꽃병에 꽂아놓기도 했다.

냇물과 마을이, 그리고 읍내가 바라다보이는 뒷산 중턱에 서면 두 갈래 길이 있었다. 하나는 청산리고개 가는 길이고, 다른 하나는 우리

어머니가 감자와 고구마를 심은 조그만 밭이 비탈에 붙어 있는 작은 계곡을 따라 나 있는 오솔길이었다. 어머니는 해가 넘어가 어스름해질 때까지 감자나 고구마를 캐고, 나는 그때 너무 어렸었는지 밭둑에서 놀곤 한 기억이 난다. 나는 좀더 컸을 때 동네 아이들과 그 계곡을 따라 난 산오솔길을 걸어 올라갔고 그 끝에는 뽕나무밭이 있었다. 여름에는 뽕나무들에 오디가 자줏빛을 냈고 드디어는 새까맣게 익어갔다. 우리는 아프리카 원숭이들이 코코넛을 따먹고 식사를 해결하듯이 오디를 따먹었다. 그러고 나면 우리 입술은 물론이고 이빨까지도 검붉게 물들어 있곤 했다.

추석이 지나고 가을이 깊어가면 사람들은 추수를 했다. 벼들은 사라지고 깊은 가을 논바닥들에는 벌거벗은 볏잎들을 묶어 만든 볏단들만이 덩그러니 남아 있었다. 휘영청 달이 밝은 밤이면 우리는 이 볏단들을 뛰어넘거나 그 위를 뒹굴며 놀았고, 그것들을 방패삼아 숨바꼭질을 하기도 했다.

가을이 더욱 깊어가면서 초겨울이 되면 노랗다 못해 연갈색으로 시들어가는 논두렁, 밭두렁 풀섶에 불을 질렀다. 그렇게 해서 우리는 온기를 잃어가는 대지를 덥혀주었던 것이다. 우리는 불을 지르는 것 자체가 쾌감을 일으켜 좋았고, 은근히 추워지는 몸을 따뜻하게 하는 데에도 도움이 되었다. 그래서 우리는 부엌에 어머니가 아껴서 쓰는 성냥통에서 한 움큼씩 성냥알들을 꺼내 주머니에 넣고 다니면서 동네 끝에 있는 숲의 주변의 논두렁들을 뛰어다니며 불을 지르곤 했던 것이다.

겨울이 되면 우리는 무릎까지 잠기게 하는 눈으로 길이 사라져버린 산과 들의 그 허허 벌판을 막대기를 들고 산토끼를 잡는다며 누비고 다녔다. 그러나 산토끼를 본 일은 많았지만 실제 한 마리라도 잡아본 기억은 없다. 우리는 또 눈 속에 묻힌 나뭇가지를 깎아 젓줄을 만들어

참새들을 잡으러 다녔다. 이 역시 노력에 비해 소득이 없기는 매한가지였다.

어떤 의미에서 나에게 마을 뒷산은 유년의 모든 기쁨과 추억과 꿈이 어우러져 있던 동산이었고, 심지어 무릉도원과도 같은 것이었다. 그런데 내가 오랜 타향생활과 바다를 건너 먼 나라에 있다가 30대 초반의 나이가 되어 참으로 오랜만에 고향마을을 들렀을 때, 나는 커다란 마음의 상처를 입고 말았다. 그 마을 뒷산, 오디를 따먹던 뽕나무밭, 어머니가 진달래를 꺾어 나뭇짐에 이고 오시던 청산리고개로 가는 길목, 과수원과 그 새롯길, 이 모든 것들이 사라지고 없었다. 어떤 군부대와 빨갛게 깎여진 훈련장, 읍내 유지들의 활터, 그리고 군부대 대대장의 관사 등등으로 내 유년의 그 넉넉하고 포근했으며 또한 아름다웠던 꿈의 동산은 무참하게 짓밟혀져 있었다.

군부대 안에서는 기합소리, 고참들이 신참들을 우수수 땅에 엎어 놓고 두드려패는 소리, '쵸옹-성'(충성)과 '타안-결'(단결)을 목이 터져라 외쳐대는 보초병정들의 고함소리, 그리고 요란한 사격훈련 총소리가 땅땅땅 울리면서 초목을 위협하고 또 새들의 접근을 막고 있었다. 어머니가 땀을 흘리며 나무를 하러 오르내리면서 진달래를 꺾으시던 그 산길을 따라, 소중한 추억들을 되뇌이고 싶은 마음이 너무나 간절했지만 그것은 불가능해져 있었던 것이다. 평화롭게 사는 두루미들의 터전에 어느 날 탐욕스런 사냥꾼이 나타나 그 터전을 송두리째 빼앗아버렸다는 국민학교 시절 어떤 국어책에서 읽은 이야기의 가슴 아픈 이미지가 떠올려졌다. 나는 진정 귀향자가 아닌 이방인으로 그 땅에 망연히 서 있어야만 했다.

내 유년의 기억 한구석은 언제나 밝고 아름답고 싱싱한 면과 어떤 프랑스 영화의 흐리고 쓸쓸한 바람이 부는 날의 표정 같은 것이 함께 어우러져 있다. 그 우울의 한구석에는 죽음과 절망의 이미지가 있다.

내게 죽음의 이미지로 떠오르는 것은 동네 할아버지, 할머니들의 죽음과 함께, 어느 집에 이는 술렁거림, 많은 사람들의 내왕, 그리고 상여와 만장, 마을 뒷산으로의 긴 행렬, 이런 것이었다. 아니 그보다는 그런 술렁거림보다 그것이 사라진 후 그 죽은 이의 집과 그리고 마을에 자리잡는 정적과 고요, 그 형언할 수 없는 쓸쓸함이었다.

어떤 날은 가난한 이웃 할머니 하나가 구루마 위에 거적에 덮인 채로 읍내 병원으로 실려 가는 것을 본 일이 있었다. 황혼녘이었는데, 그 주변에도 죽음의 그림자가 배어 있었다. 물론 대부분의 어린 시절 우리는 그런 것들을 잊고 살았다. 먹고 학교에 가고 잠을 자고 친구들과 어울리고 여름엔 물가에서 놀고, 겨울엔 썰매를 타고, 가을엔 소풍, 그리고 봄에는 진달래 꺾는 일 등의 일들로 나름대로 바빴다. 그러면서도 우리는 뜻하지 않게 죽음이나 그와 비슷한 그림자를 대면하곤 했다. 읍내 소방서의 사이렌이 미칠 듯이 울어대고 소방차들이 어딘가로 향하고 어느 동네에서 시커먼 연기가 나 그 연기를 따라 동네아이들과 같이 어떤 때는 혼자서 두려움에 떨며 불난 집으로 쫓아가곤 했다. 가난한 살림살이, 그나마 다 불에 타고 시커멓게 사그라진 초가삼간, 그 앞에서 울부짖는 어느 모녀의 절망, 그런 것들에 대한 어슴푸레한 기억도 고향을 생각할 때 문득 떠오르곤 한다.

고향의 집 안방에는 시골의 여느 집과 마찬가지로 빛바랜 사진들을 간직하고 있는 누런 액자들이 몇 개 있었다. 가족사진, 할아버지의 근영과 젊은 시절의 사진, 그리고 아버지와 어머니의 젊은 시절의 모습을 담은 사진들이 정지된 시간처럼 언제나 한결같은 모습으로 나의 커가는 모습을 지켜보았다. 거기에는 우리 가족의 멀고 가까운 사연들이 담겨 있었다. 아버지 이원국(李源國)은 경상남도 거창에서 태어났다. 할아버지는 배재전문에서 일찍 신학문을 닦은 분이었고 아버지는 거창에서 국민학교와 농업학교를 졸업했다. 아버지는 19세 되던

해에 일본으로 건너갔다. 오사카에 있는 관서공대로부터 입학허가서를 받았기 때문이었지만 아버지는 학업을 선택하지 않았고, 오히려 10년 가까운 세월 동안 유랑생활을 했다. 아버지는 일찍이 남다른 민족정신에 깨어 있지도 않았지만 식민지시절 공부로 출세할 생각도 하지 않았던 것이다. 아버지는 오랜 유랑 끝에 심한 신장병을 얻은 다음에야 귀국하게 되었다.

아버지가 귀국했을 때, 할아버지는 거창 친구분의 부탁으로 전북 장수의 팔공산에 있던 한 광산의 소장을 맡고 계셨다. 금·은·동을 생산하던 이 광산은 해방과 함께 문을 닫기 전에는 1,200여 명의 광부가 일하는 주요 광산의 하나였다. 아버지는 부친을 따라 장수로 들어와 요양을 했다. 건강을 회복한 후 얼마 안되어 아버지는 이곳 장수에서 어머니 전종애(全鍾愛)를 만나 결혼했다. 그렇게 해서 장수는 아버지에게는 삶의 터전이, 그리고 우리들에게는 고향이 되었다. 부모님은 5남1녀를 두었으나 맏형이 될 뻔했던 진철은 전쟁중에 병으로 죽었고, 나는 1957년 셋째아들로 태어났다.

고향의 집 뜰은 상당히 넓었다. 마을 어귀에서, 그때에는 넓게 보였던 동네 안길을 따라가면 우리 집이 나타났다. 그 집은 넓은 마당을 텃밭으로 삼아 배추, 상추, 옥수수 등을 심었다. 집 옆에는 우물이 있었고, 그 옆엔 장독대, 감나무, 측백나무가 있었으며, 돌담으로 둘러싸인 뒷마당에는 플라타너스 숲이 있었다. 이 플라타너스들과 측백나무 사이에 찔레나무인지 그 이름은 잊었지만 봄이 깊어지면 노오랗게 흐드러지는 꽃나무가 있었다. 우리는 그 노오란 꽃들을 따서 먹었다.

여름에는 어른 키가 넘게 자란 옥수수들 때문에 대문에서는 집을 볼 수가 없었다. 여름날 비온 뒤에 싸리나무로 엮어진 울타리를 따라 피어난 나팔꽃의 그 작은 모습……. 옥수수가 잘려진 가을에 대문에서 마당까지 만발했던 코스모스. 맑고 푸른 그 가을날들은 언제나 정적하고 쓸쓸했는데, 그 안에서 하늘거리는 코스모스의 몸짓은 우리의 가슴을 뭉클하게 하는 어떤 아름다움이 있었다.

집의 대문은 높다란 나무 기둥 두 개에 매달려 있었다. 나는 그 나무기둥 꼭대기에 올라가는 것을 좋아했다. 그 꼭대기에 올라가면 마을 뒤와 옆으로 넓게 펼쳐져 있는 들판과 그 위를 달려 우리 고장을 둘러싼 산들을 넘어 외부세계로 통하는 신작로를 한눈에 볼 수 있었다. 그 위를 뽀오얀 먼지를 일으키며 다른 먼 세계로 가는 듯한 버스들도 구경할 수 있었다. 나는 혼자 집을 지킬 때마다 그 기둥 위에 올라앉아 산길을 넘어 아스라이 사라져가는 차들을 바라보곤 했다. 그러면서 이 고장의 분지 바깥에 있는 다른 고장들과 산들과 강들과 그 사람들에 대한 갖가지 공상에 잠기곤 했다. 내가 상상할 수 있는 다른 고장이란 동화책들에서 접한 풍경과 그 속에서 사는 사람들뿐이었으므로 그 산길 너머의 세계에 대한 나의 공상은 언제나 동화 속의 세계와 그 이야기들의 이미지로 채워졌다. 나에게 그 나무기둥은 다른 세계로 난 하나의 창문이었다.

나는 장수에서 국민학교를 졸업하고 또 장수중학교에 진학해 1년을 다녔다. 국민학교 시절엔 담임선생님의 도장이 찍힌 표를 가지고 경찰서에 설치된 작은 도서실에서 동화책들을 빌려 읽는 것이 커다란 행복이었다. 장수중학교 시절엔 그 정문 근처에 있던 다 쓰러져가는 책대여점에서 광복이십년 시리즈, 일본무협지인 미야모도 무사시 전집, 그리고 『금삼의 피』라든가, 『자고 가는 저 구름아』와 같은 한국의 역사소설들을 빌려 읽었다.

중학교 1학년 말에 우리 집은 전주로 이사를 했다. 장수에서 벌목사업을 해서 내가 중학에 갈 무렵 약간의 재산을 모은 아버지는 자식들의 교육을 위해 전주로 이사를 결심한 것이었다. 전주에서는 추첨제로 중학입시를 치른 첫해였던 1970년 말, 해성중학으로 전학한 나

384

는 미원탑이 있던 전주시청 사거리의, 당시 즐비했던 책대여점들에 가서 300원을 맡기고 한 권당 30원이나 40원을 주고 책을 빌려 읽는 재미로 살았다. 이곳에서 많은 소설들과 함께 윈스턴 처칠의 2차대전 회고록 같은 자서전류와 전기물, 역사물들을 빌려 읽었다. 돌이켜 보면 한국의 대부분의 학교도서관들이라야 그 장서의 규모나 관리방식이 보잘것없고 폐쇄적이었던 시절, 이 전주 미원탑 사거리의, 지금은 사라지고 없는 헌책방들은 나의 지적인 욕구를 채워준 중요한, 아마도 유일했던 '공익' 시설이었다.

장수중학 1학년 때에는 장수군 전체 학력경시대회에서 1등도 했었다. 그러나 1학년 말에 전주 해성중학으로 와 시험을 치니 전체 500명 중에 290등에 그쳤다. 그래서 우열반으로 나누어진 2학년에 올라와서 나는 그때 우리들이 '돌반'이라고 부른 열등반에 배치되었다. 좀 적응을 한 다음인 2학년 1학기 중간고사에서 전체 9등을 했다. 학교에선 나를 곧 이른바 우수반으로 옮겨주었지만 내가 한때 돌반이었다는 사실은 변함이 없었다. 이어 1학기말 고사에서는 전체에서 6등을 했다. 그래서 돌반 출신으로는 유일하게 우등상을 타기도 했다. 덕분에 『코리아 헤럴드』사가 주최하는 영어웅변대회의 전북예선에 다른 몇몇 친구들과 함께 나가서 김일성을 준열히 욕하기도 했다. 어떻든 그렇게 계속 학업에 열중했더라면 나는 그 후에 겪는 여러 가지 우여곡절을 거치지 않았을는지 모른다. 그러나 나는 무슨 바람이 들었는지 장수 촌놈이 전주에 전학온 지 1년도 채 안된 때인 2학년 2학기때 돌반의 지지를 바탕으로 학생회장에 출마했다. 물론 낙선하였지만 애석한 차점패였다. 또 돌반의 여러 친구들을 모아 『동아일보』의 정치사설들을 읽고 토론하는 모임을 만들었다. 나는 약간의 돈을 모아 그 모임의 창립기념으로 아이들과 함께 처음으로 진안 마이산에 놀러 갔다. 그때 창립기념으로 우리가 끓여먹은 것은 '라면'이었다. 그러나 친구들은 역시 신문사설 읽기를 힘겨워했고, 그 모임은 유지될 수 없었다.

중학교 3학년에 진학하면서 전체석차 1등에서 70등까지를 한데 몰아 이른바 '최우수반'이란 것을 편성했는데, 나는 성적이 급격한 내리막길을 걷고 있던 중에도 다행히 우수반에 걸려들었고, 급기야는 이 최우수반의 실장에 선출되기도 했다. 이것이 또한 내가 학업을 게을리하기를 계속한 원인도 되었다. 다행히 영어는 관심이 있어서 성적이 괜찮았다. 그래서 전남대 영문과가 주최한 호남 영어학력 경시대회에 김용환 선생의 인솔로 다른 친구들과 함께 참가하기도 했다. 광주에 여행한 것은 이때가 처음이었다.

당시는 아직도 시험을 치고 있던 전주고등학교에 다행히 입학은 했으나, 계속 학급실장이란 것에 뽑혀 어설픈 대의원활동을 하고 다녔으며, 공부는 뒷전이었다. 다만 책읽기에는 열심이었다. 도서관에서 헤르만 헤세, 어네스트 헤밍웨이, 존 스타인벡, 도스토예프스키 등을 접했고, 원시불교, 원시기독교, 세계사, 동양사류와 주제에 맞지 않는 철학서들도 빌려 읽었다. 또 적은 용돈이나마 긁어 모아 한국문학전집들을 월부로 사서 읽었다. 월부금 받으러 다니는 아저씨를 피하느라 진땀을 빼던 일도 눈에 선하다. 고등학교 1학년 무렵부터 당시 삼성문화재단이 펴내던 문고판을 열심히 사서 읽었다. 아놀드 토인비의 『대화』, 크리스토퍼 도슨의 『역사의 원동력』, 김소운의 수필집, 밀의 『자유론』, 앙드레 지드의 『전원교향곡』 등, 당시 그 문고에서 출간된 수십 권의 책 대부분을 읽었다. 집에서 학교 가는 길목에 있던 중앙성당의 서점에서는 『보리수』와 같은 종교인들의 수상록을 사서 읽기도 했다. 최병진 선생 등 지금은 세상에 안 계신 중학교 은사나 고등학교 시절 나를 잘 아시는 은사들은 나에게는 육사나 정치학과가 적성에 맞을 것이라 말씀하시곤 했다. 그러나 나는 이 시절의 독서를 통해서 역사를 연구하는 학자의 길에 깊은 매력을 갖기 시작하고 있었다.

학업성적은 엉망이었는데, 그 중에 수학과 물리, 화학 등은 죽어라고 공부를 안 했고 그런 수업시간에는 졸거나 소설을 읽다가 들켜 혼나기도 했다. 책을 많이 읽은 덕분인지 국어는 그럭저럭 괜찮았고, 영어는 왠지 마음에 들어 제법 열심히 했다. 우연히 헌 책방에서 구입한 번즈가 쓴 『세계문화사』라는 두꺼운 원서를 제대로 이해도 못하면서 읽는 흉내를 내기도 했다. 2학년 2학기 때는 학생회장에 출마했는데, 학교측은 내 학업성적이 평균인 3.0에 못 미친다 하여, 그 전에는 적용한 것 같지 않던 학칙을 들어 내 출마를 무효화시켰다. 그래서 함께 출마했던 사람이 무투표 당선되었다. 그러나 3학년 때 유신정권은 고등학교 학생회장 선거도 금지시키고 학교교육의 병영화를 강화하면서 연대장제도를 만들었다. 나의 출마가 성적을 이유로 무효화되었던 것은 차라리 잘된 일 같기도 했다.

유신의 독아가 서서히 모습을 드러낼 때이지만 학교교육이 지금이나 예나 '민주시민 양성'과는 다소 거리가 있었던 탓으로 나는 아직 깊이 있는 정치의식을 갖고 있지는 못했다. 나는 그런대로 박정희 정권에 비판적 의식을 갖고 있었는데, 그것은 중학교 시절에 우리 사회에 인신매매범이 활개를 친다는 신문기사를 읽고 그런 문제 하나 척결 못하는 '무능한' 박정희 정권에 대해 분노하게 되었던 일, 언제나 '야당성'을 견지하고 있던 아버지로부터 들어온 정치얘기, 그리고 언젠가 김대중씨가 전주고등학교의 한 선거유세에서 밝힌 '부유세'를 신설할 것과 '예비군제도'를 폐지할 것 등, 예전엔 들어본 일이 없던 내용의 연설을 듣고 감명을 받은 덕분이었다. 그러나 내가 박정희 정권을 정말 미워하게 된 것은 그의 독재적 정치행태 자체에 대한 논리적인 인식 때문이라기보다는 2학년 어떤 날 밤에 친구들과 얘기하던 중에 우연히 듣게 된 그의 '정치권력에 의한 여자겁탈' 얘기 때문이었다. 그가 탤런트나 가수 등 젊은 여자들을 권력의 힘으로 유린하고 있다는 얘기를 들었던 것이다. 친구들은 눈 하나 깜짝하지 않고 그 얘기를 떠들어댔지만 나에게는 청천벽력 같은 충격이었다. 나는 한국의 정치권력의 야수성을 나름대로 깨닫게 된 것이었다.

한국에서는 오늘날 북한 권력층이 '기쁨조'를 운영한다고 비판하고 있는데, 그 사실 여부는 알 길이 없지만 적어도 박정희 정권이야말로 '기쁨조'를 운영하는 정치권력의 잘 드러난 사례가 아닐까. 이것이 박정희 정권에 대해 내가 구체적으로 갖게 된 비판의식의 시초였다고 생각된다. 박정희는 그의 최후의 날인 1979년 10월 26일에도 어김없이 기쁨조를 옆에 두고 있었다는 사실을 여기에서 재언할 필요는 없을 것이다. 남자와 여자의 만남이, 그것이 어떤 것이든 사랑의 결과였다면 그것은 개인의 사적 영역으로서 남이 시비할 일은 아니라고 생각한다. 그러나 공인이 국가권력을 배경으로 한 권세와 국민의 세금으로 여자들을 불러들여 농락한 것은 '강간'이며 죄질이 나쁜 '공금 횡령' 행위일 것이다. 그것이 관련된 여성들의 동의와 순응을 바탕으로 한 것이었다 하더라도 그것은 독재사회의 타락한 권력의 표현이라는 것은 부인할 도리가 없다. 나는 이미 얘기한 것처럼 중학교 시절에 박정희 정권을 인신매매 문제 하나 막지 못하는 무능정권이라고 비판했었는데, 알고 보니 이 정권의 권력자 자신들이 바로 인신매매 행태를 일삼는 것이 아닌가 하는 생각도 갖게 되었던 것이다.

한국의 언론은 귀순인물들의 말을 빌려 북한권력의 타락상의 대표적인 상징으로 기쁨조를 운위해왔다. 그러나 한국의 정치인, 관료, 기업가들, 전문직업인들을 비롯한 지식인 사회 전반에서 대한민국 설립 이후 오늘 이 순간에 이르기까지 권력과 돈으로 누리는 '기쁨조'의 향연과 무관한 사람이 얼마나 될 것인가? 한국 군대의 대부인 미국인 제임스 하우스만(James Hausman)이 내가 참석한 한 인터뷰에서 그가 한국 재임시에 한국의 지도층 인사들과 걸핏하면 들러 즐겼던 한국 요정의 질탕한 향연을 자랑삼아 떠드는 것을 들었다. 이 역시 엄연한 '바나나 공화국' 대한민국의 한 단면이며, 이것이 지금이라고 사라진 것 같지도 않다.

고등학교 3학년 말 내 성적은 엉망이었다. 나는 서울대 인문계열의 역사학계열에 원서를 내고 싶었다. 재수를 해서라도 가리라 생각했다. 그런데 당시 예비고사 점수가 서울대 교육계열에 턱거리할 수준이 된다 해서 담임선생은 역사교육학과에 가서 대학원을 인문대 사학과로 가면 된다고 말했다. 그래서 교육계열에 시험을 치러 서울로 갔다. 이때 고속버스를 타고 간 서울행이 난생 처음 하는 서울구경이었다. 결과는 뻔한 일이었지만 낙방이었고, 나의 재수생활이 시작되었다. 인사동 네거리의 종로도서실에서 먹고 자는 생활의 연속이었다. 새벽 세 시까지 잠은 자지 않았지만 공부하느라 그런 것은 아니었고, 정처없이 인사동 네거리를 밤늦도록 배회한 일이 많았다.

해가 중천에 떠올라 다른 재수생들은 각기 학원으로 출근한 지 한참이 지난 시간인 오전 10시나 11시에 일어나 밥집이나 라면집에 들러 식사를 때우고 그 다음엔 인사동 네거리의 고서점, 화랑, 그리고 종로 2가의 종로서적 등을 돌아다니는 것이 일이었다. 나는 이 시절에도 때로 소설을 읽고 일기를 쓰며 외로움을 달랬는데, 이때 읽은 것으로 가장 기억에 남는 것은 이덕형 교수가 번역한 막스 뮐러의 『독일인의 사랑』과 도스토예프스키의 『가난한 연인들』이었다. 고등학교 시절 나의 '제2외국어'는 불어였지만, 나는 대학에 가면 이 소설들을 다 원어로 읽으리라 결심했었다. 대학시절에 『독일인의 사랑』은 약속을 지켰고, 러시아어는 지금도 '시작해야지' 하고 있을 뿐이다. 나는 재수시절 그때 막스 뮐러의 책을 여러 권 사서 친구들에게 선물하기도 했다. 그 중의 하나가 당시 나의 절친한 친구였던 임형택 군이었다. 이런 재수생활은 학업성적 개선에 큰 도움이 되지 못했다. 나는 몸마저 약해져 전주에 돌아와 두어 달을 지낸 뒤에 다시 서울로 올라갔다. 수학만큼은 혼자 독학으로 성적이 개선된 것 같았고, 영어는 『세계사개요』(*Handbook of World History*)라는 600여 페이지에 달하는 두꺼운 원서를 한 달 용돈을 다 털어 사가지고 읽으면서 공부했다. 그러다 다시 입시철을 맞게 되었다. 당시 권위가 있던 종로학원의 파이널 코스에 들어갔다. 학원 상담교사는 서울대 인문대가 가능하다고 말해주었다. 그러나 나는 암기과목을 골고루 공부한 것이 아닌 터라 예비고사 성적은 고3 때에 비해 한참 떨어져 있었다.

나는 그때 후기시험을 치는 학교였던 동국대의 인도철학과를 갈 결심을 했다. 고등학교 때 읽은 원시불교에 관한 책, 그리고 동양철학에 대한 막연한 동경 같은 것이 나를 그렇게 이끌었다. 나는 동국대 인도철학과의 한 교수님의 전화번호를 수소문해 한번 뵙고 싶다고 여쭤보았다. 그랬더니 그 분은 도봉구 수유리 근처의 한 다방을 일러주었다. 나는 당시 버스표를 살 돈이 없었다. 용돈이 있으면 무조건 책을 샀던 탓이었다. 그래서 추운 12월의 어느 날 오후 종로 1가에서 내내 걸어서 도봉구 수유리의 다방을 찾아 그 교수님을 만났다. 그런데 그 분은 나의 예비고사 성적을 물어보시더니 그 성적으로 인도철학은 뭐하러 하려 드느냐고 되물으셨다. 그리고는 한참 동안 서울대에 입학한 자기 자식 얘기만을 늘어놓으셨다. 그때 어린 소견에, 자기 학문을 존중하지 않고 아무런 학문적 소명의식도 없는 것 같았던 그 교수님 태도로 인해 그 학과에 대해 크게 실망했다. 또다시 걸어서 종로로 돌아오다가 다행히 어떤 군인아저씨가 모는 찝차를 얻어 타고 인사동 네거리로 돌아올 수 있었다.

한동안 동국대 인도철학과를 생각하느라 전기 사립대들은 생각도 하지 않고 있었다. 그때 아버지가 서울에 올라오셨고, 어느 후미진 다방에서 아버지는 나에게 등록금 걱정 하지 말고 전기 사립대 시험을 치라고 격려해주셨다. 그때 나는 비로소 고려대 정외과를 생각했고, 정치사상을 공부하면 되겠다는 생각을 하게 되었다. 결국 정외과가 속해 있는 고대 정경대에 입학했고, 2학년에 올라가서 정식으로 정외과 학생이 되었다.

1학년때 나는 영자신문사에 수습으로 들어가 활동했는데, 2학기 초가 되어 수습을 떼고 정기자활동을 막 시작할 무렵 나는 신문사를 그만두었다. 나는 단체생활이 적성에 맞지 않았고 혼자 학문의 기초작업을 하고 싶었다. 나는 하숙집에 독방을 얻어 틀어박혀 버트란드 러셀의 『서양철학사』, 폴 사뮤엘슨의 『경제학』, 랄프 번즈의 『세계문화사』를 모두 원서로 여러 차례 되풀이 읽었다. 그것은 정치사상 분야 전공서적들을 원서로 읽기 전에 거쳐야 할 기초작업이라고 생각했던 것이다. 2학년 초부터는 당시 종로의 진흥문화사가 찍어내고 있던 해적판 사회주의사상 원서들을 구입해 읽었다. 아담 샤프 등의 『사회주의적 휴머니즘』, 모리스 돕의 『자본주의 발달사』 등도 이때 읽기 시작했다. 그리고 그 후에는 마르쿠제의 『이성과 혁명』, 게오르그 루카치의 『역사와 계급의식』, 슐로모 아비네리의 헤겔의 정치사회사상에 관한 저서들도 읽었다. 특히 슐로모 아비네리 책은 한글로 번역을 하면서 읽었다. 당시 대표적인 근대화론자들이었던 사무엘 헌팅톤과 데이빗 앱터의 저서들도 읽었고 서구정치사상사에 관한 조오지 세바인의 저서도 이때 열심히 읽은 원서들 중의 하나였다.

그런 중에도 나의 학부시절의 독서에서 가장 인상깊은 것은 리영희 교수의 『전환시대의 논리』와 『8억인과의 대화』였다. 특히 '벌거숭이 임금님'이라는, 우리가 어려서부터 국민학교 교과서를 통해 알고 있던 우화를 당시 한국의 정치현실에 빗댄 글은 커다란 지적 충격이었다. 이 이야기로부터 시작한 리영희 교수의 베트남 전쟁과 중국 사회주의에 대한 남다른 시각은 냉전의 맹목에 갇혀 있던 당시의 젊은 지식인들에게 새로운 세계인식을 촉구했다. 나는 당시 『창작과비평』사가 10년치를 영인본으로 묶어낸 것도 용돈을 다 털어 구입했다. 나는 방학때 전주로 내려가면서 그 책을 어떤 여학생에게 맡겨두었는데, 그 학생은 아무 연락도 없이 그것을 갖고 사라지더니 영영 나타나지 않았다. 지금이라도 늦지 않았으니 돌려주길 바라고 있다.

나는 자주 어울린 친구들, 이범, 전성, 황남준 등과 함께 유신 독재에 대해 비판하곤 했지만 구체적인 행동으로 그 반대를 표현해보지는 못했다. 나는 전태일 분신에 관련한 한국의 노동현실에 눈뜨기 시작하면서 사회주의사상에 대한 학문적 관심에 몰두해 있었다. 학교수업 참여는 형식적이기 마련이었고, 나의 하숙방이나 도서관에서 책을 읽는 데만 열중해 있었다. 간혹 용기 있는 선배나 동료학생들이 주동한 데모가 있을 때마다 긴장된 두려움을 안고 데모대의 뒤편에서 서성거리다 끝내 도망쳐온 날은 행동하지 못하는 자신에 대한 자학과 안정된 학문의 길에의 열망 사이에서 괴로워했고, 눈물 흘리기도 했다. 그런 가운데 어느덧 유신정권은 종막을 내렸고, 1980년 서울의 봄이 왔으며, 그리고 마침내 5월이 왔다.

5월 17일 신군부가 비상계엄을 전국으로 확대하고 캠퍼스를 군대가 점령한 날, 우리는 기숙사에서 짐을 쌌다. 국가보안법으로 6개월을 살다 나온 전과가 있는 차기태군이 집으로 가면 위험할 것 같아 나와 같이 전주 우리 집으로 갔다. 5월 19일인가, 우리 둘은 카톨릭 신자인 차군이 아는 전주 효자동의 한 성당의 수녀님을 찾았다. 그 자리에서 광주의 비극을 알리는 조선대학생의 다급한 구조요청의 선언문을 접하게 되었다. 남녀노소를 가리지 않고 군대의 총검에 찢기고 할퀸 상처가 처절히 아로새겨진 전단이었다. 그날 밤 전주 중앙성당에서 전주 전체의 신부와 수녀들이 합동미사를 하고 시위를 계획하고 있다고 했다.

우리는 이 마당에서도 행동으로 저항의 몸짓을 보이기를 포기한다면 우리의 삶은 동물의 그것과 다를 바가 없을 것이라 믿었다. 나는 아직 그렇게 긴 인생을 산 것은 아니지만 그 동안 어떤 일에 목숨을 걸어본 일을 굳이 들라 한다면 광주의 오월 기간에 두 차례가 있었으며, 또 그것은 전무후무한 경우였다고 생각하게 된다. 그러나 불행인지 다행인지 그 두 번 다 결심에 걸맞은 행동으로 이어지지는 못했다. 그 첫번은 바로 그 조선대학생들의 전단을 본 날 밤이었다. 나는 차군과 함께 미사에 참여하기로 했다. 그리고 그로부터 일어날 결과를 껴안아야 한다고 생각했다. 중앙성당에 가서 미사에 참여했다. 그러나 어쩐 일인지 계획되었다던 시위는 열리지 않았고, 마리아상 앞에서 간단한 기도가 있은 후에 사람들은 해산하고 말았다. 우리는 집으로 돌아와 며칠을 보냈다. 텔레비전에 비쳐지는, 살인의 광기로 가득해 소름끼치는 전두환의 눈발과 오만방자한 언설들, 그리고 '경고한다'고 외치는 계엄사령관 이희성의 살쾡이 같은 표정을 보며 가슴을 졸이고 있을 뿐이었다.

두번째의 기회는 광주의 상황이 아직 진행중이던 5월 23일경 전북대 학생회가 전주의 구역전오거리에서 시위를 계획하고 있다는 전단을 보았을 때 왔다. 차군은 서울로 보내고 나는 고등학교 동기들을 만나 같이 참여하자고 했다. 지금은 광주대학 교육학과에 교수로 있는 임형택군이 같이 가겠다고 따라나섰다. 그러나 계획시간에 맞추어 내가 오거리에 도착했을 때는 사복경찰들이 오거리와 그 인근 전지역을 가득 메우고 있었고, 역전에는 여러 대의 군트럭들이 진을 친 살벌하고 철통 같은 분위기였다. 더욱 예상 밖이었던 것은 학생처럼 보이는 사람은 거의 찾아볼 수가 없었던 점이었다. 알고 보니 그 전날 밤 시위계획 주동자들은 군과 경찰의 행동으로 잡히거나 도주하고 난 뒤였다.

그 후론 호남 전지역과 지식인사회 일반을 뒤덮고 있던 침묵, 그리고 다른 지역들에 신군부가 부추겨 조장한 호남고립화의 지역주의적 냉소에 묻혀 한국사회 전반에 팽배하기 시작한 절망과 체념 속에 나역시 빠져 헤어나지 못했고, 결국은 사회적으로는 동물적 생존, 좋게 말해서는 개인적인 자기실현에 안주하는 인생을 살아가고 있었다.

나는 고등학교 시절부터 더 넓은 대처에 나가 학문에 인생을 걸어보고 싶은 욕구를 가져왔는데, 그런 탓으로 유학장학제도에 일찍 관심을 갖게 되었다. 대학 4년 말에 선경유학장학생시험을 쳤는데 필답고사엔 통과했으나 면접에서 떨어졌다. 그 다음 나는 대학원 진학과 군대문제 해결이라는 난제를 안게 되었다. 나는 학부 전기간을 통해서 주로 정치사상 분야의 독서에 치중하고 있었다. 나는 정치사상을 연구하고 싶었던 것이다. 고려대 정외과는 마침 김영두 교수가 은퇴를 하실 때였고, 후임이 불투명한 상태였다. 그래서 이홍구 선생과 김영국 선생이 정치사상을 담당하고 있던 서울대 정치학과에 관심을 갖게 되었다. 나는 군대 갈 마음의 준비도 해야만 했다. 그러던 중 다행히 대학원 입학이 되었고 그래서 나의 공부는 다시 이어질 수 있었다.

대학원에서도 정치사상에 관심을 집중했다. 이 시절에도 물론 유학을 염두에 두고 있었는데, 다행히 대학원 1학년 말에 국비유학시험 정치학 분야에 붙게 되었다. 마침 그 해부터 군미필자가 이 시험에 응시해서 합격하면 군복무를 면제하고 그 대신 유학 후 한국에서 5년간 자기 전공분야의 직장에 근무하게끔 되었다. 이렇게 해서 나는 군대문제 해결과 함께 원하던 유학을 미국으로 가게 되었고, 여러 선생님의 도움으로 1983년 예일대학 정치학과에 입학할 수 있었다.

나는 미국으로 떠나기 얼마 전 학부 때 같은 학과에서 만났던 강교영(姜敎瑛)과 결혼했다. 첫 1년은 나 혼자 기숙사에서 생활했으며, 아내는 나중에 합류했다. 1985년 첫 아이 유진을 낳았다. 내가 학위논문에 본격적으로 매달려 있을 무렵인 1987년 4월 전두환 정권은 4·13 호헌조치라는 것을 발표했는데, 당시 국내에서는 이 호헌조치 철폐를 요구하는 대중적 저항과 지식인들의 서명운동이 일어나고 있었다. 5월 16일 예일대 한국유학생회는 당시 회장을 맡고 있었고 지금은 서강대 경제학과에 교수로 있는 길인성씨 제안으로 전두환 정권의 호헌조치 철폐를 요구하는 서명을 조직했다. 여기에는 그때 당시 예일의 각종 대학원에 재학하고 있던 한국 학생의 거의 전부에 해당하는 70여 명이 호응했고, 또 미주지역 최초의 일이었다. 이 성명은 한국 주요 일간지의 미주판과 함께 예일대학이 소재한 뉴우헤이븐 시의 일간신문인 『뉴우헤이븐 레지스터』에 기사화되기도 했다. 예일에서의 성명을 계기로 다른 대학의 한국유학생들도 잇따라 성명을 발표하게 되었다. 전두환 군사독재정권의 탄압이 가열될 가능성이 우려되기도 하던 때였다.

그러나 이어서 국내에서는 6·10항쟁이 전개되었고, 6·29선언이 있었다. 유학 5년째는 국비장학금이 중단되어 T.A. 수당과 학교에서 대출받은 돈만으로는 생활비가 모자라 아내와 나는 일을 했다. 그 전에도 나는 국비장학금으로는 생활비를 댈 수 없어 비상행동을 취한 경우도 있었다. 은행에서 돈을 빌려 싸구려 집을 하나 사서 거기에 페인트칠을 한 후 몇 개월 후에 되팔았던 것이다. 한국에서 보고 들은 것이 부동산투기밖에 없어 그 실력을 발휘한 것인데, 마침 그 무렵이 미국 동부에 부동산투기가 일었을 때여서 상당한 도움이 되었다. 이 경험은 내가 미국의 밑바닥 자본주의(grassroots capitalism)의 실체와 그 안에 뿌리박힌 흑백간의 인종주의의 의미를 뼈저리게 느낄 기회를 제공하기도 했다. 나는 유학 마지막해에는 몇 달 동안 밤 11시에서 아침 7시까지 주유소에 붙은 편의점의 카운터에서 일했다. 나는 6·

29소식을 이 편의점 근무중에 라디오를 통해서 들었다. 제한된 민주화의 가능성이 열리고 있었고, 그 해 말에는 직선제 대통령선거가 실시되었다. 개표가 있던 날, 가까이 지내던 길인성 교수와 지금은 세종연구소에 있는 유석진 박사, 경희대 교수가 되어 있는 이우헌씨 등과 함께 더 빨리 소식을 알기 위해 뉴욕으로 달려갔던 일, 그리고 곧 그 뒤에 찾아온 실망들이 기억에 남아 있다.

1988년 초 나는 학위논문을 제출한 후 약 5년에 걸친 유학생활을 뒤로 하여 가족과 함께 귀국했다. 그 후 나는 3년에 걸친 강사생활을 시작했고, 그것은 내가 '비판적 글쓰기'를 시작한 시절이기도 했다. 내가 유학중이던 시절 장수에 들르셨다가 중풍으로 쓰러지신 어머니는 1989년 8월 입추 무렵에, 그때 갓 태어난 나의 둘째 아이 하연의 손을 어루만지시면서 병원에서 세상을 뜨셨다. 내가 그 해 『신동아』 8월호에 쓴 「미국 국무부의 광주답변서 비판」은 나에게 몇 가지 의미에서 '작은 필화들'을 가져다 주었지만, 나는 그 원고료로 양수리의 어머니 묘소에 작은 비석을 세울 수 있었다. 당장의 생활을 위한 원고료를 벌기 위해 꼬박 세운 밤들도 많았다. 그런 중에도 많은 분들이 도와주셨다. 학교 은사들의 여러 가지 도움 외에도 영남대 정치학과의 이수인 교수의 도움으로 맡게 되었던 『민주일보』의 국제문제 논설위원 일은 1990년 한 해 동안 내 생활의 밑천이기도 했다. 그 덕분에 나는 1991년 정초에 당시 3당합당한 민자당의 대표였던 김영삼씨 명의의 갈비짝을 선물로 받기도 했다.

내가 이런 저런 일로 강의 맡을 곳이 없어져 나 나름대로는 유달리 외로움을 많이 탔던 때인 1990년 봄 나에게 기회를 준 것은 숙대 이남영 교수를 통해 소개받은 한국외국어대 강의였다. 그 1년여 후인 1991년 4월 이홍구 교수와 그 외 여러분들의 도움으로 그 무렵 창설된 민족통일연구원에 몸을 담게 되었고, 이곳에서 많은 새로운 경험

396

을 갖고 또한 여러 훌륭한 젊은 학자들과 교류할 수 있었다. 연구원은 무엇보다도 나에게 지친 몸을 쉬게 해주었고, 그런 가운데 새로운 작업을 준비할 수 있게 해주었다. 연구원에 들어간 지 1년 반 후 나에게 최종적인 안식처를 제공한 것은 강원도 춘천의 한림대학이었다. 나의 학연이나 지연과는 전혀 연관이 없는 한 지역대학 학과의 결정 덕분이었다. 나는 귀국 후, 부천, 서울의 개포동, 그리고 과천에서 살았는데, 그 시절에는 봄과 가을이 올 때마다 뉴우헤이븐의 그 빛나는 자연에 대한 강한 동경을 버릴 수 없었다. 그러나 춘천에 온 후 경춘가도의 사시사철 옷을 갈아입는 강과 산의 변화를 보며 생활하면서부터는 뉴우헤이븐의 자연에 대한 동경은 많이 사그라졌다.

나의 유년과 고향에 대한 기억으로부터 시작해서 이제껏 걸어온 길을 두서 없이 되새겨보았다. 어떤 신문이 한국의 티베트라고 비유했던 한 산골짝 오지에서 그것도 가족사적으로는 하나의 떠돌이로 시작해 지나온 길은 그런대로 강한 지적 욕구와 고등학교 시절부터 눈뜨기 시작한 학문에의 갈증 같은 것으로 지배되어 있었다. 학부와 대학원 시절에는 정치사상, 그 중에서도 역사변혁의 잠재성을 세계 그 자체, 또는 인간 역사에 내재하는 어떤 운동법칙에서 찾는 동시에 인간과 역사 사이의 역동적인 상호작용을 강조하는 변증법적 역사철학에 심취하기도 했다. 내가 서울대 석사학위논문 주제로 선택했던 루이 알튀세의 「반역사주의적 맑스주의」(anti-historicist marxism)에 관한 어설픈 논문은 나름대로 그런 관심을 요약해 보인 것이었다.

미국 유학시절 초기에 내 학문적 관심은 여전히 정치사상 또는 과학철학적 인식론이었고, 당시 현대 사회사상 과목을 맡고 있던 데이빗 앱터 교수가 나에게 그 방면의 연구를 지속할 것을 권고하기도 했다. 그러나 나는 곧 현대의 현실 역사, 그리고 그것의 많은 부분을 지배해온 미국의 정치와 외교, 그리고 그 미국과 아시아 및 한반도 사이의 역사적 관계로 관심을 옮겨가게 되었다. 깊지도 길지도 않은 정치사상에 대한 관심이었지만, 나는 초역사적인 진리의 인식론적 기준, 또는 역사의 운동법칙에 대한 일반적 원리를 찾는 인간의 노력이 갖는 한계와 그러한 추구가 흔히 지식인들에게 초래하는 함정에 대해서 생각하게 되었고, 현실역사에 대한 구체적인 인식과 다각적인 이해가 갖는 중요성에 눈을 돌리게 되었다. 그것이 「미국 외교이데올로기와 베트남전쟁」이라는 내 학위논문의 주제의식을 형성했던 것이다.

그러나 나는 현실 역사에 대한 연구는 언제나 그 연구자가 속해 있는 역사적 환경에서 지배적인 인식의 한계——그것이 정(正)이든 반(反)이든——속에 갇히게 될 위험성을 경고하는 많은 비판적 과학철학의 문제의식을 잊어서는 안된다고 믿어왔다. 지금도 그 생각엔 변함이 없다. 지금 현실 역사의 문제들에 관해 쓰고 있는 나의 글들이 과연 그런 문제의식에 얼마나 충실해 있는지 항상 부끄럽게 생각될 뿐이다.

현실역사가 제기하는 구체적이고 때로는 정서적인——도덕적·규범적 판단을 요구하는——문제들에 대한 폭넓은 이해와 함께 역사 전체에 대한 길고 깊은 안목을 갖는다는 것은 얼마나 어려운 일인가. 그 긴 안목이란 역시 인간역사에서 정의란 무엇이며 진실된 앎이란 무엇인가라는 철학과 인식의 문제로 귀의할 수밖에 없다고 생각된다. 그러나 그러한 인식은 또한 현실 역사의 가까운 과거와 그리고 현재 진행되고 있는 인간의, 민족의, 인류의 고뇌와 모순에 대한 구체적인 인식을 떠나서는 공허한 것으로 남을 것이다. 나는 나의 글들이 그 분리될 수 없는 두 가지 과제에 대한 의식을 나름의 균형된 방식으로 내포하고 있기를 바라지만 그것은 언제나 어려운 일이었다. 다만 우리 시대 우리의 구체적인 현실 속에서 지배적인 힘을 갖고 풍미하는 역사인식과 논리들에 대하여 어떻게 회의하고 어떻게 저항하며 어떤 대안적 인식을 가질 것인가에 대하여 나의 글들이 미미한 부분이나마 기여할 수 있다면 하는 작은 바람을 간직하면서 꾸준히 그 길을 걸으려 할 따름이다.

당대총서 2

미래의 역사에서 미국은 희망인가

ⓒ 이삼성, 1995

지은이/이삼성
펴낸이/김종삼
펴낸곳/도서출판 당대

첫판찍은날 1995년 11월 20일
첫판펴낸날 1995년 11월 30일
4쇄찍은날 1996년 4월 1일
4쇄펴낸날 1996년 4월 10일

등록/1995년 4월 21일(제10-1149호)
주소/서울시 마포구 서교동 362-11번지 4층 ⑦ 121-210
전화/323-1316, 323-1317 팩스/323-1317

값 9,500원

지은이와의 협약에 의하여 인지는 생략합니다.

ISBN 89-8163-005-4   04350
ISBN 89-8163-000-3(세트) 04350